本成果受到中国人民大学“统筹支持一流大学和一流学科建设”经费的支持

中国经济问题丛书

ZHONG GUO JING JI WEN TI CONG SHU

区域发展政策模拟

QUYU FAZHAN ZHENGCE MONI

石敏俊 等 著

中国人民大学出版社

· 北京 ·

图书在版编目（CIP）数据

区域发展政策模拟/石敏俊等著. —北京：中国人民大学出版社，2016.12
（中国经济问题丛书）
ISBN 978-7-300-23611-7

Ⅰ.①区… Ⅱ.①石… Ⅲ.①区域经济发展—经济政策—研究—中国 Ⅳ.①F127

中国版本图书馆 CIP 数据核字（2016）第 278747 号

中国经济问题丛书
区域发展政策模拟
石敏俊 等 著
Quyu Fazhan Zhengce Moni

出版发行	中国人民大学出版社		
社　　址	北京中关村大街 31 号	**邮政编码**	100080
电　　话	010－62511242（总编室）		010－62511770（质管部）
	010－82501766（邮购部）		010－62514148（门市部）
	010－62515195（发行公司）		010－62515275（盗版举报）
网　　址	http://www.crup.com.cn		
经　　销	新华书店		
印　　刷	涿州市星河印刷有限公司		
开　　本	890mm×1240mm　1/32	**版　　次**	2016 年 12 月第 1 版
印　　张	14.375 插页 1	**印　　次**	2024 年 6 月第 2 次印刷
字　　数	385 000	**定　　价**	79.80 元

《中国经济问题丛书》总序

经济理论的发展与变化是和经济实践紧密联系的，在我国继续向社会主义市场经济体制过渡的今天，实践在呼唤经济学的发展和繁荣；同时，实践也为经济学的发展创造着条件。

中国的市场化改革是没有先例的，又没有现成的经济理论作指导，这是中国学者遇到的前所未有的挑战。他山之石，可以攻玉。随着一大批西方经济理论译介进来，以及一大批具有现代经济学素养的人成长起来，认识和解决中国问题开始有了全新的工具和视角。理论和实践是互动的，中国这块独一无二的“试验田”在借鉴和运用现代经济理论的同时，势必会为经济理论的发展注入新的活力，成为其发展的重要推动力量，而建立在探讨中国经济问题基础之上的经济学也才有望真正出现。中国经济问题正是在这个大背景下获得了特别的意义。

我们策划出版《中国经济问题丛书》的主要目

的是为了鼓励经济学者的创新和探索精神，继续推动中国经济学研究的进步和繁荣，在中国经济学学术著作的出版园林中，创建一个适宜新思想生长的园地，为中国的经济理论界和实际部门的探索者提供一个发表高水平研究成果的场所，使这套丛书成为国内外读者了解中国经济学和经济现实发展态势的必不可少的重要读物。

中国经济问题的独特性和紧迫性，将给中国学者以广阔的发展空间。丛书以中国经济问题为切入点，强调运用现代经济学方法来探究中国改革开放和经济发展中面临的热点、难点问题。丛书以学术为生命，以促进中国经济与中国经济学的双重发展为己任，选题论证采用“双向匿名评审制度”与专家约稿相结合，以期在经济学界培育出一批具有理性与探索精神的中国学术先锋。中国是研究经济学的最好土壤，在这块土地上只要勤于耕耘，善于耕耘，就一定能结出丰硕的果实。

前　言

区域发展政策无法事先通过实验来判断政策效果，依靠政策试点或试验区的办法也不能满足政策研究和政策制定的需要，需要通过政策模拟的方法，对区域发展政策的效果进行事先的科学评估，改进区域发展政策制定过程的科学性。本书即是出于这样一个目的，探讨区域发展政策模拟的方法，并通过区域发展政策模拟的案例分析，向读者呈现区域发展政策模拟的方法和应用。

本书分为模型篇和应用篇，模型篇包括第二章至第五章，分别介绍了投入产出模型、可计算一般均衡（CGE）模型、系统动力学模型和数理规划模型；应用篇包括第六章至第十二章，分别介绍了扩大内需的经济效应、房地产市场的经济效应、大宗商品价格波动的经济效应、低碳发展政策与区域发展、能源管理政策与区域发展、生态环境管理政策与区域发展、水资源管理政策与区域发展。区域发展政策模拟的模型方法包括自上而下的模型、自下而上的模型、统计分析和计量经济模型三类，本书侧重介绍自上而下的模型，包括投入产出模型、可计算一般均衡模型、系统动力学模型和数理规划模型，案例分析主要是投入产出模型、可计算一般均衡模型和数理规划模型的应用，部分案例涉及统计分析和计量经济模型。对于自下而上的模型，本书没有涉及。事实上，基于自主体的模型（Agent-based Model）是十分重要并具有广泛应用前景的模型方法。

本书是团队合作的成果，全书由石敏俊（中国人民大学经济学院）负责统稿，各章的执笔分工为：第一章，石敏俊；第二章，张卓颖（中国科学院数学与系统科学研究院）；第三章，袁永娜（中国科学院大学公共政策与管理学院）；第四章，张卓颖；第五章，周丁扬（北京师范大学）；第六章，石敏俊；第七章，李娜（中国科学院大学经济与管理学院）；第八章，王妍（中国传媒大学理学院）；第九章，袁永娜；第十章，黄文（中国科学院大学经济与管理学院）；第十一章，石敏俊；第十二章，石敏俊。

本书应用篇的案例分析主要是基于作者过去的科研实践写成的，相关章节的部分内容已经以学术论文形式发表在相关的学术期刊上，作者谨向这些学术期刊致以谢意，也感谢论文合作者的支持。主要有：

第六章第二节“扩大内需与宏观经济”的部分内容发表在：Zhou, S., M. Shi, N. Li and Y. Yuan. 2011. “Effects of Chinese Economic Stimulus Package on Economic Growth in the Post-Crisis China,” *Economics Research International*. doi：10. 1155/2011/492325。

第六章第三节“扩大投资与就业增长”的部分内容发表在：杨晶、石敏俊、王妍：《我国应对金融危机的增加投资政策对扩大就业的拉动效果》，载《管理评论》，2012，24（5）。

第六章第四节“扩大内需与城乡协调发展”的部分内容发表在：王妍、石敏俊：《扩大内需政策对城乡经济协调发展的作

用——基于城乡投入产出模型》，载《管理评论》，2011，23（12），10-17。

第七章“房地产市场的经济效应”的部分内容发表在：李娜、石敏俊、周晟吕、杨晶：《房地产投资变化对中国宏观经济的影响》，载《管理评论》，2012，24（10），3-10；李娜、石敏俊：《中国房地产市场波动对宏观经济的影响研究》，国际东亚发展研究中心（ICSEAD）研究报告，2013。

第八章“大宗商品价格波动的经济效应”的部分内容发表在：石敏俊、王妍：《能源价格上涨与粮食价格波动对城乡居民消费和收入分配的影响——基于城乡投入产出模型》，载《中国农村经济》，2009（5）。

第九章第一节“走向2020：中国控制温室气体排放的可能潜力与政策选择”的部分内容发表在：石敏俊、周晟吕：《低碳技术发展对中国实现减排目标的作用》，载《管理评论》，2010，22（6），48-53；石敏俊、李娜、周晟吕、袁永娜、马国霞：《走向2020：中国控制温室气体排放的可能潜力与政策选择》，载《环境经济与政策》，2010，第一辑。

第九章第二节“碳税与非化石能源的发展”的部分内容发表在：周晟吕、石敏俊、李娜、袁永娜：《碳税政策的减排效果与经济影响》，载《气候变化研究进展》，2011，7（3），210-216；周晟吕、石敏俊、李娜、袁永娜：《碳税对于发展非化石能源的作用——基于能源—环境—经济模型的分析》，载《自然资源学报》，2012，27（7），1101-1111。

第九章第三节“碳税与区域经济”的部分内容发表在：李娜、石敏俊、袁永娜：《低碳经济政策对区域发展格局演进的影响——基于动态CGE模型的模拟分析》，载《地理学报》，2010，65（12），1572-1584。

第九章第四节“碳税还是碳交易?”的部分内容发表在：石敏俊、袁永娜、周晟吕、李娜：《基于市场机制的碳减排政策：碳税、碳交易

还是两者兼之?》，载《管理科学学报》，2013，16（9），9-19。

第九章第五节“碳交易与区域经济”的部分内容发表在：袁永娜、石敏俊、李娜、周晟吕：《碳排放许可强度分配标准与区域经济发展——基于30省区CGE模型的模拟分析》，载《气候变化研究进展》，2012，8（1），60-67；袁永娜、石敏俊、李娜：《碳排放许可的初始分配与区域经济发展——基于多区域CGE模型的模拟分析》，载《管理评论》，2012，25（2），43-50。

第十章第一节“能源供给约束与中国经济中长期发展”的部分内容发表在：石敏俊、周晟吕、李娜、袁永娜：《能源约束下的中国经济中长期发展前景》，载《系统工程学报》，2014，29（5），602-611。

第十章第二节“能源运输与区域经济增长”的部分内容发表在：石敏俊、黄文、李娜：《能源运输对能源供需空间平衡及区域经济发展的影响——基于DMRCGE模型的分析》，载《地理学报》，2017，待刊。

第十章第三节“能源开发与产业转移”的部分内容发表在：石敏俊、黄文、李娜：《资源优势能否转化为产业优势？——煤炭开发重心西移对能源密集型产业空间格局变化的影响》，载《自然资源学报》，2015，30（6），891-902。

第十一章第一节“退耕还林政策与黄土高原地区农村发展”的部分内容发表在：石敏俊、王涛：《中国生态脆弱带人地关系行为机制模型及其应用》，载《地理学报》，2005，60（1），165-174。

第十一章第二节“草原禁牧政策与沙漠化重建”的部分内容发表在：Shi，M.，Q. Zhang and T. Wang. 2005. “Better Access to New Technologies and Credit Service，Farmers’ Land Use Decision，and Policy for Poverty Alleviation and Rangeland Conservation，” *Japan Agricultural Research Quarterly*. 39（3），181-190；石敏俊、程淑兰、张巧云：《中国北方沙漠化地区生态重建的环境政策研究——基于Bio-economic Model》，载《自然资源学报》，2006，21（3），465-472。

第十一章第三节“京津冀地区雾霾治理与污染物减排”的部分内容发表在：石敏俊、相楠等：《京津冀雾霾治理政策评估报告》，中国科学院虚拟经济与数据科学研究中心/中国科学院大数据挖掘与知识管理重点实验室研究报告；石敏俊、相楠：《京津冀 PM2.5 浓度控制目标可达性分析》，载《中国环境管理》，2015，7（2），31－36。

第十二章第一节“水资源优化配置与石羊河流域管理”的部分内容发表在：石敏俊、陶卫春、赵学涛、宋现锋：《生态重建目标下石羊河流域水资源利用的空间组织优化——基于分布式水资源管理模型》，载《自然资源学报》，2009，24（7），1133－1145。

第十二章第二节“黑河流域水资源管理需求管理：水价还是水量控制?”的部分内容发表在：Shi，M.，X. Wang，H. Yang，T. Wang. 2014. “Pricing or Quota：Solution to Water Scarcity of Oasis Region in China，” *Sustainability*. 6：7601－7620；石敏俊、王磊、王晓君：《黑河分水后张掖市水资源供需格局变化及驱动因素》，载《资源科学》，2011，33（8），1489－1497。

第十二章第三节“用水量零增长约束下的张掖市经济发展”的部分内容发表在：Li，N.，X. Wang，M. Shi and H. Yang. 2015. “Economic Impacts of Water Use Control Policy in the Heihe River Basin，Northwestern China-Based on Integrated CGE-BEM Modeling Approach，” *Sustainability*. 7：3460－3478。

本书的出版得到了中国人民大学“985 工程”经费的资助，谨此致谢！感谢中国人民大学经济学院孙久文教授、张晓芬博士在本书成稿过程中给予的帮助。感谢中国人民大学出版社的支持。

本书中的观点仅代表作者的个人观点，不代表作者所在机构和资助机构的观点，文责由作者自负。由于作者学识所限和思考不足，本书难免存在肤浅和不足之处，敬请读者批评指正。

石敏俊

2016 年 6 月于中国人民大学明德楼

目　录

应用篇

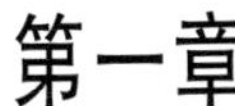

第一章 导论

第一节 区域发展政策模拟的目的

一方面，中国幅员辽阔，地域差异显著。由于自然资源、地理条件、开发历史的不同，不同地区处于不同的经济发展阶段，造成区域经济差异十分突出。中央政府为了推动不同类型区域的经济发展，会出台相关的区域发展政策。新中国成立以来，在区域发展方面曾经出台过“三线建设”等政策。改革开放以来，中央政府先后实施了沿海地区改革开放、西部大开发、振兴东北老工业基地、中部崛起、区域协调发展等区域发展政策。十三五规划建议也明确提出了区域协调发展、主体功能区规划等区域发展政策。

另一方面，由于不同地区的产业结构、发展能

力存在差异，同样的宏观经济政策和产业政策落实到不同地区也会产生不同的区域响应。譬如，应对金融危机的四万亿元投资计划、房地产市场调控政策、低碳发展和节能减排政策等对于不同地区会带来不同的影响，有的区域会获益较多，有的区域受到的冲击较大。宏观经济政策和产业政策必须考虑区域响应，兼顾区域发展的政策目标。

由于社会经济系统具有不可实验的特点，区域发展政策无法事先通过实验来判断政策效果。以往也有过宏观经济政策出台之前先进行试点摸索经验再进行推广的做法，由于不同地区的社会经济条件存在差异，经过试点的政策推广到其他地区时可能会产生不同于试点区域的政策响应。在强调顶层设计的当今中国，依靠政策试点或试验区的办法已经不能满足政策研究和政策制定的需要。因此，有必要探索政策模拟的方法，对区域发展政策的效果进行事先的科学判断。区域发展政策模拟可以为论证区域发展政策的必要性和可行性提供科学参考，有助于提高区域发展政策制定过程的科学性，是区域经济学的重要研究领域之一。

区域是一个开放经济系统，区域之间存在着密切的经济联系，每个区域都会在不同程度上受到其他区域的影响。因此，某一项政策在某个区域产生的效果不限于该区域的范围，也会对相关区域带来影响。这种效果既包括正向的促进作用，也包括负面的冲击，都有可能通过区际经济联系传导到相关区域。区域发展政策模拟不仅要分析特定政策对特定区域产生的政策效果，也要考虑区域之间的影响传导，判断对其他区域带来的影响。

第二节　区域发展政策模拟的研究内容

区域发展政策模拟所要研究的主要内容有三类：

第一，区域发展政策的效果。在对某一项区域发展政策的必要性或可行性进行论证时，需要对区域发展政策的效果进行分析和预判。譬如，北京举办奥运会对北京的经济发展会带来什么样的影响？汶川大地震的灾后重建对四川、重庆、甘肃等地的经济发展会有什么样的效果？广东和湖北引入碳交易试点是否会带来碳泄漏的问题，导致本地的部分产业受到冲击甚至驱使部分产业向其他省份转移？京津冀协同发展和北京疏解非首都核心功能对京津冀三地的经济发展会带来什么样的影响？中央政府的区域政策，譬如振兴东北老工业基地、西部大开发、主体功能区规划、国家公园制度，对区域经济和产业发展会带来什么样的影响？

如前所述，由于区域经济的开放性，区域之间存在着密切的经济相互作用，某一项区域发展政策产生的影响并不限于对象区域，而是会波及相关区域。因此，北京举办奥运会、北京疏解非首都核心功能也会对北京或京津冀以外的区域带来影响，汶川大地震的灾后重建产生的投资品需求不一定都在当地生产和供给，而是有可能要从东部沿海地区调运，这样就会通过商品贸易对沿海地区的产业发展带来影响。

如果把国家当做一个特定尺度的区域来看，那么国家尺度的经济政策模拟也可以纳入广义的区域发展政策模拟的范畴。城市和农村也可以看做特定尺度的区域。广义的区域发展政策模拟也可以包括城市发展和农村发展的政策效果分析。应对金融危机的经济刺激政策、家电下乡和以旧换新的补贴政策等对于提振内需、稳定宏观经济、促进健康城镇化和城乡协调发展会带来什么样的效果？房地产市场调控政策对于房地产相关产业及宏观经济会带来什么样的冲击？这些问题均可通过政策模拟来进行分析和预判。

第二，宏观经济政策的区域响应。宏观尺度的经济政策落实到区域尺度，会因为不同区域的经济结构和响应能力的差异而产生不同的效果，因此，区域发展政策模拟的重要目的之一是对宏观经济政策的区域响应做出分析和预判。

在这里，宏观经济政策的区域响应主要有以下三个方面：

一是中央政府的宏观经济政策的区域响应。譬如，应对金融危机的经济刺激政策、房地产市场调控政策、营改增等财政税收政策的调整、大宗商品价格政策的调整、“一带一路”战略构想、中国和东盟的10+1自由贸易协定等宏观尺度的经济政策，对于不同地区会带来什么样的影响？对于区域协调发展的政策目的是否会形成冲突？

二是产业政策的区域响应。譬如，产业政策目录的制定、产能过剩产业的生产能力消解、家电下乡和以旧换新的补贴政策、高新技术产业发展政策等，对于不同区域会带来什么样的影响？

三是资源管理和环境政策及重大生态建设工程的区域响应。譬如，资源税改革、能源补贴政策、新能源发展政策、碳税和环境税、碳交易制度、环境污染治理政策、退耕还林政策、京津风沙源治理工程、土地占补平衡政策、水资源红线政策、南水北调工程等资源环境领域的重大政策和重大生态建设工程，对于不同地区会带来什么样的影响？是促进区域协调发展还是会扩大区域差异？

第三，一定的社会经济约束条件下区域经济的发展趋势。譬如，能源供给约束和环境承载力约束下区域经济的发展趋势，能源波动对区域发展态势的影响，低油价条件下区域经济的发展趋势和产业发展的前景，劳动和土地等要素成本上涨条件下区域经济的发展趋势等。

第三节　区域发展政策模拟的方法论

区域发展政策模拟主要是采用模型和情景模拟的方法，所使用的模型工具依据建模思路的不同主要可以分为三类：

第一类，自上而下的模型。这一类模型将区域看做一个整体来

进行建模，着眼于区域整体的分析，很少考虑甚至不考虑区域内部的差异。优点是区域整体的分析框架清晰，有利于聚焦问题，突出主线。缺点是对区域内部的差异考虑较少甚至完全不考虑，难以考虑区域内部差异对区域政策效果的影响。然而，在分析宏观经济政策的区域响应时，则必须考虑一国内部的区域差异，构建多区域或者亚区域尺度的模型。

在自上而下的模型中，建模所依据的经济学机制主要有一般均衡、局部均衡、最优化决策等，也有的模型基本上不考虑经济学原理。依据模型的经济学机制的不同，这一类模型主要可以分为以下四个亚类：

一是投入产出模型（Input-output Model)。投入产出模型是通过编制投入产出表来实现的。投入产出表把国民经济或区域经济分为若干个部门，在部门之间建立投入和产出的相互联系和平衡比例的棋盘状框架。投入产出表基于若干假设构建而成，这些假设主要包括规模中性、线性可加、产品同质、供需平衡（列向和行向之和相等）等。投入产出表可以全面系统地反映国民经济或区域经济各个部门之间的投入产出关系，揭示生产过程中各个部门之间相互依存和相互制约的经济技术联系。但投入产出表假定每个部门生产的产品都是同质的，无法分析部门内部的产品差异化竞争，并且受制于部门分类，当部门分类较粗时，产品同质假定的影响就会限制研究的尺度。受规模中性假定的影响，投入产出表在进行规模报酬递增的经济分析时也会受到限制。我国区分国家尺度和省区尺度编制了投入产出表，投入产出表每5年编制一次，逢2和7的年份编制投入产出表。部分计划单列市和少数地级市也编制了2012年投入产出表。

二是可计算一般均衡模型（Computable General Equilibrium Model）和局部均衡模型（Partial Equilibrium Model)。可计算一般均衡模型和局部均衡模型都是通过价格杠杆来调节经济系统，使得供给和需求达到均衡。可计算一般均衡模型简称CGE模型，是

用数学方法模拟经济系统的模型工具。在 CGE 模型里，生产者、消费者、政府等经济主体基于自己的目标函数做出资源配置的决策，生产决策和消费决策汇总到市场上形成商品的供给和需求，商品供需关系会影响市场价格的变化，使市场达到供需均衡，市场价格变化的信号反馈回经济主体，又会驱使经济主体做出资源配置决策的调整，调整后的生产决策和消费决策再次汇总到市场，对市场价格产生影响。如此反复循环，经过多次迭代运算，最终达到市场出清。CGE 模型基于经济学原理模拟经济系统的行为，具有经济学的理论支撑，是经济系统模拟的最有效手段之一。但 CGE 模型需要进行各种函数和参数的设置，函数和参数设置得合理与否，会直接影响到经济系统模拟结果的可靠性和稳健性，因而模型中函数和参数的设置也是最容易受到质疑、最容易引起分歧的。在涉及时间跨度较长的经济系统模拟时，函数和参数可能会随时间推移而发生变化，如何调整函数和参数的设置也是 CGE 模型所要面对的挑战。局部均衡模型是在假设其他市场条件不变的情况下，孤立地考察单个市场或部分市场的商品供需与价格之间的关系或均衡状态，可以说是一般均衡模型的特例。

三是数理规划模型。数理规划模型是通过设置目标函数，基于目标优化寻求资源配置的最优解的模型方法。其数学原理是数理规划和最优化，根据所优化目标数量的不同，数理规划模型可分为单目标优化和多目标规划。单目标优化只要考虑单一目标的最优化即可，多目标规划则要考虑复数目标之间的优先顺序。如果不同目标之间存在冲突，多目标规划还要考虑不同目标之间的权衡，通常会对不同目标设置不同权重，来体现不同目标的重要程度或优先顺序。按照经济学的理性经济人假设，经济主体会在一定的约束下做出理性的最优决策行为，去追求个人利益的最大化。因此，基于目标优化的数理规划模型符合理性经济人假设的经济学原理，可以用来模拟经济主体的市场行为决策。基于目标优化做出的资源配置决策，包含了隐性的主体均衡，反映资源稀缺性的影子价格，在资源配置决策中起到了重要的决定性

作用。在隐性的均衡市场里，资源的影子价格和边际产出相等。但数理规划模型需要对经济系统里的各种经济活动进行函数化描述，并设置相应的参数。函数和参数设置得合理与否，不仅直接影响到数理规划模型的模拟结果，而且有可能导致模型无解。失之毫厘，差之千里，在数理规划模型中很容易发生这样的现象。

四是系统动力学模型（System Dynamic Model）。系统动力学模型是基于“凡系统必有结构，系统结构决定系统功能”的系统科学思想，根据系统内部组成要素互为因果的反馈特点，从系统内部结构来寻找问题发生根源的计算机仿真模拟方法。系统动力学模型的关键在于构建系统内部各个组分之间互为因果的反馈关系。构成系统动力学模型的主要元件包含“流”（flow）、“积量”（level）、“率量”（rate）、“辅助变量”（auxiliary）等。系统动力学模型的长处是把社会经济系统看做复杂系统，基于系统科学思想和复杂性科学方法，探究社会经济系统内部组分之间互为因果的各种反馈作用，并进行计算机仿真模拟。但系统动力学模型的各种反馈回路并不强调经济学的理论含义，模型机制也缺乏价格杠杆调节供需平衡的经济学理论支撑，因此，系统动力学模型不是纯粹意义上的经济学模型，从属性上讲更多地是一种社会物理学模型。

第二类，自下而上的模型。这一类模型突出经济系统内部经济主体的个体差异，区分不同的经济主体来进行建模，而不是把区域经济当做一个整体来进行建模。这一类模型适用于区域内部差异的描述和分析，可以刻画不同经济主体的行为差异对区域经济的影响。

在自下而上的模型里，最重要的是基于自主体的模型（Agent-based Model，简称 ABM 模型）。ABM 模型是对经济系统内部各种经济主体的行为及其相互作用进行函数化描述，并进行计算机仿真模拟的模型方法。ABM 模型的重点之一是对经济主体的个体行为进行函数化描述，特别是行为准则的界定尤为重要。ABM 模型的另一个重点是对经济主体行为之间的相互作用关系进行刻画。对

经济主体行为准则的界定和相互作用关系的刻画通常都基于相关的经济学原理，因此，ABM 模型可以具有经济学的理论支撑，尤其是微观经济学机制的支撑。ABM 模型同样也存在着行为准则界定和相互作用关系刻画的函数与参数设置直接影响到仿真模拟结果的困扰，如何通过科学、合理的函数和参数设置，去做出行为准则界定和相互作用关系刻画，是 ABM 模型取得成功的关键。

第三类，统计分析和计量经济模型。在自上而下的模型和自下而上的模型之外，也可以通过对区域经济活动进行统计分析和数据建模，模拟分析区域经济对外部政策变化的响应。与自上而下的模型和自下而上的模型不同，统计分析和计量经济模型不是通过函数和参数设置来建立一个模型系统，而是基于实际的经济数据，通过统计分析发现数据中的规律，建立数据模型或计量经济模型，来刻画区域经济系统内部经济活动之间的关联或区域经济和外部社会经济因素之间的关系，从而模拟区域经济活动对外部经济社会因素变化做出的调整和响应。这一类模型有扎实的数据分析基础，具有统计学规律的支撑。常用的建模方法包括时间序列数据模型、横截面数据模型、面板数据模型等。一方面，由于经济系统十分复杂，数据模型或计量经济模型很难对区域系统的全部经济活动及其相互作用进行包罗万象的建模，往往只能针对部分经济活动进行建模，这样就有可能无法顾及经济活动的相互影响和相互依赖。另一方面，数据模型或计量经济模型是基于已有的统计学规律预测和模拟未来趋势，而不能像 CGE 模型那样基于价格杠杆调节供需平衡去模拟经济系统的动态演化。

模型篇

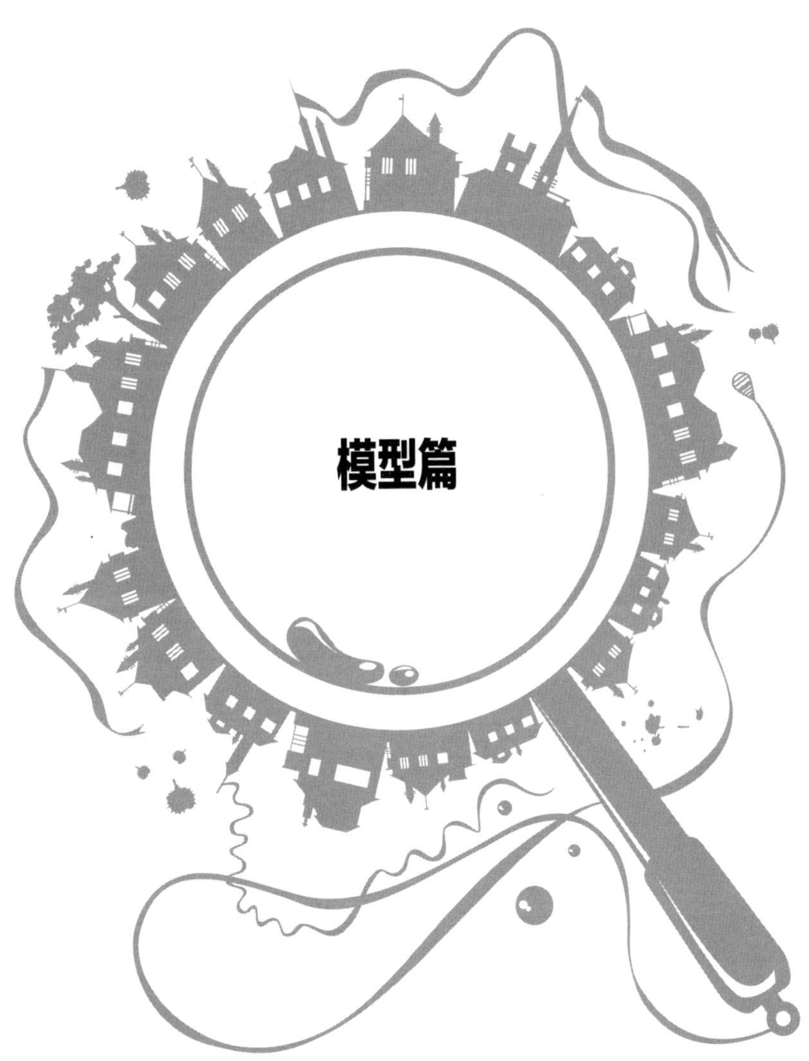

第二章 投入产出模型

第一节　投入产出模型

一、投入产出的基本含义

投入产出分析的思想可以上溯到法国经济学家魁奈（F. Quesnay），但投入产出分析技术的真正产生要归功于美国经济学家列昂惕夫（W. Leontief）。列昂惕夫于 1936 年发表在《经济学和统计学评论》上的《美国经济制度中投入产出数量关系》一文标志着投入产出分析技术的诞生。他在 1941 年出版的《美国经济结构，1919～1929》与 1953 年出版的《美国经济结构研究》等论著中，提出了投入产出表的概念及其编制方法，阐述了投入产出分析技术的基本原理，创立了投入产出分析这一科学理论。

投入产出模型中的投入（input）是指一个系统进行某项活动过程中的消耗，包括中间投入（intermediate input）和最初投入（primary input）两部分。中间投入是指生产过程中对各部门产出的消耗，如对材料、动力和劳务等的消耗。最初投入是指生产过程中对初始要素，如固定资产、劳动等的消耗，即固定资产折旧、从业人员报酬等。投入产出模型中的产出（output）是指一个系统进行某项活动的结果，如生产系统进行生产活动的结果为该系统中各部门生产的产品（物质产品和劳务）。

投入产出模型是以产品部门分类为基础的棋盘式平衡表，用于反映国民经济各部门投入的来源和产出的去向，以及部门与部门之间相互提供、相互消耗产品的错综复杂的技术经济关系。投入产出模型可全面系统地反映国民经济各部门之间的投入产出关系，揭示生产过程中各部门之间相互依存和相互制约的经济技术联系。一方面，它能告诉人们国民经济各部门的产出情况，以及这些部门的产出是怎样分配给其他部门用于生产或怎样分配给居民和社会用于最终消费或出口到国外的；另一方面，它还能告诉人们，各部门为了自身的生产又是怎样从其他部门取得中间投入产品及其最初投入的状况。投入产出核算的功能不仅仅在于反映各个部门在生产过程中直接的、较为明显的经济技术联系，更重要的是，它能揭示出各部门之间间接的、较为隐蔽的甚至被人忽视的经济技术联系。投入产出模型可以为研究产业结构，尤其是为制定和检查国民经济计划、研究价格决策、进行各种定量分析提供数量工具。目前投入产出模型已经在世界上 100 多个国家和地区得到了广泛应用，在经济分析与规划、政策模拟和预测研究中发挥了重要的作用。

二、投入产出模型的基本假定

由于影响社会经济系统运行的因素较多，相互之间的关系错综复杂，因此没有一种模型可以对整个社会经济系统的实际运行状况进行完全的模拟，只能在一定的假定条件下，使模型尽可能全面地反映社会经济系统运行的主要特征。投入产出模型的基本假定可以概括为两点：同质性假定和比例性假定。

(1) 同质性假定。又称“纯部门”假定，即假设每个部门只生产单一的产品，并具有单一的投入结构。投入的同质是指生产消耗结构的一致性，产出的同质则指产品的用途和分配去向一致。

按照瓦尔拉斯一般均衡理论，社会上有多少种产品和多少个生产消费单位，就要列出多少个方程式和变量，这就使这种理论陷于空谈而没有实际意义。投入产出模型的同质性假定的实质在于将“纯部门”视为产品的集合体。该集合体采用相同的生产技术，混合成为同一种消耗结构。这样，便将成千上万种产品及更多的生产单位合并为有限数量的产品部门，从而把按照各个生产单位的分析简化为按照各个经济部门的分析，一方面使得模型可以集中反映产品间单纯的投入与产出关系，另一方面也将瓦尔拉斯一般均衡模型体系中不胜枚举的方程式和变量简化到可以实际应用和计量的程度。

(2) 比例性假定。比例性假定的含义包括两个方面：首先是假定任何一个部门对各部门产品的消耗量是该部门产出的唯一线性函数，各种投入品与产量成比例。其次是假设产品生产中的各种投入要素之间有着固定的比例关系。

比例性假定的实质是假设投入量与产出量为线性变化关系，通过引入投入系数 α_{ij} (input coefficient，也称直接消耗系数) 来实现。用数学公式表达，即：

$$x_{ij}=\alpha_{ij}x_j(i,j=1,2,\cdots,n) \tag{2—1}$$

其中，投入 x_{ij} 与产出 x_j 成正比例关系，如图 2—1 中的直线 A 所示，是一条经过原点的直线。

但在实际的生产过程中，投入与产出并不是这种严格的线性关系。一方面，投入要素的多少与产出量的大小关系是非线性的；另一方面，即使投入与产出存在线性对应关系，也不是经过原点的直线，而应该是：

$$x_{ij}=\alpha_{ij}x_j+b(i,j=1,2,\cdots,n) \tag{2—2}$$

如图 2—1 中直线 B 所示，在产出为 0 时，仍然有固定投入 b。可见比例性假定实际隐含着不考虑生产过程中的固定消耗（图 2—1，直线 C）的假设。因此，比例性假定是将固定消耗与可变消耗混合在一起计算出的比值，用来近似地反映投入与产出之间的数量关系。

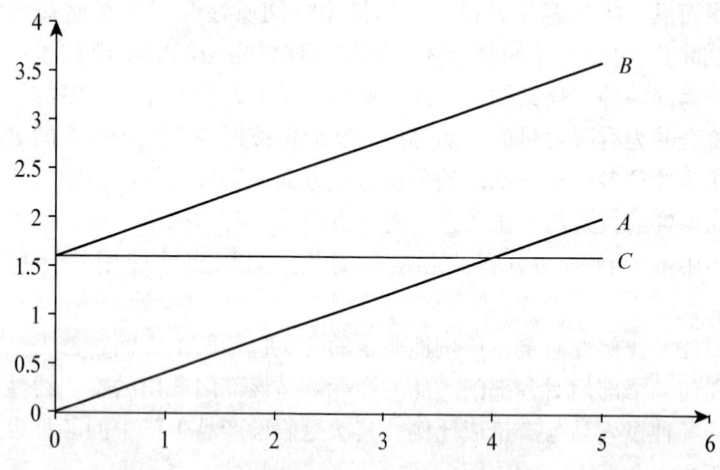

图 2—1　投入产出生产函数示意图

投入产出比例性假定的合理性在于：第一，比例性假定主要是对投入系数而言的。由于技术上的原因，许多投入系数确实在一段

时间内不能相互替代并保持基本稳定。第二，资本与劳动的替代只有在具备先进生产能力的情况下才有可能实现。对于某一部门来说，大规模替代需要较长时间。因此，对于一个国家和地区而言，比例性假定在短期内是基本合理的。而在长期时段上，则应对投入系数进行调整，不能认为是固定不变的。

综上所述，在同质性和比例性两大假定条件下，投入产出模型较大地改变了瓦尔拉斯的以论证全部均衡理论为目的的模型体系，成为一种以生产技术联系为基础、研究经济系统中各部门之间相互依存数量关系并具有实际应用性的分析方法。

三、投入产出模型的基本结构

投入产出模型是一种经济数学模型，是指用数学形式体现投入产出表所反映的经济内容的线性代数方程组。

投入产出表是指反映各种产品生产投入来源和去向的一种棋盘式表格。这种描述一般只涉及表面象限。按表式分为三个象限。第Ⅰ象限是由名称相同、排列次序相同、数目一致的几个产品部门纵横交叉而成的，其主栏为中间投入，宾栏为中间使用，它可提供国民经济各部门之间相互依存、相互制约的技术经济联系资料，反映国民经济各部门之间相互依赖、相互提供劳动对象供生产和消耗的过程。第Ⅱ象限，其主栏和第Ⅰ象限的主栏相同，也是 n 个产品部门；其宾栏是总消费、总投资、进出口等各种最终使用。这一部分是各生产部门提供的各种最终产品的使用数量，反映各种最终使用的构成，体现了国内生产总值经过分配和再分配的最终结果。第Ⅲ象限，其主栏是固定资产折旧、劳动者报酬、生产税净额、营业盈余等各种最初投入；其宾栏与第Ⅰ象限相同，也是 n 个产品部门。这一部分反映各产品部门的最初投入（即增加值）的构成情况，体现了国内生产总值的初次分配。表 2—1 是投入产出表的一般形式。

表 2—1　　　　　　投入产出表的一般形式

产出 投入		中间使用 部门 1，部门 2，…，部门 n	最终使用	总产出
中间投入	部门 1	x_{11}，x_{12}，…，x_{1n}	y_1	X_1
	部门 2	x_{21}，x_{22}，…，x_{2n}	y_2	X_2
	…	…	…	…
	部门 n	x_{n1}，x_{n2}，…，x_{nn}	y_n	X_n
增加值	固定资产折旧	d_1，d_2，…，d_n		
	劳动报酬	v_1，v_2，…，v_n		
	生产税净额	t_1，t_2，…，t_n		
	营业盈余	m_1，m_2，…，m_n		
总投入		X_1，X_2，…，X_n		

投入产出表中的基本平衡关系包括：

行平衡关系：中间使用＋最终使用＝总产出；一般表达式为：

$$\sum_{j=1}^{n} x_{ij} + y_i = X_i \tag{2—3}$$

列平衡关系：中间投入＋初始投入（增加值）＝总投入；一般表达式为：

$$\sum_{i=1}^{n} x_{ij} + d_j + v_j + t_j + m_j = X_j \tag{2—4}$$

四、进口竞争型与进口非竞争型投入产出表

假设 x_{ij} 为各产业部门所需原材料投入额，X_j 为 j 产业部门国内生产额，a_{ij} 为投入系数（也称直接消耗系数），指 j 产业部门单位总产出所直接消耗的来自 i 产业部门的投入额，A 为投入系数矩阵，b_{ij} 为列昂惕夫逆系数，也称完全消耗系数，B 为逆系数矩阵，是投入系数的逆矩阵，F_i 为 i 产业部门最终需求额，F 为最终需求矩阵，M_i 为 i 产业部门进口，M 为进口矩阵，则

$$a_{ij}=\frac{x_{ij}}{X_j},\ b_{ij}=\begin{bmatrix}1-a_{11} & -a_{12} & \cdots & -a_{1n}\\ -a_{21} & 1-a_{22} & \cdots & -a_{2n}\\ \vdots & \vdots & & \vdots\\ -a_{n1} & -a_{n2} & \cdots & 1-a_{nn}\end{bmatrix}$$

用行列式表示则为

$$B=[I-A]^{-1}$$

在进口比例很小的封闭经济中，当进口和最终需求一样作为外生变量处理时，供需均衡方程式为

$$\sum_{j=1}^{n}a_{ij}X_j+F_i=X_i+M_i$$

用行列式表示则为

$$AX+F=X+M$$
$$X=[I-A]^{-1}(F-M)$$

但是，在进出口比例很高的开放经济中，最终需求部门包含国内需求 F_i^d 和作为海外需求发生的出口 E，进口往往依赖于国内生产活动的需求，m_i 为进口系数，$\hat{M}$ 为进口系数矩阵，FD 为除去出口以外的由消费支出和投资等构成的国内最终需求额。

$$F_i=F_i^d+E_i,\ m_i=M_i/(\sum_{j=1}^{n}a_{ij}X_j+F_i^d)$$

当进口不能作为外生变量而是作为内生变量处理时，供需均衡方程式为

$$\sum_{j=1}^{n}a_{ij}X_j+F_i^d+E_i=X_i+M_i$$
$$\sum_{j=1}^{n}a_{ij}X_j+F_i^d+E_i=X_i+m_i(\sum_{j=1}^{n}a_{ij}X_j+F_i^d)$$
$$X_i-(1-m_i)\sum_{j=1}^{n}a_{ij}X_j=(1-m_i)F_i^d+E_i$$

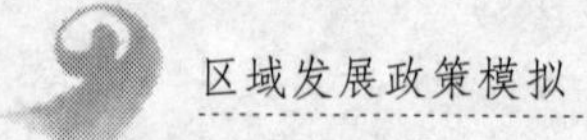

用行列式表示则为

$$[I-(I-\hat{M})A]X=(I-\hat{M})FD+E$$
$$X=[I-(I-\hat{M})A]^{-1}[(I-\hat{M})FD+E]$$

在这里，列昂惕夫逆系数矩阵为

$$B=[I-(I-\hat{M})A]^{-1}$$

在编制投入产出表时，依据列的投入是否区分国内生产的产品和海外进口的产品，可以分为进口竞争型投入产出表和进口非竞争型投入产出表。进口竞争型投入产出表对于列向投入的国内产品和进口产品是不作区分的，列向的投入既包括由国内生产的产品，也包含来自海外的进口产品。如果对列向投入中的国内产品和进口产品作出区分，这时就成为进口非竞争型投入产出表。进口非竞争型投入产出表要求单独列出进口产品的中间投入矩阵。

五、投入产出模型的主要特点

投入产出模型主要有以下几个特点：

（1）从国民经济是一个有机整体的观点出发，综合研究各个部门之间的技术经济联系。投入产出模型实现了国民经济综合指标与产品部门分解指标的有机结合，可以较好地反映国民经济全局和局部的关系，做到在国民经济综合平衡的基础上，确定每个部门产品的生产和分配。

（2）从生产消耗和分配使用两个方面反映产品在部门之间的运动过程，即同时反映产品的价值形成过程和使用价值的运动过程。由于国民经济中的每个部门都具有生产者和消费者的双重身份，一方面，通过消费其他部门的产品把产品生产出来；另一方面，生产出来的产品又要根据社会需要分配到其他部门和领域。这样，国民经济中各种产品的生产和分配相互交织，就形成了所有部门间相互消耗和相互提供产品的内在联系。

（3）一方面，反映在一定技术和生产组织条件下国民经济各部

门的技术经济联系；另一方面，用以测定和体现社会总产品与中间产品、社会总产品与最终产品之间的数量联系。既反映部门之间的直接联系，又反映部门之间的间接联系。投入产出模型所提供的各种系数是人们对国民经济进行数量分析和平衡核算的依据。

（4）数学方法和电子计算技术的结合。投入产出表本身是多个部门联系平衡的经济矩阵，可运用现代数学方法和电子计算机进行运算。这不仅可以保证计算的及时性和准确性，而且可以进一步扩展，与数学规划和其他数量经济方法相结合，发展成经济预测和计划优化的经济数学模型。

第二节　区域间投入产出模型

随着中国市场化程度的加深，区域间货物和服务的交流日益频繁，区域间经济发展的相互影响和依存程度越来越深，区域间经济联系已成为影响区域发展的重要因素之一。因此，仅针对单个区域进行研究难以准确描绘出区域的特点和区域间相互的经济关联，此时，区域间投入产出模型的优越性就可以体现出来。区域间投入产出模型是利用区域间商品和劳务的流动，将各区域投入产出模型连接而成的模型。较之一般的投入产出模型，区域间投入产出模型可以更系统、更全面地反映不同区域不同产业之间的产品贸易情况，是进行区域经济差异、区域间产业相互联系与影响、资源在区域间配置情况等区域经济分析的有效的数量分析工具。

区域间投入产出模型与单个区域的投入产出模型最大的区别在于对产品和劳务的流入和流出的处理上。在单个区域的投入产出模型中，流出仅是最终需求中的一列，没有区分其具体流向；流入也没有区分其来源，甚至许多单个区域模型中仅有净流出一列。而区域间投入产出模型的构建则通过内生化各区域商品和劳务的流入、

流出，把单个区域的投入产出模型的基础联接成一体，对流入、流出中的中间产品按照每一个区域、每一个部门对其他任一区域、任一部门的投入产出结构研制中间流量矩阵；对最终使用产品也研制对其他任一区域、任一部门的最终使用向量。

区域间投入产出模型分为区域间进口非竞争型投入产出模型和区域间进口竞争型投入产出模型两种。本节将分别对这两种模型作简要介绍。

一、区域间进口非竞争型投入产出模型

最早的区域间投入产出模型就是区域间进口非竞争型投入产出模型，由艾萨德（Isard，1951）首先提出，因此也被称为艾萨德模型，还被称为行系数模型。区域间进口非竞争型投入产出模型的基本结构如表 2—2 所示。在区域间进口非竞争型投入产出模型中，各区域之间的产业间交易与区域内部的产业间交易是分别列项处理的。这就意味着，即使是同一部门的产品，如果生产的区域不同，也作为不同的产品来对待。因此，即便是相同投入品，来自区域内部的投入和来自区域外的投入采用的投入系数也不一定相同。模型首先从生产地出发，即一个地区生产的某种产品以固定的分配比例分配给各个区域（包括本区域），这个比例称为区域分配系数，以 h_i^{RS} 表示。则有：

$$h_i^{RS}=\frac{t_i^{RS}}{X_i^R}(R=1,2,\cdots,m;S=1,2,\cdots,m;i=1,2,\cdots,n) \tag{2—5}$$

其中，t_i^{RS} 为 R 地区与 S 地区之间 i 产品的贸易量；X_i^R 为 R 地区 i 部门的产量。

因为

$$\sum_{S=1}^{m} t_i^{RS} = X_i^R(R = 1,2,\cdots,m;S = 1,2,\cdots,m;i = 1,2,\cdots,n) \tag{2—6}$$

所以

$$\sum_{S=1}^{m} h_i^{RS} = 1(R=1,2,\cdots,m;S=1,2,\cdots,m;i=1,2,\cdots,n) \tag{2—7}$$

在分配系数确定之后，若已知一个地区的产量，即可计算它与所有地区之间的贸易量：

$$t_i^{RS} = h_i^{RS} X_i^R (R=1,2,\cdots,m;S=1,2,\cdots,m;i=1,2,\cdots,n) \tag{2—8}$$

则 S 地区 i 部门产品的供应总量为

$$\sum_{R=1}^{m} t_i^{RS} = \sum_{R=1}^{m} h_i^{RS} X_i^R \ (R=1,2,\cdots,m;S=1,2,\cdots,m;i=1,2,\cdots,n) \tag{2—9}$$

而 S 地区对 i 部门的需求量为

$$t_i^S = \sum_{j=1}^{n} \alpha_{ij}^S X_j^S + Y_i^{OS} (S=1,2,\cdots,m;i=1,2,\cdots,n) \tag{2—10}$$

α_{ij}^S 为投入系数，即表示生产区 j 部门一个单位的产出需要的 i 部门的总投入。

根据 S 地区供需平衡的原则，有：

$$\sum_{R=1}^{m} h_i^{RS} X_i^R = \sum_{j=1}^{n} \alpha_{ij}^S X_j^S + Y_i^{OS} (R=1,2,\cdots,m;S=1,2,\cdots,m;i=1,2,\cdots,n) \tag{2—11}$$

改写成矩阵形式，即：

$$\sum_{R=1}^{m} H^{RS} X^R = A^S X^S + Y^{OS} \tag{2—12}$$

艾萨德模型的问题在于，在某一产业部门内，来自区域内部的产品和来自区域外的产品的比例是不稳定的，因此很难进行区分。

而且当投入系数发生变化时，难以区分究竟是起因于该地区的生产技术的变化，还是起因于区域间交易条件的变化。另外，艾萨德模型的基本形式要求把所有的产业按区域进行划分，将每一个区域每一个部门的投入、产出结构分别进行研制，因此对基础数据的需求非常大，研制比较困难。

表 2—2　　区域间进口非竞争型投入产出模型的基本结构

<table>
<tr><th colspan="4" rowspan="3">产出
投入</th><th colspan="3">中间使用</th><th colspan="3">最终使用</th><th rowspan="3">总产出</th></tr>
<tr><th>区域 1</th><th rowspan="2">…</th><th>区域 m</th><th rowspan="2">区域 1</th><th rowspan="2">…</th><th rowspan="2">区域 m</th></tr>
<tr><th>部门 1,…,部门 n</th><th>部门 1,…,部门 n</th></tr>
<tr><td rowspan="6">中间投入</td><td rowspan="3">国内</td><td>区域 1</td><td>部门 1
⋮
部门 n</td><td>$x_{11}^{11}\cdots x_{1n}^{11}$
⋮ ⋮
$x_{n1}^{11}\cdots x_{nn}^{11}$</td><td>…
…
…</td><td>$x_{11}^{1m}\cdots x_{1n}^{1m}$
⋮ ⋮
$x_{n1}^{1m}\cdots x_{nn}^{1m}$</td><td>$Y_1^{11}$
…
Y_n^{11}</td><td>…
…
…</td><td>Y_1^{1m}
…
Y_n^{1m}</td><td>x_1^1
…
x_n^1</td></tr>
<tr><td>⋮</td><td>⋮</td><td>…</td><td>…</td><td>…</td><td>…</td><td>…</td><td>…</td><td>…</td></tr>
<tr><td>区域 m</td><td>部门 1
⋮
部门 n</td><td>$x_{11}^{m1}\cdots x_{1n}^{m1}$
⋮ ⋮
$x_{n1}^{m1}\cdots x_{nn}^{m1}$</td><td>…
…
…</td><td>$x_{11}^{mm}\cdots x_{1n}^{mm}$
⋮ ⋮
$x_{n1}^{mm}\cdots x_{nn}^{mm}$</td><td>$Y_1^{m1}$
…
Y_1^{m1}</td><td>…
…
…</td><td>Y_1^{mm}
…
Y_n^{mm}</td><td>X_1^m
…
X_n^m</td></tr>
<tr><td rowspan="3">进口</td><td>区域 1</td><td>部门 1
⋮
部门 n</td><td>$\tilde{x}_{11}^{11}\cdots\tilde{x}_{1n}^{11}$
⋮ ⋮
$\tilde{x}_{n1}^{1m}\cdots\tilde{x}_{nn}^{1m}$</td><td></td><td>$\tilde{x}^{1m}\cdots\tilde{x}_{1n}^{1m}$
⋮ ⋮
$\tilde{x}_{n1}^{1m}\cdots\tilde{x}_{n1}^{1m}\cdots\tilde{x}_{nn}^{1m}$</td><td>$\tilde{Y}_1^{11}$
…
$\tilde{Y}_n^{11}$</td><td>…
…
…</td><td>$\tilde{Y}_1^{m1}$
…
$\tilde{Y}_n^{m1}$</td><td></td></tr>
<tr><td>⋮</td><td>⋮</td><td>…</td><td>…</td><td>…</td><td>…</td><td>…</td><td>…</td><td></td></tr>
<tr><td>区域 m</td><td>部门 1
⋮
部门 n</td><td>$\tilde{x}_{11}^{m1}\cdots\tilde{x}_{1n}^{m1}$
⋮ ⋮
$\tilde{x}_{n1}^{m1}\cdots\tilde{x}_{nn}^{m1}$</td><td>…
…
…</td><td>$\tilde{x}_{11}^{mm}\cdots\tilde{x}_{1n}^{mm}$
⋮ ⋮
$\tilde{x}_{n1}^{mm}\cdots\tilde{x}_{nn}^{mm}$</td><td>$\tilde{Y}_1^{m1}$
…
$\tilde{Y}_n^{m1}$</td><td>…
…
…</td><td>$\tilde{Y}_1^{mm}$
…
$\tilde{Y}_n^{mm}$</td><td></td></tr>
<tr><td colspan="4">最初投入</td><td>$V_1^1,\cdots,V_n^1$</td><td>…</td><td>$V_1^m,\cdots,V_1^m$</td><td colspan="4" rowspan="2"></td></tr>
<tr><td colspan="4">总投入</td><td>$X_1^1,\cdots,X_n^1$</td><td>…</td><td>$X_1^m,\cdots,X_n^m$</td></tr>
</table>

二、区域间进口竞争型投入产出模型

为了克服区域间进口非竞争型投入产出模型中投入系数不稳定和数据需求量大的缺点，钱纳里（Chenery，1953）和莫塞斯（Moses，1955）先后独立提出了区域间进口竞争型投入产出模型，也称为钱纳里-莫塞斯模型或列系数模型。区域间进口竞争型投入产出模型的基本结构如表 2—3 所示。区域间进口竞争型投入产出模型的核心是区域间交易系数的提出。所谓区域间交易系数是指，在 S 区域的 i 产品的总需求（中间需求加最终需求）中，S 区域的各中间需求部门和最终需求部门从 R 区域输入的 i 产品的比例。

表 2—3　　区域间进口非竞争型投入产出模型的基本结构

<table>
<tr><td colspan="3" rowspan="3">产出
投入</td><td colspan="3">中间使用</td><td colspan="3">最终使用</td><td rowspan="3">总产出</td></tr>
<tr><td>区域 1</td><td rowspan="2">…</td><td>区域 m</td><td rowspan="2">区域 1</td><td rowspan="2">…</td><td rowspan="2">区域 m</td></tr>
<tr><td>部门 1…部门 n</td><td>部门 1…部门 n</td></tr>
<tr><td rowspan="3">中间投入</td><td>区域 1</td><td>部门 1…部门 n</td><td>$x_{11}^{11}\cdots x_{1n}^{11}$
⋮ ⋮
$x_{n1}^{11}\cdots x_{nn}^{11}$</td><td>…
…
…</td><td>$x_{11}^{1m}\cdots x_{1n}^{1m}$
⋮ ⋮
$x_{n1}^{1m}\cdots x_{nn}^{1m}$</td><td>$Y_1^{11}$
…
Y_n^{11}</td><td>…
…
…</td><td>Y_1^{1m}
…
Y_n^{1m}</td><td>x_1^1
…
x_n^1</td></tr>
<tr><td>⋮</td><td>⋮</td><td>…</td><td>…</td><td>…</td><td>…</td><td>…</td><td>…</td><td>…</td></tr>
<tr><td>区域 m</td><td>部门 1…部门 n</td><td>$x_{11}^{m1}\cdots x_{1n}^{m1}$
⋮ ⋮
$x_{n1}^{m1}\cdots x_{nn}^{m1}$</td><td>…
…
…</td><td>$x_{11}^{mm}\cdots x_{1n}^{mm}$
⋮ ⋮
$x_{n1}^{mm}\cdots x_{nn}^{mm}$</td><td>$Y_1^{m1}$
…
Y_1^{m1}</td><td>…
…
…</td><td>Y_1^{mm}
…
Y_n^{mm}</td><td>X_1^m
…
X_n^m</td></tr>
<tr><td colspan="3">最初投入</td><td>$V_1^1\cdots V_n^1$</td><td>…</td><td>$V_1^m\cdots V_1^m$</td><td colspan="4"></td></tr>
<tr><td colspan="3">总投入</td><td>$X_1^1\cdots X_n^1$</td><td>…</td><td>$X_1^m\cdots X_n^m$</td><td colspan="4"></td></tr>
</table>

假设 a_{ij} 为投入系数，指 j 产业部门单位产出所直接消耗的来自 i 产业部门的投入额，A 为投入系数矩阵；x_{ij} 为各产业部门所需

的原材料投入额，X_j 为产业部门国内生产额；F_i 为 i 产业部门最终需求，F 为最终需求矩阵；M_i 为 i 产业部门进口，M 为进口矩阵；E 为作为海外需求发生的出口。

区域间交易系数可定义为：

$$c_i^{RS} = N_i^{RS} / \left(\sum_{j=1}^{n} a_{ij}^{S} X_j^{S} + F_i^{S} \right) \tag{2—13}$$

$$N_i^{SS} = \left(\sum_{j=1}^{n} a_{ij}^{S} X_j^{S} + F_i^{S} \right) - \sum_{r} N_i^{RS} \tag{2—14}$$

其中，N_i^{RS} 为 S 区域的各产业(中间需求）部门以及最终需求部门从 R 区域输入的 i 产品总额，F_i^S 为 S 区域的最终需求部门使用的 i 产品总额，$\sum a_{ij}^S X_j^S$ 为 S 区域的各中间需求部门使用的 i 产品总额。

来自区域内部的 i 产品供给额 N_i^{SS} 等于从 S 区域的 i 产品的总需求减去来自各区域的 i 产品的输入总额。因此，区域间交易系数 c_i^{RS} 可以从反面反映该产品的区域内自给率高低程度。区域间交易系数矩阵 C 可以反映各个区域之间各种产品的交易形式。

根据区域间交易系数，可以定义各个区域的产业部门之间的产品交易额为

$$x_{ij}^{RS} = c_i^{RS} a_{ij}^{S} X_j^{S} \tag{2—15}$$

各个区域的产品最终需求部门交易额为

$$F_i^{RS} = c_i^{RS} F_i^{S} \tag{2—16}$$

由此，可以得到钱纳里-莫塞斯模型供需平衡的基本方程式：

$$CAX + CF + E = X + M \tag{2—17}$$

表示为区域间投入产出模型的形式，为

$$\begin{gathered} A^{RS} X^{R} + F^{RS} + E^{R} = X^{R} + M^{R} \\ A^{RS} = CA, F^{RS} = CF \end{gathered} \tag{2—18}$$

其中，C 为区域间交易系数矩阵；A^{RS} 为区域间投入产出模型的投入系数矩阵；F^{RS} 为区域间投入产出模型的最终需求矩阵；E^R 为区

域间投入产出模型的出口列阵；M^R 为区域间投入产出模型的进口列阵；X^R 为区域间投入产出模型的产出列阵。

钱纳里-莫塞斯模型与艾萨德模型的不同之处在于，艾萨德模型把一个地区的某种产品向各个地区供应的百分比固定下来，而钱纳里-莫塞斯模型则是把一个地区对某种产品的需求量由各个地区（包括本地区）供应的百分比固定下来。钱纳里-莫塞斯模型隐含的基本假设是，任一部门产品对任一区域（含本区域）内各部门的供应比例相同。因此只需要得到每一部门产品在各区域之间流量的数据，而不要求逐个研制分区域、分部门的区域间产品流量矩阵。因此，相比于艾萨德模型，钱纳里-莫塞斯模型对基础数据的要求较低，大大降低了区域间投入产出表的编制难度。另外，钱纳里-莫塞斯模型的优点还在于将投入系数 a_{ij}^S 和贸易系数 c_i^{RS} 区分开了，从而可以将生产技术和贸易模式的影响区别开来，分别衡量产出技术的提高和贸易模式的改变所产生的不同影响（刘起运、陈璋等，2006）。

第三节　城乡投入产出模型

我国城乡差距不断拉大，“三农”问题日益成为困扰我国经济发展、社会公平和实现现代化的核心问题之一。“三农”问题的根源在于长期分割的城乡二元经济结构。统筹城乡发展，促进城乡一体化，需要深入理解工农之间的产业关联和城乡之间的相互作用。投入产出分析从考察部门间错综复杂的投入产出关系出发，对于定量分析城乡经济联系和相互作用以及对“三农”问题的影响，具有其他方法所不可比拟的优势。在此背景下，城乡投入产出模型应运而生。

城乡投入产出模型既要遵循一般投入产出模型的结构和特点，又能反映农村经济结构和城乡经济联系。中国城乡投入产出模型表的基本结构遵循一般投入产出表的三个模块，由中间投入、最终使

用和增加值三部分构成。城乡投入产出模型对部门设置进行了调整，在中间使用和最终使用部分区分了农村使用和城市使用，并在中间使用的农村使用部分区分了农业部门和非农业部门。城乡投入产出模型的基本形式如表 2—4 所示。

表 2—4　　城乡投入产出模型的一般形式

<table>
<tr><td colspan="4" rowspan="3">产出
投入</td><td colspan="4">中间使用</td><td colspan="3">最终使用</td><td rowspan="3">总产出</td></tr>
<tr><td colspan="2">农村</td><td colspan="2">城市</td><td rowspan="2">农村消费</td><td rowspan="2">城镇消费</td><td rowspan="2">其他</td></tr>
<tr><td>农业</td><td>非农业</td><td>工业</td><td>服务业</td></tr>
<tr><td rowspan="7">投入部门</td><td rowspan="4">中间投入</td><td rowspan="2">农村</td><td>农业</td><td>X^{11}</td><td>X^{12}</td><td>X^{13}</td><td>X^{14}</td><td>Y^{11}</td><td>Y^{12}</td><td>Y^{13}</td><td>X_1</td></tr>
<tr><td>非农业</td><td>X^{21}</td><td>X^{22}</td><td>X^{23}</td><td>X^{24}</td><td>Y^{21}</td><td>Y^{22}</td><td>Y^{23}</td><td>X_2</td></tr>
<tr><td rowspan="2">城市</td><td>工业</td><td>X^{31}</td><td>X^{32}</td><td>X^{33}</td><td>X^{34}</td><td>Y^{31}</td><td>Y^{32}</td><td>Y^{33}</td><td>X_3</td></tr>
<tr><td>服务业</td><td>X^{41}</td><td>X^{42}</td><td>X^{43}</td><td>X^{44}</td><td>Y^{41}</td><td>Y^{42}</td><td>Y^{43}</td><td>X_4</td></tr>
<tr><td rowspan="3">最初投入</td><td colspan="2">农村劳动者报酬</td><td>V^{11}</td><td>V^{12}</td><td>V^{13}</td><td>V^{14}</td><td></td><td></td><td></td><td></td></tr>
<tr><td colspan="2">城市劳动者报酬</td><td>V^{21}</td><td>V^{22}</td><td>V^{23}</td><td>V^{24}</td><td></td><td></td><td></td><td></td></tr>
<tr><td colspan="2">其他</td><td>V^{31}</td><td>V^{32}</td><td>V^{33}</td><td>V^{34}</td><td></td><td></td><td></td><td></td></tr>
<tr><td colspan="3">总投入</td><td>X_1</td><td>X_2</td><td>X_3</td><td>X_4</td><td></td><td></td><td></td><td></td></tr>
</table>

城乡投入产出模型对于研究城乡相关问题具有广泛的作用。例如，通过对各细化农业部门影响力和感应度系数的分析，可以研究各农业部门在国民经济中的地位和作用；通过计算依赖系数，从生产诱发和依赖的角度，分析消费、投资和出口对不同农业部门总产出的诱发效果；比较农村居民消费和城市居民消费等不同的最终使用对各细化农业部门的诱发效果和途径，从而为分析农业各部门的地位和作用提出相关量化依据和理论参考。

第四节　投入产出分析

投入产出模型经常应用于诸多宏观经济分析如产业关联分析、

生产诱发分析、经济结构分析、成本—效益分析等等。

一、投入产出模型的应用领域

1. 产业关联分析

在社会经济系统运行中，各个产业部门之间存在着既广泛又密切的技术经济联系。一个产业部门在生产过程中的任何变化，都将通过产业关联对其他产业部门产生一定的波及作用。利用投入产出模型，可以定量分析一定时期内国民经济各产业部门在社会再生产过程中所形成的直接和间接的相互依存、相互制约的技术经济联系。产业关联可以分为后向关联和前向关联。后向关联是指生产部门与供给其原材料、动力、劳务和设备的生产部门之间的联系；前向关联是指生产部门与使用或消耗其产品的生产部门之间的联系。在投入产出分析中，用影响力系数来表征后向联系的程度，用感应度系数来表征前向联系的程度。

（1）影响力系数。

$$IC_j = \frac{\sum_{i=1}^{n} b_{ij}}{\frac{1}{n}\sum_{i=1}^{n}\sum_{j=1}^{n} b_{ij}} \tag{2—19}$$

其中，b_{ij} 为第 j 部门对第 i 部门的列昂惕夫逆系数（也称为完全需求系数）；$\sum_{i=1}^{n} b_{ij}$ 反映了某地区 j 产业的最终需求增加时对于包括自身在内的各产业部门的生产诱发效果总计，将其除以各个产业部门的最终需求增加对全部产业的生产诱发效果，可以测度该产业最终需求增加对各产业部门产生的生产波及效果相对于全行业平均值的强弱程度。当某一部门影响力系数大于（小于）1 时，表明该部门的生产对其他部门所产生的波及影响程度高于（低于）社会平均影响水平。影响力系数越大，该部门对其他部门的拉动作用

越大。

(2) 感应度系数。

$$RC_i = \frac{\sum_{j=1}^{n} b_{ij}}{\frac{1}{n}\sum_{i=1}^{n}\sum_{j=1}^{n} b_{ij}} \tag{2—20}$$

式中，$\sum_{j=1}^{n} b_{ij}$ 反映了各产业部门均增加一个单位最终需求时，某地区的 i 产业受到的需求感应程度，也就是需要该产业部门为其他产业部门提供的生产额，将其除以各个产业部门的最终需求增加对全部产业的需求感应效果，可以测度 i 产业受到的需求感应效果相对于全行业平均值的强弱程度。当某一部门感应度系数大于（小于）1 时，表明该部门的生产对其他部门的感应程度高于（低于）社会平均感应度水平。感应度系数越大，该部门对国民经济的推动作用越大，该部门就越具有基础产业和瓶颈产业的特征。

2. 生产诱发分析

社会的生产和服务活动是由最终需求的拉动产生的。居民消费、政府消费和固定资产投资等最终需求通过国民经济各部门间的生产技术经济联系对整个国民经济增长的规模和速度产生不同的拉动作用。在投入产出分析中，可以用生产诱发度来度量这种拉动作用的大小。

$$C_{ik} = \sum_{j=1}^{n} b_{ij} f_{jk} / \sum_{j=1}^{n} f_{jk} \, (i = 1,2,\cdots,n; k = 1,2,\cdots) \tag{2—21}$$

最终需求生产诱发度 C_{ik} 表示第 k 类最终需求按结构变动一个单位所诱发部门的生产变化；b_{ij} 为第 j 部门对第 i 部门的列昂惕夫逆系数；f_{jk} 表示第 j 种产品用于第 k 类最终需求的量；分子 $\sum_{j=1}^{n} b_{ij} f_{jk}$

为生产诱发额，表示第 k 类最终需求变动通过部门间关联关系所引起的部门 i 生产额的变化量。生产诱发度越大，表明该类最终需求对该部门的波及效果越大。

3. 经济结构分析

利用投入产出表提供的经济部门产出指标，即流量指标计算结构比例系数，可以进行以下经济结构分析。

（1）生产结构分析。

利用投入产出表给出的各部门总产量 X_j（$j=1$，2，…，n）和国民经济总产量 $\sum_j X_j$，计算各类产品总量占总产品的比重 $X_j/\sum_j X_j$，即可以反映出社会产品结构。

（2）分配系数分析。

分配系数由各部门的总产出与中间产品对应行向各元素相除得到，即：$\gamma_{ij}=X_{ij}/X_i(i,j=1,2,\cdots,n)$，表示 j 部门消耗的 i 种中间产品在 i 种产品总产出中所占的比例。

（3）总产品的分配结构分析。

社会总产品的分配有中间使用和最终使用两个方面。中间使用是社会生产的手段，最终使用是社会生产的目的。将分配系数矩阵行向求和，即 $\gamma_{in}=\sum_{j=1}^{n}\gamma_{ij}$，表示第 i 种产品作为中间产品的数量占总产量的比值，记为行向量 $R_{in}=(r_{1n},r_{2n},\cdots,r_{nn})$。$i$ 部门最终产品与总产出的比例，记为 $\gamma_{if}=F_i/X_i$，称为 i 部门最终产品比例系数，记为行向量 $R_f=(r_{1f},r_{2f},\cdots,r_{nf})^T$。显然，$R_{in}+R_f=I$。$R_{in}$ 和 R_f 可以揭示各部门总产品的基本分配结构。

（4）中间产品的分配结构分析。

将中间产品流量 X_{ij} 与中间产品总量 $\sum_j\sum_i X_{ij}$ 相比较，即计算 $X_{ij}/\sum_j\sum_i X_{ij}$，可以分析各部门的各种中间消耗占中间产品总量的比重。

将每种中间产品的总量 $\sum_{j} X_{ij}(i=1,2,\cdots,n)$ 与中间产品总量 $\sum_{j}\sum_{i} X_{ij}$ 相比较，即计算 $\sum_{j} X_{ij} / \sum_{j}\sum_{i} X_{ij}$ ，可以分析各部门作为中间消耗产品占中间产品总量的比重，从而了解各部门在社会生产中的地位与作用。

4. 成本—效益分析

利用投入产出表中投入量和产出指标的比例关系，可以进行一系列成本效益分析，主要包括：

（1）物耗产值率。

$$X_j / \sum_{i} X_{ij} \tag{2—22}$$

其中，$\sum_{i} X_{ij}$ 为 j 部门中间投入总量（物耗总量）；物耗产值率反映 j 部门中间产品的使用效率。

（2）分产品的物耗产值率。

$$X_j / X_{ij} \tag{2—23}$$

即投入系数的倒数，反映 j 部门生产过程中消耗单位 i 部门产品时的产值，即在 j 部门中 i 部门中间产品的使用效率。

（3）折旧产值率。

$$X_j / D_j (j=1,2,\cdots,n) \tag{2—24}$$

其中，D_j 表示 j 部门的折旧额；折旧产值率反映各部门单位折旧所能创造的产值。

（4）工资产值率。

$$X_j / V_j (j=1,2,\cdots,n) \tag{2—25}$$

其中，V_j 表示 j 部门的劳动者报酬；工资产值率反映各部门单位工资投入所能创造的产值，是各部门劳动投入效率的指标。

（5）物耗工资率。

$$V_j / \sum_i X_{ij} (j = 1,2,\cdots,n) \tag{2—26}$$

其中，V_j 为 j 部门的劳动者报酬；物耗工资率反映各部门单位物质消耗所能创造的劳动者报酬额。

（6）物耗社会纯收入率。

$$M_j / \sum_i X_{ij} (j = 1,2,\cdots,n) \tag{2—27}$$

其中，M_j 为 j 部门的社会纯收入总额，包括生产税净额和营业盈余。物耗社会纯收入率反映各部门单位物质消耗所能创造的社会纯收入。

（7）物耗净产值率。

$$(V_j + M_j) / \sum_i X_{ij} (j = 1,2,\cdots,n) \tag{2—28}$$

物耗净产值率是物耗工资率与物耗社会纯收入率之和，反映各部门单位物质消耗所能创造的净产值。

（8）成本产值率。

$$X_j / (\sum_i X_{ij} + D_j + V_j) (j = 1,2,\cdots,n) \tag{2—29}$$

反映各部门单位成本投入所带来的产值。

（9）成本社会纯收入率。

$$M_j / (\sum_i X_{ij} + D_j + V_j) (j = 1,2,\cdots,n) \tag{21—30}$$

反映各部门单位成本投入所带来的社会纯收入。

（10）成本净产值率。

$$(V_j + M_j) / (\sum_i X_{ij} + D_j + V_j) (j = 1,2,\cdots,n) \tag{2—31}$$

反映各部门单位成本投入所带来的净产值。

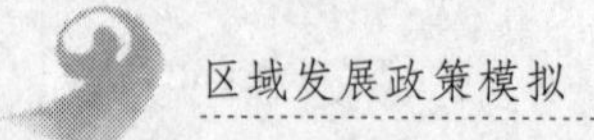

二、价格计算与价格变动影响测算

1. 投入产出价格模型

在我国建立市场经济的过程中，价格是十分重要的宏观经济调节杠杆。理论价格，也称为非自然价格，是对商品价值的转化形态（如生产价格）的模拟和计算。理论价格可作为正确核算和评价经济效益的手段，是用于检验现行价格背离价值的不合理程度的标准。利用投入产出模型对理论价格进行测算，对于建立合理的价格体系，充分发挥价格的经济调节作用具有重要意义。

由于投入产出模型各列形成的关系，反映了各部门产品的价值形成过程，也就是实际生产中产品价格的形成及组成，因此，假设现行劳动者报酬能反映各类商品生产过程中的劳动消耗，那么，在给定各类商品统一的生产税净额和营业盈余率后，利用投入产出模型就能计算出各种商品的价格。价格计算公式为：

$$p_j = \sum_{i=1}^{n} \alpha_{ij} p_i + \alpha_{vj} + \alpha_{mj} \qquad (2—32)$$

p_i 和 p_j 分别为 i 部门和 j 部门产品的价格。α_{ij} 为实物形态的投入系数，$\sum_{i=1}^{n} \alpha_{ij} p_i$ 为生产单位 j 产品的价格中，以价值形式表示的全部物资消耗；而 $\alpha_{vj} + \alpha_{mj}$ 表示生产单位 j 产品的初始投入。将式（2—32）用矩阵表示并整理得到：

$$P = (I - A^T)^{-1}(\bar{V} + \bar{M}) \qquad (2—33)$$

其中，A 表示各部门的投入系数矩阵，$\bar{V}$ 表示各部门劳动消耗系数的列向量，$\bar{V}$ 表示各部门生产税净额和营业盈余率的列向量，P 表示当产品供需相等时的均衡价格列向量。这就说明，在已知投入系数矩阵、劳动消耗系数列向量以及生产税净额和营业盈余率列向量的条件下，利用投入产出模型，可以计算出各部门产品的价格。

2. 投入产出价格变动影响测算模型

在完整的经济系统中，各个生产部门的产品价格之间存在着密切的联系，一个或几个生产部门的产品价格变化会引起其他部门的产品价格变化，这种变化在很大程度上是通过成本的变动来传导的。通过成本变动引起的价格变化既包括直接的变化，也包括连锁反应带来的间接变化。由于投入产出模型全面地体现了国民经济各个部门之间的生产联系，因此能够充分反映价格影响的传导机制，计算出的价格影响系数是一种完全系数。因此，投入产出模型是研究价格影响和波及效应的最为合适的方法之一。

经典的投入产出价格变动影响测算模型是建立在一系列假定基础之上的，这些假定主要有：

（1）假定受价格影响的部门产品价格的变动都是由成本中物质或服务消耗费用的变化引起的，不考虑工资或利税变化对价格带来的影响，不考虑折旧的变化；

（2）不考虑在原材料、燃料、动力价格提高后，企业可能采取的各种降低成本的措施；

（3）不考虑供求对价格的影响，而只从成本推动的角度考虑；

（4）不考虑政府的价格调控因素对价格变化的限制；

（5）不考虑价格影响的传导时滞问题，即价格的影响效应是通过产业链条瞬间传递出去的，不存在价格波动的时间差问题。

由于不考虑工资、生产税净额和营业盈余的变化，所以全部价格变化都是由劳动对象的价格变化引起的，其计算公式为：

$$\Delta P_j = \sum_{i}^{n} \alpha_{ij} \Delta P_i (j = 1,2,\cdots,n) \tag{2—34}$$

式（2—34）的展开式为：

$$\Delta P_1 = \alpha_{11}\Delta P_1 + \alpha_{21}\Delta P_2 + \cdots + \alpha_{n-1,1}\Delta P_{n-1} + \alpha_{n1}\Delta P_n$$
$$\Delta P_2 = \alpha_{12}\Delta P_1 + \alpha_{22}\Delta P_2 + \cdots + \alpha_{n-1,2}\Delta P_{n-1} + \alpha_{n2}\Delta P_n$$

$$\Delta P_{n-1}=\alpha_{1,n-1}\Delta P_1+\alpha_{2,n-1}\Delta P_2+\cdots+\alpha_{n-1,n-1}\Delta P_{n-1} +\alpha_{n,n-1}\Delta P_n \tag{2—35}$$

式中，ΔP_i、ΔP_j 为第 i 种或第 j 种产品价格变化的指数。

移项后得到：

$$\begin{aligned}\alpha_{n1}\Delta P_n&=(1-\alpha_{11})\Delta P_1-\alpha_{21}\Delta P_2-\cdots-\alpha_{n-1,1}\Delta P_{n-1}\\ \alpha_{n2}\Delta P_n&=-\alpha_{12}\Delta P_1+(1-\alpha_{22})\Delta P_2-\cdots-\alpha_{n-1,2}\Delta P_{n-1}\\ \alpha_{n,n-1}\Delta P_n&=-\alpha_{1,n-1}\Delta P_1-\alpha_{2,n-1}\Delta P_2-\cdots\\ &\quad-(1-\alpha_{n-1,n-1})\Delta P_{n-1}\end{aligned} \tag{2—36}$$

用矩阵表示为：

$$\begin{bmatrix}\alpha_{n1}\\ \alpha_{n2}\\ \vdots\\ \alpha_{n,n-1}\end{bmatrix}\Delta P_n=(I-A_{n-1}^T)\begin{bmatrix}\Delta P_1\\ \Delta P_2\\ \vdots\\ \Delta P_{n-1}\end{bmatrix} \tag{2—37}$$

因此，可以得到第 n 种产品价格提高 ΔP_n 后，第 1 至第$(n-1)$ 种产品价格提高幅度的计算公式：

$$\begin{bmatrix}\Delta P_1\\ \Delta P_2\\ \vdots\\ \Delta P_{n-1}\end{bmatrix}=[(I-A_{n-1})^{-1}]^T\begin{bmatrix}\alpha_{n1}\\ \alpha_{n2}\\ \vdots\\ \alpha_{n,n-1}\end{bmatrix}\Delta P_n \tag{2—38}$$

式中，$\begin{bmatrix}\alpha_{n1}\\ \alpha_{n2}\\ \vdots\\ \alpha_{n,n-1}\end{bmatrix}\Delta P_n$ 表示第 n 类产品价格提高 ΔP 后，通过投入系数计算出对第 1 至第（$n-1$）种产品价格的直接影响。再乘以 $(I-A_{n-1}^T)^{-1}$，则表示对其他产品价格的全部直接与间接影响。

同样地，可以推导得到两种产品调价的影响公式：

$$\begin{bmatrix}\Delta P_1\\\Delta P_2\\\vdots\\\Delta P_{n-2}\end{bmatrix}=[(I-A_{n-2})^{-1}]^T\begin{bmatrix}\alpha_{n-1,1} & \alpha_{n1}\\\alpha_{n-1,2} & \alpha_{n2}\\\vdots & \vdots\\\alpha_{n-1,n-2} & \alpha_{n,n-2}\end{bmatrix}\begin{bmatrix}\Delta P_{n-1}\\\Delta P_n\end{bmatrix}$$

（2—39）

以及 k 种产品调价的影响公式：

$$\begin{bmatrix}\Delta P_1\\\Delta P_2\\\vdots\\\Delta P_{n-k}\end{bmatrix}=[(I-A_{11})^{-1}]^T\begin{bmatrix}\alpha_{n-k+1,1} & \cdots & \alpha_{n1}\\\vdots & & \vdots\\\alpha_{n-k+1,n-k} & \cdots & \alpha_{n,n-k}\end{bmatrix}\begin{bmatrix}\Delta P_{n-k+1}\\\Delta P_{n-k+2}\\\vdots\\\Delta P_n\end{bmatrix}$$

（2—40）

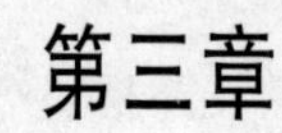

第三章 可计算一般均衡模型

可计算一般均衡（Computable General Equilibrium Model，简称 CGE 模型）是基于新古典主义的框架，以瓦尔拉斯一般均衡理论为基础，并通过数学建模来模拟经济活动的一般均衡结构的方法。一个典型的 CGE 模型，就是用一组方程来描述供给、需求以及市场关系。在这组方程中不仅商品和生产要素的数量是变量，所有的价格，包括商品价格、工资也都是变量，在一系列优化条件（生产者利润优化、消费者效益优化、进口收益利润和出口成本优化等等）的约束下，求解这一组方程，得出在各个市场都达到均衡时的一组数量和价格（徐滇庆，1993）。

居民拥有初始的资源禀赋和偏好集，通过将自己的劳动和资本提供给企业获得收入，在收入的约束下，最大化自己的效用，得出对商品的需求、劳动和资本的支付。企业向居民购买生产要

素、从原材料生产部门购进原材料，在一定的生产技术约束下，最大化自己的利润，从而形成对各生产要素和原材料的需求，同时提供各种商品。各种原材料、生产要素和最终产品是通过各种市场在居民、企业之间流通，其供需关系依赖于其价格，各市场经过价格调整使供需达到平衡。CGE 模型体现了经济运行的整体过程，可以分析一个和多个外来政策冲击对整个经济造成的影响。

CGE 模型有多种分类方法，最重要的两种分类方法是：按照时间维度可以分为静态模型和动态模型；根据空间维度可以分为单区域 CGE 模型和多区域 CGE 模型。动态模型包括每个年份都要满足静态模型的平衡条件，同时要考虑关键参数在时间维度上的动态关联和可能趋势。单区域 CGE 模型和多区域 CGE 模型在模型构建原理上相同，单区域 CGE 模型是多区域 CGE 模型的一个特殊形式，多区域 CGE 模型的结构比单区域 CGE 模型要复杂很多。全国 CGE 模型属于单区域 CGE 模型。我国多区域 CGE 模型目前有两种构建方法：一种是基于多个独立的省区（区域）的投入产出表，根据引力模型构建的软连接的多区域 CGE 模型，该模型中区域之间的经济关联构建基于引力模型。另一种是基于省区（区域）间投入产出表构建的多区域 CGE 模型，区域之间的经济关联基于区域间投入产出表。后者方程数量大大多于前者，对区域经济关联的刻画也更加详细，模型求解时间也较长。本章介绍的多区域 CGE 模型属于后者。

CGE 模型包含多个变量、多种参数、多个经济主体，它可以分析多种政策问题。当然，CGE 模型的构建也需要根据不同的分析问题进行调整和细化。譬如，为了分析碳交易，需要在模型中细化生产结构，添加碳排放模块、碳交易和碳市场模块。为了分析环境问题，需要在模型中根据不同经济主体的行为特点所带来的环境问题进行细化。本章主要以能源—经济—环境问题为分析对象，构建能源—经济—环境政策模型。

本章具体安排如下：第一节介绍单区域CGE模型；第二节介绍多区域CGE模型；第三节介绍模型的数据库和参数设定；第四节介绍中国能源—经济—环境政策模型的构建。

第一节　CGE模型的基本结构

一、模型的结构

一个典型的CGE模型包括生产模块、收入支出模块、对外贸易模块、投资模块、宏观闭合模块以及均衡模块。

（一）生产模块

如果要分析CO_2排放和能源问题，在模型中，需要把生产函数的投入品分为资本、劳动、能源和非能源中间投入品四大类。

$$Y_i = f_i(A_i, K_i, L_i, E_i, V_i) \tag{3—1}$$

其中，Y_i表示i部门的产出；A_i表示转移参数；K_i表示资本投入；L_i表示劳动投入；E_i表示能源投入；V_i表示中间品投入。

模型的基本结构是以Lofgren等（2002）和武亚军等（2002）的模型为基础，在生产技术模块中加入能源部分。其中，能源、资本和劳动之间用不变替代弹性（Constant Elasticity of Substitution，CES）函数来描述它们之间的替代关系。不同的中间投入品之间较难替代，故采用列昂惕夫函数。此外，原材料投入不容易被资本、能源或劳动所替代，因此，用列昂惕夫函数来衡量能源—资本—劳动复合品与中间投入品之间的关系。由于在CES函数中，任意两个投入品之间的替代弹性都相同，为了能够反映不同投入品之间复杂的替代关系，模型采用多层嵌套的CES结构。

$$Y_i=f(X_{i1},X_{i2})=(\alpha_i X_{i1}\rho i+\beta_i X_{i2}\rho i)^1/\rho_i$$
$$=A_i*(\alpha_i X_{i1}\rho i+(1-\alpha_i)X_{i2}\rho i)^1/\rho_i \tag{3—2}$$

其中，A_i代表i部门的转移参数；X_{i1}和X_{i2}分别代表对i部门不同的投入品；α_i表示投入品X_{i1}的份额参数；β_i表示投入品X_{i2}的份额参数；ρ_i为两种投入品之间的替代参数。模型中，各种份额参数根据基年数据进行校准，替代弹性外生给定。

生产者在给定的技术条件的约束下选择合适的投入品组合，最小化自己的成本，从而得出对不同投入品的需求。

$$X_{i1}=A_i^{\sigma_i-1}*\alpha_i^{\sigma_i}*\left(\frac{PY_i}{PX_{i1}}\right)^{\sigma_i}*Y_i \tag{3—3}$$

$$X_{i2}=A_i^{\sigma_i-1}*(1-\alpha_i)^{\sigma_i}*\left(\frac{PY_i}{PX_{i2}}\right)^{\sigma_i}*Y_i \tag{3—4}$$

$$\sigma_i=1/(1-\rho_i) \tag{3—5}$$

其中，PX_{i1}、PX_{i2}和PY_i分别代表投入品X_{i1}、X_{i2}的价格和产出品Y_i的价格；σ_i代表两种投入品的替代弹性。

各种中间投入品之间采用列昂惕夫函数形式，中间投入品的需求方程式为：

$$QA_i=\sum_i iocif_{i,j}*Y_i \tag{3—6}$$

其中，QA_i代表生产部门对第i种商品的需求量；$iocif_{i,j}$代表投入产出系数，即第j生产部门生产单位产品所需的第i种商品的数量，根据基年数据校准而得。

由于第i生产部门的利润为0，因此

$$KE_i*PKE_i+Ld_i*W_i+\sum_j(QA_{j,i}*PA_j)$$
$$=Y_i*PY_i*(1-rtax_i) \tag{3—7}$$

其中，KE_i为第i生产部门对资本能源合成品的需求量；PKE_i为第i生产部门使用资本能源合成品的价格；Ld_i为第i生产部门的劳动需求量；W_i为第 i 生产部门的工资率；$QA_{j,i}$为第 i 生产部门对第 j 种商品的需求量；PA_j为第 j 种商品的价格；$rtax_i$为第 i 生产部门的间接税率，由基年数据校准而得。

(二) 收入支出模块

收入支出模块包括要素收入、居民的收入与支出、企业的收入与支出以及政府的收入与支出。

1. 要素收入

要素收入包括来自资本和劳动的回报：

$$YK_i = R_i * Kd_i \tag{3—8}$$

$$YL_i = W_i * Ld_i \tag{3—9}$$

其中，YK_i和YL_i分别表示第 i 生产部门的资本报酬和劳动报酬；R_i为第 i 生产部门的资本回报率；Kd_i为第 i 生产部门对资本的需求量。

2. 居民的收入与支出

居民的收入包括劳动报酬、资本报酬以及企业、政府和世界其他地区对居民的转移支付。居民的支出一部分用来向政府缴纳居民所得税，一部分用于对各种商品的消费，剩下的作为居民的储蓄。

$$YH_h = lin_h * \sum_i YL_i + k_h * ktoh * \sum_i YK_i + g_h * GtoH + en_h * ENtoH + w_h * WtoH \tag{3—10}$$

$$CA_i * PA_i = \beta_i * YH_h * (1 - tax_h) * (1 - msp_h) \tag{3—11}$$

其中，h 表示城镇或农村居民；YH_h为第 h 类居民的收入；lin_h为第 h 类居民在劳动报酬上的分配参数；k_h为第 h 类居民在资本报酬上的分配参数；$ktoh$ 为资本收入对居民的分配系数；g_h为第 h 类居民在政府对居民的转移支付上的分配参数；$GtoH$ 为政府对居民的转移支付；en_h为第 h 类居民在企业对居民的转移支付上的分配参数；$ENtoH$ 为企业对居民的转移支付；w_h为第 h 类居民在世界

其他地区对居民的转移支付上的分配参数；$WtoH$ 为世界其他地区对居民的转移支付；CA_i 为第 h 类居民对第 i 类商品的消费；β_i 为第 h 类居民对第 i 类商品的消费份额参数；tax_h 为第 h 类居民向政府缴纳的税率；msp_h 为第 h 类居民的储蓄率。其中，lin_h、k_h、$ktoh$、en_h、w_h、β_i 均根据基年的数据进行校准。

3. 政府的收入与支出

政府的收入来自居民和企业向政府缴纳的税收、进口商品的关税以及世界其他地区对政府的转移支付。政府的支出包括政府向居民、企业的转移支付，政府向出口商品提供的出口补贴，政府对各种商品的最终消费。

$$YG = IndTax + Tariff + HTax + ENTax + WtoG \tag{3—12}$$

$$GA_i * PA_i = \theta_i * (YG - GtoH - GtoEn - ExSub) * (1 - mspg) \tag{3—13}$$

其中，YG 表示政府收入；$IndTax$ 表示政府的生产间接税；$Tariff$ 表示政府的关税收入；$HTax$ 表示居民向政府交纳的税收；$ENTax$ 表示企业向政府交纳的税费；$WtoG$ 表示世界其他地区对政府的转移支付；GA_i 表示政府对第 i 类商品的消费；θ_i 表示政府对第 i 类商品的消费份额参数，根据基年数据校准；$GtoEn$ 表示政府对企业的转移支付；$ExSub$ 表示政府对出口商品提供的出口退税；$mspg$ 表示政府的储蓄率。

4. 企业的收入与支出

企业的收入来自资本报酬和政府对企业的转移支付，支出包括企业对居民的转移支付、对政府缴纳的税费。

$$ENSav + ENTax + ENtoH = ktoen * \sum_i YK_i + GtoEN \tag{3—14}$$

其中，$ENSav$ 为企业储蓄；$ktoen$ 为资本收入对企业的分配系数，

根据基年数据校准得到。

（三）对外贸易模块

进出口采用 Armington 假设。国内消费的商品一部分来自国产、一部分来自进口，国产商品和进口商品采用 CES 函数复合。国内生产的商品一部分用于国内销售、一部分用于出口，通过不变弹性转换（CET）函数进行复合。

$$Q_i = A * (\alpha D_i^{\rho} + (1-\alpha) M_i^{\rho})^{1/\rho} \quad (3—15)$$

$$X_i = B * (\beta D_i^{\tau} + (1-\beta) E_i^{\tau})^{1/\tau} \quad (3—16)$$

其中，Q_i表示对 i 商品的需求；X_i表示 i 商品的产出；D_i表示国内对 i 商品的需求；M_i表示对 i 商品的进口需求；E_i表示 i 商品的出口量；A 和 B 表示转移参数；α 表示国内消费的商品中来自国产品的份额；$1-\alpha$ 表示国内消费的商品中来自进口品的份额；β 表示国内生产的商品中用于国内消费的份额；$1-\beta$ 表示国内生产的商品中用于出口的份额；ρ 表示国内品和进口品的替代参数；τ 表示国内消费品和出口的替代参数。

在模型的进出口贸易处理上采用了小国假设，即中国进出口商品的世界价格是外生给定的，中国只是价格接受者。

$$PM_i = PWM_i * (1 + ttax_i) * ER \quad (3—17)$$

$$PE_i (1 - esub_i) = PWE_i * ER \quad (3—18)$$

其中，PM_i表示第 i 类进口商品的价格；PWM_i表示第 i 类进口商品的世界价格；$ttax_i$表示第 i 类进口商品的关税税率；ER 为汇率；PE_i为第 i 类出口商品的价格；PWE_i为第 i 类出口商品的国际价格；$esub_i$为第 i 类出口商品的出口补贴。其中，世界价格和汇率外生给定，$ttax_i$和 $esub_i$根据基年的数据校准得出。

（四）投资模块

总投资额一部分用于库存，一部分用于固定资产投资：

$$TQI = TQIV + TQIT \tag{3—19}$$

$$TQIV * invsha_i = DK_i * PK_i \tag{3—20}$$

其中，TQI 表示总投资额；$TQIV$ 表示固定资产投资总额；$TQIT$ 表示库存；$invsha_i$ 表示第 i 部门的固定资产投资份额；DK_i 表示第 i 部门的固定资产投资额。

(五) 宏观闭合模块

模型中主要包括三类宏观闭合：政府预算行为闭合，本模型中采取了政府储蓄外生，税率内生；国际收支平衡闭合，本模型中采取了汇率外生，国外储蓄内生；储蓄投资闭合，经济中所有储蓄都转换为投资。

(六) 均衡模块

模型中有两类均衡：一类是商品市场均衡；一类是要素市场均衡，包括劳动市场和资本市场均衡。商品市场遵循三面等价原则，即国内市场商品的供给来自国内生产和国外进口，对这部分商品的需求则来自中间消费和最终消费。

$$D_i + M_i = Q_i = QA_i + CA_i + GA_i + TQIV_i + TQIT_i \tag{3—21}$$

在要素市场中，本模型假设劳动和资本在部门间并不能完全流动，通过设置部门间的相对工资率的扭曲系数和资本回报的扭曲系数来反映劳动和资本在部门间的不完全流动。

$$W_i = distort_i^L * W \tag{3—22}$$

$$R_i = distort_i^K * AR \tag{3—23}$$

其中，$distort_i^L$ 和 $distort_i^K$ 分别表示工资和资本回报的扭曲系数；W 表示平均相对工资率；AR 表示平均资本回报率。

二、CGE 模型的动态化

CGE 模型的动态化通过资本积累、劳动增长和要素技术进步来实现。各部门劳动外生给定，有效劳动占总人口的比重固定，即劳动随着总人口增长而增长。资本的累积、劳动增长以及技术进步的设定参见情景设计的说明。

第二节 多区域 CGE 模型

一、多区域 CGE 模型的主要特点

多区域 CGE 模型是在单区域 CGE 模型基础上构建起来的，多区域 CGE 模型具有一般 CGE（单区域）模型的基本特征，多区域 CGE 模型关于每一区域内部的结构，如生产、消费、投资、政府购买、进口和出口等结构，和单区域 CGE 模型在本质上是基本一致的。从这个意义上说，单区域 CGE 模型是多区域 CGE 模型的区域为 1 的一个特例。

与单区域 CGE 模型不同的是，多区域 CGE 模型应该具备以下两个主要特征：

（1）经济主体的优化行为是区域层次的。

（2）模型中对区域间经济联系做出刻画，主要包括区域间商品交易、区域间投资流动、区域间劳动流动，以及政府、居民或企业在区域间的转移支付，最后一方面根据研究需要有时可以省略。

其中，第一个特征为描述区域间经济联系和相互作用的基础（必要条件），而第二个特征则为充分条件。所以多区域 CGE 模型

应该把每个区域都看作单独的经济主体，并包含刻画区域间经济联系和相互作用的模块，不仅可以体现区域差异，还能通过区域间的商品和要素流动使一个区域的经济影响对其他区域的经济也产生波及影响并获得相应的反馈。

二、模型结构

多区域 CGE 模型的基本结构包含生产技术、本地最终需求、进出口、区域间商品流动、区域间投资的分配、区域间劳动的分配以及模型的宏观闭合七大模块。其中，对生产技术、本地最终需求、进出口等模块中经济主体的优化行为都是区域层次的，从而体现了区域间经济规模和结构等差异；对区域间商品流动、区域间投资的分配和区域间劳动的分配的设计是模型的重点，它们描绘了区域间的经济联系。

（一）生产技术结构

多区域 CGE 模型与单区域 CGE 模型的区别在于：每种投入品都是由本地生产的该投入品与其他地区生产的该投入品 CES 复合而成，本地区投入由本地区生产的该投入品和本地区进口的该中间投入品 CES 复合而成，其他地区投入是从其他地区调入的该投入品 CES 复合而成。而每种投入品之间的关系根据实际情况和研究问题的需要进行调整。以能源—经济—环境模型为例，假定多区域 CGE 模型中有 m 个地区，每个地区都有 n 个生产部门，假定生产技术为规模报酬不变，所有厂商是完全竞争的，都是价格接受者，均衡时厂商获得零利润。在生产中产出主要由初始投入要素（资本、劳动、能源）和中间投入来生产，生产函数采用多层的 CES 函数嵌套（见图 3—1）。首先在化石能源之间进行复合（假设有 v 种化石能源），然后化石能源和电力复合成能源束（nexus）。资本与能源束复合成资本—能源束，最后和劳动复合成资本—能源—劳

动要素束。

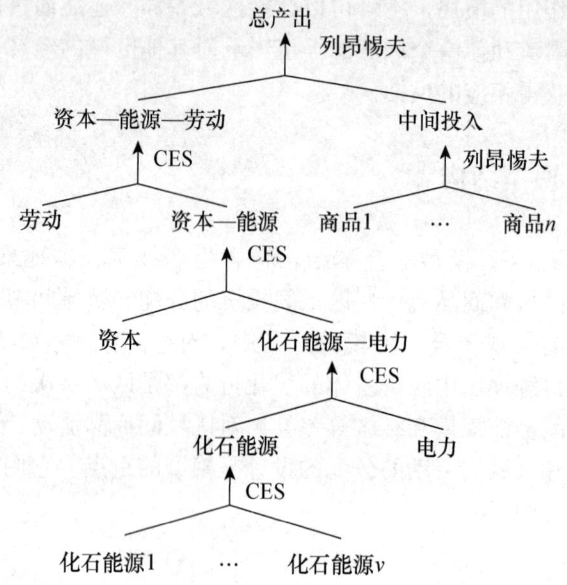

图 3—1　基于多区域 CGE 模型的能源—经济—环境模型生产结构图

（二）本地最终需求结构

本地最终需求是指城镇居民消费、农村居民消费、政府购买、固定资产形成和存货投资。下面分别介绍居民消费、政府消费和投资商品消费的模型结构。

1. 居民消费

居民收入来自资本收入、劳动收入、政府转移支付（这里为简单起见，略去政府转移支付）等，可支配收入则是由居民收入扣除资本和劳动所得税构成。模型中存在两种居民，即城镇居民和农村居民。假设农村居民和城镇居民收入占居民总收入的比例基本不变。

居民的可支配收入可用于储蓄与购买各种商品和服务。本模型

不考虑消费者的跨期最优化行为，因此消费者在当期的最优化选择就是在总的预算约束下寻求当期效用的最大化问题。在模型中，居民对不同商品和服务的购买量由扩展线性支出系统（Extend Linear Expenditure System，ELES）模型来决定。以城镇居民消费为例，效用函数如下：

$$U1_r = \prod_{i=1}^{n} (QHU_{i,r} - \gamma_{i,r}^{hu})^{\lambda_{i,r}^{hu}} \tag{3—24}$$

其中，$U1_r$为r地区居民消费的效用；$QHU_{i,r}$为r地区i商品的城镇居民消费数量；$\gamma_{i,r}^{hu}$为r地区i商品的城镇居民的最低（基本）消费数量；$\lambda_{i,r}^{hu}$为r地区i商品的城镇居民消费的边际消费倾向。由上面的效用函数最大化和预算收入约束可导出城镇居民对各项商品和服务的需求函数：

$$QHU_{i,r} = \gamma_{i,r}^{hu} + \lambda_{i,r}^{hu} / PHU_{i,r} \cdot (YHU_r - \sum_{i=1}^{n} PHU_{i,r} \cdot \gamma_{i,r}^{hu}) \tag{3—25}$$

其中，$PHU_{i,r}$表示r地区i商品的城镇居民消费的价格。

同理，可求出农村居民对各项商品和服务的需求函数。最后，居民的可支配收入减去居民消费就等于居民储蓄。因为ELES函数关系，居民储蓄并没有固定的比例，即居民的储蓄是内生的，相关的方程见宏观闭合部分。

2. 政府消费

模型中对政府进行了区分，为简单起见，假设每个地方都有一个地方政府，没有中央政府。政府收入主要来自生产税、关税和居民所得税，政府收入扣除储蓄后用于购买各种商品，不同商品的购买量由柯布-道格拉斯（Cobb-Douglas）函数决定。各地政府对各种商品的消费相当于解下列最优化问题：

$$\max U2_r = \prod_{i=1}^{n} QG_{i,r} \beta_{i,r}^{g} \tag{3—26}$$

$$\text{s.t.} \sum_{i=1}^{n} PG_{i,r} \cdot QG_{i,r} = EXPGR_r \tag{3—27}$$

其中，$U2_r$为r地区政府消费的效用；$QG_{i,r}$为r地区i商品的政府消费数量；$\beta^g_{i,r}$为r地区政府消费需求中对i商品的消费比例；$PG_{i,r}$为r地区i商品的政府消费价格；$EXPGR_r$为r地区的政府支出。

在政府收入和消费支出确定的情况下，可得到地方政府对各种商品（服务）的消费需求。

$$QG_{i,r}=\beta^g_{i,r} \cdot EXPGR_r/PG_{i,r} \tag{3—28}$$

其中，$EXPGR_r$为r地区政府总支出（是整个政府支出的一定比例）。

3. 投资商品消费

在每一行业的投资中，考虑到其所需的各种投资商品的技术性关系，使用了列昂惕夫函数来决定地区投资中各项投资商品的需求量，即每种投资商品的需求占行业的总投资都是固定比例的。各地区的存货投资在模型中被设定为固定不变。

（三）进出口结构

对同一种商品来说，既有本区域企业所生产的商品，也有从国外进口的商品，还有从国内其他区域进口的商品，这些不同来源的商品构成了本地区市场上总的供给。本研究将本区域生产的和其他区域生产的（以及国外进口的）同类商品看作不完全替代而非完全同质的商品，并存在价格差异，用 Armington 假设来描述不同地区商品之间的不完全替代关系。

世界进口市场上商品的价格加上关税和运输成本可得到各地区进口商品的“到岸”价格。进口商品和本地商品之间存在不完全替代关系，经由 CES 函数复合成一种复合商品，这样该地区对进口商品和本地商品的需求根据成本最小化原则由该 CES 函数推导出

的“需求”函数来决定。最后，这一复合商品同其他地区调入的商品一同供生产者作为中间投入，或供居民、政府和投资者作为最终使用来消费。模型结构见图 3—2。

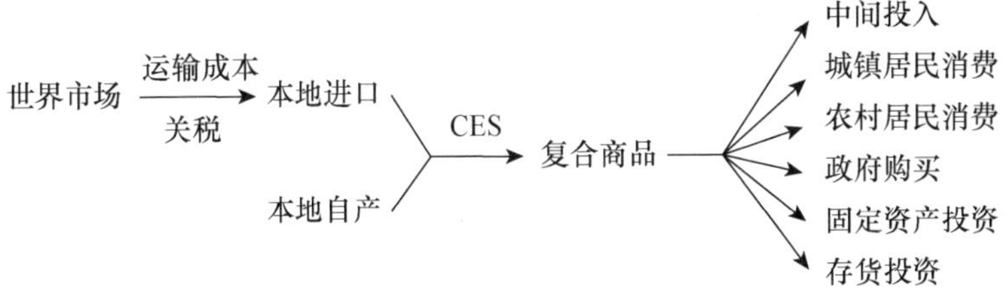

图 3—2　多区域 CGE 模型的进口结构图

出口价格加上运输成本和出口关税或补贴，可得到这一地区商品出口时的离岸价格。假定各地区出口商品之间也存在不完全替代关系，经由 CES 函数复合成一种商品代表中国的总出口商品，这样对每一地区商品的需求由该 CES 函数推导出的“需求”函数来决定。世界市场对中国总出口商品的需求量是一个相对价格（世界出口市场上商品价格与中国商品离岸价格的比值）的指数函数，这个指数为正值弹性参数，即出口商品的国内价格上升将导致世界对中国出口需求量的减少。通过改变这个指数的大小，可以反映中国不同种类的出口商品对世界市场的影响程度。模型结构见图 3—3。

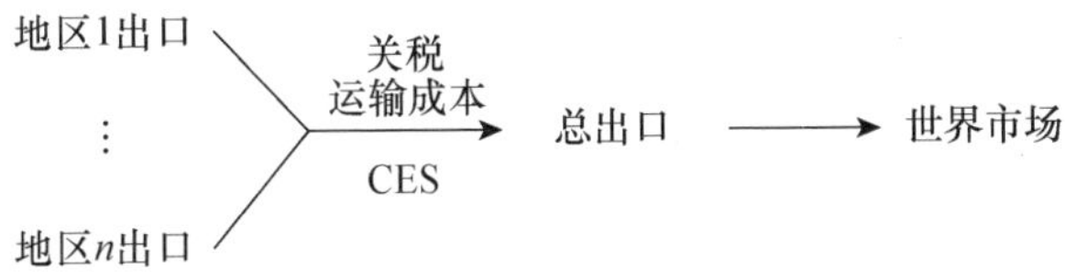

图 3—3　多区域 CGE 模型的出口结构图

（四）区域间商品流动

模型中区域间商品流动包括中间投入品的区域间流动和城镇居

民消费、农村居民消费、政府购买、固定资产投资、存货投资等最终消费商品的区域间流动。

无论是中间投入需求，还是居民消费、政府购买以及投资消费的商品需求，既可采用本地区和进口的复合商品，也可采用外地区的商品，所以和进口与国产商品一样，采用 Armington 假设，由 CES 函数来描述它们之间的替代关系。最后，这一复合商品用于企业中间投入，或供居民、政府和投资者作为最终使用来使用（见图 3—4）。

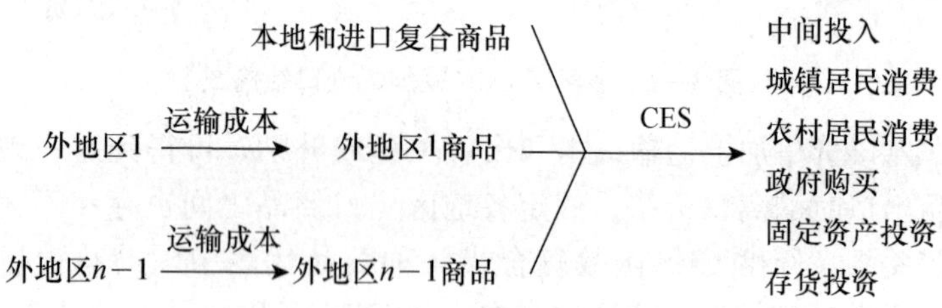

图 3—4　多区域 CGE 模型的区域间商品流向图

同理，每一个地区的商品既可以提供给本地区使用，也可以提供给其他地区使用或用于出口。假设本地进口只用于本地使用，不用于调出。即本地和进口复合的商品只用于本地使用。

模型中提供给本地区使用时运输成本忽略不计，提供给其他地区的商品或者进口到国内某地区的商品，在原来的价格上附加运输成本后就得到了目的地的“到岸”价格。

（五）区域间投资的分配

在动态模型中，采用一个指数函数的形式来刻画资本存量的变化，从而进一步决定投资的增长变化。

$QINV_{i,r}$为 r 地区 i 产业的投资量，折旧率为$depre_r$，期初和期末的资本存量分别为$QK_{i,r}$和$KE_{i,r}$，该地区 i 产业期末的资本存量可定义为：

$$KE_{i,r}=QINV_{i,r}+(1-depre_r)\cdot QK_{i,r} \tag{3—29}$$

r 地区 i 产业资本存量的增长率 $K\_GR_{i,r}$ 可以由下式表示：

$$K\_GR_{i,r}=K\_GR_{min}+\frac{K\_GR_{max}-K\_GR_{min}}{1+exp\ (gret_{i,r}(GKA_{i,r}-\frac{PK_{i,r}}{PINV_{i,r}}))} \tag{3—30}$$

其中，$PK_{i,r}$ 和 $PINV_{i,r}$ 分别表示资本报酬和投资商品价格，$GKA_{i,r}$ 表示投资指数函数中 $PK_{i,r}$ 与 $PINV_{i,r}$ 比值的中间点（横轴的中央），$gret_{i,r}$ 表示函数的陡度，K_GR_{max} 表示资本存量增长率的最大值（可根据情况调整），K_GR_{min} 表示资本存量增长率的最小值。$gret_{i,r}$ 可设为 0.5，$GKA_{i,r}$ 由模型校准得到。在图 3—5 中，资本存量增长率随着 $PK_{i,r}$ 与 $PINV_{i,r}$ 比值的增大而增大，资本报酬相对投资品价格增加，或者投资品价格相对资本报酬降低都可以促使资本存量增加。但资本存量的增加存在最大值和最小值的限定，从而把资本存量的增加设定在一个合理的范围内。

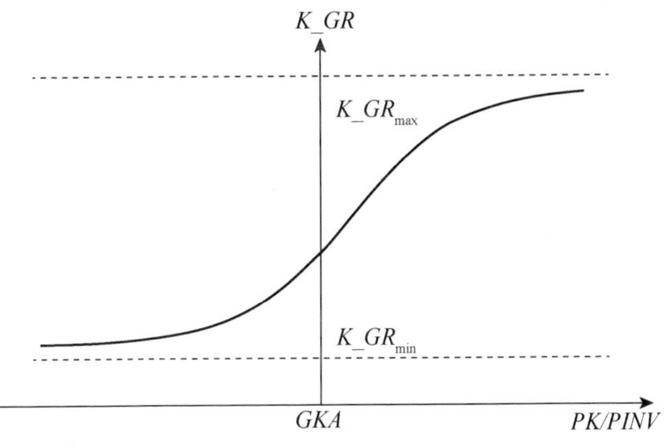

图 3—5　资本存量增长率函数图

资本存量的增长率还可以写成期末和期初的资本存量之比减1，如下式所示：

$$K\_GR_{i,r}=KE_{i,r}/QK_{i,r}-1 \tag{3—31}$$

通过上述几个方程可以内生决定期末资本存量$KE_{i,r}$和投资量$QINV_{i,r}$。最后，资本在要素市场需要达到供需均衡，即某地区各行业资本加总与该地区资本总量相等。

（六）区域间劳动的分配

在多国CGE模型中很少考虑国家间劳动的流动，但对于一国内部尤其是像中国这样的大国，区域间的劳动流动是多区域CGE模型必须考虑的因素之一。根据张建红等（2006）的研究，中国的地区间工资差距在不断扩大。史先诚（2007）的研究表明，中国行业间工资差异明显且自1988年以来呈现逐步上升趋势。模型中如何反映这些工资差异以及劳动的流动呢？

根据上述实证研究结果，模型中首先设定一个外生的全国劳动总量，各地区劳动供给内生，区域间劳动是可以自由流动的，但不是完全自由流动的，存在各区域的工资差异，设定地区扭曲系数来反映地区工资和全国平均工资的差异，其中全国平均工资（$TWAGE$）为内生决定，各地区工资等于全国平均工资乘以各地区扭曲系数，从而可以内生决定各地区的劳动供给总量。同理，每个地区各行业的劳动供给内生，劳动在行业间也是不完全自由流动的，用行业扭曲系数来反映该地区某行业工资和该地区行业平均工资的差异，各地区的劳动供给总量决定后就可以内生地决定各地区每个行业的劳动供给量。这两类扭曲系数可以都是外生的，可以根据政策模拟的需要增加或减少区域间和行业间的工资扭曲程度，来实现不同政策变化的需要。

$$TTQL=\sum_{r=1} TQL_r \tag{3—32}$$

$$WAGE_r = distort_r \cdot TWAGE \tag{3—33}$$

$$TQL_r = \sum_{i=1} QL_{i,r} \tag{3—34}$$

$$PL_{i,r} = distl_{i,r} \cdot WAGE_r \tag{3—35}$$

TQL_r和 $TTQL$ 分别为 r 地区和全国的劳动总量，$distort_r$为 r 地区的平均工资调整系数，$distl_{i,r}$为 r 地区 i 行业的平均工资调整系数，$WAGE_r$和 $TWAGE$ 分别为 r 地区的平均工资和全国的平均工资，$QL_{i,r}$和$PL_{i,r}$分别为 r 地区 i 行业的劳动数量和工资。

（七）模型的宏观闭合

为简单起见，模型不考虑失业，不考虑政府干预，也不考虑价格刚性问题，采用新古典的闭合原则。

政府的宏观闭合采用政府税率外生、储蓄内生的方式。国际收支平衡采用外国在本国的储蓄等于进口与出口之差。汇率外生，外国储蓄内生。投资储蓄均衡（IS 均衡）是宏观闭合里非常重要的闭合，即总储蓄（包括各地区居民储蓄、政府储蓄、外国储蓄、外地区储蓄之和）与总投资（包括各地区固定资产和存货投资之和）相等。

在均衡条件下，需求或供给是价格的零阶齐次函数。在优化条件下的需求和供给行为是货币中性的，只依赖于相对价格。本模型中设汇率为基准价格，其他所有价格都是基准价格的相对价格。

三、动态的构建方式

动态 CGE 模型的资本累积可以通过每年固定的资本存量减去折旧加上每年内生的投资逐年累积，劳动的累积按照每年一定的增长率来增长，技术进步通过中国的全要素生产率（TFP）的年均增

长来实现。动态方式采用递归动态，即逐年求解，用第一年的值来求解第二年的值，依此类推。

第三节 CGE 模型的数据库与参数设定

一、模型基础数据

CGE 模型的基础数据是在投入产出表基础上构建的社会核算矩阵（SAM 表）。以中国能源—经济—环境政策模型为例，可以基于研究问题的需要和不同的数据基础构建不同的分析框架。第一个模型是基于 2002 年投入产出表的模型，包括 37 个行业，一组居民家庭，三种生产要素（劳动、资本和能源）。37 个生产行业中包括 1 个农业部门、34 个工业部门和 2 个服务业。能源要素的投入来自 7 个能源部门，分别是煤、石油、天然气、石油加工品、焦炭、燃气和电力。第二个模型是基于 2007 年投入产出表以及 2007 年相应的海关、税收、国际收支、资金流量等数据编制的 2007 年 SAM 表，包括 39 个部门（见表 3—1），2 组居民家庭（城市和农村），3 种生产要素（劳动、资本和能源）。39 个生产部门中包括 1 个农业部门、36 个工业部门和 2 个服务业。能源要素的投入来自 9 个能源部门，分别是煤、石油、天然气、石油加工品、焦炭、燃气、火电、其他电力以及热力。利用前者我们探讨了中国的减排潜力以及实现 2020 年减排目标的可能选择（第九章第一节），利用后者探讨了碳税对发展非化石能源的作用（第九章第二节）以及碳税和碳交易的选择与区域经济发展问题（第九章第五节）。

表 3—1　　中国能源—经济—环境政策模型 SAM 表的部门分类

序号	行业	序号	行业	序号	行业
1	农业	14	印刷业记录媒介的复制、文教体育用品制造业	27	普通机械、专用设备制造业
2	煤炭开采和洗选业	15	石油及核燃料加工业	28	交通运输设备制造业
3	石油开采业	16	炼焦业	29	电气机械及器材与电子及通信设备制造业
4	天然气开采业	17	化学原料及制品制造业	30	仪器仪表及文化办公用机械制造业
5	黑色金属矿采选业	18	医药制造业	31	其他工业
6	有色金属矿采选业	19	化学纤维制造业	32	火电生产和供应业
7	其他矿采选业	20	橡胶制品业、塑料制品业	33	其他电力生产供应业
8	食品饮料加工制造业	21	水泥、石灰和石膏制造业	34	热力生产和供应业
9	烟草制品业	22	玻璃及玻璃制品制造业	35	燃气生产和供应业
10	纺织业	23	其他非金属矿物制品业	36	水的生产和供应业
11	服装皮革及其他纤维制品制造业	24	黑色金属冶炼压延加工业	37	建筑业
12	木材加工及竹制品业、家具制造业	25	有色金属冶炼压延加工业	38	运输业仓储及邮电通信业
13	造纸及纸制品业	26	金属制品业	39	其他服务行业

注：本书各章中不同模型的行业归并方式不同。

多区域 CGE 模型的基础数据来自中国科学院虚拟经济与数据科学研究中心编制的 2002 年和 2007 年 30 个省区（除西藏、香港、澳门、台湾）60 个部门的区域间投入产出表。该表包含 1 个 2×30×2×30 的中间商品交易矩阵，反映了 30 个省区 60 个部门的中

间投入和中间使用，还有1个2×30×2×5的最终商品交易矩阵，分别反映了30个省区的城镇居民消费、农村居民消费、政府购买、固定资产形成和存货投资使用各地区商品的情况。除此之外，增加值部分、出口、进口、总产出、总投入均为2×30的矩阵。为了动态求解的需要，作者把60个部门合并为19个部门（见表3—2），以此作为模型的基础数据库。

表3—2　　多区域CGE模型的部门划分

编号	部门	编号	部门
i1	农业	i11	金属制品业
i2	煤炭石油和天然气开采和洗选业	i12	机械制造业
i3	金属非金属采矿	i13	通信计算机及其他电子设备制造业
i4	食品制造	i14	仪器仪表及文化办公用机械制造业
i5	纺织业	i15	其他制造业
i6	造纸印刷文教	i16	电力、热力、燃气的生产和供应业
i7	石油加工、炼焦及核燃料加工业	i17	建筑业
i8	化学工业	i18	运输仓储业
i9	非金属矿物制品业	i19	服务业
i10	金属冶炼及压延加工业		

二、外生参数的设定与估算

（一）全国CGE模型参数的设定与估算

全国CGE模型的外生参数——生产要素之间的替代弹性的设定参考了武亚军等（2002）的研究，以及Paltsev et al.（2005）的参数设定。进口与国产商品之间的替代弹性参考全球贸易分析模型第六版（GTAP 6.0）中的经验值。行业劳动的数据来自中国第五次人口普查数据和《中国经济普查年鉴（2004）》。固定资产投资、人口等

数据来自《中国统计年鉴（2008）》。2007年不同发电技术的发电量来自IEA（2009），不同技术的投入成本来自IEA（2005，2007）和Paltsev et al.（2005）。由于能源的消耗需要用实物量来衡量，然而投入产出表中不同部门对能源的消耗采用的是价值量的单位，因此，基年的转换系数（可看做能源价格）可以通过价值量除以相应的实物量（来自《中国能源统计年鉴（2008）》）来获得，该转换系数同样用于对未来能源消耗的估计。CO_2 排放可根据所消耗的不同的能源品种乘以相应的 CO_2 排放因子以及氧化率获得（见表3—3）。

表3—3　　化石能源转化成 CO_2 排放的计算因子

	平均低位发热量（千焦/千克）	折标煤系数（千克标准煤/千克）	CO_2 排放系数（千克碳/千焦）	氧化率
原煤	20 908	0.714 3	25.8	0.915
洗精煤	26 344	0.900 0	25.8	0.915
其他洗煤	8 363	0.285 7	25.8	0.915
焦炭	28 435	0.971 4	29.2	0.915
原油	41 816	1.428 6	20.0	0.979
汽油	43 070	1.471 4	19.0	0.979
煤油	43 070	1.471 4	19.6	0.979
柴油	42 652	1.457 1	20.2	0.979
燃料油	41 816	1.428 6	21.1	0.979
液化石油气	50 179	1.714 3	17.2	0.979
炼厂干气	46 055	1.571 4	15.7	0.979
焦炉煤气	17 354（千焦/立方米）	0.592 9（千克标准煤/立方米）	12.2	0.915
天然气	38 931（千焦/立方米）	1.330 0（千克标准煤/立方米）	15.3	0.990

资料来源：低位发热量和折标煤系数来自《中国能源统计年鉴（2008）》，CO_2 排放系数来自IPCC（2006）。

（二）多区域 CGE 模型参数的设定与估算

1. 替代弹性

国产商品和进口商品间的替代弹性值、国内不同区域商品间的替代弹性值主要参考 GTAP 6.0 中的经验值。由于缺乏地区之间商品替代弹性的测算，这里采用 GTAP 6.0 中国与别国之间商品的替代弹性值的 1.5 倍。生产函数中各层 CES 函数嵌套所需的替代弹性的设置主要在武亚军和宣晓伟研究的基础上稍加调整得到，如表 3—4 所示。

表 3—4　　能源—环境—区域经济模型的替代弹性设置

CES 嵌套	替代弹性值
能源—资本—劳动	0.5
能源—资本	0.9
化石能源—电力	0.7
化石能源之间	1.5

资料来源：武亚军、宣晓伟：《环境税经济理论及对中国的应用分析》，北京，经济科学出版社，2002，略作了调整。

2. 资本存量和劳动数据

张军等曾对中国 2000 年各地区资本存量进行推算，可以此为基础来推算 2002 年的资本存量。推算方法如下：

$$\text{第 } T \text{ 年末资本存量} = \text{第 } T-1 \text{ 年资本存量} \times (1-\text{折旧率}) + \text{第 } T \text{ 年固定资产投资} \qquad (3\text{—}36)$$

基年每个地区各行业的资本存量根据它们资本折旧和营业剩余之和的比例大小在该地区总资本存量中进行分配。

各地区各行业劳动数据的计算主要根据《中国第五次人口普查数据》和《中国统计年鉴（2002）》。中国第五次人口普查数据是对 2000 年各地区各行业劳动就业人数的抽样调查，因此先据此算出各地区各行业劳动就业人数之间的比例关系，再根据《中国统计年鉴（2002）》中劳动总数乘以相应的比例推算出最后中国 30 个省区各行业劳动就业人数。

3. 能源消费和 CO_2 排放数据

基年各地区的能源消费量和 CO_2 排放量根据《中国能源统计年鉴》中 2002 年各地区能源平衡表的各种能源的实物量来计算。

$$\text{能源消费量}=\begin{matrix}\text{终端消费}\\\text{的能源量}\end{matrix}+\begin{matrix}\text{加工转换过程中}\\\text{净消耗的能源量}\end{matrix}+\text{损失量} \tag{3—37}$$

其中，终端消费量包括农业、工业、建筑业、交通运输业、批发零售业、服务业、居民消费量；加工转换过程中净消耗的能源量包括火力发电、供热、洗选煤、炼焦、炼油、制气、煤制品净消耗的能源量（投入减去产出）；损失量为能源在输送、分配、储存过程中发生的损失量。

$$\begin{matrix}\text{终端(或加工转换或}\\\text{损失)的能源消费量}\end{matrix}=\text{能源实物量}\times\text{折标煤系数} \tag{3—38}$$

CO_2 排放测算的界定范围为化石能源燃烧产生的 CO_2，它占到全部 CO_2 的 90%。农业、土地利用等非化石能源燃烧排放的 CO_2、除火力发电供热以外的行业转换过程损失的 CO_2 以及能源在运输、分配、储存过程中因损失产生的 CO_2 由于所占比例不大且不易计算，所以忽略不计。

$$CO_2\text{排放量}=\text{终端消费产生的 }CO_2+\text{加工转换产生的 }CO_2 \tag{3—39}$$

其中，终端消费产生的 CO_2 包括农业、工业、建筑业、交通运输业、批发零售业、服务业、居民消费产生的 CO_2；加工转换产生的 CO_2 只算火力发电和供热产生的 CO_2，不考虑洗选煤、炼焦、炼油、制气、煤制品加工中的工艺排放产生的 CO_2。

$$\begin{matrix}\text{终端(或加工转换)}\\CO_2\text{排放量}\end{matrix}=\begin{matrix}\text{化石能源}\\\text{实物量}\end{matrix}\times\begin{matrix}\text{低位}\\\text{发热率}\end{matrix}\times\begin{matrix}\text{碳排放}\\\text{因子}\end{matrix}\times\text{氧化率}\times\begin{matrix}CO_2\\\text{转换系数}\end{matrix} \tag{3—40}$$

由于各省的能源平衡表中终端消费里的工业划分为更细的行业，

因此需要对工业部门的能源消费和CO_2进行拆分，以匹配区域间投入产出表的行业分类。有些省的2002年统计年鉴中有“分行业的主要能源消费量”（12个省），但有的省则没有相关统计。因此采用如下方法进行拆分：把各省能源平衡表中的工业相关的数据作为总量和控制数，省统计年鉴可获得且较合理的能源消费数据（分能源品种）按各行业占工业的比例进行拆分，否则用该省的投入产出表中各行业能源投入（分能源品种）占工业总能源投入的比例作为依据进行拆分。

三、基准情景与校准

基准情景（baseline scenario）是指经济照常发展、没有外来冲击发生的经济运营情况。模型运转期间包括两个部分：已经发生运营的样本期和未发生样本期。前者需要根据实际经济已经发生的主要经济指标进行校准，数据来自统计年鉴或者学者推算；后者需要根据经济发展趋势和相关研究对相关指标进行预测。在能源—经济—环境CGE模型中，GDP增长率、就业情况、固定资产投资、进出口、能源利用效率、能源消耗、碳排放等指标的数值确定非常重要。基准情景的设计越接近实体经济的运行，其可信度就越高。多区域CGE模型的经济指标是区域层面指标。

根据基期数据校准关键经济参数时，一定要在确保外生特定变量的同时也需要内生同样的数量变量。比如，为了校准GDP增长率，内生全要素生产率；外生就业，内生工资；外生进出口，内生汇率等；基于历史外生能源消耗量，就需要内生实际消耗量与价值量之间的系数等。

第四节　中国能源—经济—环境政策模型

可计算一般均衡模型包括多个经济主体、多个优化约束、多个

分析模块，每个模块需要根据研究问题以及现实情况进行调整。中国能源—环境—经济政策模型重点分析中国能源—经济—环境问题，它重点对三个模块进行了细化。第一，能源模块。理清能源在整个经济体系中的作用，也即刻画清楚每种经济行为和能源之间的关联。能源除了消费者的直接消费、进出口之外，最重要的是作为一种投入和产出对整个社会生产的影响，在模型中表现为生产函数的刻画，主要包括能源生产技术的刻画、能源作为生产投入的刻画、不同能源之间以及能源和其他生产要素之间的替代关系。第二，环境模块。能源在消费或者生产消耗过程中会产生诸多环境问题，比如碳排放、SO_2 排放、PM10[①] 等，进而会对诸多环境问题造成影响。同时，如何对这部分环境影响进行货币化评价，也即对环境外部性进行核算，也是模型需要考虑的重要问题，这对于进一步分析环境协同效应和绿色 GDP 的核算都有重要意义。第三，能源环境政策模块。分析为解决能源环境问题而实施特定政策所产生的直接和间接影响，并将其参数化加入模型中，从而使模型可以定量分析能源环境政策的实施可能对经济环境带来的影响，模拟结果可以为相关能源环境政策的制定提供科学参考。本节主要以基于市场机制的减排政策为例细化政策模块的构建，也即主要探讨如何实现碳税和碳交易在模型中的模拟。

一、能源模块

根据研究问题的不同，我们可采用不同的嵌套复合方式。图 3—6 为常见的生产结构图。但如果我们要更细化模拟多种电力技术的影响，图 3—7 描述的生产结构就更为合适。两者最大的区别是后者将电力拆分为火电和其他电力。这可能需要对电力技术进行进一步细化。

① PM10 是可吸入颗粒物的简称，指空气动力学当量直径≤10 微米的颗粒物。

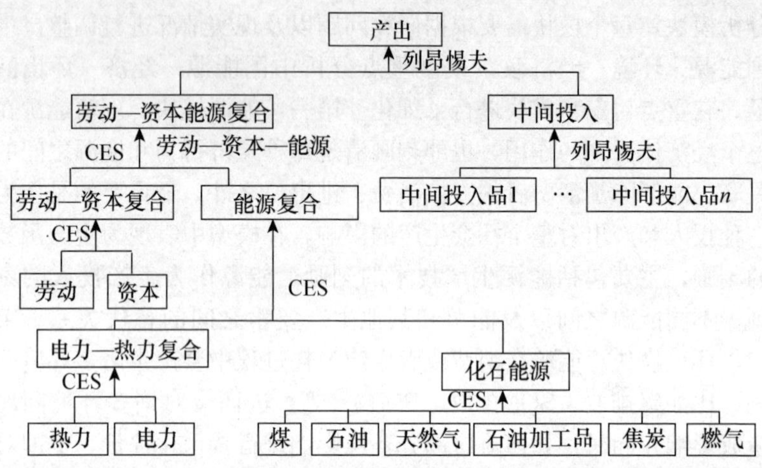

图 3—6　用于碳税政策模拟的中国能源—环境—经济模型生产模块结构图

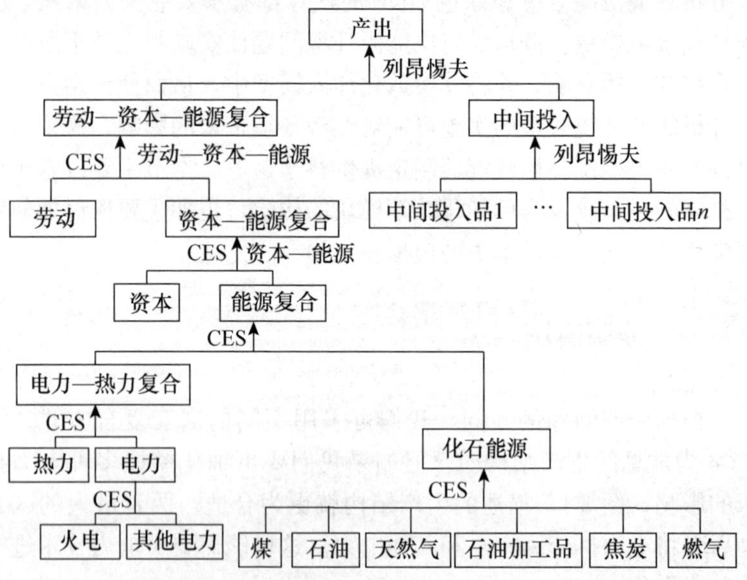

图 3—7　用于低碳技术模拟的中国能源—环境—经济模型生产模块结构图

中国的能源消费结构以煤炭为主，能源利用效率与国际先进水平

相比还有一定差距，提高非化石能源消费比例，促进能源技术进步具有较大的减排潜力。然而，一般的 CGE 模型并不能很好地刻画能源技术信息。鉴于电力部门是最主要的 CO_2 排放源，参考排放预测和政策分析（EPPA）模型和 Dai 的研究，将电力部门划分为不同的发电技术，包括化石能源发电技术，如煤炭、石油和天然气发电技术，以及非化石能源发电技术，如水能、核能、风能、生物质、太阳能发电技术等。其中，2007 年不同发电技术的发电量来自 IEA（2009），不同技术的投入成本来自 IEA（2005，2007）和 Paltsev et al.（2005）。与其他部门的产出直接由非能源中间投入商品——资本—劳动—能源要素决定（见图 3—8）不同，电力部门的产出由不同的电力技术进行复合，而不同的电力技术消耗非能源中间投入品——资本、劳动和能源（见图 3—9）。

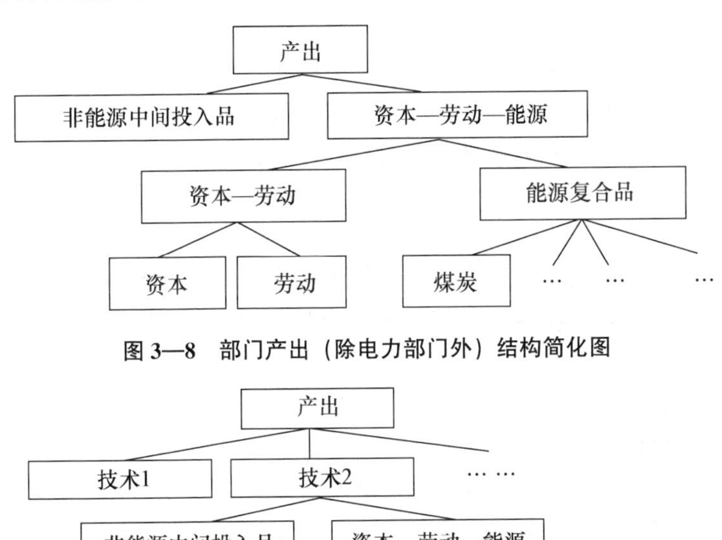

图 3—8 部门产出（除电力部门外）结构简化图

图 3—9 电力部门产出结构简化图

二、环境模块

CO_2 排放通过影响气候变化从而威胁到人类生命的基本要素，包括水、食物、健康、土地。温度的升高会造成海平面上升、冰川融化、生态系统破坏，并带来极端天气等。CO_2 减排获得的收益可以看做抑制气候变化所避免的危害，但是这部分收益很难计量。由于旨在针对 CO_2 减排的政策同时会抑制其他大气污染物的排放，如 SO_2、PM10 等，本章所考虑的 CO_2 减排产生的收益主要是旨在针对 CO_2 减排的政策同时会抑制其他大气污染物的排放，如 SO_2、PM10 等。CO_2 减排的环境效益可看做与基准情景相比，在政策情景下其他大气污染物排放的减少所能避免的危害。SO_2 和 PM10 的排放主要来自煤炭和石油的燃烧。不同部门的排放因子用基年不同部门的 SO_2 和 PM10 的排放（《中国环境统计年鉴（2008）》）除以各部门相应的煤炭和石油的消耗（《中国能源统计年鉴（2008）》）求得。未来不同部门的 SO_2 和 PM10 排放则用所预测的煤炭和石油的量乘以相应的排放因子求得。

由于受数据、计量方法和时间等的限制，参考於方等（2007，2009）以及石敏俊等（2009）的研究核算了由于 SO_2 和 PM10 排放相对减少所带来的显著环境效益，包括：（1）PM10 引起的人体健康的损失；（2）SO_2 和酸雨带来的农业经济损失；（3）SO_2 和酸雨对建筑材料的影响。

由大气污染引起的健康或经济损失主要有三项：（1）与大气污染有关的全死因造成的损失；（2）与大气污染有关的呼吸系统和循环系统疾病病人的住院损失及休工损失；（3）大气污染导致慢性支气管炎带来的失能损失。首先需要建立 PM10 浓度与人体健康的剂量反应关系，即一定大气污染浓度下造成的人口死亡，以及呼吸系统、循环系统和慢性支气管炎等疾病的住院率。采用人力资本法衡量大气污染给人类带来的健康或经济损失。对人类造成的健康损失

主要有三方面：（1）过早的死亡、疾病或病休造成的收入损失；（2）医疗费开支的增加；（3）精神或心理上的代价。此外，还有因此带来的间接经济损失，包括病人耽误工作造成的经济损失，非医务人员护理、陪住影响工作造成的经济损失。

SO_2 和酸雨会造成农作物的产量减少。农作物产量减少的经济价值可以用市场价值法来计量。第一，根据耗煤量与 SO_2 污染面积的关系确定受 SO_2 污染的作物面积；第二，根据作物减产量与污染程度的关系确定受污染地区的减产比例；第三，根据不同作物的价格计算大气污染造成的农业损失。

酸雨会对建筑物产生腐蚀作用，根据建筑物正常使用和实际使用寿命采用市场价值法对其进行货币化评价。第一，计算材料的临界损伤阈值；第二，计算对照清洁区的材料寿命；第三，计算污染条件下的材料寿命；第四，计算一次维修或更换的总费用；第五，计算酸雨和 SO_2 污染的材料损失。

三、能源环境政策模块——以碳税和碳交易为例

（一）碳排放模块

本章主要分析化石能源燃烧产生的 CO_2 排放，并将排放许可作为一种生产要素加入生产函数中。r 地区 j 行业对这一要素的需求量等于其生产过程中化石能源的燃烧产生的 CO_2 排放量，测算方法如下：

$$E_{rj} = \sum_{i=1}^{M} QE_{rji} * CEF_i \tag{3—41}$$

其中，QE_{rji} 为 r 地区 j 行业第 i 种化石能源投入量，CEF_i 为第 i 种化石能源的排放因子。

（二）碳税模块

碳税模块的设计是模型的重要组成部分。模型对煤炭、石油、

天然气生产行业征收生产型的从量碳税，即按照该行业生产的商品燃烧所产生的 CO_2 排放量来征收，对进口商品未征收碳税。碳税收入作为政府税收归政府所有，其中一部分用于政府储蓄，剩余部分政府按照各种商品的边际消费倾向进行支出。碳税的征收实际上是在原有的产品价格上增加了一部分碳税成本的价格，如下面的公式所示：

$$PEC_{ir}=PX_{ir}+tco_r \cdot TCO_{2i}/QX_{ir} \tag{3—42}$$

其中，PEC_{ir} 为 r 地区国产商品 i（煤炭、石油、天然气）征收碳税后的价格，PX_{ir} 为 r 地区 i 商品的价格，QX_{ir} 为 r 地区国产商品 i 的产量，TCO_{2i} 为 i 商品产生的全部 CO_2 排放量，tco_r 为 r 地区碳税税率。

每个地区的 CO_2 排放量为所有商品排放的 CO_2（TCO_{2i}）以及居民消费产生的 CO_2 的总和，各地区 CO_2 排放量加总即为全国的 CO_2 排放总量。征收碳税后，CO_2 排放总量将相对下降，从而有利于促进气候环境的改善。

（三）碳交易模块

1. 设定地区碳强度目标，完全拍卖，省区间不能交易

排放配额交易机制完全拍卖，但不允许省区之间进行交易的情形如下：

$$P_{rj}Q_{rj} = \text{其他投入} + E_{rj} * CP_r \tag{3—43}$$

$$\sum_{j=1}^{K} E_{rj} = CIN_r * \sum_{j=1}^{K} VAD_{rj} \tag{3—44}$$

其中，P_{rj} 为 r 地区 j 行业的产品价格，Q_{rj} 为 r 地区 j 行业的产出，CP_r 为 r 地区碳排放许可的拍卖价格，CIN_r 为 r 地区的强度目标，VAD_{rj} 为 r 地区 j 行业的增加值。

2. 祖父制免费发放与拍卖的结合

按照祖父制将排放许可发放到各地区各行业，中央持有一定的

排放储备，以达到特定的强度目标，与模型融合为：

$$P_{rj}Q_{rj} = \text{其他投入} + CP * (E_{rj} - FP_{rj}) \tag{3—45}$$

$$\sum_{r=1}^{N}\sum_{j=1}^{K} E_{rj} = CIN * \sum_{r=1}^{N}\sum_{j=1}^{K} VAD_{rj} \tag{3—46}$$

$$CR = \sum_{r=1}^{N}\sum_{j=1}^{K} E_{rj} - \sum_{r=1}^{N}\sum_{j=1}^{K} FP_{rj} \tag{3—47}$$

其中，FP_{rj} 为 r 地区 j 行业可以免费获得的排放许可数量，CIN 为全国碳排放强度目标，CR 为中央持有的储备以拍卖方式进入市场的量。

3. 强度免费发放与拍卖的结合

按照特定基准如最优实践，或者按照增加值碳排放强度免费发放许可到特定地区特定行业，实现全国特定的强度目标：

$$P_{rj}Q_{rj} = \text{其他投入} + CP * (E_{rj} - CB_{rj} * VAD_{rj}) \tag{3—48}$$

$$\sum_{r=1}^{N}\sum_{j=1}^{K} E_{rj} = CIN * \sum_{r=1}^{N}\sum_{j=1}^{K} VAD_{rj} \tag{3—49}$$

$$CR = \sum_{r=1}^{N}\sum_{j=1}^{K} E_{rj} - \sum_{r=1}^{N}\sum_{j=1}^{K} CB_{rj} * VAD_{rj} \tag{3—50}$$

其中，CB_{rj} 为免费发放基准，它既可以与行业增加值有关，也可以与产出等建立关联。我国设定的是 GDP 强度排放目标，因此，笔者将基准与行业增加值建立关联。VAD_{rj} 为 r 地区 j 行业的增加值。

第四章 系统动力学模型

系统动力学（System Dynamics，SD）是由麻省理工学院的福瑞斯特教授（Jay W. Forrester）于1956年创立的一门研究系统动态复杂性的科学。它以反馈控制理论为基础，以计算机仿真技术为手段，主要用于研究复杂系统的结构、功能与动态行为之间的关系。系统动力学强调整体地考虑系统，了解系统的组成及各部分的交互作用，并能对系统进行动态仿真实验，考察系统在不同参数或不同策略因素输入时的系统动态变化行为和趋势，使决策者可借由尝试在各种情境下采取不同措施并观察模拟结果，打破了从事社会科学实验必须付出高成本的条件限制。系统动力学模型是一种因果机理性模型，它强调系统行为主要是由系统内部的机制决定的，擅长处理长期性和周期性的问题；在数据不足及某些参量难以量化时，以反馈环为基础依然可以做一些研究；擅长处理高阶次、非线性、时变的复

杂问题。由于系统动力学模型在研究复杂的非线性系统方面具有无可比拟的优势，已经广泛应用于社会、经济、管理、资源环境等诸多领域。

第一节　系统动力学的内涵与基本概念

系统动力学是一门研究信息反馈系统的学科，也是一门认识系统问题和解决系统问题交叉的综合性学科。它是系统科学和管理科学中的一个分支，也是一门沟通自然科学和社会科学等领域的横向学科。

从系统方法论来说，系统动力学是结构方法、功能方法和历史方法的统一。系统动力学研究处理复杂系统问题采用的是定性与定量结合、系统综合推理的方法。按照系统动力学的理论与方法建立的模型，借助计算机模拟可以用于定性与定量地研究系统问题。系统动力学模拟是一种结构—功能的模拟，适用于研究复杂系统的结构、功能与行为之间动态的辩证对立统一关系。系统动力学认为，系统的行为模式与特性主要取决于其内部的动态结构与反馈机制。由于非线性因素的作用，高阶次复杂时变系统往往表现出反直观的、千姿百态的动力学特性，已引起人们的重视。系统动力学正是这样一门可用于研究社会、经济、生态和生物等复杂大系统问题的学科。系统动力学模型可作为实际系统，特别是社会、经济、生态复杂大系统的“实验室”。系统动力学建模的过程就是一个学习、调查研究的过程。模型的主要功用在于向人们提供一个进行学习与政策分析的工具，并使决策群体或整个组织逐步成为一种学习型和创造型的组织。

系统动力学模型的基本概念包括：

（1）系统：一个由相互区别、相互作用的各部分（即单元

或要素）有机地联结在一起，为同一目的完成某种功能的集合体。

（2）反馈：系统内同一单元或同一子块输出与输入间的关系。对整个系统而言，“反馈”则指系统输出与来自外部环境的输入的关系。

（3）反馈系统：包含有反馈环节与其作用的系统。它要受系统本身的历史行为的影响，把历史行为的后果回授给系统本身以影响未来的行为。

（4）反馈回路：由一系列因果与相互作用链组成的闭合回路或者说是由信息与动作构成的闭合路径。

（5）因果回路图（CLD）：表示系统反馈结构的重要工具。包含多个变量，变量之间由因果链联系，因果链由箭头表示。

（6）因果链极性：每条因果链都有极性，为正（+）或为负（—）。极性是指当箭尾端变量变化时，箭头端变量会如何变化。极性为正指两个变量的变化趋势相同，极性为负指两个变量的变化趋势相反。

（7）反馈回路的极性：反馈回路的极性取决于回路中各因果链的符号。回路极性也分为正反馈和负反馈，正反馈回路的作用是使回路中变量的偏离增强，而负反馈回路则力图控制回路的变量趋于稳定。

（8）系统流图：表示反馈回路中的各水平变量和各速率变量的相互联系形式及反馈系统中各回路之间互连关系的图示模型。

（9）水平变量：也被称作状态变量或流量，代表事物（包括物质和非物质）的积累。其数值大小表示某一系统变量在某一特定时刻的状况。可以说水平变量是系统过去累积的结果，它是流入率与流出率的净差额。它必须由速率变量作用才能由某一个数值状态改变为另一数值状态。

（10）速率变量：又称变化率，随着时间的推移，使水平变量的值增加或减少。速率变量表示某个水平变量变化的快慢。

第二节　系统动力学模型的基本原理和数学描述

系统动力学是在系统论的基础上发展起来的，因此它包含着系统论的思想。系统动力学是以系统的结构决定着系统行为为前提条件而展开研究的。它认为存在于系统内的众多变量在它们相互作用的反馈环里有因果联系。反馈之间系统的相互联系，构成了该系统的结构，而正是这个结构成为系统行为的根本性决定因素。

系统动力学强调系统的结构并从系统结构角度来分析系统的功能和行为，系统的结构决定了系统的行为。因此系统动力学是通过寻找系统的较优结构来获得较优的系统行为。

系统动力学把系统看成一个具有多重信息的因果反馈机制。因此，系统动力学在经过剖析系统，获得深刻、丰富的信息之后建立起系统的因果关系反馈图，之后再转变为系统流图，建立系统动力学模型，最后通过仿真语言和仿真软件对系统动力学模型进行计算机模拟，来完成对真实系统结构的仿真。在通过上述过程完成了对系统结构的仿真后，接下来就要寻找较优的系统结构。寻找较优的系统结构被称作政策分析或优化，包括参数优化、结构优化、边界优化。参数优化就是通过改变其中几个比较敏感的参数来改变系统结构，从而寻找较优的系统行为。结构优化是指主要通过增加或减少模型中的水平变量、速率变量从而改变系统结构来获得较优的系统行为。边界优化是指通过系统边界及边界条件的变化引起系统结构变化来获得较优的系统行为。系统动力学模型就是通过计算机仿真来对系统结构进行仿真，寻找系统的较优结构，以求得较优的系统行为。

系统动力学模型的主要研究对象是复杂大系统，它强调对系统整体性和非线性特征的描述，特别是对处在不同层次的组成部分、子结构与子系统之间的非线性相互作用和复杂反馈因果、生克关系的描述。

根据系统的整体性与层次性，系统的结构一般自然地形成体系与层次。因此，系统动力学模型对系统的描述可归纳为如下两步：

首先，根据分解原理把系统 S 划分成若干个（p 个）相互关联的子系统（子结构）S_i。

$$S=\{S_i \in S\} \tag{4—1}$$

式中，S 代表整个系统；S_i 代表子系统，$i=1, 2, \cdots, p$。

在这些子系统中往往只有一部分是相对重要、为人们所感兴趣的。每个子系统 S_i（$i=1, 2, \cdots, p$）的内部关系的数学描述请见下一步。

各子系统之间的相互关系可通过关系矩阵的非主导元素反映出来。在实际问题中系统内的某子系统与其他子系统的直接联系是少量的、有限的，因此，关系矩阵通常是分块对角优势的，这一情况给子结构的分解带来了很大的方便。

其次，子系统 S_i 的描述。

子系统由基本单元和一阶反馈回路组成。一阶反馈回路包含三种基本的变量：状态变量、速率变量和辅助变量。这三种变量可分别由状态方程、速率方程与辅助方程表示。它们与其他一些变量方程、数学函数、逻辑函数、延迟函数和常数一起能描述客观世界的各类系统和千姿百态的变化。不论系统是静态的还是动态的、非时变的还是时变的、线性的还是非线性的，都可用这些变量方程来描述。下面根据系统动力学模型变量与方程的特点，定义变量并给出数学描述如下：

$$L=PR \tag{4—2}$$

$$\frac{R}{A}=W\frac{L}{A} \tag{4—3}$$

式中，L 为状态变量向量；P 为转移矩阵；R 为速率变量向量；A 为辅助变量向量；W 为关系矩阵。

P 阵之所以称为转移矩阵，是因为其作用在于把时刻 t 的速

率变量转移到下一个时刻 $t+1$ 上去。通常纯速率 L 仅为各速率的线性组合，因此一般 P 阵为常值阵。W 阵之所以称为关系矩阵，是因为它反映了变量 R 与 L 之间的关系。在特殊情况下，若系统是线性的，则关系矩阵 W 阵为常值阵。以上数学描述有如下优点：(1) 将系统中的动态部分与静态部分分开进行描述；(2) 将系统中线性部分与非线性部分分开进行描述；(3) 可节省较多的计算机内存。

系统动力学模型中用于描述系统的基本方程应是高阶非线性随机偏微分方程，是一种具有时空结构的进化方程。但由于数学与模拟语言处理上的困难，建模时把它简化为确定性的非线性微分方程，而在必要时在以专用语言描述的模型中引入空间坐标及其梯度（例如，划分为不同区域与地区）来描述空间结构，反映了某些变量的空间不平衡性。系统动力学专用语言中还备有多种噪声函数，可作为测试函数来研究实际系统中存在的某些随机的不确定因素的影响。

以上还只是涉及实际系统中能定量加以描述的那一部分，然而，并不是每一种系统或系统中的全部元素都可以用微分方程和其他数学函数精确地加以描述。在社会经济等一类含有人类活动的复杂系统中，因其机理尚不太清楚，难以用明显的数学描述表示出来。这些被称为系统中的“不良结构”部分只能用半定量、半定性或定性的方法来处理。确切地说，系统动力学模型一般均包含了对“良结构”与“不良结构”的描述两部分，以定量描述为主，辅以半定量、半定性或定性的描述。它是定量模型与概念模型的结合与统一。

第三节　系统动力学模型的建模流程

运用系统动力学解决问题的过程大体可分为五步。第一步，要用系统动力学的理论、原理和方法对研究对象进行系统分析。第二

步，进行系统的结构分析，划分系统层次与子块，确定总体与局部的反馈机制。第三步，建立数学的规范模型。第四步，以系统动力学理论为指导，借助模型进行模拟政策分析，可进一步剖析系统得到更多的信息，发现新的问题，然后反过来再修改模型。第五步，检验评估模型。具体如下：

1. 系统分析

系统分析是用系统动力学解决问题的第一步，其主要任务在于分析问题，剖析要因。

(1) 调查收集有关系统的情况与统计数据；

(2) 了解用户提出的要求、目的并明确所要解决的问题；

(3) 分析系统的基本问题与主要问题、基本矛盾与主要矛盾、变量与主要变量；

(4) 初步划定系统的界限，并确定内生变量、外生变量、输入量；

(5) 确定系统行为的参考模式。

2. 系统的结构分析

这一步的主要任务在于处理系统信息，分析系统的反馈机制。

(1) 分析系统总体与局部的反馈机制；

(2) 划分系统的层次与子块；

(3) 分析系统的变量、变量间关系，定义变量（包括常数），确定变量的种类及主要变量；

(4) 确定回路及回路间的反馈耦合关系，初步确定系统的主回路及它们的性质，分析主回路随时间转移的可能性。

3. 建立数学的规范模型

(1) 建立 L、R、A、C 诸方程；

(2) 确定与估计参数；

(3) 给所有 N 方程、C 方程与表函数赋值。

4. 模型模拟与政策分析

(1) 以系统动力学的理论为指导进行模型模拟与政策分析，更

深入地剖析系统；

（2）寻找解决问题的决策，并尽可能付诸实施，取得实践结果，获取更丰富的信息，发现新的矛盾与问题；

（3）修改模型，包括结构与参数的修改。

5. 模型的检验与评估

这一步骤的内容并不都是放在最后一起来做的，其中相当一部分内容是在上述其他步骤中分散进行的。

第四节　系统动力学模型的特点和应用领域

系统动力学模型主要有以下几大特点：

第一，系统动力学是一门可用于研究处理社会、经济、生态和生物等一类高度非线性、高阶次、多变量、多重反馈、复杂时变大系统问题的学科。它可在宏观与微观的层次上对复杂、多层次、多部门的大系统进行综合研究。

第二，系统动力学的研究对象主要是开放系统。它强调系统的观点，联系、发展与运动的观点，认为系统的行为模式与特性主要根植于其内部的动态结构与反馈机制。

第三，系统动力学研究解决问题的方法是一种定性与定量结合，系统、分析、综合与推理的方法。尽可能采用“白化”技术，把不良结构尽可能相对地“良化”，其模型模拟是一种结构—功能模拟。

第四，系统动力学模型从总体上看是规范的，变量按系统基本结构的组成加以分类，尽管在辅助方程中可能含有半定量、半定性或定性的描述部分。规范的模型便于人们清晰地沟通思想，进而对存在的问题进行剖析并对政策实验做出假设；便于处理复杂的问题，能一步步可靠地把假设中隐含的凌乱信息追索出来，而不带有

人们言词上的含糊、情绪上的偏颇或直观上的差错。

系统动力学模型被誉为实际系统的实验室。经模型模拟以剖析系统，获取更丰富、更深刻的信息，进而寻觅解决问题的途径。该模型在社会、经济、生态等领域被广泛应用，它可用来定性与定量地剖析历史、分析现在和研究未来，是实现决策科学化与经营管理现代化的有力手段。对于以“良结构”和定量为主的系统动力学模型，其解决问题的过程实质上是寻优过程，可用来寻求系统的较优结构与参数，以获取较优的系统功能。然而，一般而言，系统动力学的建模过程就是一个学习、调研的过程，其模型的主要功用在于向人们提供一个进行学习与政策模拟分析的工具，使决策群体或组织成为一种学习性和创造性的组织。

第五，系统动力学模型的建模过程便于实现建模人员、决策者和专家群众的三结合，便于运用各种数据、资料、人们的经验与知识，也便于汲取、融会其他系统学科与其他科学理论的精髓。

系统动力学模型的应用领域十分广泛。在理论研究方面，可用于各类复杂系统的理论（如混沌理论等）问题研究。在应用方面，初期它主要应用于工业企业管理，处理诸如生产与雇员情况的波动、市场股票与市场增长的不稳定性等问题。后期其应用的范围日益扩大：从民用到军用；从科研设计工作的管理到城市摆脱停滞与衰退的决策；从城市、区域规划到国民经济的宏观调控；等等。总之，其应用几乎遍及各类系统、深入各个领域。系统动力学是一门正在蓬勃发展的系统学科。伴随着自身的理论、方法和模型体系在深度与广度上的发展演进，系统动力学的应用领域将会不断拓宽。

第五章

数理规划模型

数理规划模型是通过设置目标函数，基于目标优化寻求资源配置的最优解的模型方法。其数学原理是数理规划和最优化，根据所优化目标数量的不同，分为单目标优化和多目标规划。单目标优化只考虑单一目标的最优化即可；多目标规划则要考虑复数目标之间的优先顺序，如果不同目标之间存在冲突，还要考虑不同目标之间的权衡，通常会对不同目标设置不同权重，来体现不同目标的重要程度或优先顺序。按照经济学的理性经济人假设，经济主体会在一定的约束下做出理性的最优决策行为，去追求个人利益的最大化。因此，基于目标优化的数理规划模型符合理性经济人假设的经济学原理，可以用来模拟经济主体的市场行为决策。本章在简单梳理了单目标优化和多目标规划模型概述的基础上，重点介绍了其中一种——生物—经济（bio-economic，简称 BEM）模型的机制及建模方法，最后以黑河流域为例阐释了该区域中游

地区水资源—经济模型的构建过程。

第一节　单目标优化与多目标规划模型

一、概述

优化是以数学的手段来刻画和找出问题最优解的一种方法，在数学领域称为数理规划，在管理领域属于运筹学范畴，用于研究各种系统的优化途径及方案，为决策者提供科学决策的依据。从数学意义上说，优化是一种求极值的方法，即在一组等式或不等式约束条件下，使系统的目标函数达到极值，即最大值或最小值；从经济意义上说，优化是在一定的人力、物力和财力资源条件下，使经济效果达到最大（如产值、利润），或者在完成规定的生产或经济任务下，使投入的人力、物力和财力等资源最少。其基本思想出现在19世纪初，并由美国哈佛大学的罗伯特·多夫曼（Robert Dorfman）于20世纪40年代末提出。之后，由于大量实际问题的需要和电子计算机技术的高速发展，数学规划才得以迅速发展起来，并成为一门十分活跃的新兴学科。今天，数学规划的应用极为普遍，它的理论和方法已经渗透到自然科学、社会科学和工程技术等领域。其中，运用数理规划模型研究区域发展的问题主要集中在区域资源优化配置、区域经济规划、流域综合治理等方面。

为了解决这些问题，需要对其进行优化。优化过程的第一步是建立给定问题的恰当的目标、变量和约束，即数学建模（目标可以是收益、时间，可以是任何数量，也可以是多个量组合出来的某种度量，甚至可以有多个目标；决定目标的系统参数为变量，这些变量通常是以某种方式受限制的，可以带约束的，优化的目的是求出使该目标达到最优的变量的值）；然后通过设计相应的优化算法进

行求解；最后可以用最优性的充分条件来检验所得到的解是不是问题的解，还需要应用灵敏度分析等技术改进模型。上述步骤中的工作相互支持、相互制约，在实践中常常是反复交叉进行。

线性规划是数学规划的一个重要分支，是指目标函数和约束函数都是线性函数的数学规划。线性规划方法研究较早、发展较快、应用广泛、方法较成熟，用于辅助人们进行科学管理。其研究如何在一定条件下，合理安排人力物力等资源，使经济效果达到最好。决策变量、约束条件、目标函数是线性规划的三要素。其在经济管理、交通运输、工农业生产等诸多领域有着十分广泛的应用。在常用的线性规划和非线性规划中，如果所研究的问题都只含有一个目标函数，这类问题通常被称为单目标最优化问题；若含有两个或两个以上的目标函数，则为多目标最优化问题。

多目标规划（multi-objective programming）是数学规划的又一重要分支，研究多于一个目标函数在给定区域上的最优化，又称多目标最优化，通常记为MOP。它的概念是1961年由美国数学家查尔斯和库柏首先提出的，它克服了线性规划方法目标函数单一、约束条件苛刻、无法解决矛盾条件下的规划问题等缺点。自20世纪70年代以来，多目标规划的研究越来越受到人们的重视。至今关于多目标最优解尚无一种完全令人满意的定义，所以在理论上多目标规划仍处于发展阶段。多目标规划在资源配置、计划编制、生产调度等方面有一定的应用。虽然其应用范围还不如线性规划广泛，但是作为一种决策方法，多目标规划的应用前景是很乐观的。

改革开放以来，我国经济迅猛发展。在一些地区由于盲目追求经济高速增长，忽略了经济结构本身的可持续性，导致区域内部出现各种不协调问题，如城乡差距不断扩大、自然资源过度开发、生态环境严重破坏等。而今经济社会发展的目标不再是单纯的经济增长，而是全方位的协调发展。区域统筹、城乡统筹、经济社会与生态环境的和谐发展已经成为社会各界广泛关注的焦点。区域协调发展的总体目标决定了区域经济社会发展必然是多目标的，既要保证

区域内自然资源供给与需求的平衡、产业结构合理发展，又要保证区域经济社会发展中各要素之间的优化配置。

而在这一连串的目标中有主要的，有次要的；有近期的，有远期的；有相互补充的，也有相互对立的。因此，与单目标规划问题不同，多目标规划问题的本质在于，在大多数情况下，当目标函数处于冲突状态时，某目标的改善可能引起其他目标性能的降低，不可能同时使多个目标均达到最优，只能在各目标之间进行权衡，使所有目标函数尽可能达到最优。

多目标规划的一般形式为：

$$\min F(x)=(f_1(x),f_2(x),\cdots,f_p(x))^T,p\geqslant 2$$

$$\text{s. t.}\begin{cases}g_i(x)\geqslant 0,i=1,2,\cdots,m\\h_j(x)=0,j=1,2,\cdots,l\end{cases}$$

也可以写为：$\min F(x)$，$x\in R$，$R=\{x\mid g_i(x)\geqslant 0$，$h_j=0$，$i=1$，$2$，$\cdots$，$m$，$j=1$，$2$，$\cdots$，$l\}$。

对于多目标规划来说，人们总希望寻求一个方案 $x^*\in R$，对于每个目标来说都是最优的，也就是说，对于 $f_i(x)$（$i=1$，2，$\cdots$，p）以及任意一个方案 x（$x\in R$），均有 $f_i(x^*)\leqslant f_i(x)$，我们称 x^* 为多目标规划的绝对最优解。遗憾的是，在很多实际问题中，这种理想化的绝对最优解根本不存在。若只能满足部分目标，就称该解为多目标规划的次优解；若找不到满足任何一个目标的解，就称该问题无解。

多目标规划问题的解法主要可以分为两种：第一种是转化成一个单目标规划问题的解法，如极大极小法、线性加权和法和主要目标法等等；第二种是转化成多个单目标问题的解法，主要包括分层排序法、重点目标法和分组排序法等。

二、模型应用

国外对数学规划的应用研究开展得较早，主要集中在交通规

划、农业结构优化、自然资源管理、区域经济规划等领域。中国于20世纪50年代初期开始线性规划的研究和应用工作，70年代中期开始推广应用多目标优化方法，现在已取得了一定的成果。当前研究主要针对以下几方面展开：

1. 区域可持续发展研究

可持续发展是区域研究的永恒主题，区域发展过程异常复杂，引导区域实现可持续发展的关键是决策，即资源的配置。用数学模型描述区域可持续发展特征，揭示区域可持续发展规律，为决策者提供具有预测性的依据和可操作性的建议，具有十分重要的现实意义（吴殿廷等，2001）。很多学者在这方面做了研究。例如，魏一鸣等（2002）针对人口（population）、资源（resource）、环境（environment）和经济（economy）要素构成的动态开放的人口、资源、环境和经济（PREE）系统，从系统的角度建立了结构框架，提出了协调发展的三层模型体系结构，建立了多目标集成模型，为开展区域可持续发展的定量研究提供了技术基础；田冰和贾金生（2007）以河北省栾城县为例，分析了土地资源与水资源的交互作用对区域农业土地利用方式的影响，并基于多目标分析方法，建立了水资源约束下土地结构优化的数学模型，提出了从经济效益、社会效益和环境效益出发对土地利用结构进行调整，从而实现区域的可持续发展的建议；章杰宽等（2011）针对西藏旅游业发展的经济、生态与群众三大目标，建立了西藏地区旅游可持续发展系统的多目标规划模型，进而提出了对西藏旅游可持续发展系统进行过程控制的相关对策建议。

2. 区域经济规划研究

随着社会生产力的不断发展，区域经济规划已成为政府进行资源优化配置，实现区域经济社会合理有序发展，实施宏观调控的重要手段。目前，我国正面临着人口众多、资源不足、生态环境脆弱、城市化加速和后工业化的多重压力，区域经济规划工作就更显得尤为重要。由于各地区资源禀赋、历史发展基础和社会人文条件

的差异，科学地构建区域经济规划的最优化数学模型，对克服区域间不必要的重复建设引进、地区产业结构走势趋同及揭示区域经济的特征和本质有着重要的现实意义（齐新安，2005）。吴文业等（2007）基于多目标规划理论，建立了松原市水资源优化分配的多目标规划模型来调整和优化产业结构，提出了水资源合理利用与经济持续发展的规划方案，从经济、生态和社会效益相结合的角度为区域水量分配提供了依据；黄祥钊等（2009）在系统目标分析的基础上，建立了区域对接的多目标决策模型，反映了局部与整体协调发展的制衡关系，为制定区域经济发展规划提供了参考；王丹丹等（2015）以滁州市为例，构建了土地利用多目标规划模型，得到了土地利用优化方案，为城市土地利用规划编制提供了科学参考。

3. 流域综合治理研究

流域综合治理规划必须切实考虑社会经济条件、水土资源状况及生态环境等因素，只有将多个目标有效地结合起来，才能真正体现和实现流域综合治理规划的目标。随着时代的进步和计算机技术的发展，多目标线性规划对规划速度、精度的提高均有着重要的推动作用，它是进行小流域规划的一种简单、快速、实用、准确和可靠的方法。缪驰远等（2006）以四川省石柱县密麻沟小流域为例，将经济效益、生态效益等分别列为不同的目标函数，建立了系统数学模型的优化治理模式，以解决小流域综合治理规划问题；田晓刚等（2010）根据水域排污规划特点，建立了河流多目标排污规划模型，针对区域内各污染源的主要排污指标进行了宏观规划，确定了污染源及其对应的污染指标协同控制方案以及相应的治理要求，从而为区域水环境管理提供了决策依据；符裕红等（2011）以云南省维西县香樟箐沟小流域为研究对象，利用多目标线性规划的方法，综合考虑经济发展、生态环境和水利工程等多种因素，建立了线性规划模型，以对小流域进行规划和治理。

4. 产业结构优化研究

产业结构优化的实质是将资源在各个产业之间重新配置，提高

经济效益和生态效益。一个国家或地区的产业结构取决于该国或该地区的资源禀赋、产品供求状况、技术水平、产业政策乃至历史机遇，一直处于不断的变化之中（张捷和赵秀娟，2015）。产业结构符合生产力发展水平和市场需求变化，经济就可以在良性循环的基础上加快发展，否则就会延误经济的发展。此外，比例关系失调的产业经济运行隐藏着大量利用效率低的资源，将使经济效益长期处于低水平状态，从而使经济发展失去扩张的基础（叶中华和王婷，2009）。产业结构优化本身不是目的，而是实现经济转型的手段。代伟等（2007）采用多目标规划方法，构建了秦皇岛市水资源约束条件下的产业结构优化模型，提出了秦皇岛市产业结构优化方案；叶中华和王婷（2009）根据灰色单目标规划和灰色多目标规划的方法对陕西省的产业结构进行了调整，了解了陕西省今后的产业结构发展，从而为实现区域可持续发展打好基础；张捷和赵秀娟（2015）运用投入产出模型测算了广东省 28 个产业的经济关联与碳排放关联，选择出需要限制发展和需要鼓励发展的产业组别，在此基础上，利用多目标规划模型设置了不同情景，对广东省 2012 年的产业结构进行了模拟分析，为实现调结构与保增长的双重目标提供了一种思路。

5. 区域循环经济研究

20 世纪 90 年代以来，面对全球人口剧增、资源短缺、环境污染和生态蜕变的严峻形势，循环经济成为全球社会经济发展的崭新模式。我国人均资源占有量少，针对日益严重的生态环境问题，发展循环经济和建设节约型社会，是我国实现可持续发展的必由之路。将循环经济理念引入区域发展战略与管理中，探索在区域层面发展循环经济的内涵，研究区域循环经济的产业体系重组和结构调整，为编制区域循环经济建设规划提供指导，对政府部门实施生态管理和宏观调控具有重要意义。贾蕊（2007）提出了衡量循环经济的重要指标循环度（即物质的使用强度）的概念，并在此基础上尝试建立区域循环经济概念模型和区域循环经济多目标规划数学模

型，为区域可持续发展战略提供决策依据，力求实现经济、社会、资源与环境三个系统的优化统一。

总而言之，基于目标优化做出的资源配置决策，包含了隐性的主体均衡，反映了资源稀缺性的影子价格，在资源配置决策中起到了重要的决定性作用。在隐性的均衡市场上，资源的影子价格和边际产出相等。但数理规划模型需要对经济系统里的各种经济活动进行函数化描述，并设置相应的参数，函数和参数设置得合理与否，不仅直接影响到数理规划模型的模拟结果，而且有可能导致模型无解。失之毫厘，差之千里，在数理规划模型中很容易发生这样的现象。

第二节 BEM模型

模型是区域发展研究中的重要工具，是理解复杂系统、进行决策分析的有效手段。面对日渐严重的生态、环境与资源问题，越来越多的学者尝试运用定量的模型方法进行生态学和经济学研究，但是针对生态与经济社会相互作用与联系的问题，传统研究一直孤立地看待这两个系统，假定两系统之间不存在弹性、适应性、承载力等反馈关系，多集中于建立生态系统或者经济系统的单一模型。因为不同学科的研究方法是内向和封闭的，所以不同学科领域之间的交流存在一定的障碍，不能有效结合、相互渗透（Hengsdijk and Kruseman，1993）。除在某种程度上将人类活动作为外生变量外，生态模型往往忽视人类要素，而经济模型又通常将生态要素简化为“生态事实”（Jeroen et al.，1991）。学者和政策分析者们逐渐认识到传统的单学科模型在概念上和实践中的局限性（Braat and Lierop，1986），跨学科领域的集成模型在全面的经济和生态环境分析中逐渐被广泛接受（Lu et al.，2014）。

对于农业经济来说，其与生态环境是相互联系的。农户与其所处的生态环境具有一定的耦合关系。具体来讲，作为土地利用决策者的农户，其经济行为会对当地自然生态环境产生影响，同时自然生态条件的变化也会影响农户的行为决策，两者之间是相互作用的，存在着反馈机制。另外，社会经济系统与农户之间也是一种耦合关系。例如，农业政策、农产品市场、技术进步等外部社会经济因素，直接影响农户的生产经营决策行为，进而影响农业生态环境变化。根据农业生态系统本身所特有的多尺度、多目标和跨学科等特点，引入生态—经济系统整合模型研究方法，将农户经济行为与生态作为一体来研究。为了评估技术调整和政策激励措施对经济的影响效率和农业生态可持续性，生物物理和社会经济相结合的信息是必要的（Kruseman，2000）。对复杂的生态经济系统建模就是为了理解人类行为和生态过程间的动态关系，而BEM模型则很好地实现了农户与其所处的生态环境之间耦合关系的描述和量化，其重要作用之一就是使得农业生态和社会经济现象之间复杂的交互作用更加透明，为生态和经济政策的制定提供依据。

一、BEM模型的机制及内涵

1. BEM模型的机制

BEM模型从某种意义上来说，是一个统称。它集成了用实证观察模拟生物过程的生物物理模型和包含投入产出的经济优化模型。在农业问题研究中，BEM模型整合了农户经济行为模型和生态经济模型，是一个将农业系统的生物物理过程与农户的经济行为有机结合起来的综合模型，可用于模拟农业政策调整、市场变动以及农业技术进步对农业生产、农民福利和农村生态环境的影响（Janssen and Ittersum，2007）。

作为土地的生产者和决策者，农户的经济行为会对当地的生态环境产生直接或间接的影响；反过来，生态环境的变化也会制约农户的生产条件。在农户尺度上，探索人与生态环境之间的作用与反馈机制，深刻揭示人对生态环境的作用过程和利益出发点，以及生态环境的变化影响人类活动的路径，进而研究人地关系的作用机制，是 BEM 模型的核心思想（见图 5—1）。

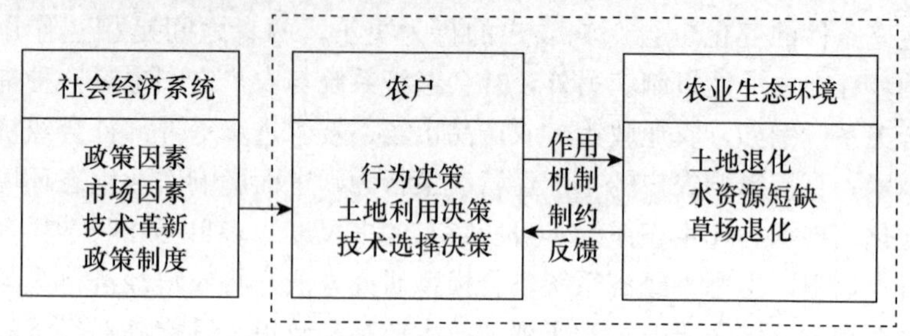

图 5—1　BEM 模型机制

社会经济系统中的政策因素（如农业补贴政策等）、市场因素（农产品价格变化、农业生产资料价格变化）以及技术革新因素（灌溉技术进步、农业机械的推广等），会直接影响到农户的生产经营决策行为，进而影响到农业生态环境的变化。因此，BEM 模型可用于模拟社会经济系统中这些外界因素的变化对农民福利以及自然生态系统的影响。

过去几十年中，在农户生产资源配置以及农业政策选择方面，BEM 模型因其能够仿真农业生产活动细节、对外界因子变化敏感等优点，已经成为研究农业经济和生态系统非常有用的工具。

2. BEM 模型的内涵

BEM 模型能够针对不同类型的农业系统，探讨农业政策变化及农业技术革新对农业生产以及社会经济系统的作用机制。在农户生产资源合理配置以及农业政策选择方面，BEM 模型因其能够仿真农业生产活动细节、对外界因子变化敏感等优点，已经成为了研究农业经济生态系统非常有用的工具。金等（King et al.，1993）针对工业化国家的农业系统研究，探讨了 BEM 模型的设计目标，主要包括以下四点：一是理论建设，BEM 模型通过建立一个通用的模型，有利于跨学科的理论建设；二是工具开发；三是技术和政

策评估；四是决策支持，BEM 模型构建的决策支持系统，可以帮助农户进行农业生产管理决策。

在农业系统研究中，BEM 模型的基本假设是农村市场的不完全性。农产品收购价格和农户购买商品粮或者副食品价格存在价格差，因此农户出售农产品的同时，也将不少农产品作为自食自给消费或者作为饲料经家畜循环后出售以增加附加值。另外，农户就业市场为不完全市场，劳动就业机会的约束条件和土地资源、资金等约束条件同属于模型的资源约束模块。BEM 模型的生产选择模块中，作物生产函数采用列昂惕夫投入产出系数法来界定。作物产量主要依赖于土地类型、劳动和肥料等生产资料的投入产出水平，各种不同类型的土地投入、劳动投入以及肥料等物质投入均受到土地资源供给、劳动资源供给以及养分供需平衡的资源约束，其中土地投入还受到轮作制度的约束。在模型的消费选择模块中，消费选择采用了线性方程，食品消费包含自产农产品和外部购买食品两个部分，消费决策是基于食品价格与其所含营养价值相比的线性消费选择，同时引入了维持营养水平的营养摄入基本需求量和当地农民消费习惯的约束条件。BEM 模型框架的模块化结构有利于不同学科之间的信息合并，这也是因为考虑到相关的生物物理和社会经济过程交互之前可以单独分析。此外，模块化的模型结构使得建模过程更加简明易懂，数据的要求也便于控制。不同的模块可以根据数据的可用性进行调整，甚至可以被简单的假设所取代（Janssen and Ittersum，2007）。

一个完整的 BEM 模型具有以下几个主要特征：

（1）动态和递归过程建模。任何模型的经济和农业系统之间的交互作用都是十分重要的，原因如下：生物过程是动态反映环境变化的；决策的影响通过动态的方式反馈给生物过程；两个时期之间的联系包括上个时期的决策和结果会成为下个时期决策和结果的初始条件。

（2）时间和空间尺度。

（3）说明性和预测性。说明性的 BEM 模型指导我们如何实现

特定的目标，不论是农户个人还是社会层面。它对一些福利和效用措施进行优化并且对结果以及现实与结果的偏离情况进行评价，然后给出如何达到最优结果的建议。预测性的 BEM 模型用于预测系统未来的趋势。

（4）单元分析和决策水平。

（5）集成和联系。

（6）不确定性和风险管理。农户个体的生产、消费和交换决策受到相当大的不确定性的影响，不仅受到生态环境（降雨、恶劣天气条件、病虫害等）、社会经济环境（价格波动、商品和服务的可用性等）等的影响，还受到政策变化的影响。

二、BEM 模型的类型和构建方法

1. BEM 模型的类型

BEM 模型包括机理模型和经验模型，在方法论上有规范研究和实证研究。机理型 BEM 模型建立在现有的经济知识和理论基础上，采用的建模方法为系统动力学方法。经验型 BEM 模型对未来情景变化的预测建立在对过去时间序列数据的计量建模上。机理型 BEM 模型能够建立符合科学逻辑的行为仿真系统，适合进行长期预测工作以及技术选择、政策建议分析。目前的研究中多采用机理型 BEM 模型。

2. BEM 模型的构建方法

目前公认的 BEM 模型的构建方法主要有三种：计量经济方法（econometric estimation approach）、数理规划方法（mathematical programming approach）和决策程序法（decision rule approach）（Bontkes，2001；Kruseman，2001）。

计量经济方法是基于多年历史统计分析资料或横截面数据，通过精确地描述过去的行为规律来推算未来的行为选择。由于该方法对数据的要求很高，所以应用该方法的最大困难就是缺乏足够的历

史资料，尤其是微观层面上的农户行为资料。另外，在发展中国家，长期历史数据很难获取。因此，应用计量经济方法建立 BEM 模型的尝试迄今尚未见诸发表。决策程序法是把农户的行为选择作为农户的行为意向、拥有资源和外部环境之间一系列相互作用的结果，因此它只将建立外生变量和内生变量之间的统计关系考虑在内，内部的那些相互作用则被忽略。数理规划方法是在既定的资源约束条件下，为达到给定目标确定土地、劳动和资本的最优配置。在建立 BEM 模型时，数理规划方法的最大优点在于可以把自然生态过程和农户对外部环境做出反应的经济行为综合到一个框架里来进行分析，并通过设计为达到既定目标的资源配置方案，还原描述人地系统的相互作用过程。此外，应用列昂惕夫投入产出系数，可以将复杂的生产函数简化为许多点状的可供选择的技术形式，将原本不可调和的经济学生产函数和生物学生产函数结合到一起来描述。但数理规划方法也有缺点，如它对模型参数的精确度非常敏感，如果模型中某些参数不够精确，将会对模拟结果带来决定性影响。

目前，建立 BEM 模型主要运用数理规划方法。例如，用 BEM 模型做农业资源配置最优化的目标线性规划，其目标方程为农户净收益最大化，其约束函数包括土地资源、水资源、劳动资源、消费需求以及农业投入产出模型。模型结构如下：

目标函数：

$$\begin{aligned} \max M = & \sum_{c=1}^{C}\left\{p_c\left(\sum_{g=1}^{G}A_{cg}y_{cg}(x)-b_c-s_c\right)-\sum_{g=1}^{G}\sum_{i=1}^{n}A_{cg}e_{icg}x_{icg}\right\} \\ & +\sum_{v=1}^{V}\left\{p_v(L_v y_v)(x)-b_v-s_v-\sum_{i=1}^{N}L_v e_{iv}x_{iv}\right\}-\sum_{j=1}^{J}p_j f_j \\ & +\sum_{o=1}^{O}w_o z_o-\sum_{k=1}^{K}w_k h_k \end{aligned} \tag{5—1}$$

约束条件：

$$A=\sum_{c=1}^{C}\sum_{g=1}^{G}A_{cg} \tag{5—2}$$

$$Z_h=z_j+z_o \tag{5—3}$$

$$\sum_{v=1}^{V}365\alpha_v L_v\leqslant S \tag{5—4}$$

$$365\gamma P\leqslant\sum_{c=1}^{C}\beta_c b_c+\sum_{j=1}^{J}\beta_i f_j \tag{5—5}$$

$$\sum_{c=1}^{C}\sum_{g=1}^{G}\sum_{i=1}^{n}A_{cg}e_{icg}x_{icg}+\sum_{v=1}^{V}\sum_{i=1}^{n}L_v e_{iv}x_{iv}+\sum_{j=1}^{J}p_i f_i+\sum_{k=1}^{K}w_k h_k\leqslant M_0 \tag{5—6}$$

$$\sum_{c=1}^{C}\sum_{g=1}^{G}\sum_{i=1}^{n}A_{cg}e_{icg}x_{icg}+\sum_{v=1}^{V}\sum_{i=1}^{n}L_v e_{iv}x_{iv}+\sum_{j=1}^{J}p_i f_i+\sum_{k=1}^{K}w_k h_k+\sum_{v=1}^{V}p_v L_v\leqslant M_0+R_0 \tag{5—7}$$

模型变量及解释见表5—1。

表5—1　　相关变量的解释

变量	解释	变量	解释
M_0	年净收入	x_{icg}	农产品x_i的输入向量
M_1	可获得的贷款金额	x_{iv}	畜产品x_i的输入向量
M_2	补贴	L_v	牲畜存量
p_c	农产品出售或购买价格	p_j	购买食物的价格
p_v	畜产品出售或购买价格	f_j	购买食物的数量
A	土地面积	w_o	非农就业工资
A_{cg}	耕地面积	w_k	雇佣劳动工资
y_{cg}	农产品生产函数	Z_h	家庭全部劳动
y_v	畜产品生产函数	z_j	农业劳动
b_c	农产品自给消费	z_o	非农劳动
b_v	畜产品自给消费	h_k	雇佣劳动
s_c	农产品自给供应	α	牲畜日饲料需求量

续前表

变量	解释	变量	解释
s_v	畜产品自给供应	β	食物营养含量
e_{icg}	农产品 i 的成本	γ	人类日均最低营养摄入量
e_{iv}	畜产品 i 的成本	R_0	购买畜崽价格
S	饲料总供给量		

国内外很多学者利用数理规划方法构建 BEM 模型。例如，石敏俊和王涛（2005）以内蒙古准格尔旗为研究对象，运用数理规划方法，利用线性规划模型建立人地关系行为机制模型，探讨外部社会经济因素影响土地退化的机制，并重点分析了当前正在实施的退耕还林还草政策所带来的生态经济效果；石敏俊等（Shi et al.，2005）以内蒙古奈曼旗为例，利用线性规划模型建立人地关系行为机制模型，来描述政策和社会经济环境变化以及土地退化过程的关系；陆等（Lu et al.，2014）以北京市顺义区的 BND 农场为研究区，运用线性规划构建包含农业生产和废物处理系统的 BEM 模型，研究技术进步对猪粪处理的经济环境效益方面的影响（Kruseman，2007）；Sankhayan 等（2003）以尼泊尔南部的 Mardi 流域为例，运用动态非线性 BEM 模型分析社会经济和技术因素对土地利用变化和森林退化/再生过程的影响；Schuler 和 Sattler（2010）以德国东北部地区为研究对象，利用线性规划方法建立 BEM 模型，用以描述和评估农业生产和土壤侵蚀风险的政策影响；Nedumaran 等（2014）以印度半干旱的 Adarsha 流域为研究区，运用动态非线性 BEM 模型，评估关键技术和政策干预对农户家庭福利和自然资源基础的事前影响。

三、BEM 模型的尺度效应

时间尺度和空间尺度是模型的主要特征之一，时空尺度的选择要根据实际情况而定。在应用 BEM 模型进行研究的过程中，不同

时间尺度和空间尺度研究的具体操作有所不同。

1. 空间尺度

BEM模型一般包括农户、村庄、流域、区域或更高水平的空间尺度，其中农户水平上的问题是微观经济学关注的焦点，经济学家对农户的行为决策做了大量研究，例如资源分配、投资和消费等(Janssen and Ittersum，2007)。这也可以说是最相关的尺度，因为在农户水平上可以解决联合生产和消费的问题，同时在各种资源禀赋中允许了异质性。在很多发展中国家的广大农村地区，在有限的资源条件下，农民所消费的产品很多都是自给的，而且由于市场失灵和现金经济中的有限参与，他们的生产和消费决策在很多情况下是不可分的，因此，在农户水平上模拟决策是很有必要的（Ruben et al.，1998)。另外，一个集成模型需要包含从村庄到流域尺度，因为许多备受关注的环境问题和可持续性问题就在这些层面上表现出来，例如在村庄水平上，土地、劳动和资本等要素通过交换达到平衡；一个流域上游的决策很可能对下游产生影响，而且农户的行为也受到聚合动力学的影响（如一般的均衡效果、从众心理等等)。

2. 时间尺度

BEM模型的时间尺度一般包括过去、现在、短期未来和长远未来，在短期内重要的在长远来看可能微不足道，反之亦然(Fresco and Kroonenberg，1992)。把时间纳入模型的方式因模型不同而有所不同。静态BEM模型一般只研究一个时间段的农业生产活动，但在某些情况下，在模型的建立过程中我们不能仅对某个特定时间点/时间段的情况进行简单的评估。动态模型则能研究多个相互联系时间的农业生产活动。动态BEM模型又可分为递推模型、间断模型和动态递推模型。递推模型将上期末的利益作为下期利益的起点。间断模型的总目标为整个时期利益最大化，时段之间的利益是相互权衡的。动态递推模型旨在实现整个时期利益最大化，而在各个时段上，上期利益的结束点作为下期利益的起始点(King et al.，1993)。例如，在土壤退化研究中时间尺度就非常重

要，因为土壤退化通常是沿着时间轴的连续过程；粮食安全和自然资源管理在过去和将来的时间里都是备受关注的话题，但是只有把时间要素纳入模型中，我们才能更好地理解它们的空间尺度。

四、BEM模型的应用研究

国外对BEM模型的研究开展得较早，主要用于农业、养殖业、森林和湿地管理以及海洋可再生资源管理等领域（Schuler and Sattler，2010；Sankhayan et al.，2003；Béné et al.，2001；Whitten and Bennett，2004）。近年来，国内学者也在BEM模型研究方面进行了一些尝试。例如，郑华和吴常信（2007）利用生物经济模型对我国不同类型的猪场进行了模拟研究；王倩（2007）探讨了生物自适应性经济安全模型的构建及应用；张益丰（2008）基于海洋生物经济学模型分析了海洋捕捞业与海洋生物多样性的持续有效发展；石敏俊等（2006）利用BEM模型对中国生态脆弱带人地关系行为机制和中国北方沙漠化地区生态重建的环境政策进行了研究。但整体而言，国内对BEM模型的研究还处于起步阶段，相应的研究成果较少，有很大的发展空间。在当前BEM模型的应用研究中，主要针对几个方面展开：

1. 农户行为决策：利益最大化与多重标准方法

假设农户具备足够的信息，并且是一个理性的利益最大化追求者，那么即可建立单目标线性规划方程。在实证研究中，单目标包括农业收入最大化、农业利润最大化、农业利润减去风险损失最大化以及农业期望收入最大化。一方面，在现实农户行为决策中，目标选择与经济利益最大化往往是矛盾的，例如个人生活习性、社会环境、个人心理对其决策行为的影响等。因此，单目标利益最大化建模是基于利益主体理性人假设下的抽象化模型。例如，Schuler和Sattler（2010）以德国东北部地区为例，在假设利益最大化为农户行为主要目标的前提下，模拟农户的经济行为决策，研究农业生产和水土流失风险的政策影响；石敏俊等（2009）应用BEM模型，以农

户净收益最大化为目标，研究石羊河流域民勤绿洲地区在压缩农业用水后农户的政策选择。另一方面，我们还必须考虑多个利益相关体，例如经济、环境、生态、社会效应，建立多重标准目标方程。多重标准法的实现，既可以通过建立多目标方程，也可以通过使其中一个利益最大化，而将别的利益群体作为约束，或者通过使其利益群体正外部性最大、负外部性最小。例如，石敏俊和王涛（2005）以内蒙古农牧交错区为例，以村级层次上纯利益最大化为目标，以土地、劳动和土壤侵蚀量为约束建立多重标准 BEM 模型，研究调整土地利用政策、引进新技术、改进农村信贷服务和增加农村非农就业机会对农户土地利用决策及家庭收入的影响，探讨沙漠地区生态重建与生态脱贫双赢的环境政策。

2. 风险

农业生产周期长，农户预测能力与信息掌握有限，而农业生产中面临一些不可抗拒的风险，例如极端天气、农产品价格的变动等等。将风险因子加入 BEM 模型当中，才能更加客观地刻画农业生产活动。风险因子主要包括两类：不可预测性风险和可预测性风险（King et al.，1993）。Pannell 等（2000）在其不确定风险研究中认为，当主体利益方差变化很大时，农民福利的减少并不明显，因此不确定风险对农户行为决策的影响并不重要（Pannell et al.，2000）。但是在极端天气和病虫害影响比较大的地区，不确定风险因子必须加入模型中予以考虑；确定性风险因子，例如农民有机会投入劳动市场并且实现资金的短期周转，也是值得深入研究探索的。相关方面的研究在可预测性风险因子研究中建立了随机型规划模型（Apland，1993；Dorward，1999）。

3. BEM 模型的扩展应用：应用 BEM 模型构建其他模型

BEM 模型将土地、水等资源利用与投入产出模型相结合，以农户净收益最大化为目标，求解最优的资源配置决策，可以用来分析微观尺度上农户对外部经济条件变化和政策的行为响应。但是单点的 BEM 模型只适合于在微观尺度上描述农户或村级经济主体的

行为决策，不适宜于大尺度区域的经济活动分析。为了将 BEM 模型应用于区域尺度的经济点分析，需要进行模型的区域集成，通过 GIS 技术将单点的 BEM 模型链接起来，构建区域集成的 GBEM 模型（GIS-Based Bio-economic Model）。GBEM 模型是以 BEM 模型为基础，利用 GIS 平台，将小尺度微观层面的经济行为模型集成到区域层面的一个分析框架。GBEM 包括两类数据：一类是反映各地域单元资源条件的空间属性数据，另一类是刻画经济活动特征的投入产出参数数据，利用 GIS 技术将 GIS 空间属性数据和 Access 参数数据这两类数据库耦合到一起。如石敏俊等（2009）构建了基于 GBEM 模型的分布式水资源管理模型，研究了在生态重建目标下石羊河流域水资源空间配置优化方案和实现途径。还有一种农户—生物经济模型 BEHM 模型（Bio-economic Household Model，简称 BEHM 模型）是农户经济行为模型（Household Model）和生物—经济模型（Bio-economic Model）的耦合。这个模型明确说明了自然资源禀赋、投入和生产因素分配决策、产出选择和不同市场发展条件下的消费偏好。在这个模型中，通过数理规划方法将生物物理过程和农户经济行为有机结合起来（Ramaswamy，S.，Sanders，1992；Altieri et al.，1993；Dalton，1996；Köbrich，1997）。如苗建青等（2012）采用实地测量和问卷调查相结合的方法采集了环境—农户组合式样本，获得了农户尺度的横截面数据，建立了一个 BEHM 模型，重点从农户经济行为的角度定量分析了人文因素在石漠化形成中的微观机制，以期对今后的石漠化治理和生态恢复的政策制定以及相关的制度改进提供有益的借鉴。

第三节　黑河流域水资源—经济模型

本节在 BEM 模型机制基础上，主要阐释了黑河流域中游地区

水资源—经济模型的构建过程，重点介绍了模型构建的基本单元、参数和约束数据库等，主要应用见本书第十二章。

一、研究区概况

黑河流域是我国西北地区第二大内陆河流域，发源于青海祁连山中段，流经甘肃河西走廊，最后消失于内蒙古额济纳旗居延海，横跨山区、绿洲、荒漠等不同自然地理类型区。作为水资源消耗区的黑河中游张掖绿洲，用水量占全流域的81%。根据地表径流水流联系特征，张掖绿洲可分为干流灌区和沿山灌区。黑河干流灌区包括甘州区、临泽县和高台县，沿山灌区包括山丹县、民乐县、甘州山区以及高台山区（见图5—2）。

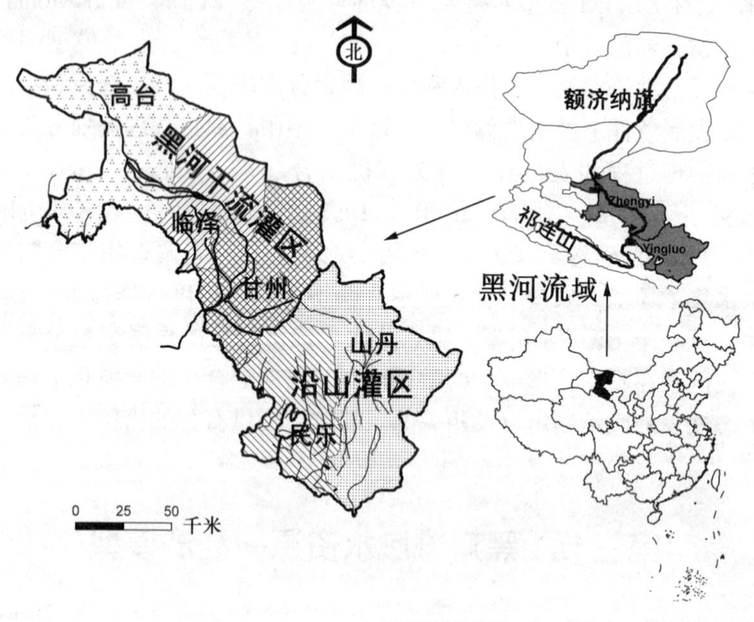

图5—2 研究区位置图

20 世纪 50 年代开始，黑河中游张掖绿洲因工农业快速发展，用水量迅速增加，致使流入下游额济纳旗的水量逐年减少，进而引发下游地区出现河湖干涸、林木枯萎、草场退化等一系列生态环境问题，上下游之间水事矛盾突出。2000 年之后，黑河实施了分水方案，中游可用地表水量从 8.4 亿立方米减少到 6.3 亿立方米。为缓解黑河分水后的水资源压力，从 2001 年起，张掖市推行了全国第一个节水型社会建设试点，要求积极调整农业结构，大力压缩水稻和带田等高耗水作物的种植面积，扩大制种玉米、设施蔬菜、马铃薯等高效经济作物的种植面积，以有效节约灌溉水量，提高农业用水效益。

二、黑河中游灌区 BEM 模型构建

1. 构建模型的基本单元

BEM 模型适用于研究微观层面农户家庭经营的行为决策。如果在一个经济单元内（譬如，一个村、一个乡镇），农户的生产技术选择和经营决策是相似的，也可以将整个经济单元看做一个整体的决策者，在村级（乡镇）尺度上，以村（乡镇）为主体单元，构建 BEM 模型。

张掖市五个农业县区包括了 22 个灌区，其中黑河干流分布有 16 个灌区，沿山地带分布有 6 个灌区。灌区是水资源管理的最小完整单位。灌区内部各个村之间的作物种植结构和农业生产技术会存在一定的差异，根据农业种植结构空间分布，考虑灌区内各个村之间的自然条件、农业生产技术、作物结构的一致性和差异性，将灌区内的村分为若干类型区，把相似程度高的村划分为同一个类型区，采用相同的参数构建 BEM 模型。具体的操作方法是在 ArcGIS 9.1 中将研究区 22 个灌区与 15 个农业种植类型区进行叠置合并处理，保证灌区边界的完整性，生成了 31 个灌区种植结构类型区，作为 BEM 模型构建的基本单元。生成的灌区种植结构类型

区包含两方面信息：(1) 灌区信息，作为水资源管理的基本单位，提供了灌区引水量、灌区地下水量等方面的基本信息。(2) 农业种植结构的基本信息，包括作物的投入产出等基本信息。经过处理之后，一个灌区内部可能包含两种以上的作物类型区，例如高台友联灌区包含了城郊蔬菜种植区、棉花制种玉米种植区以及玉米种植区。

在生成的31个灌区作物结构类型区中，20个位于干流灌区、11个位于沿山灌区。相应地，在基本单元上构建了31个BEM模型。

2. 模型基本单元之间的水动态链接

31个BEM模型之间并不是独立的，它们之间存在动态链接。灌区之间的链接是通过黑河干流水在上下游之间的分配完成的，也就是说，灌区的可引水量受制于其他灌区的引水量，每年黑河来水量是不变的，但在灌区之间的分配是可变的。灌区的水资源是基于初始水权面积分配的，但丰水年、枯水年以及不同用水时期却能够深刻地影响到灌区内部的农业生产活动。灌区之间的动态链接具体操作是基于GIS平台，根据流域上下游的地理位置关系动态分配来水量。沿山灌区地表水与黑河干流没有关系，因此没有参与到灌区间的动态链接中来。

3. 黑河中游灌区BEM模型的集成

通过构建31个灌区的BEM模型，再通过水资源的空间配置，将31个灌区动态链接起来，最终集成了流域尺度的黑河中游灌区BEM模型。基于流域尺度的灌区BEM模型，可以将微观尺度的农户经济行为模型集成到流域尺度，模拟水资源管理的空间决策以及水资源管理政策效应在空间上的差异性。图5—3为黑河中游灌区BEM模型的构建流程，包括数据采集——数据处理——模型构建——模型输出四个步骤。

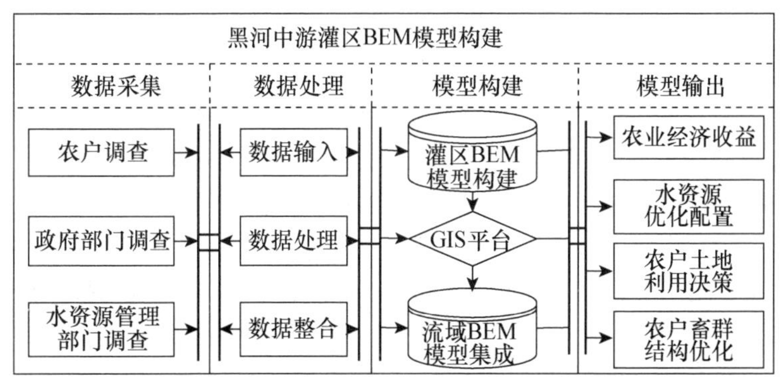

图 5—3　黑河中游灌区 BEM 模型的构建流程

4. 数据支撑

（1）参数数据库：主要包括农业生产活动的投入产出系数和农户消费结构参数。农业生产活动的投入产出参数包括了作物的投入产出参数和畜牧业的投入产出参数。其中作物的投入产出参数有：作物亩均产量，作物市场价格，作物单位面积有机肥、化肥、农药、灌溉水量、劳动、地膜、租赁机械的投入量，以及各种生产资料的市场价格；畜牧业的投入产出参数有：牲畜的产肉量、产毛量、牲畜不同生育期对饲料和饲草的需求量等；劳动分配参数有：农民外出务工时段以及工资；农户消费结构参数有：以家庭为单位的农户对蛋类、肉类和主食的消费量以及自给量等。参数数据库的数据主要来源于农户调查。

（2）资源约束数据库：主要包括了耕地面积，户数，劳动人数，丰水年、平水年以及枯水年的灌区引水量，灌区渠系利用系数，地下水可开采量，现状年的地表引水量和地下用水量，农户的自有资金、可贷款金额以及贷款利息等资源禀赋类数据。约束数据主要来源于张掖市四县一区的统计年鉴，以及甘肃省水资源公报、各县区灌区的灌溉管理年报和水利管理年报等。

（3）属性数据库：主要指 GIS 的属性数据库。空间属性包括了各个灌区、各个类型区、黑河干流以及各个乡镇的空间信息，其

他属性包括了各个乡镇的作物种植面积等信息。

5. 农户调查

2009 年 8 月和 10 月，笔者先后两次对黑河中游 5 个农业县区、12 个灌区、46 个村庄、512 户农户进行了随机抽样调查。调查的主要内容包括：（1）农户家庭基本信息；（2）农户的水土资源；（3）作物的投入与产出情况；（4）灌溉信息，包括灌溉时间、次数、费用等；（5）作物劳动时间的投入；（6）畜牧业的投入产出情况；（7）畜牧业的劳动时间投入；（8）农户的家庭基本消费。

调查样本点的选择采取了分层随机抽样的方法，基本原则是要求样本点尽可能均匀地分布在 15 个农业种植结构类型区内。样本点的选择首先是针对调查乡镇的甄选。基于作物种植结构特点，甘州区选择了近郊的蔬菜种植区长安乡和新墩镇、黑河干流沿线的乌江镇，以及制种玉米种植区小满乡；临泽县选择了制种玉米种植区鸭暖乡和小屯乡；高台县选择了南部山区的新坝乡、北部荒漠边缘带的罗城乡，以及近郊蔬菜种植区巷道乡；民乐县选择了南部冷凉灌区的永固镇，以及北部胡麻种植区三堡镇、民联乡和顺化乡；山丹县选择了靠近南部胡麻种植区的霍城乡和李桥乡。乡镇以下样本村和样本农户的选择采取了随机抽样方法。

样本农户分布在 12 个灌区内，占黑河中游灌区总数（22 个）的 55%。样本农户总计 512 户，其中甘州区 138 户（27%）、临泽县 108 户（21%）、高台县 113 户（22%）、民乐县 63 户（12%）以及山丹县 90 户（18%）。由于沿山灌区种植结构简单，所以样本农户相对较少，剩下的三个县区样本基本均匀分布。

样本农户的人均收入为 10 432 元/人，其中农业收入占 41%，非农收入占 59%。农户的收入结构在四县一区上存在明显差异。其中，甘州区是张掖市政府所在地，农户的非农就业机会相对较多，因此农户的非农收入比重较高。山丹县位于铁路、高速公路交通沿线，农户的非农就业机会也比较多，非农收入比重高于邻县民

乐。临泽和民乐属于张掖市的农业大县，农户的人均耕地面积高于其他县区，农户的收入在很大程度上依赖于传统农业，农业收入比重高。样本农户农业劳动占劳动人数的比重为74%，非农劳动占劳动的比重为26%，这说明在研究区农业依然是吸纳劳动的最主要部门。样本农户的作物种植结构中，粮食作物占25%，经济作物占52%，其他作物占23%。以制种玉米为主的经济作物种植，是农户增收的主要来源。农业种植结构在空间上存在较大的差异，干流灌区的经济作物比重要高于沿山灌区，这是因为干流灌区土壤、灌溉条件好，适宜于种植大面积的制种玉米、蔬菜、加工番茄和棉花。沿山灌区水资源匮乏，农户只能选择种植小麦、玉米等粮食作物，经济作物主要为喜凉耐寒的油料作物以及马铃薯作物。样本农户的人均耕地面积为3.06公顷/人。沿山灌区人均耕地面积大于干流灌区，但是耕地的质量却低于干流灌区，因为沿山灌区的多数耕地是无法满足灌溉条件的旱地。

三、模型精度检验及敏感度分析

表5—2将BEM模型模拟的优化情景与现状情景（2008年）进行了对比。从人均收入来看，模拟结果与实际数据的平均偏差在27%左右，其中70%的灌区偏差在25%以下。从耕地面积来看，模拟结果与实际数据的平均偏差在17%左右，其中70%的灌区偏差在20%以下，这说明模型的结果基本可靠（见表5—2）。沿山灌区模拟结果的偏差大于干流灌区，这是因为沿山灌区实际农业灌溉中会采用不充分灌溉的方式，即农户会减少单位面积灌溉次数，以此来扩大灌溉面积，这种灌溉方式常常会在缺水年份实施。BEM模型没有考虑农业灌溉风险的存在，因此，对于不充分灌溉条件下作物的投入产出也没有给予充分的考虑，导致模型模拟结果要比实际数据小。

模型与实际数据的其他偏差主要来源于：模型中假设农户是理

性人且追求利益最大化，会自动优化生产资源的配置；而在现状情景中，农户的行为决策受往年种植经验和预期收益的影响，偏好采取一定的风险规避行为，如农户更偏好于种植旱涝保收的作物品种，而不是经济收益高的作物，农户对于他们潜在的损失要比潜在的收益更加敏感。

表 5—2　　模拟结果与实际数据偏差

区域	人均纯收入（元/人）			作物播种面积（万公顷）		
	实际数据	模拟结果	偏差（%）	实际数据	模拟结果	偏差（%）
甘州	4 763	3 728	22	47 519	39 893	16
高台	4 545	3 425	25	19 035	17 856	6
临泽	4 628	3 463	25	23 984	23 402	2
民乐	4 028	2 626	35	59 085	38 312	35
山丹	4 545	3 142	31	36 580	26 687	27
平均	4 502	3 277	27	37 241	29 230	22

对 BEM 模型的敏感性分析发现，模型对于参数作物轮作方式、农户自有资金、温室大棚的补贴、作物的市场价格等参数的变化表现敏感，这说明耕地面积和资金是限制农户农业生产的重要边界条件。

应用篇

第六章

扩大内需的经济效应

自中国加入 WTO 以来，投资加出口的经济增长模式在实现中国经济快速发展的同时，也带来了对外依赖加深等诸多问题。中国进出口贸易总额从 2000 年的 4 743 亿美元迅速增长到 2007 年的 21 737亿美元，增加了 4.6 倍，2007 年中国外贸依存度（进出口总额占 GDP 的比例）达到 61.7%以上，净出口对 GDP 的贡献达到 8.9%。由于对外贸易集中分布于沿海地区，沿海地区经济发展对外贸的依赖尤为突出。2008 年，中国进出口总额占 GDP 的比例为 59.2%，东部沿海地区则高达 87.9%。沿海地区已成为全球制造业基地之一，被称为“世界工厂”。过度依赖外部需求，使得中国特别是沿海地区的经济发展容易受到世界经济波动的冲击。2008 年以来，美国金融危机和欧洲主权债务危机导致欧、美、日等中国主要贸易伙伴国市场疲软，外需大幅度下滑，给沿海地区的经济发展

带来了巨大的冲击。中国经济的稳定、协调、可持续发展需要更加注重内需，扭转对外依赖过深的局面。经过三十多年的快速发展，中国经济的总量规模越来越大，为扩大内需提供了更好的条件。2008 年，中国政府为了应对美国金融危机，出台了扩大内需、促进经济增长的十项措施。在十二五规划中，坚持扩大内需被列为十大任务之首，特别是扩大消费需求，更是扩大内需的战略重点。但是，在投资加出口的经济发展导向下，国民收入分配重投资、轻消费，过去十年来国民收入分配中投资的比重不断上升、消费的比重不断下降。扩大消费需求尤其是扩大农村居民消费需求仍然任重道远。

第一节　应对金融危机的扩大内需政策

一、美国次贷危机与全球金融危机

2007 年发端于美国的次贷危机迅速地发展成为冲击全球的金融海啸。2007 年 3 月 13 日，美国第二大次级抵押贷款机构——新世纪金融公司因濒临破产被纽约证券交易所停牌，标志着次贷危机的正式爆发。在那以后，花旗、美林、贝尔斯登、瑞银、汇丰、巴黎银行、德国工业银行等全球著名金融机构相继报出巨额次贷投资损失。2008 年 3 月，美国第五大投行贝尔斯登陷入危机，美联储通过摩根大通间接向其提供紧急融资。2008 年 5 月底，贝尔斯登被摩根大通收购。2008 年 9 月 7 日，美国前两大房屋贷款公司——房利美（Fannie Mae，联邦国民抵押贷款协会）和房地美（Freddie Mac，联邦住房抵押贷款公司）因陷入危机被美国政府接管。2008 年 9 月 15 日，美国第四大投资银行雷曼兄弟因美联储拒绝资助而申请破产保护。美国最大的保险公司 AIG（友邦保险）

寻求私募基金注资的计划被搁浅，向美联储提出 400 亿美元的贷款支持。这些事件引发了全球金融危机，大宗商品暴跌，新兴市场国家汇率贬值，股市动荡，全球金融机构竞相“去杠杆化”。成思危指出，美国次贷危机沿着借款人——商业银行等房贷机构——房贷债券发行机构——投资银行——保险公司的产业链和抵押贷款债权——MBS——CDO——CDS 的产品链不断放大，形成了华尔街金融风暴，从美国向全世界扩散，并从虚拟经济向实体经济蔓延，导致全球经济迅速下滑，不少国家的经济陷入衰退。这场危机被认为是 20 世纪下半叶以来最为严重、影响最为广泛的全球性金融危机。

美国次贷危机引发的全球金融危机对全球经济的影响十分深远，中国也难以独善其身。中国在 2001 年底加入 WTO 以后，经济增长的对外依存度不断提高。全球金融危机对中国经济带来了巨大的冲击和严峻的挑战。

二、应对金融危机的政策措施

1. 扩大内需的十项措施

2008 年 11 月，国务院常务会议决定实行积极的财政政策和适度宽松的货币政策，出台有力的扩大国内需求措施，加快民生工程、基础设施、生态环境建设和灾后重建，提高城乡居民特别是低收入群体的收入水平，以应对金融危机带来的冲击，促进经济平稳较快增长。会议确定了进一步扩大内需、促进经济增长的十项措施。

一是加快建设保障性安居工程。加大对廉租住房建设的支持力度，加快棚户区改造，实施游牧民定居工程，扩大农村危房改造试点。

二是加快农村基础设施建设。加大农村沼气、饮水安全工程和农村公路建设力度，完善农村电网，加快南水北调等重大水利工程建设和病险水库除险加固，加强大型灌区节水改造。加大扶贫开发

力度。

三是加快铁路、公路和机场等重大基础设施建设。重点建设一批客运专线、煤运通道项目和西部干线铁路，完善高速公路网，安排中西部干线机场和支线机场建设，加快城市电网改造。

四是加快医疗卫生、文化教育事业发展。加强基层医疗卫生服务体系建设，加快中西部农村初中校舍改造，推进中西部地区特殊教育学校和乡镇综合文化站建设。

五是加强生态环境建设。加快城镇污水、垃圾处理设施建设和重点流域水污染防治，加强重点防护林和天然林资源保护工程建设，支持重点节能减排工程建设。

六是加快自主创新和结构调整。支持高技术产业化建设和产业技术进步，支持服务业发展。

七是加快地震灾区灾后重建各项工作。

八是提高城乡居民收入。提高明年粮食最低收购价格，提高农资综合直补、良种补贴、农机具补贴等标准，增加农民收入。提高低收入群体等社保对象的待遇水平，增加城市和农村低保补助，继续提高企业退休人员基本养老金水平和优抚对象生活补助标准。

九是在全国所有地区、所有行业全面实施增值税转型改革，鼓励企业技术改造，减轻企业负担 1 200 亿元。

十是加大金融对经济增长的支持力度。取消对商业银行的信贷规模限制，合理扩大信贷规模，加大对重点工程、“三农”、中小企业和技术改造、兼并重组的信贷支持，有针对性地培育和巩固消费信贷增长点。

初步匡算，实施上述工程建设，到 2010 年底约需投资四万亿元。

2. 应对金融危机的具体政策

以积极的财政政策和适度宽松的货币政策为导向的各项应对危机的政策措施主要有以下几个方面：

（1）财政政策。

在财政支出政策方面，出台了扩大财政投资、加大转移支付力度等相关政策，发挥财政投资“四两拨千斤”的作用，引导带动社会投资，刺激居民消费。中央财政新增投资1.18万亿元，带动四万亿元投资计划。2009年，中央财政公共投资已完成9 243亿元，比上年增加5 038亿元。其中，保障性住房、农村民生工程、社会事业投资占44%，自主创新、结构调整、节能减排和生态建设占16%，重大基础设施建设占23%，灾后恢复重建占14%。全社会固定资产投资增长30.1%。

着力扩大居民消费。中央财政投入资金450亿元，补贴家电和汽车摩托车下乡、汽车和家电以旧换新和农机具购置，扩大“家电下乡”产品的财政补贴范围和补贴产品种类。调整汽车消费税税率，减半征收小排量汽车购置税。减免住房交易相关税收，支持自住性住房消费。设立用于支持中小企业信用担保的补贴资金，并安排专项资金用于支持中小企业科技创新和技术进步等。

在财政收入政策方面，主要是对个人所得税、企业增值税进行改革。自2008年10月9日起，对储蓄存款利息所得暂免征收个人所得税。2008年11月出台了增值税抵扣政策。

（2）信贷政策。

采取了扩大贷款规模、放松信贷约束等相关措施。2009年末人民币贷款余额比2008年末增加9.6万亿元，加上外币贷款，2009年全年累计新增贷款超过10万亿元。

（3）货币政策。

在利率政策方面，采取了调整法定存款准备金率及存贷款基准利率等相关措施。自2008年9月份起，中国人民银行在不到3个月的时间连续五次降低基准利率，累计幅度达到2.16%，在9月15日、10月8日和11月26日连续三次降低存款准备金率；自2008年10月27日起，中国人民银行扩大商业性个人住房贷款利率下浮幅度，调整最低首付款比例，下调个人住房公积金贷款利率等。

（4）对外贸易政策。

针对部分出口下滑较大的劳动密集型产品、机电产品等，采取了调高出口退税率及出口关税等措施。2008 年 8 月以来，国家 7 次调高出口退税率，同时降低或取消了部分钢材、铝材、化工及粮食类产品的出口关税或特别出口关税。

（5）产业政策。

出台了多项产业振兴规划。2009 年，国务院常务会议先后审议通过了汽车、钢铁、纺织、装备制造、船舶、电子信息、石化、轻工业、有色金属和物流业十大产业振兴计划。十大产业振兴计划已开始实施。

（6）就业政策。

采取的应对措施主要有以下三项：

一是通过投资拉动就业，四万亿元投资计划两年共拉动 2 416 万个就业岗位。

二是援企稳岗，稳定就业。实行“五缓四减三补两协商”，对暂时无力缴纳社会保险费的困难企业，在一定条件下允许缓缴养老、医疗、工伤、失业、生育五项社会保险费；阶段性降低除养老保险外的四项保险费费率；使用失业保险基金为困难企业稳定岗位支付社会保险补贴和岗位补贴，使用就业资金对困难企业开展职工在岗培训给予补贴；困难企业不得不进行经济性裁员时，对确实无力一次性支付经济补偿金的，在企业与工会或职工平等协商的基础上，可签订分期支付或以其他方式支付经济补偿协议。支持困难企业通过集体协商，采取缩短工时、调整工资等措施，共同应对困难，稳定劳动关系。2009 年计划为企业减负 2 000 亿元，稳定 2 000万个就业岗位。

三是加大政策扶持力度，鼓励自主创业，促进就业；做好高校毕业生就业、农民工就业、城镇失业人员再就业工作；加强职业培训，提高劳动者就业能力。

第二节 扩大内需与宏观经济

一、研究方法

本节应用中国经济动态 CGE 模型，采用情景模拟方法，对增加投资的政策效果进行了情景模拟，模拟时间区段为 2007—2015 年。

1. 中国经济动态可计算一般均衡（CGE）模型

本节构建的中国经济动态 CGE 模型采用 GAMS 软件编程并求解。模型所用的 2007 年 SAM 表基于 2007 年投入产出表以及相应的海关、税收、国际收支、资金流量等数据编制而成(见表 6—1)，包括 39 个部门、2 组居民家庭（城市和农村）、3 种生产要素（劳动、资本和能源）。39 个生产部门中包括 1 个农业部门、36 个工业部门和 2 个服务业部门。能源要素的投入来自 9 个能源部门，分别是煤、石油、天然气、石油加工品、焦炭、燃气、火电、其他电力以及热力（见图 6—1）。

能源之间、能源和资本之间以及能源—资本组合和劳动之间的替代弹性参考武亚军和宣晓伟（2002）的研究，以及 SGM、MIT-EPPA、G-Cubed、AIM、AMIGA 等模型的参数进行设定。进口与国产商品之间的替代弹性参考 GTAP 6.0 的参数进行设定。模型中各部门劳动的数据来自中国第五次人口普查数据和《中国经济普查年鉴（2004)》，固定资产投资、人口等数据来自《中国统计年鉴》，能源消耗数据来自《能源统计年鉴》。

模型的动态化通过资本积累、劳动增长和要素技术进步来实现，模拟年份从 2007 年到 2015 年。其中资本累积、劳动增长以及技术进步的设定参见对情景设计的说明。

表 6—1　　SAM 表的部门分类

序号	行业	序号	行业	序号	行业
1	农业	14	印刷业记录媒介的复制、文教体育用品制造业	27	普通机械、专用设备制造业
2	煤炭开采和洗选业	15	石油及核燃料加工业	28	交通运输设备制造业
3	石油开采业	16	炼焦业	29	电气机械及器材与电子及通信设备制造业
4	天然气开采业	17	化学原料及制品制造业	30	仪器仪表文化办公用机械制造业
5	黑色金属矿采选业	18	医药制造业	31	其他工业
6	有色金属矿采选业	19	化学纤维制造业	32	火电生产供应业
7	其他矿采选业	20	橡胶制品业、塑料制品业	33	其他电力生产供应业
8	食品饮料加工制造业	21	水泥、石灰和石膏制造业	34	热力生产供应业
9	烟草制品业	22	玻璃及玻璃制品制造业	35	燃气生产和供应业
10	纺织业	23	其他非金属矿物制品业	36	水的生产和供应业
11	服装皮革及其他纤维制品制造业	24	黑色金属冶炼压延加工业	37	建筑业
12	木材加工及竹制品业、家具制造业	25	有色金属冶炼压延加工业	38	运输业仓储及邮电通信业
13	造纸及纸制品业	26	金属制品业	39	其他服务行业

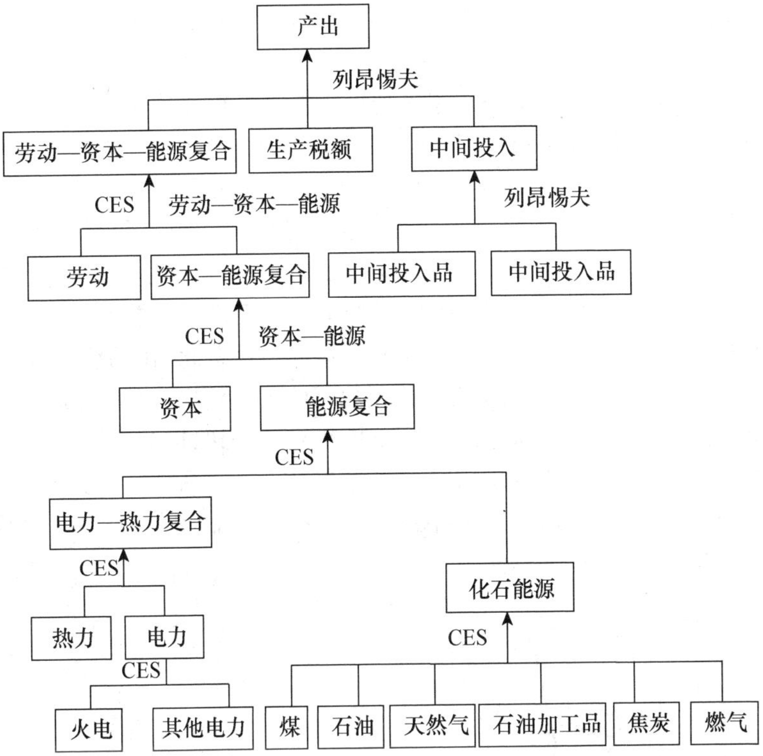

- 产出（列昂惕夫）
  - 劳动—资本—能源复合（CES 劳动—资本—能源）
    - 劳动
    - 资本—能源复合（CES 资本—能源）
      - 资本
      - 能源复合（CES）
        - 电力—热力复合（CES）
          - 热力
          - 电力（CES）
            - 火电
            - 其他电力
        - 化石能源（CES）
          - 煤
          - 石油
          - 天然气
          - 石油加工品
          - 焦炭
          - 燃气
  - 生产税额
  - 中间投入（列昂惕夫）
    - 中间投入品
    - 中间投入品

图 6—1　中国经济 CGE 模型的生产模块结构

2. 情景设计

情景模拟考虑了三种情景：（1）基准情景：如果金融危机没有发生，中国经济的增长轨迹；（2）危机情景：金融危机发生后，如果不采取应对措施，中国经济的增长轨迹；（3）政策情景：金融危机发生后，如果采取应对措施（主要是增加投资并扩大内需），中国经济的增长轨迹。

基准情景：模型参数除了外生给定替代弹性和根据基年校准的参数外，TFP 和劳动的增长率外生给定，固定资本形成总额内生决定。已有研究表明，近 30 年来中国 TFP 增长率基本上在 2%～

4%之间。孙琳琳和任若恩（2005）估计的中国1981—2002年TFP增长率为3.14%。王小鲁等（2009）估计的中国1999—2007年TFP增长率为3.63%，未来如果能够改善教育条件和社会保障及公共服务体系、抑制政策管理成本，2008—2020年TFP增长率有望增加到3.95%。参考上述研究成果，考虑到危机后经济复苏难以回到原来的经济水平，基准情景设定2008—2010年TFP增长率为3.2%，2011年之后略有下降，2011—2015年为2.8%。在模拟期内，有效劳动占总人口的比重固定，即劳动随着总人口增长而增长。此外，在基准情景下，居民和政府所消费商品的价格指数也外生给定，参考居民消费者价格指数（CPI）的值，1990—2009年平均值为104.8，其中，1993—1995年CPI均超过114，1994年高达124.1（见图6—2），扣除这几个特殊值后，平均值为102.4。模型中假设基准情景下居民和政府消费商品的价格指数年均为103。

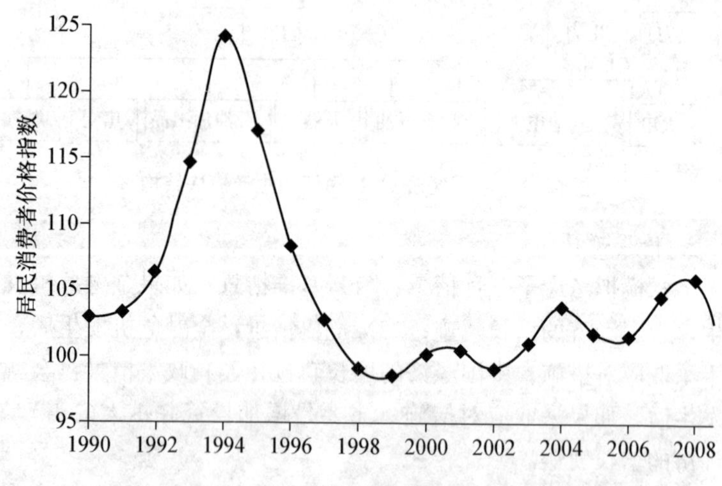

图6—2　居民消费者价格指数的历史推移

资料来源：中华人民共和国国家统计局。

危机情景：危机情景模拟考虑了金融危机带来的两个方面影响，即进出口下滑和生产率下降。金融危机对进出口贸易带来了较大的冲击，一方面引起外需减少，另一方面导致进出口价格下降。2008 年第四季度，进出口价格开始明显下降。危机情景假设 2008 年进出口价格下降 5%，2009 年出口价格下降 15%、进口价格下降 5%，2010 年后恢复至 2007 年水平。危机情景假设固定资本形成总额增长率与基准情景保持一致，2007 年、2009 年和 2015 年的固定资本形成总额分别为 10.54 万亿元、12.82 万亿元和 19.40 万亿元。由于投资会影响商品的消费者价格指数，危机情景下商品的消费者价格指数由外生给定的投资而内生得出。此外，金融危机会引起资本和劳动的闲置，导致 TFP 增长率下降。据王小鲁等（2009）研究，受金融危机影响，2008—2020 年中国年均 TFP 增长率可能降为 1.79%。据此，危机情景设定 2009 年 TFP 增长率为 1.8%，2010 年回升至 2.5%；2011 年恢复至基准情景水平，即 TFP 年均增长率为 2.8%。

政策情景：政策情景主要考虑扩大投资政策对于缓解金融危机冲击的效果。2009 年全社会固定资产投资为 224 846 亿元，比 2008 年增长 30.1%，增加 52 018 亿元，远高于 2008 年比 2007 年增加的 35 504 亿元。政策情景设定 2009 年国内固定资本形成总额为实际水平。根据 2009 年资本形成总额对 GDP 的贡献率，测算出固定资本形成总额为 14.13 万亿元。2010 年后固定资本形成总额的增长率接近基准情景的水平，2015 年固定资本形成总额为 20.22 万亿元。在政策情景下，2008—2009 年间 TFP 增长率根据实际的 GDP 增长率进行校准得到，2008 年和 2009 年分别为 3.1% 和 2.5%。由于投资可促使一部分闲置资本和劳动得到利用，2009 年 TFP 增长率相对于危机情景有所回升。2010 年后与基准情景一致，年均增长率为 2.8%。

二、扩大投资对经济增长的贡献

1. 增加投资对宏观经济的影响

GDP：在基准情景、危机情景和政策情景下，按 2007 年价格计算，GDP 从 2007 年的 271 616.6 亿元（2007 年投入产出表所计算的 GDP 剥离关税后的值）分别增长到 2015 年的 524 616.1 亿元、477 954.4 亿元和 516 412.5 亿元（见图 6—3）。在危机情景下，受金融危机的影响，如果不采取应对措施，2009 年 GDP 增长率将降为 2.36%，2010 年有较大反弹，2011 年后略低于基准情景的水平。在政策情景下，采取了扩大投资的政策后，宏观经济明显复苏，2009 年 GDP 增长率从危机情景的 2.36%上升到 9.1%。投资的大幅增加使得 2010 年 GDP 增长率高于基准情景的水平。2011 年后 GDP 增长率略低于基准情景，但随着时间的推移，与基准情景 GDP 增长率的差异逐步缩小（见图 6—4、表 6—2）。可见增加投资、扩大内需的政策措施可以在很大程度上缓解外需下滑的冲击，减缓经济运行的起伏。

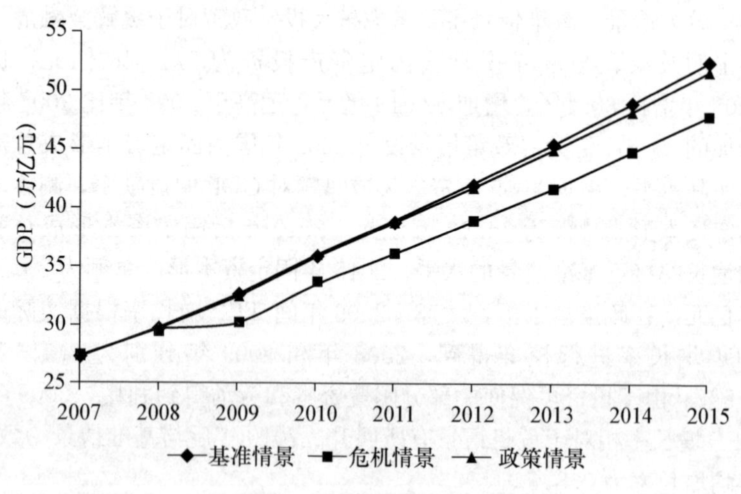

图 6—3 不同情景下的 GDP

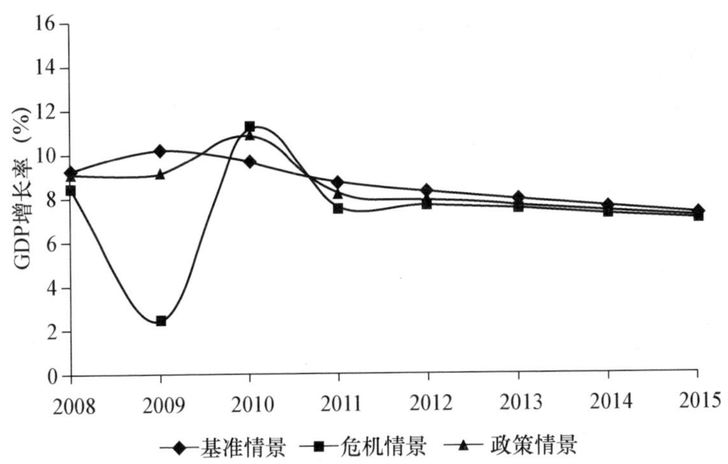

图 6—4　不同情景下的 GDP 增长率

表 6—2　　不同情景下的 GDP 增长率（%）

	2008	2009	2010	2011	2012	2013	2014	2015
基准情景	9.17	10.17	9.59	8.63	8.26	7.92	7.59	7.30
危机情景	8.39	2.36	11.12	7.52	7.65	7.45	7.23	7.02
政策情景	9.00	9.10	10.82	8.12	7.87	7.61	7.34	7.09

进出口：在基准情景下，按不变价计算，2007—2015 年出口增长率为 6.2%～7.5%，进口增长率为 5.8%～7.5%。在危机情景下，受金融危机影响，2008 年出口开始下滑，2009 年进出口出现大幅度下滑。2009 年出口总量下降幅度约为 19.6%，进口总量下降幅度约为 6%。金融危机后，进出口出现较大幅度的反弹。2010 年进出口迅速增加，进出口增速分别为 32%和 21%，2011 年后增速趋于平缓。在政策情景下，2009 年进出口仍然为负增长，与 2008 年相比，出口下降约 17%，进口下降约 5%，进出口下滑幅度小于危机情景，应对危机的政策使得进出口下滑得到较小程度的缓解。与危机情景相似，2010 年进出口开始出现大幅度反弹，2011 年后进出口增速趋于平缓（见图 6—5、图 6—6 和图 6—7）。

金融危机后，受金融危机的影响，出口总量的绝对值低于基准情景，但出口的增长速度略高于基准情景。

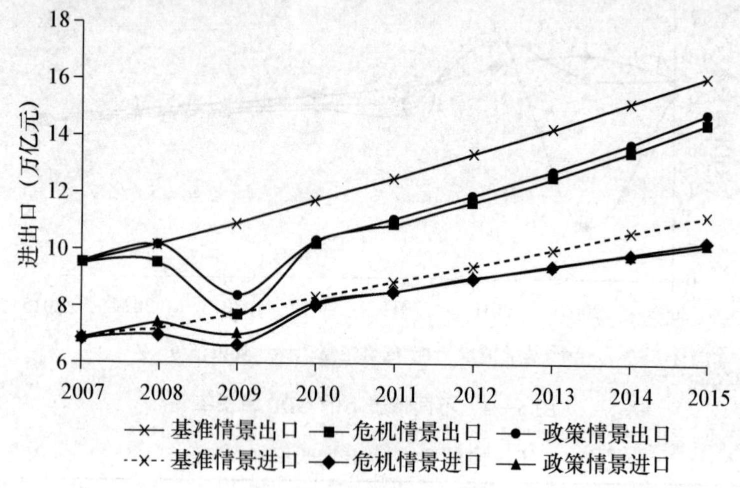

图 6—5　不同情景下的进出口

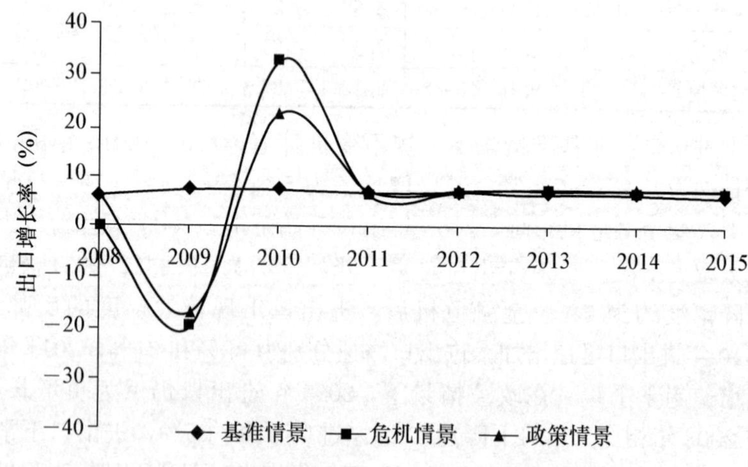

图 6—6　不同情景下的出口增长率

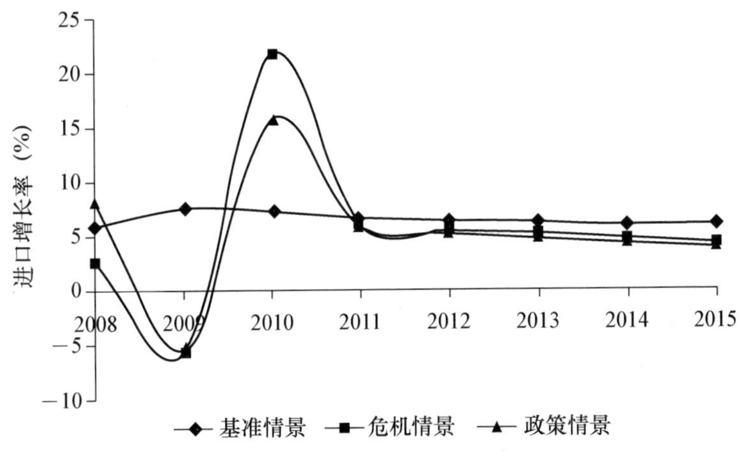

图 6—7 不同情景下的进口增长率

在基准情景下，我国净出口总量持续上升，但随着时间的推移，上升速度逐渐变小，从 2008 年的 8.2%下降到 2015 年的 7.1%。危机情景和政策情景下，2009 年我国净出口增长率均为负值，分别为－58%和－48%。金融危机后，净出口增长率开始反弹，逐步接近基准情景的水平。在政策情景下，净出口上升幅度要高于危机情景。

表 6—3 和表 6—4 为危机情景下 2009 年重点进出口部门进出口的变化。受金融危机的影响，大部分重点出口部门的出口量相对于基准情景的下降幅度都在 15%以上，尤其是仪器仪表文化办公用机械制造业、电气机械及器材与电子及通信设备制造业的出口下滑均超过 20%。大部分重点进口部门的进口量相对于基准情景的下滑幅度也超过 10%，能源开采行业受到的影响程度较为明显。

表 6—3 2009 年重点出口行业危机情景相对于基准情景的出口变化率

重点出口行业	出口相对基准情景变化率（%）
电气机械及器材与电子及通信设备制造业	−20.73
其他服务行业	−12.76

续前表

重点出口行业	出口相对基准情景变化率（%）
纺织业	−18.68
普通机械、专用设备制造业	−14.97
服装皮革及其他纤维制品制造业	−17.74
运输业仓储及邮电通信业	−13.25
黑色金属冶炼及压延加工业	−14.75
金属制品业	−16.14
化学原料及制品制造业	−15.68
交通运输设备制造业	−15.16
仪器仪表文化办公用机械制造业	−26.98
橡胶制品业、塑料制品业	−16.38
木材加工及竹藤棕草制品业、家具制造业	−15.43
印刷业记录媒介的复制、文教体育用品制造业	−15.27
食品饮料加工、制造业	−13.07

注：上述15个行业2007年出口份额为91.5%，表中按出口份额由大到小排列。

表6—4　2009年重点进口行业危机情景相对于基准情景的进口变化率

重点进口行业	进口相对基准情景变化率（%）
电气机械及器材与电子及通信设备制造业	−9.17
化学原料及制品制造业	−11.07
普通机械、专用设备制造业	−8.26
其他服务行业	−9.99
石油开采业	−13.90
仪器仪表文化办公用机械制造业	−5.55
交通运输设备制造业	−6.97
黑色金属矿采选业	−8.41
有色金属矿采选业	−11.63
农业	−14.51
黑色金属冶炼压延加工业	−10.98

续前表

重点出口行业	出口相对基准情景变化率（%）
其他工业	−13.87
食品饮料加工制造业	−12.10
天然气开采业	−16.01
石油及核燃料加工业	−11.22

注：上述15个行业2007年进口份额为88.8%，表中按进口份额由大到小排列。

消费和收入：与净出口和GDP的增长率变化相比，最终消费的变化幅度相对较为缓和。在基准情景下，2009年最终消费的增幅较大，但之后增速趋于下降，从2009年的11%减至2015年的8.5%（见图6—8）。在危机情景下，受金融危机影响，2009年最终消费减幅较大，之后稍有回升，2012年后趋于下降，2009—2015年最终消费增长率维持在6.8%~7.5%之间。在政策情景下，由于投资的拉动作用，2009年最终消费减少幅度小于危机情景，2010年后增长率也趋于缓慢下降，在高于危机情景1.5%~2%、低于基准情景1%的水平区间移动。

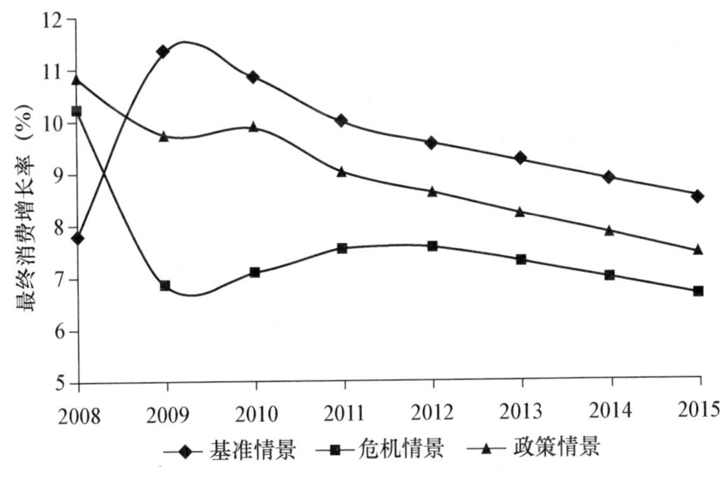

图6—8 不同情景下的最终消费增长率

不同情景下政府收入和城乡居民收入的整体变化趋势大致相同

（见图6—9至图6—12）。在基准情景下，政府收入和城乡居民收入均呈大幅上升的趋势，但增速逐渐放缓。其中，政府收入增长率从2009年的12%下降到2015年的9.7%，农村居民和城镇居民收入的增长率分别从2009年的17.7%和14.7%下降到2015年的13.3%和11.5%。在危机情景下，政府收入和城乡居民收入在2009年均表现出负增长，政府收入的增长率为−4.4%，城镇和农村居民收入的增长率分别为−5.3%和−2.0%，反映出金融危机对城镇居民的影响要大于农村居民。经过2010年的大幅度反弹，政府收入和居民收入的增长率开始趋于稳定，增长率略低于基准情景。在政策情景下，受到投资的拉动，与危机情景相比，2009年政府收入和居民收入均有较大幅度的上升，之后的变化趋势与基准情景和危机情景相似。

GDP构成：在基准情景下，随着时间的推移，消费占GDP的份额越来越大，净出口和资本形成总额占GDP的比例越来越小（见表6—5和表6—6）。最终消费和净出口对GDP的贡献逐渐上升，而资本形成对GDP增长率的贡献越来越小。在危机情景下，2009年净出口占GDP的比重迅速减小，相对于基准情景减小了6个百分点，当年的GDP增长率仅为2.36%。危机之后，2010年净出口对GDP的贡献迅速反弹，2012年后趋于稳定，净出口

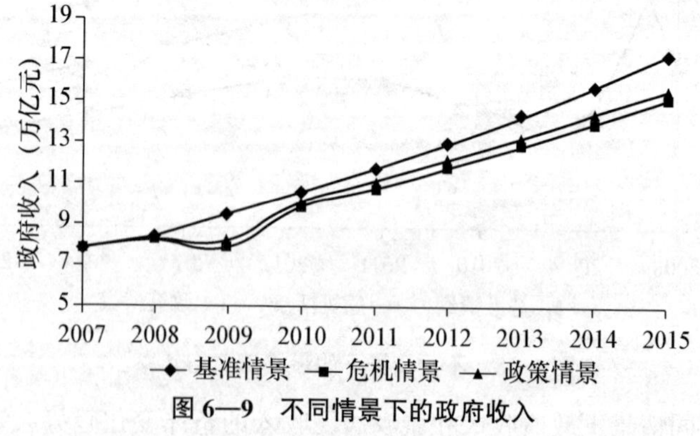

图6—9　不同情景下的政府收入

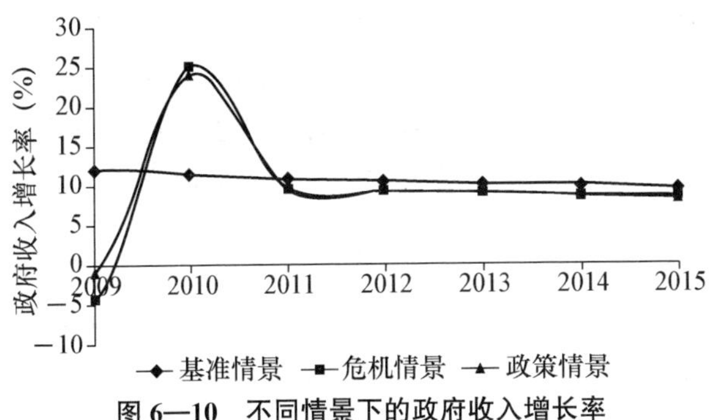

图 6—10　不同情景下的政府收入增长率

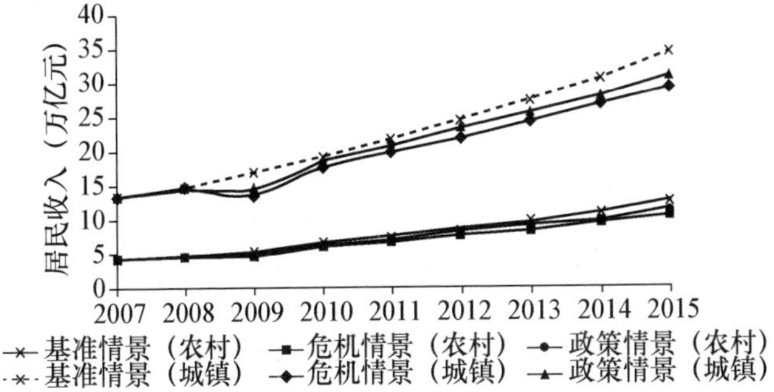

图 6—11　不同情景下的城乡居民收入

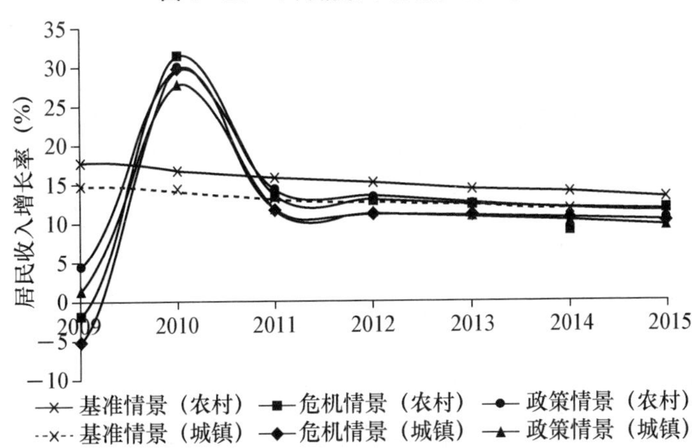

图 6—12　不同情景下的城乡居民收入增长率

对 GDP 增长的贡献逐渐回升。在政策情景下，投资占 GDP 的比重相对于基准情景高出 4 个百分点。2009 年资本形成总额增量占 GDP 增量的 99.3%，净出口大幅度减小，对 GDP 增长的贡献率为－44.9%，反映出政策情景下主要是依靠投资政策来带动 GDP 增长。

表 6—5　　不同情景下的支出法 GDP 构成

		2007	2009	2015
基准情景	净出口	9.97	9.64	9.31
	最终消费	48.50	48.39	51.86
	资本形成总额	41.52	41.97	38.83
危机情景	净出口	9.97	3.54	8.70
	最终消费	48.50	51.48	49.17
	资本形成总额	41.52	44.98	42.13
政策情景	净出口	9.97	4.37	8.87
	最终消费	48.50	49.60	50.56
	资本形成总额	41.52	46.03	40.57

表 6—6　　不同情景下消费、投资和净出口对 GDP 的贡献率（%）

		2009	2010	2012	2015
基准情景	净出口	7.22	8.13	8.71	9.14
	最终消费	53.39	54.67	57.28	59.64
	资本形成总额	39.39	37.20	34.01	31.22
危机情景	净出口	－211.92	32.87	11.85	18.26
	最终消费	143.10	32.75	48.97	46.63
	资本形成总额	168.82	34.38	39.18	35.10
政策情景	净出口	－44.93	22.44	12.75	19.11
	最终消费	52.66	45.28	54.24	52.66
	资本形成总额	92.27	32.28	33.02	28.23

2. 增加投资的政策效果

（1）保增长，实现了“保八”的经济增长目标。

模拟结果表明，与不采取任何应对措施相比，采取应对危机的投资政策可以使 2009 年的 GDP 增长率提高 6.7 个百分点，并缩小 2010 年后 GDP 增长率与基准情景的差距。可以认为，增加投资、扩大内需的政策措施在很大程度上缓解了金融危机导致的外需下滑的冲击，减缓了经济运行的起伏。

根据国家统计局公布的“关于 2009 年年度国内生产总值（GDP）数据修订的公告”，2009 年国内生产总值当年价为 340 507亿元，按不变价格计算的增长速度为 9.1%。其中，第一产业增加值为 35 226 亿元，增长速度为 4.2%；第二产业增加值为 157 639 亿元，增长速度为 9.9%；第三产业增加值为 147 642 亿元，增长速度为 9.3%。2009 年最终消费对 GDP 的贡献率为 52.5%，拉动 GDP 增长 4.8 个百分点；资本形成（投资）对 GDP 的贡献率为 92.3%，拉动 GDP 增长 8.4 个百分点；净出口对 GDP 的贡献率为 −44.8%，拉动 GDP 增长 −4.1 个百分点。增速超过 30%的固定资产投资，依然是拉动中国经济增长的最主要动力。

（2）经济增长对投资的依赖加深，消费的拉动作用有限。

首先，经济增长对投资的依赖进一步加深，投资主要来自信贷资金。从 20 世纪 90 年代以来几次反危机的经验看，投资的变化一般快于 GDP 增长率的变化，经济过热之时投资增长率下降，经济下滑之时投资增长率上升，投资的变化幅度大于消费的变化幅度，这些均反映出宏观经济调控手段对投资的依赖比较突出。

值得注意的是，投资主要来自信贷资金和财政资金，没有带动民间投资。在能源、交通、基础设施等国有企业和国家控股企业占主导地位的行业，民间资本仍然面临较高的市场准入门槛和较多的条件限制，民间资本参与的机会较少。1981—2008 年，民间投资

在全社会投资中的比重不断上升；2009 年，民间投资占全部投资的比重有所下降。民间投资具有机制活、效率高、潜力大、可持续性强、有利于创新和创业、就业效应强等特点，是增强经济活力、实现可持续发展的关键。

其次，消费对经济增长的拉动作用有限。2009 年，全国社会消费品零售总额 12.53 万亿元，同比增长 15.5%，扣除价格因素，实际增长 16.9%。然而，扣除家电下乡和汽车以旧换新带来的汽车和家电消费的增长以后，居民消费的实际增长幅度并不大。从限额以上批零业社会商品零售额看，汽车类和家电类的商品零售额 2009 年比 2008 年增加 2 641 亿元，占全部商品零售额增加量的 49.4%。扣除汽车类和家电类以后，各类商品零售额 2009 年比 2008 年只增加了 7.8%（见表 6—7）。

表 6—7　　　　限额以上批零商业社会商品零售额

商品类别	2009		2008	2008—2009	
	零售额（亿元）	增长率（%）	零售额（亿元）	增加量（亿元）	贡献率（%）
汽车类	9 454	32.3	7 146	2 308	43.2
粮油类	820	13.0	726	94	1.8
肉禽蛋类	712	8.3	658	55	1.0
服装类	3 209	20.8	2 656	553	10.3
日用品类	1 442	15.6	1 247	195	3.6
文化办公用品类	733	6.7	687	46	0.9
通信器材类	628	1.3	620	8	0.2
化妆品类	697	16.9	596	101	1.9
金银珠宝类	739	15.9	637	101	1.9
中西药品类	2 104	21.7	1 729	375	7.0
家用电器和音像器材类	3 040	12.3	2 707	333	6.2
家具类	388	35.5	286	102	1.9
建筑及装潢材料类	385	26.6	304	81	1.5
社会消费品零售总额	39 856	15.5	34 508	5 349	100.0

汽车和家电产品消费的扩大，主要是依赖财政补贴。2009 年，中央财政投入资金 450 亿元，用于补贴家电和汽车摩托车下乡、汽车和家电以旧换新以及农机具购置。其中，2009 年中央财政拨付的“家电下乡”补贴 200 亿元。根据商务部和财政部发布的“家电下乡”补贴政策，按家电产品销售价的 13%给予补贴计算，200 亿元补贴意味着可诱发家电产品销售额约 1 538 亿元。从实际情况看，2009 年全国限额以上批零业家电产品销售额比 2008 年增加了 333 亿元，远小于“家电下乡”补贴诱发的家电产品销售额。换句话说，如果没有中央财政支持的“家电下乡”补贴政策，2009 年家电产品零售额甚至有可能出现负增长。

因此，一方面，财政资金支持家电和汽车摩托车下乡、汽车和家电以旧换新的补贴，对于扩大消费起到了巨大的促进作用；另一方面，真正通过启动消费扩大内需，促进经济增长，依然任重道远。

第三节 扩大投资与就业增长

美国次贷危机引发的全球金融危机使得中国外需急剧下滑，对出口导向型企业造成了强烈的冲击，导致许多中小企业停产或倒闭，大量外出就业的农民工失去工作机会，给中国经济和城乡就业带来了新的挑战。2008 年，全国城镇新增就业持续下降，2008 年 12 月城镇新增就业人数仅为 38 万人，比当年 1 月下降 54.2%，城镇登记失业率 5 年来首次出现上升。2008 年，约 1.3 亿外出就业的农民工中有 2 000 万名农民工由于经济不景气失去工作或因没有找到工作而返乡（陈锡文，2009）。据国家统计局调查，2009 年，有 1 100 万名农民工进城后处于寻找工作状态，约 400 万名农民工返乡后滞留在农村。

为了应对全球金融危机的冲击，中央政府采取了积极的财政政策和适度宽松的货币政策，推出了四万亿元投资的经济刺激计划，以期扩大内需。投资是拉动就业的重要手段，扩大投资规模可以带来投资品需求和就业人数的增加。关于大规模投资计划对就业的影响，蔡昉（2009）采用投入产出方法计算得出四万亿元投资可创造近5 135万个就业岗位；人保部专题组（2009）得出了四万亿元投资可新增2 416万个就业岗位的结论；国家发展和改革委员会根据每亿元投资拉动新增城镇就业人数的方法计算得出四万亿元投资可创造就业岗位约560万个（蔡昉，2009）。可见，由于测算方法不同，关于四万亿元投资的就业效果的测算结果不尽相同。更为重要的是，不同的产业部门具有不同的就业吸纳能力，对劳动的需求也不同，因而不同的投资分配所带来的就业拉动效果不同，并且对不同劳动群体的就业拉动效果也不同。在制造业从业人员中，初中学历、高中学历、本科学历、研究生学历的比重依次降低，其中初中以下学历和初中学历的劳动群体构成了从业人员的主力军，分别占31.1%和48.7%，二者合计占79.8%，高中生占12.8%，大学和大专生占7.2%，研究生仅占0.2%。不同行业之间的就业结构差异较大。制造业从业人员以初中学历和高中学历为主，分别占57%和21%，建筑业从业人员则以初中学历和初中以下学历为主，分别占61%和21%。因此，大规模投资计划能否使得由于出口下滑导致失业的劳动者群体重新获得岗位，特别是因金融危机失去工作机会的大量农民工能否重新获得就业机会，是需要关注的重要课题。遗憾的是，前述关于大规模投资计划对就业拉动效果的研究仅关注投资对于就业增长的拉动作用，没有针对劳动群体的就业结构进行分析。

本节运用投入产出分析方法，测算了2009年因全球金融危机引发的外需下滑所导致的就业机会减少，以及2009年应对金融危机采取的扩大投资对就业增长的拉动作用，并区分不同受教育程度的劳动群体，深入分析了全球金融危机对劳动就业的影响以及扩大

投资对就业的缓解效果。

一、研究方法

1. 投入产出表的处理：从进口竞争型投入产出表到进口非竞争型投入产出表

本节采用2007年42×42部门的中国投入产出表。由于在国内使用的进口物品并不拉动就业，需要用各行业的国内自给系数m对直接消耗系数进行调整。由于中间使用和最终使用的加和减去进口量为总产出，有：

$$m=X/(U+F) \tag{6—1}$$

其中，$m=\mathrm{diag}(m_1, m_2, m_3, \cdots, m_n)$，$m_i$是部门$i$的国内自给系数，$X$为总产出，$U$为中间使用，$F$为最终使用（包括出口）。用国内自给系数对直接消耗系数进行调整：

$$a_{ij}{}^{*}=\hat{m}_i * a_{ij} \tag{6—2}$$

其中，a_{ij}是直接消耗系数，$a_{ij}{}^{*}$是调整后的直接消耗系数。写成矩阵形式为：

$$A^{*}=\hat{m} * A \tag{6—3}$$

其中，A为直接消耗系数矩阵，A^{*}为调整后的直接消耗系数矩阵，即非进口竞争型投入产出表的直接消耗矩阵。

调整后的完全消耗系数为B^{*}：

$$B^{*}=(I-A^{*})^{-1} \tag{6—4}$$

其中，B^{*}为经国内自给率调整后的列昂惕夫逆矩阵。

2. 就业拉动效应分析方法

（1）直接就业系数和完全就业系数。

直接就业系数表示K部门平均每个货币单位的总产出所能吸

纳的就业人数，可以反映各部门吸纳就业的能力。为了区分不同劳动群体的就业结构，本章将就业人员按受教育程度细分为：初中以下学历、初中学历、高中学历、大学及大专学历和研究生学历。因此，将直接就业系数分为由初中以下学历、初中学历、高中学历、大学及大专学历和研究生学历就业人数计算得出的直接就业系数矩阵。

直接就业系数矩阵的数学表达式为：

$$AL=L\hat{X} \tag{6—5}$$

其中，L 为 K 行业的不同学历的就业人数矩阵，X 为 K 行业的总产出。

完全就业系数矩阵反映某个部门的产出增加引发的直接、间接消耗各个部门产品带来的各个部门的就业效应。完全就业系数矩阵的数学表达式为：

$$BL=A_L\,(I-A^*)^{-1} \tag{6—6}$$

直接就业系数矩阵和完全就业系数矩阵都可以体现不同部门各学历吸纳就业能力的强弱，但前者只考虑到某个部门的产出增加直接导致本部门就业的变化，后者则考虑了部门之间的产业关联和波及效果，可以比较全面地反映需求变化诱发的就业效应。

（2）用就业调整系数对直接就业系数和完全就业系数进行调整。

直接就业系数和完全就业系数是在劳动生产率稳定不变的前提下进行计算的，实际上，随着技术进步，各部门的劳动生产率不断提高，内含式发展也将挖掘各部门内部的剩余劳动，使得各部门吸纳就业的能力减弱。因此，可以参考就业调整系数，对直接就业系数和完全就业系数进行调整。各行业的就业调整系数为各行业就业人数年增长率与行业增加值年增长率的比值。

调整后的直接就业系数矩阵 $A_L{}^*$ 为：

$$A_L{}^* = A_L * \sigma \tag{6—7}$$

其中，σ 为 K 行业的就业调整系数。

调整后的完全就业系数为：

$$B_L^* = A_L^* (I - A^*)^{-1} \tag{6—8}$$

（3）扩大投资诱发的就业增加效应。

方法1：计算投资各行业所引起的每个行业本身就业的增加，首先计算投资引发的各行业总产出的增加，每个行业增加的产出又会对本行业的就业起到拉动作用，公式为：

$$\Delta L_D = A_L[(I - A^*)^{-1} * \Delta I] = A_L * \Delta X \tag{6—9}$$

式中，ΔL_D 为投资引发各行业自身就业增加值之和。

各个行业的本身就业增加值向量为：

$$\Delta L_D = \hat{A}_L * B^* \Delta I \tag{6—10}$$

方法2：计算每个行业的投资引发的全社会完全就业数之和，公式为：

$$\Delta L = [A_L (I - A^*)^{-1}] * \Delta I = B_L * \Delta I \tag{6—11}$$

每个行业的投资引发的全社会就业增加向量为：

$$\Delta L_T = A_L * B^* \Delta \hat{I} \tag{6—12}$$

这两个方法计算的各行业投资引发就业数之和的结果是一致的，只是各行业的就业增加值不一致。在第一种方法中，ΔL_1 表示全社会的投资引发的本行业就业的增加；而在第二种方法中，ΔL_2 表示对本行业投资所引发的全社会就业的增加。

二、出口下滑对劳动就业的影响

加入WTO后，中国出口贸易额的年均增速保持在20%以上。

为了分析金融危机给中国出口贸易造成的冲击，本节假设在未发生金融危机的情景下，2008—2009 年的全国出口贸易仍将保持 2000—2007 年的趋势，出口贸易结构与 2007 年相似，基于 2000—2007 年出口贸易趋势可以拟合得出 2009 年各部门出口贸易的趋势值，将其与 2009 年实际的出口额相比，可以得到全球金融危机导致的各部门出口下滑数量。测算结果表明，如果未发生全球金融危机，2009 年全国出口贸易的趋势值为 17 624 亿美元，实际值为 12 038亿美元，金融危机导致的出口下滑数量为 38 158 亿元（按 2009 年人民币汇率 100 美元折合 683.10 元人民币换算）。

将金融危机导致的各部门出口下滑数量对应到投入产出表，可以测算金融危机带来的出口下滑对就业岗位的影响。测算结果显示，金融危机带来的出口贸易下滑所导致的 2009 年就业岗位减少量为 806.8 万人。对就业结构的影响如下：初中以下学历就业人数减少 112.0 万人，初中学历就业人数减少 451.8 万人、高中学历就业人数减少 167.0 万人、大学及大专学历就业人数减少 74.05 万人，研究生学历就业人数减少 1.95 万人。在各个部门中，普通机械、专用设备制造业，纺织业和金属制品业三个行业受到的冲击最大，这三个部门减少的就业人数分别为：231.9 万人、159.8 万人、114.4 万人。

三、扩大投资对就业增长的拉动作用

1. 直接就业系数和完全就业系数的确定

由于 2002 年以后国家统计局不公布分行业就业人数，本节参照第五次人口普查数据的分行业从业人员的比例，按国家统计局发布的 2007 年三次产业的就业总数进行调整，推算投入产出表中 42 个部门的就业人数，根据就业人数计算各部门的直接就业系数和完全就业系数（见表 6—8）。本节进一步根据《中国劳动统计年鉴（2010）》按行业划分的全国就业人员受教育程度构成比例，得到各

行业分受教育程度的就业系数矩阵，并计算各行业各教育结构的完全就业系数矩阵。

表 6—8 各部门直接就业系数及完全就业系数（前 10 位及后 10 位）

行业	直接就业系数 l	完全就业系数 e	排序
水利、环境和公共设施管理业	0.000 064	0.000 049 7	1
食品制造及烟草加工业	0.000 013	0.000 031 4	2
批发和零售业	0.000 013	0.000 027	3
教育	0.000 002	0.000 026 2	4
住宿和餐饮业	0.000 044	0.000 026	5
纺织业	0.000 003	0.000 025 2	6
纺织服装鞋帽皮革羽绒及其制品业	0.000 001	0.000 022 9	7
公共管理和社会组织	0.000 003	0.000 022 3	8
工艺品及其他制造业	0.000 011	0.000 022 2	9
木材加工及家具制造业	0.000 003	0.000 020 2	10
信息传输、计算机服务和软件业	0.000 006	0.000 006 4	33
通信设备、计算机及其他电子设备制造业	0.000 003	0.000 005 9	34
电力、热力的生产和供应业	0.000 002	0.000 005 9	35
金属冶炼及压延加工业	0.000 003	0.000 005 4	36
金融业	0.000 009	0.000 005 1	37
租赁和商务服务业	0.000 008	0.000 004 3	38
石油加工、炼焦及核燃料加工业	0.000 01	0.000 004	39
石油和天然气开采业	0.000 025	0.000 003 2	40
房地产业	0.000 005	0.000 002 8	41
废品废料	0.000 006	0.000 001	42

2. 以就业调整系数调整各部门的直接就业系数和完全就业系数

由于数据限制，本节以 2004—2007 年间各部门城镇单位就业人数年增长率与增加值年增长率的比值作为各部门就业增长调整系数来近似代替就业弹性，采用就业增长调整系数对直接就业系数和完全就业系数进行调整。由于农业是我国农村剩余劳动的“蓄水

池”，农业的就业总产值弹性应设为0。

表6—9为调整后的完全就业系数。完全就业系数排名前10位的为：水利、环境和公共设施管理业，公共管理和社会组织，卫生、社会保障和社会福利业，纺织服装鞋帽皮革羽绒及其制品业，建筑业，信息传输、计算机服务和软件业，工艺品及其他制造业，教育，木材加工及家具制造业，纺织业。

就业效应排名前10位的产业中有5个是第三产业。这表明，随着经济发展，第三产业的就业吸纳能力不断增强，传统的重工业部门，如石油加工、炼焦及核燃料加工业，排在后10位。这说明，与高耗能产业相比，轻工业可以更加有效地拉动就业。

排序变动较大的是食品制造及烟草加工业，由调整前的第3位降为调整后的第26位。食品制造及烟草加工业多数属于国营企业，长期以来冗员较多，企业实行减员增效导致其吸纳能力降低，该行业的变化也在一定程度上反映了劳动密集型产业的吸纳就业能力的变化。另一个排序变动较大的是信息传输、计算机服务和软件业，由未经调整的第33位上升为调整后的第6位，反映了高新技术产业在拉动就业方面的潜力。

表6—9　　调整后的各部门完全就业系数（前10位及后10位）

行业	完全就业系数 e^*	排序
水利、环境和公共设施管理业	0.000 010 14	1
公共管理和社会组织	0.000 003 92	2
卫生、社会保障和社会福利业	0.000 002 96	3
纺织服装鞋帽皮革羽绒及其制品业	0.000 002 77	4
建筑业	0.000 002 5	5
信息传输、计算机服务和软件业	0.000 002 46	6
工艺品及其他制造业	0.000 002 32	7
教育	0.000 001 94	8
木材加工及家具制造业	0.000 001 88	9
纺织业	0.000 001 86	10
金融业	0.000 000 34	33
石油加工、炼焦及核燃料加工业	0.000 000 32	34
电力、热力的生产和供应业	0.000 000 3	35

续前表

行业	完全就业系数 e^*	排序
燃气生产和供应业	0.000 000 3	36
石油和天然气开采业	0.000 000 26	37
废品废料	0.000 000 11	38
农林牧渔业	0.000 000 07	39
交通运输及仓储业	−0.000 000 08	40
邮政业	−0.000 000 24	41
批发和零售业	−0.000 006 57	42

3. 2009 年投资规模的确定和部门对应

2009 年全社会固定资产投资达 224 846 亿元，比 2008 年增加 30.1%，增加的 52 018 亿元投资中，一部分来自投资的自然增长，另一部分是由于经济刺激政策带来的投资增加。

2000—2008 年间，全国全社会固定资产投资的年均增长率为 20.6%，其中，2000—2003 年增长率为 15.7%，2004—2008 年增长率为 25.5%。假设没有经济刺激计划，受到金融危机的影响，2009 年固定资产投资的自然增长率应低于经济较热时期的增长率，接近于经济过热时期之前 2000—2003 年的水平。考虑到经济活动的惯性，2009 年的固定资产投资自然增长率可设定为略高于 2000—2003 年的水平。因此，2009 年固定资产投资的自然增长率设为 18%。也就是说，如果没有经济刺激政策，按照固定资产投资自然增长率，2009 年固定资产投资额应为 203 937 亿元。按照自然增长率推算的固定资产投资额与实际的固定资产投资额之间的差额 20 908.96 亿元，可以认为是经济刺激政策导致的固定资产投资额增加量。

由于 2009 年新增投资也是四万亿元投资政策中的一部分，可以假设 2009 年新增投资的分配也根据四万亿元投资计划进行分配。国家发展和改革委员会发布的四万亿元投资的主要去向如表 6—10 所示，但没有对应具体部门。

表 6—10　　四万亿元重点项目投资

序号	重点投向	资金测算（亿元）
1	廉租住房、棚户区改造等保障性住房	4 000
2	农村水电路气房等民生工程和基础设施	3 700
3	铁路、公路、机场等重大基础设施建设和城市电网改造	15 000
4	医疗卫生、教育、文化等社会事业发展	1 500
5	节能减排和生态工程	2 100
6	自主创新和结构调整	3 700
7	灾后恢复重建	10 000

资料来源：国家发展和改革委员会网站。

四万亿元投资分配中，农村民生工程、节能减排和生态建设工程的投资如何对应到投入产出表中的相关产业部门，学术界未达成统一认识。关于农村民生工程和农村基础设施建设投资，郭菊娥（2009）认为应对应于建筑业，通用、专用设备制造业，电气、机械器材和综合技术服务业等部门，投资构成比通过调查基础设施项目来确定，笔者将其对应于农业和居民服务业。关于“节能减排和生态工程”的投资，张本波（2009）将其对应于“水利环境”行业，蔡昉（2009）将其列入与民生相关的服务业，由于节能减排和生态工程建设包括十大重点节能工程、重点流域水污染治理工程、城镇污水垃圾处理设施以及循环经济重大示范项目等，笔者认为，节能减排和生态工程建设的投资可分别对应到水利、环境和公共设施管理业。关于“铁路、公路、机场等重大基础设施建设和城市电网改造”的投资，有人将其分配到“交通运输仓储业和邮电业”（张本波，2009），也有人将其分配到“建筑业”（蔡昉，2009），笔者认为，“铁路、公路、机场等重大基础设施建设和城市电网改造”的投资主要贡献于交通运输和电力供应。关于自主创新和结构调整，主要用于新技术、新材料、新工艺开发和新装备改造，应归到科技服务业和综合技术服务业。廉租住房、棚户区改造等保障性住

房对应于居民服务业；医疗卫生、教育、文化等社会事业发展对应于卫生、社会保障和社会福利事业及教育行业；灾后恢复重建则涉及各行业。

投入产出表中使用的是资本形成总额。固定资本形成是指常住单位在一定时期内购置、转入和自产自用的固定资产，扣除用于销售和转出的部分后得到的价值。资本形成总额包括固定资本形成总额和存货两部门，全社会固定资产投资是以货币表现的建造和购置固定资产活动的工作量，因此在模拟计算中，我们需要把2009年经济刺激政策带来的固定资产投资增加量20 908.96亿元转化为资本形成额，本节参照《国际金融危机对我国经济增长和就业影响及对策》（李晓西，2010）关于四万亿元投资转化为资本形成的研究结果，得到20 908.96亿元投资转化为资本形成的结果（见表6—11）。

表6—11　　2009年分配到各行业的资本形成

项目类别	合计（亿元）
农业	813.36
木材加工及家具制造业	62.73
金属制品业	72.66
机械工业	1 651.81
交通运输设备制造业	3 096.62
电气机械及器材制造业	377.41
电子及通信设备制造业	219.54
仪器仪表及文化、办公用机械制造业	88.34
其他工业	61.16
建筑业	13 687.53
货物运输及仓储业	38.16
商业	211.70
房地产业	529.00
合计	20 908.96

注：由于四舍五入的原因，合计的结果和各项分数据加总的结果略有出入。后面不再说明。

4. 2009年的投资规模扩大对就业机会的影响

投资总量增加拉动本部门就业增加人数和本部门投资拉动全社会就业增加人数如表6—12所示。根据国家统计局统计公报，2009年末全国就业人员比上年末增加515.1万人，其中城镇就业人员增加910万人，新增城镇就业人员1 102万人。本报告的计算结果表明，2009年的20 908.96亿元投资拉动就业505.1万人，也就是说，1 102万名新增城镇就业人员里，有505.1万人是由于经济刺激政策下扩大投资带来的就业岗位。

投资增加或贸易减少导致的就业变动在20万人以上的行业有10个。其中，投资对建筑业的就业拉动效果最大，占总体的60%以上，并且对初中学历劳动的拉动效果显著。通用、专用设备制造业，交通运输设备制造业以及非金属矿物制品业的就业增长也较明显，均以拉动初中学历的就业者为主。

表6—12　　2009年投资拉动的本部门就业人数和本行业投资拉动的全社会就业人数　　单位：万人

	投资总量增加拉动本部门就业增加人数						本部门投资拉动全社会就业增加人数					
	A	B	C	D	E	合计	A	B	C	D	E	合计
纺织业	0.2	0.8	0.3	0.1	0.0	1.4	0.0	0.0	0.0	0.0	0.0	0.0
纺织服装鞋帽皮革羽绒及其制品业	0.2	0.7	0.2	0.1	0.0	1.2	0.0	0.0	0.0	0.0	0.0	0.0
化学工业	1.3	5.4	2.0	0.8	0.0	9.5	0.0	0.0	0.0	0.0	0.0	0.0
非金属矿物制品业	5.1	20.8	7.5	3.1	0.1	36.6	0.0	0.0	0.0	0.0	0.0	0.0
金属冶炼及压延加工业	1.9	7.7	2.8	1.1	0.0	13.5	0.0	0.0	0.0	0.0	0.0	0.0
金属制品业	1.6	6.3	2.3	0.9	0.0	11.1	0.2	0.7	0.3	0.1	0.0	1.3
通用、专用设备制造业	4.1	16.6	6.0	2.5	0.1	29.3	3.4	13.8	5.1	2.3	0.1	24.7

续前表

	投资总量增加拉动本部门就业增加人数						本部门投资拉动全社会就业增加人数					
	A	B	C	D	E	合计	A	B	C	D	E	合计
交通运输设备制造业	4.3	17.5	6.3	2.6	0.1	30.8	6.2	25.1	9.3	4.2	0.1	44.9
电气机械及器材制造业	1.2	4.7	1.7	0.7	0.0	8.3	0.7	2.7	1.0	0.5	0.0	4.9
建筑业	65.5	192.9	42.6	16.8	0.0	317.8	78.8	246.5	62.9	27.1	0.3	415.6
以上行业总计	85.4	273.4	71.7	28.7	0.3	459.5	89.3	288.8	78.6	34.2	0.5	491.3
所有行业总计	90.9	295.3	81.9	36.4	0.6	505.1	90.9	295.3	81.9	36.4	0.6	505.1

注：A 表示初中以下学历，B 表示初中学历，C 表示高中学历，D 表示大学或大专学历，E 表示研究生学历。

四、出口贸易下滑与刺激政策的就业影响比较

1. 就业结构变化比较

2009 年投资增加引起就业增长 505.1 万人，其中 18.0%为初中以下学历，58.5%为初中学历、16.2%为高中学历，7.2%为大学或大专学历，0.15%为研究生学历，而 2009 年贸易下滑导致的就业减少 806.8 万人，其中，13.9%为初中以下学历，56.0%为初中学历，20.7%为高中学历，9.2%为大学或大专学历，0.2%为研究生学历。

由表 6—13 可以看出，金融危机对外贸减少和经济刺激政策的影响人群主要是初中学历的就业人员，贸易减少导致就业人口减少的中高学历比重更大一些。假设因外贸下滑导致失业的人员由于经济刺激政策又重新获得岗位，那么，失业人员中，初中学历以下人员有 81.2%人口重新就业，初中学历人员有 65.4%重新就业，高中学历人员有 49.0%重新就业，大学或大专学历人员有 49.2%重

新就业，而研究生学历只有28.4%重新就业，可见经济刺激政策对就业增长的拉动效应主要集中于中低学历劳动，由于外贸下滑失去工作的中高学历劳动并没有因为经济刺激政策而重新就业。

表6—13　出口下滑与刺激政策引起就业结构变化比较　　单位：万人

	A	B	C	D	E	总计
投资增加引起的就业增加	90.92	295.29	81.87	36.43	0.55	505.06
贸易减少导致的就业减少	112.01	451.81	167.01	74.05	1.95	806.83

注：A表示初中以下学历，B表示初中学历，C表示高中学历，D表示大学或大专学历，E表示研究生学历。

2. 分行业就业结构变化比较

出口贸易下滑导致通用、专用设备制造业，金属制品业和纺织业等部门的就业人数大量减少，这些劳动以初中学历就业者为主，而投资增加主要导致建筑业的就业人数增加，这些劳动也是以初中学历就业者为主（见表6—14）。

表6—14　分行业就业结构变化比较　　单位：万人

	投资增加导致主要行业就业增加						贸易减少导致主要行业就业减少					
	A	B	C	D	E	合计	A	B	C	D	E	合计
纺织业	0.2	0.8	0.3	0.1	0.0	1.4	22.4	90.8	32.9	13.4	0.3	159.8
纺织服装鞋帽皮革羽绒及其制品业	0.2	0.7	0.2	0.1	0.0	1.2	4.2	16.9	6.1	2.5	0.1	29.8
化学工业	1.3	5.4	2.0	0.8	0.0	9.5	5.8	23.4	8.5	3.5	0.1	41.3
非金属矿物制品业	5.1	20.8	7.5	3.1	0.1	36.6	2.7	10.9	3.9	1.6	0.0	19.1
金属冶炼及压延加工业	1.9	7.7	2.8	1.1	0.0	13.5	5.1	20.6	7.5	3.0	0.1	36.3

续前表

	投资增加导致主要行业就业增加						贸易减少导致主要行业就业减少					
	A	B	C	D	E	合计	A	B	C	D	E	合计
金属制品业	1.6	6.3	2.3	0.9	0.0	11.3	16.0	65.0	23.6	9.6	0.2	114.4
通用、专用设备制造业	4.1	16.6	6.0	2.5	0.1	29.3	32.5	131.7	47.8	19.5	0.5	232
交通运输设备制造业	4.3	17.5	6.3	2.6	0.1	30.8	3.5	14.3	5.2	2.1	0.1	25.2
电气机械及器材制造业	1.2	4.7	1.7	0.7	0.0	8.3	3.1	12.6	4.6	1.9	0.0	22.2
建筑业	65.5	192.9	42.6	16.8	0.0	317.8	0.0	0.1	0.0	0.0	0.0	0.1
以上行业总计	85.4	273.4	71.7	28.7	0.3	459.5	95.3	386.3	140.1	57.1	1.4	680.1

注：A 表示初中以下学历，B 表示初中学历，C 表示高中学历，D 表示大学或大专学历，E 表示研究生学历。

五、结论与讨论

本节基于 2007 年投入产出表，模拟分析了 2009 年出口下滑导致的就业减少和 2009 年扩大投资政策对就业增长的拉动效果，并区分不同受教育程度的劳动群体，分析了各部门就业结构的变化。研究结果显示，全球金融危机所带来的出口下滑导致 2009 年非农就业岗位减少 806.8 万人，2009 年扩大投资政策可带来就业岗位增加 505.1 万人，扩大内需对缓解就业减少起到了一定的作用。

出口下滑重点影响到通用、专用设备制造业，金属制品业和纺织业等部门的就业人数，对劳动群体的影响以初中学历就业者为主，高中学历次之；扩大投资政策带来的就业机会增加主要体现在建筑业部门，对劳动群体的影响以初中学历就业者为主，初中以下学历次之。因此，扩大投资政策可促进中低学历就业者的重新就业。外贸下滑导致的中高学历人员失业仍难以在扩大投资政策带来的就业机会扩大中重新得到就业岗位，这部分劳动者可能会转而从事中低学历群体就业的行业。

综上所述，应对金融危机的大规模投资计划对于增加就业机会有一定的拉动作用，但是需要考虑对于不同部门和不同劳动群体的就业拉动作用的差异。由于就业结构的错位，因出口下滑导致失业的中高学历人员难以因大规模投资计划重新获得就业岗位。就业是民生之本，关乎我国经济发展和社会稳定的大计。在制定经济刺激政策和投资计划时应更多地考虑不同部门、不同劳动群体的就业拉动效应的差异，减少结构性失业。对于由于金融危机造成失业的中高学历劳动者应加强职业培训和就业指导，避免这类劳动者转向低学历水平需求的就业岗位。

第四节　扩大内需与城乡协调发展

为了应对突如其来的美国金融危机，中国政府采取了扩大内需、促进经济增长的一系列措施。其中之一是四万亿元投资计划（以下简称“四万亿元投资”），涉及加快保障性安居工程、重大基础设施、医疗卫生和文化教育、生态环境建设、自主创新和结构调整、灾后重建等重点领域，投资总规模达到四万亿元，其目的是以投资带动消费，以消费促增长。其中之二是“家电下乡”补贴政策（以下简称“家电下乡”），通过财政补贴，对农民购买家电产品给予一定比例的补贴，刺激农村消费，拉动工业生产。2009 年，中央财政安排“家电下乡”补贴资金预算 200 亿元，此后四年还将连续安排补贴资金。

“四万亿元投资”和“家电下乡”等扩大内需的措施将对城乡经济发展带来影响。首先，扩大投资将直接和间接地诱发产业部门的生产扩大，各部门生产扩大将诱发劳动就业机会增加；其次，

“家电下乡”政策将刺激农村居民购买家电，扩大家电消费需求，直接和间接地带动家电行业及相关部门的生产扩大。生产扩大和就业增加会带来劳动者报酬增加，进一步诱发相关产业部门的生产扩大，与此同时，城乡居民收入分配的变化也将对城乡协调发展产生重要影响。“四万亿元投资”和“家电下乡”对于缓解美国金融危机导致的外需下滑对中国经济增长的影响引起了不少学者的关注（李义平，2009；易宪容，2009；周波，2008；吴薇等，2008；孟文新，2008；许红琳，2008；陶纪坤，2007；郭海峰，2007；刘方棫，2006），但是关于“四万亿元投资”和“家电下乡”对城乡协调发展带来的影响尚缺乏系统的考察分析。

本节基于中国城乡投入产出模型（王妍，石敏俊，2009），定量测算了“四万亿元投资”和“家电下乡”对于刺激经济增长和城乡协调发展带来的影响。

一、研究方法

1. 投入产出模型

（1）需求诱发模型。

需求诱发系数 α 和需求诱发依赖度 γ 是衡量各类最终需求（消费、投资和出口）对各部门生产的直接和间接诱发程度的指标。

前者表示某一单位最终需求所诱发的各产业部门的生产额，说明最终需求对产业部门的诱发效果。需求诱发系数越大，表明它对产业部门的波及效果也越大。后者表示不同的最终需求项目对产业部门的影响程度。模型表达式是在投入产出模型的基础上，将最终需求向量 Y 进行细化，分解成消费、投资和出口等不同的列向量。每一细化列向量乘以列昂惕夫逆矩阵得到的新列向量为各项最终需求对总产值的诱发额。用某项最终需求诱发的第 i 部门总产值除以该项总需求，得到第 i 项最终需求对各产业部门的需求诱发系数；用某项最终需求带来的第 i 部门总产值除以该部门整个总产值，得

到第 i 部门产值增加对该项最终需求的诱发依赖度。需求诱发依赖度反映了某部门生产对某项最终需求（消费、投资、出口）的依赖程度，包括直接依赖和间接依赖（Leontief，1990）。考虑到中间投入的进口产品不会对国内生产产生诱发作用，为准确分析最终需求对国民经济的诱发效果，在计算诱发系数和依赖度时，需要剔除进口因素的影响。用总产出减去出口后，再除以总使用作为进口剔除系数，用进口剔除系数进行扣除后，得到不含进口流量的列昂剔夫逆矩阵系数（中国投入产出学会课题组，2007）。

最终需求对总产值的诱发见下式：

$$X=(I-\hat{\alpha}A)^{-1}Y\Rightarrow\Delta X=(I-\hat{\alpha}A)^{-1}\Delta Y \tag{6—13}$$

$$\alpha=\frac{\text{总产出}-\text{出口}}{\text{总使用}} \tag{6—14}$$

$$\Delta Y=\sum_{j=1}^{m}\Delta Y_j \tag{6—15}$$

$$\Delta X_j=(I-\hat{\alpha}A)^{-1}\Delta Y_j \tag{6—16}$$

$$\beta=\frac{\Delta X_{ij}}{\sum_{i=1}^{n}Y_{ij}}\quad(i=1,2,\cdots,n;j=1,2,\cdots,m) \tag{6—17}$$

$$\gamma=\frac{\Delta X_{ij}}{\sum_{j=1}^{m}X_{ij}}\quad(i=1,2,\cdots,n;j=1,2,\cdots,m) \tag{6—18}$$

式中，X 表示各部门总产值列向量；Y 表示各部门最终需求列向量；ΔY_j 表示第 j 项最终需求（消费、投资、出口）列向量；ΔX_{ij} 表示第 j 项最终使用对第 i 部门的总产值诱发额；$\sum_{j=1}^{m}\Delta X_{ij}$ 为各项最终使用对第 i 部门的总产值诱发额合计；$(I-\hat{\alpha}A)^{-1}$ 为剔除进口的列昂惕夫逆矩阵；β 为需求诱发系数，表示每单位最终使用对该部门生产的诱发；γ 为需求诱发依赖度，表示某项最终需求对第 i 部门的生产诱发额在该部门的总产出中所占的比例。值得说明的

是，上述模型的处理是计算内需（消费和投资）对总产出的影响所采取的方法，在计算出口对总产出等的相关影响时，列昂惕夫逆矩阵不需要剔除进口的影响。

（2）需求影响报酬模型。

在 I-O 结构下，劳动者报酬是各部门产值的固定比例，因此可以将各最终需求对城乡劳动者报酬的影响写成如下矩阵形式：

$$L=\beta\times X=\beta\times(I-A)^{-1}\times Y=\beta\times(I-A)^{-1}\times(Y_1+Y_2+Y_3) \tag{6—19}$$

$$L_i=\beta\times(I-A)^{-1}\times Y_j \tag{6—20}$$

式中，L 表示各部门劳动者报酬矩阵，β 为 $n\times n$ 对角矩阵，表示一单位产值的劳动者报酬系数。（6—20）式表示各项最终需求对劳动者报酬的影响。L_i（$i=1$，2）分别表示各部门农村劳动者报酬和城镇劳动者报酬矩阵。Y_j（$j=1$，2，3）分别表示各部门消费、投资和出口矩阵。程国强（2004）曾利用上述模型做过出口对劳动者报酬的影响。本节改进了该模型，主要用来分析农村居民消费和投资需求对城乡劳动者报酬的影响，可以称之为“需求影响报酬模型”。

2. 参数设定

（1）“四万亿元投资”的参数设定。

根据“四万亿元投资”计划的重点项目分配方案（见表6—15），参考历史年份财政支出数据，将四万亿元资金对应到相应的投入产出部门。首先，新增“四万亿元投资”7 大项的前 3 项和第 4 项科研基建费以及第 7 项归到建筑业部门，建筑业共 32 736 亿元。其次，第 5 项节能减排和生态工程建设主要包括重点流域水污染治理工程、十大重点节能工程、城镇污水垃圾处理设施及污水管网工程以及循环经济和资源节约重大示范项目等，因此，第 5 项分别对应到投入产出电力、热力的生产和供应业，燃气生产和供应业以及水的生产和供应业，根据历年环境污染治理投资数据和

2009年节能减排投资分配比例，第5项投资额的20%对应到电力、热力的生产和供应业（420亿元），30%对应到燃气生产和供应业（630亿元），50%对应到水的生产和供应业（1 050亿元）。自主创新和结构调整主要用于新技术、新材料、新工艺开发和新装备改造，主要是技术研发投资，与科学支出和科研事业费一起，归到科技服务业部门。根据文教科卫投资分配比例（见表6—16），教育为915亿元，医疗卫生为270亿元，文化体育与传媒为150亿元。

表6—15　重点项目投资

序号	重点投向	资金测算（亿元）
1	廉租住房、棚户区改造等保障性住房	4 000
2	农村水电路气房等民生工程和基础设施	3 700
3	铁路、公路、机场等重大基础设施建设和城市电网改造	15 000
4	医疗卫生、教育、文化等社会事业发展	1 500
5	节能减排和生态工程	2 100
6	自主创新和结构调整	3 700
7	灾后恢复重建	10 000

资料来源：国家发展和改革委员会网站。

表6—16　文教科卫投资比例

项目	比例（%）	金额（亿元）
教育	61.0	915
科学技术	11.0	165
其中：科学支出	6.4	95
科研基建费	2.4	36
其他科研事业费	2.2	34
医疗卫生	18.0	270
文化体育与传媒	10.0	150

资料来源：《中国统计年鉴》（2000—2008）。

（2）“家电下乡”补贴政策的参数设定。

根据商务部和财政部发布的“家电下乡”补贴政策，2009年

“家电下乡”一次补贴200亿元。按家电产品销售价格的13%给予补贴计算，200亿元补贴额的发放意味着农村居民的家电产品购买额新增约1 538亿元。因此，笔者将1 538亿元家电下乡产品消费额作为参数，对应到城乡投入产出表的电机及家电制造业部门进行模拟。

（3）出口贸易商品分类与投入产出表的部门对应。

为测算出口下滑对社会总产值的影响，将2009年1—6月中国出口重点产品数据对应整理到相应的投入产出部门（见表6—17）。

表6—17　　2009年1—6月重点商品出口额

商品名称	1—6月累计金额（亿美元）	同比（%）	出口变化额（亿美元）	调整后出口变化额（亿美元）	对应投入产出部门
机电产品	3 066.8	−21.2	825.1	755	电机及家电制造业
高新技术产品	1 543.2	−21.3	417.7	382	通信设备、计算机及其他电子设备制造业
服装及衣着附件	458.9	−8.4	42.1	38	纺织服装、皮革
纺织纱线、织物及制品	269.5	−15.1	47.9	44	纺织业
农产品	177.9	−7.9	15.3	14	农业
鞋类	129.2	−4.2	5.7	5	纺织服装、皮革
家具及其零件	117.7	−9.8	12.8	12	木材加工及家具制造业
钢材	101.9	−59.7	151.0	138	钢铁及有色金属冶炼加工
塑料制品	65.7	−7.1	5.0	5	化学工业
箱包及类似容器	58.9	−7	4.4	4	纺织业

续前表

商品名称	1—6月累计金额（亿美元）	同比（%）	出口变化额（亿美元）	调整后出口变化额（亿美元）	对应投入产出部门
汽车零件	54.4	－33.7	27.7	25	汽车零部件及配件制造业
成品油	43.6	－28.6	17.5	16	石油加工业及炼焦
打印机	42	－29.9	17.9	16	文化、办公用机械制造业
合计	6 129.7		1 590.1	1 454	

二、“四万亿元投资”对刺激生产和城乡居民收入分配的影响

1. “四万亿元投资”对刺激生产的作用

计算结果显示，“四万亿元投资”对社会总产值的诱发额为97 335亿元，相当于2008年社会总产值的11.33%。其中，工业和建筑业的诱发效果较大，工业部门的诱发额为40 261亿元，占社会总产值诱发额41%的比例，建筑业对总产值的诱发额为33 153亿元，仅此一项占社会总产值诱发额34%的比例。服务业和农业的诱发额分别为20 022亿元和3 900亿元，相当于2008年服务业和农业总产值的25%和14%。“四万亿元投资”将诱发GDP增加33 869亿元，相当于2008年GDP的11.26%（见表6—18）。

表6—18　“四万亿元投资”对整个社会经济的诱发效果

部门	社会总产值（亿元）	增加值（%）	产值比例（%）	增加值比例（%）
农业诱发额	3 900	2 455	4	7
工业诱发额	40 261	12 956	41	38

续前表

部门	社会总产值（亿元）	增加值（%）	产值比例（%）	增加值比例（%）
建筑业诱发额	33 153	7 771	34	23
服务业诱发额	20 022	10 687	21	32
各部门诱发额合计	97 335	33 869	100	100
2008 年国民经济指标	859 057	300 671		
诱发额比例（%）	11.33	11.26		

资料来源：《2008 年中国国民经济和社会发展统计公报》。

2. “四万亿元投资”对城乡居民收入分配的影响

扩大投资将诱发生产增加，生产增加又将导致劳动者需求的扩大，从而使劳动者报酬增加。计算结果显示，“四万亿元投资”可使农村劳动者报酬增加 5 636 亿元，其中，来自农业的劳动者报酬增加 2 174 亿元，占 39%；来自工业的劳动者报酬增加 1 188 亿元，占 21%；来自建筑业的劳动者报酬增加 1 839 亿元，占 33%；来自服务业的劳动者报酬增加 435 亿元，占 8%。按农村人口 72 750 万人计算，“四万亿元投资”诱发农村居民人均收入增加 775 元，相当于 2008 年农村居民人均纯收入（4 761 元）的 16.3%。“四万亿元投资”计划可诱发城镇劳动者报酬增加 10 769 亿元，按城镇人口 59 379 万人计算，城镇居民人均收入将增加 1 814 元，相当于 2008 年城镇居民人均可支配收入（15 871 元）的 11.4%（见表 6—19）。

“四万亿元投资”对农村劳动者报酬的诱发作用小于对城镇劳动者报酬的诱发作用，从人均劳动者报酬诱发额的绝对数上比较，城镇居民人均劳动者报酬比农村居民人均劳动者报酬诱发额多 1 038元。因此，模型结果表明：按目前的投资方案，“四万亿元投资”虽然会拉动整个社会经济的增长并带来城乡收入的增加，但是并没有缓解城乡差距。从城乡协调发展的角度，投资计划在项目安排上应该有针对性地更多向农村倾斜。

表 6—19　“四万亿元投资”对城乡劳动者报酬的诱发额　单位：亿元

部门	农村劳动者报酬	城镇劳动者报酬	劳动者报酬
农业	2 174	0	2 174
工业	1 188	3 965	5 153
建筑业	1 839	2 755	4 594
服务业	435	4 050	4 484
诱发额合计	5 636	10 770	16 405
人口（亿）	72 750	59 379	132 129
人均诱发额（元）	775	1 814	2 588
2008 年城乡人均劳动者报酬（元）	4 761	15 871	20 632
诱发比例（%）	16.3	11.4	12.5

资料来源：《2008 年中国国民经济和社会发展统计公报》。

三、“家电下乡”补贴政策对刺激生产和城乡居民收入分配的影响

1. “家电下乡”补贴政策诱发家电及相关行业的生产扩大

2009 年的 200 亿元“家电下乡”补贴资金，可使家电产品销售额增加 1 538 亿元。按农村人口 7.275 亿计，农村居民人均家电消费额增加 211 元，相当于 2008 年农村居民人均年消费支出(3 661 元)的 5.8%。计算结果显示，200 亿元“家电下乡”补贴资金对社会总产值的诱发额为 3 915 亿元，相当于 2008 年社会总产值（859 060 亿元）的 0.5%。其中，工业的诱发额为 3 353 亿元，占社会总产值诱发额的 86%；服务业的诱发额为 525 亿元，占社会总产值诱发额的 13%；农业的诱发额为 37 亿元，占社会总产值诱发额的 1%（见表 6—20）。

表 6—20 “家电下乡”补贴政策对城镇工业的影响

项目	金额
2009 年“家电下乡”补贴资金（亿元）	200
刺激家电产品销售额（亿元）	1 538
农村人口（万人）	72 750
刺激农村人均消费（元）	211
2008 年农村人均消费（元）	3 661
家电消费占人均生活消费比例（%）	5.8
对社会总产值的诱发额（亿元）	3 915
2008 年社会总产值（亿元）	859 060
诱发产值占 2008 年社会总产值比例（%）	0.5
其中：农业产值诱发额（亿元）	37
工业和建筑业产值诱发额（亿元）	3 353
服务业产值诱发额（亿元）	525
家电行业产值诱发额（亿元）	1 684
2008 年家电行业总产值（亿元）	6 823
家电诱发额占 2008 年家电行业产值比例（%）	24.7

从具体部门来看，“家电下乡”补贴政策对家电制造及相关行业部门的诱发效果十分显著。1 538 亿元农村居民家电消费额可诱发家电制造业产值增加 1 684 亿元，占社会总产值诱发额的 43%。对家电制造及相关行业的诱发额占全部城镇工业诱发额的 83.7%。2008 年，家用电器行业产值为 6 823 亿元，“家电下乡”对家电行业的诱发额相当于 2008 年家电行业产值的 24.7%。与家电生产密切相关的钢铁、化学工业等原材料部门和相关服务行业的诱发效果也比较显著，其中钢铁及有色金属冶炼加工业的诱发额为 498.4 亿元，占社会总产值诱发额的 12.7%；化学工业的诱发额为 321.6 亿元，占社会总产值诱发额的 8.2%；批发和零售贸易业的诱发额为 146.6 亿元，占社会总产值诱发额的 3.7%；金融保险业的诱发额为 59.1 亿元，占社会总产值诱发额的 1.5%（见表 6—21）。

表 6—21　　扩大农村居民家电消费对城镇工业的影响

工业部门	诱发额（亿元）	比例（%）	工业部门	诱发额（亿元）	比例（%）
电机及家电制造业	1 683.6	43.0	批发和零售贸易业	146.6	3.7
钢铁及有色金属冶炼加工	498.4	12.7	金融保险业	59.1	1.5
化学工业	321.6	8.2	信息传输和计算机服务业	49.5	1.3
锅炉及其他专用设备制造业	110.5	2.8	道路运输业	48.8	1.2
电力、热力的生产和供应业	96.4	2.5	水上运输业	47.7	1.2
金属制品业	94.0	2.4	租赁业和商务服务业	43.7	1.1
造纸印刷及文化、玩具制造业	77.1	2.0	住宿餐饮业	37.0	0.9
石油加工业及炼焦	70.1	1.8	铁路货运业	19.1	0.5
通信设备、电子计算机制造业	64.3	1.6	公共设施管理与居民服务	18.6	0.5
金属矿采选业	48.5	1.2	房地产业	12.9	0.3
水泥、玻璃和陶瓷	42.8	1.1	科技服务地质勘查、水利管理	7.2	0.2
煤炭开采和洗选业	41.4	1.1	文艺、传媒、体育和娱乐业	6.3	0.2
石油和天然气开采业	35.4	0.9	航空旅客运输业	4.6	0.1
废品废料	21.7	0.6	铁路旅客运输业	4.4	0.1
汽车零部件及配件制造业	20.8	0.5	教育事业	4.0	0.1
食品加工业	17.5	0.4	卫生事业、社会保障事业	2.7	0.1
木材加工及家具制造业	15.6	0.4	邮政业	2.5	0.1

续前表

工业部门	诱发额	比例	工业部门	诱发额	比例
其他工业	15.3	0.4	科学研究事业	2.5	0.1
汽车制造业	13.6	0.3	航空货运业	2.4	0.1
纺织业	12.9	0.3	城市公共交通运输业	1.9	0.0
采盐业及非金属采选业	10.4	0.3	仓储业	1.8	0.0
纺织服装、皮革	9.5	0.2	管道运输业	1.1	0.0
建筑业	8.1	0.2	旅游业	0.5	0.0
仪器仪表制造业	5.4	0.1	公共管理和服务业	0.0	0.0
水的生产和供应业	4.4	0.1	船舶及浮动装置制造业	2.8	0.1
其他交通运输设备制造业	4.2	40.1	铁路运输设备制造业	2.0	0.1
燃气生产和供应业	2.9	0.1	文化、办公用机械制造业	1.9	0.0

2. “家电下乡”补贴政策对城乡居民收入分配的影响

“家电下乡”补贴政策通过诱发家电及相关行业的生产，进而影响城乡劳动者报酬。200 亿元“家电下乡”补贴可使农村劳动者报酬增加 84 亿元。其中，来自农业的劳动者报酬增加 18 亿元，来自工业的劳动者报酬增加 50 亿元，来自服务业的劳动者报酬增加 16 亿元。按农村人口 72 750 万人计算，“家电下乡”诱发农村居民人均收入增加 12 元，相当于 2008 年农村居民人均纯收入（4 761 元）的 0.25%。“家电下乡”可使城镇劳动者报酬增加 391 亿元，按城镇人口 59 379 万人计算，诱发城镇居民人均收入增加 66 元，相当于 2008 年城镇居民人均可支配收入（15 871 元）的 0.42%。“家电下乡”对农村劳动者报酬的诱发效果小于对城镇劳动者报酬的诱发效果（见表 6—22）。

表 6—22　“家电下乡”补贴对城乡劳动者报酬的诱发额　单位：亿元

部门	农村劳动者报酬	城镇劳动者报酬	城乡劳动者报酬
农业	18	0	18
工业	50	301	351
建筑业	0	1	1
服务业	16	89	105
诱发额合计	84	391	475
人口（万）	72 750	59 379	132 129
人均诱发额	12	66	36
2008 年城乡劳动者报酬（元）	4 761	15 871	20 632

四、扩大内需政策对缓解外需下滑的作用

中国经济的外贸依存度很高。受金融危机的影响，中国的外贸出口受到巨大影响。海关总署统计数据显示，2009 年上半年全国进出口额为 9 462.4 亿美元，同比下降 23.4%。其中，出口金额 5 216.3亿美元，同比下降 21.8%，比上年同期减少了 1 454.16 亿美元。按人民币兑美元汇率 6.83 计算，出口额减少了 9 931 亿元，对社会总产值的诱发额减少了 24 404 亿元。2009 年上半年出口下滑使城镇和农村劳动者报酬分别减少了 2 304 亿元和 672 亿元。

“四万亿元投资”和 2009 年的“家电下乡”补贴对社会总产值的诱发额合计为 101 251 亿元，比 2009 年上半年出口减少导致社会总产值的损失还高 76 847 亿元。“四万亿元投资”和“家电下乡”两项措施合计可使城镇和农村劳动者报酬分别增加 11 159 亿元和5 720亿元，比出口减少导致城镇和农村劳动者报酬的损失高 8 855亿元和 5 048 亿元。因此，“四万亿元投资”和“家电下乡”等扩大内需措施如果得以顺利实施，可以在相当程度上缓解外需减少

对经济增长和城乡居民收入的影响（见表 6—23）。

表 6—23　扩大内需对出口减少导致经济下滑的缓解效果　单位：亿元

	出口减少的影响	“家电下乡”补贴的效果	“四万亿元投资”的效果	扩大内需政策的效果
对社会总产值的诱发	24 404	3 916	97 335	101 251
对农村劳动者报酬的影响	672	84	5 636	5 720
对城镇劳动者报酬的影响	2 304	390	10 769	11 159

从具体行业来看，“家电下乡”将有效缓解外需不旺对家电行业出口的影响。2009 年 1—6 月，中国家用电器制造行业累计完成工业总产值 3 534 亿元，累计出口交货值为 989.52 亿元，比上年同期出口额减少了 275.5 亿元，同比下降 20.78%。家电制造业出口下降诱发家电制造业产值减少 301.47 亿元，诱发社会总产值和城镇工业总产值分别减少 701.29 亿元和 600.62 亿元。2009 年的“家电下乡”补贴政策可诱发社会总产值和城镇工业总产值分别增加 3 916 亿元和 3 353 亿元，其中，家电制造业产值增加 1 684 亿元，远高于出口减少导致的损失。可以说，“家电下乡”有效弥补了出口下滑对家电制造业发展的影响。

五、扩大内需与城乡协调发展

“四万亿元投资”和“家电下乡”通过直接和间接的诱发作用，可对社会生产和城乡经济带来如下重要影响。第一，“四万亿元投资”和“家电下乡”两项措施合计诱发的社会总产值增加额相当于 2008 年社会总产值的 11.8%，诱发的 GDP 增加额相当于 2008 年 GDP 的 11.3%。可以认为，“四万亿元投资”和“家电下乡”可以有效地拉动中国经济走出低谷，缓解全球金融危机

的冲击。

第二，扩大内需对城镇工商业的刺激效果显著。“四万亿元投资”对工业和建筑业产值的诱发额占社会总产值诱发额的75%，对工业和服务业的增加值占GDP诱发额的70%。“四万亿元投资”对工业的诱发额相当于2008年工业总产值的14%。“家电下乡”的诱发效果则集中在家电制造及其相关行业，对家电制造及其相关行业的诱发额占全部城镇工业诱发额的83.7%。“家电下乡”对家电制造业及与家电生产密切相关部门的诱发额相当于2008年家电制造业产值的41%。

第三，扩大内需可以缓解外需减少导致经济下滑的影响。“四万亿元投资”和2009年的“家电下乡”补贴对社会总产值的诱发额合计为101 251亿元，比2009年上半年出口减少导致社会总产值诱发额的损失高76 847亿元。特别是对于家电行业来说，2009年的“家电下乡”补贴政策可诱发家电制造业产值增加1 684亿元，远高于出口减少导致的损失301.47亿元。

第四，扩大内需可以缓解经济下滑对城乡居民收入的冲击。“四万亿元投资”和“家电下乡”两项措施合计可使城镇和农村劳动者报酬分别增加11 159亿元和5 720亿元，人均收入增加额为1 879元和786元，相当于2008年城镇居民人均收入的11.8%和农村居民人均收入的16.8%，高于出口减少导致城镇和农村劳动者报酬的损失。但是，“四万亿元投资”和“家电下乡”对城镇劳动者报酬的诱发效果大于对农村劳动者报酬的诱发效果，不利于促进城乡居民收入的均衡发展。

上述结果表明，“四万亿元投资”和“家电下乡”可以收到刺激经济增长的效果，缓解出口减少导致经济下滑的影响，但是，“四万亿元投资”和“家电下乡”不能缩小城乡收入差距，反而会导致城乡居民收入差距扩大。“家电下乡”尽管扩大了农村耐用消费品市场，改善了农村居民的生活质量，但主要效果在于刺激家电行业，与工业反哺农业的目的似乎并不相符。从推进城乡协调发展

的角度看，扩大内需需要更多地考虑促进农村经济发展的目标。

“四万亿元投资”和“家电下乡”之所以会导致城乡居民收入差距扩大，究其原因是因为扩大内需的措施主要是刺激制造业和建筑业部门的增长，而工业化和城市化的成果还不能充分惠及广大农村居民。因此，扩大内需应促进农村经济和城乡协调发展：一是工业化过程中需要注意发展就业吸纳能力强的部门，为农村劳动提供更多的就业机会，增加农民收入；二是城镇化过程需要降低农民进城的门槛，促进农村劳动转移。

第七章 房地产市场的经济效应

第一节　中国房地产市场的发展

自 1998 年实施住房分配市场化改革以来，中国房地产业取得较快发展，产业规模逐步增大。1998 年以来，中国房地产企业单位数增长较快，其中，国有房地产企业和集体房地产企业占比逐年降低，外商投资房地产企业略有增加，内地私有房地产企业单位数在 2004 年增势迅猛，房地产企业的私有趋势也是房地产市场化的一大体现。同时，中国房地产业从业人数稳步增长，说明房地产业对就业的拉动作用逐渐加大（见表 7—1）。

表 7—1　　中国房地产企业单位数及从业人数

年份	企业单位数					企业数同比增长率（%）	房地产从业人员（万人）	房地产从业人员占比（%）
	国有	集体	内地私有	港澳台投资	外商投资			
1998	7 958	4 538	7 464	3 214	1 204	3.25	89.00	0.13
1999	7 370	4 127	9 925	3 167	1 173	5.68	90.42	0.13
2000	6 641	3 492	13 144	2 899	1 127	5.98	93.05	0.13
2001	5 862	2 991	16 656	2 959	1 084	8.24	97.42	0.13
2002	5 015	2 488	21 154	2 884	1 077	10.37	107.06	0.15
2003	4 558	2 205	26 344	2 840	1 176	13.81	108.28	0.15
2004	4 775	2 390	46 330	3 639	2 108	59.58	120.20	0.16
2005	4 145	1 796	45 016	3 443	1 890	−4.98	132.67	0.17
2006	3 797	1 586	47 885	3 519	1 923	4.30	140.39	0.19
2007	3 617	1 430	51 918	3 524	2 029	6.49	151.30	0.20
2008	3 941	1 520	75 821	3 916	2 364	40.06	157.00	0.21
2009	3 835	1 361	69 478	3 633	2 100	−8.17	175.09	0.23
2010	3 685	1 220	74 584	3 677	2 052	5.98	211.63	0.28
2011	3 427	1 023	78 561	3 565	1 843	3.76	248.60	0.33

资料来源：《中国房地产统计年鉴》、Wind 数据库和中经网数据库。

随着产业规模的不断扩大，房地产业对经济增长也做出了更大的贡献。房地产业自 1998 年以来的增加值逐年增加，在 2004 年以后增速更为明显。2008 年受次贷危机影响，增速回落明显，但 2009 年以后迅速回调（见图 7—1）。据测算，1998—2009 年，房地产业平均拉动经济增长 0.05%。房地产业的发展也是区域经济增长的主要动力之一，房地产相关税费等收入是地方财政决算收入的重要组成部分。与房地产相关的契税、耕地占用税、土地增值税和城镇土地使用税等税费收入的占地方财政决算收入的比重逐年提升，到 2011 年已占到 13.56%（见图 7—2）。

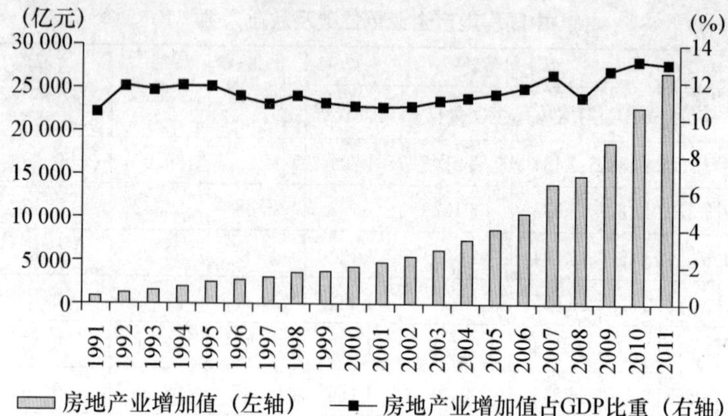

图 7—1　中国房地产业增加值及占比

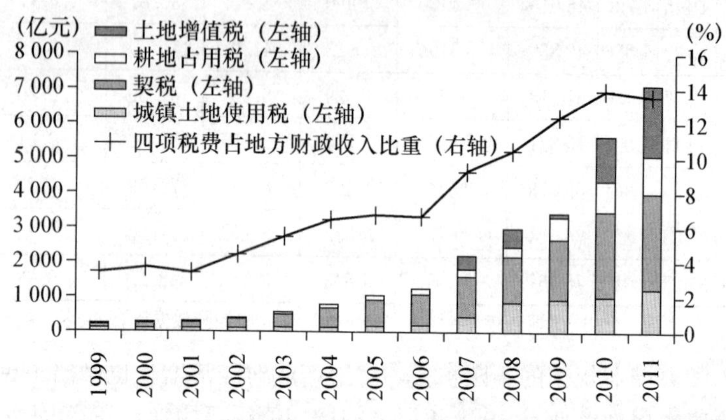

图 7—2　房地产业相关税费及其占地方财政决算收入的比重

综合房地产销售价格指数和商品房销售价格同比增速的表现，可以大致将中国房地产市场周期波动分为 1992—1994 年的初步成长阶段、1995—2000 年的调整阶段、2001—2009 年的上升阶段、2010 年至今的收缩阶段（见图 7—3）。1992—1994 年是中国房地产市场的初步形成阶段。期间经历过 1992—1993 年南方的首次房地产热潮，房地产开发投资高速增长，市场交易十分活跃。这股热

潮在1994年迅速退去，市场开始步入调整阶段。中国房地产市场自1995年开始步入首次房地产泡沫破灭后的调整阶段，房地产开发投资额在初期仍呈回落态势，商品房销售面积同比增速也有所回落，1997年后转为上行，之后稳步上升，市场交易开始活跃。商品房销售面积同比增速在1998年达到高点。这个阶段是住房分配市场化的初步实施阶段，市场由初期的波动转为平稳上升，逐渐步入扩张上升阶段。2001—2009年是中国房地产市场的扩张上升阶段，除2008年和2009年受次贷危机影响房地产开发投资增速稍有回落以外，在这个阶段房地产开发投资稳步上升，年均同比增长25.80%。商品房销售同比增速波动较大，2008年商品房销售额同比增速为－14.72%，2009年迅速反弹。这个时期内的供给面平稳增长，需求面波动较大，但总体上还是保持增长。2010年中国房地产市场开始步入收缩阶段，2010年和2011年房地产开发投资同比增速略有回落，商品房销售面积同比增速回落则相当明显。

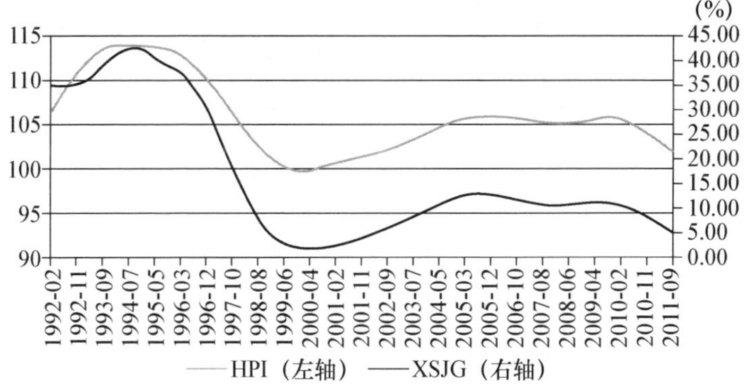

图7—3　中国房地产市场的周期波动

注：本图利用H-P滤波分别对1992年2月到2012年2月的房地产销售价格指数（HPI）和商品房销售均价同比增长率（XSJG）进行了平滑处理。

随着房地产业的规模变得越来越大，其发展变化对国民经济运行和社会稳定的影响也越来越大，由此，国家一方面着力于促进房地产业发展，另一方面也相当重视对房地产业的调控。1991 年至今，中国房地产业经历了三次重要的调控阶段（见图 7—4）。其一是 1993 年 6 月开始持续到 1996 年 8 月的首次调控，旨在控制 1991 年以来由南方地区开始的房地产开发投资过热。第二次调控始于 2002 年 4 月，止于 2008 年 8 月，旨在解决房地产开发投资过热和房价高涨等在 1998—2002 年间将住房建设作为新的经济增长点时期留下的问题，这段时期内的调控由单一调供给转为供需双向调节，政策出台比较密集。最新一轮调控始于 2009 年 11 月，一直延续至今。新一轮调控重在保障居民住房，增加普通商品住房的供给；合理引导投资消费，抑制投资和投机性购房等，调控力度空前，措施多样，包括“新国十条”、“国五条”的出台。

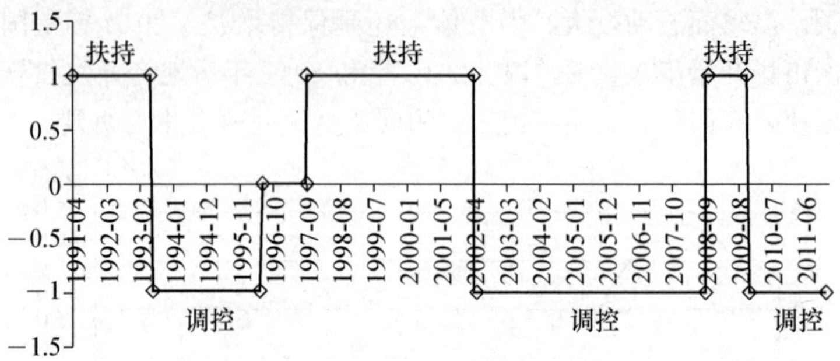

图 7—4　中国房地产调控政策周期

1991 年至 1993 年上半年是城镇住房制度改革和土地使用制度改革逐步推进后的市场初步形成阶段，重在规范和培育房地产业和房地产市场。1997 年 9 月至 2002 年 3 月，在亚洲金融危机爆发的背景下，中国经济走向紧缩，国务院明确提出将房地产业作为新的经济增长点，并出台一系列优惠措施扶持房地产业和房地产市场的发展。其间，福利分房制度的终结和住房分配货币化改革使房地产市场发展迈出了开创性的一步，房地产金融市场的制度逐步建立，也使得房地产需求得到了较好的释放。

房地产的投资消费双重属性及房地产业的资金密集等特点，使得房地产业与居民消费、投资、金融等诸多方面都密切相关。房地产业的发展过程往往伴随着房地产市场的震荡波动，这种波动会牵一发而动全身，通过多种渠道对宏观经济运行带来深远影响。

本章将总结提炼房地产业对宏观经济的影响机制，进而定量研究房地产业发展和房地产市场波动对宏观经济的影响，从而揭示房地产市场波动的宏观经济效应。

第二节　房地产市场波动与实体经济

一、房地产业对宏观经济的影响机制

房地产是国民经济最基本的生产要素，房地产业近些年发展迅速，对经济增长做出了重要贡献。房地产业会通过消费投资渠道、银行信贷渠道、关联产业渠道及房地产调控渠道等途径对宏观经济造成影响（见图 7—5）。

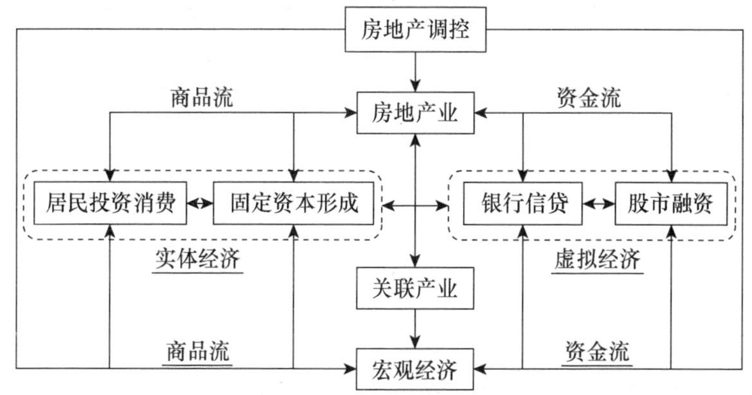

图 7—5　房地产业对宏观经济的影响机制分析

1. 消费和投资渠道

房地产具有消费和投资双重属性，是居民消费和投资的最主要的对象之一。住房消费是居民消费支出的重要组成部分，据统计，中国历年来的城镇家庭平均每人全年居住消费性支出占比都在10%左右。作为一种具有良好保值和升值性的投资工具，房地产在居民持有资产组合中占比达到48%，已超过金融资产成为居民最重要的持有资产。可见，房地产与居民生活紧密相关，房地产市场波动会直接或间接影响居民持有资产价值，进而影响居民消费投资决策，从而对宏观经济造成影响。

另外，房价波动通过财富效应和替代效应对居民非住房消费造成影响，从而对宏观经济造成影响。当居民持有房产价格上涨之后，住房持有者财富增加，居民支付能力和获取消费信贷的能力都有所提升，从而促进消费。对租房者而言，房价上涨意味着租金上涨，加大了其生活成本，从而对其消费带来约束。此外，房价的上涨提高了房屋相对于建筑成本的价值，即住宅投资的托宾 q 值增加。当房价上涨使得房屋价值超过建筑成本时，则新房建设就变得有利可图，从而促使房地产开发投资增长，进而拉动经济增长。

2. 银行信贷渠道

房地产业资金密集的特点使其与金融业密切关联，并且随着住房金融的发展，这种关联更加深入。房地产市场波动可以通过信贷渠道对宏观经济造成影响。作为抵押物的房产价值的高低会影响银行的贷款决策。在房地产价格上涨的时候，房地产市场运行良好，作为抵押物的房产价值提高，抵押资产质量提升，银行倾向于加大对房地产业的信贷支持和对购房者的消费信贷支持，从而导致房地产信贷扩张，房地产开发投资增长，房地产市场交易活跃，从而促进经济增长。这种作用的正反馈加强，即经济增长进一步支撑房地产市场走高，银行信贷继续扩张，进而促进经济增长。在房地产市场过热的情况下，这种正反馈机制加大了房地产泡沫，推高了房地产市场金融风险，为宏观经济健康运行埋下了隐患。

3. 关联产业渠道

房地产业是国民经济发展中的重要产业，有众多上下游产业，房地产业的发展和房地产市场的波动可以通过上下游关联产业间接对宏观经济造成影响。如房地产开发投资增长会拉动上游钢铁、水泥、有色金属等产业部门产出增加，从而对经济增长有促进作用。房地产价格上升可能推高其下游产业价格的上升，进而推高整体物价水平。

4. 调控政策渠道

房地产调控是国家宏观调控的重要组成部分，近些年房地产调控政策出台密集，政策缺乏一致性，反复性大，政策刚性加强。如2008年底将房地产交易营业税的免征时限由5年缩短至2年，2009年底即将免征时限恢复至5年。政策频繁变动、持续时间较短的弊端不利于房地产市场的平稳运行和房地产业的健康发展，同时也会对宏观经济运行带来不利影响。

二、中国房地产市场波动对实体经济的影响

房地产业可以通过消费、投资、信贷、关联产业等多个渠道对宏观经济造成影响，同时宏观经济也会反作用于房地产业和房地产市场。利用CGE模型，可以测算房地产市场波动对实体经济的影响。在编制2007年SAM表时突出房地产业的作用，在此基础上构建CGE模型，以测度房价波动和地价波动对实体经济的影响，并利用投入产出模型研究房价波动对物价和就业的影响。

1. 房地产市场波动对实体经济的影响研究综述

国外房地产业发展比较成熟，国外学者对房地产业在宏观经济中作用的认识也较为充分。Case（2000）对美国房地产市场的发展与宏观经济之间的关系进行了分析，得出房地产市场价格的上涨和下跌对宏观经济发展的上升和下降趋势起到了加速推动的作用。Chirinko等（2004）运用结构向量自回归模型（SVAR）对13个

发达国家的资产价格波动对消费、产出等实体经济变量的影响进行了实证分析，得出房价波动比股票价格波动对消费、产出等实体经济的影响更加显著。Kontonikas 和 Montagnoli（2002）、Iacoviello 和 Minetti（2006）分别对房价与总需求之间的关系进行了估计，得出房价的变动能够显著地引起总需求水平的变化。Goodhart 和 Hofmann（2000）、Stevenson（2000）及 Filardo（2000）分别对房地产市场的价格波动与 CPI 之间的相关性进行了分析，认为房价先行于 CPI，房价波动与未来的通货膨胀水平有更强的正相关关系，并且房地产价格的变化对于未来通货膨胀的变化有着部分指示作用。Tsatsaronis 和 Zhu（2004）运用向量自回归模型对实际房地产价格、实际 CPI、实际 GDP 增长率以及实际短期利率等变量之间的关系进行了分析，研究得出 CPI 对实际房价有十分显著的影响，收入对房价变动的影响不是很显著。

中国房地产业的快速发展和近些年房地产市场的波动起伏，都使得国内学者对房地产业与宏观经济的关系给予了更多的关注。皮舜和武康平（2004）、沈悦和刘洪玉（2004）运用计量经济模型实证研究了房地产业与 GDP 及国民经济发展之间的关系。郑思齐和刘洪玉（2001）、李聪明（2005）和周志春等（2010）定量研究了宏观经济的周期波动和房地产投资变动之间的相关关系。梁云芳等（2006）、崔光灿（2009）运用计量模型分析了中国房地产市场价格变动与宏观经济发展之间的关系，研究得出房价波动对社会总投资的短期影响不是很明显，但在中长期会显著地影响社会总投资，进而对宏观经济运行产生影响。唐志军等（2010）运用协整检验和向量自回归模型分析了房地产市场波动对消费、GDP 和 CPI 的影响，结果表明房价对社会消费品零售总额有显著的负向影响，对 CPI 有显著的正向影响，而房地产投资的波动对经济增长有长期性的显著的正向影响。段忠东（2007）和赵听东（2010）探讨了房价波动对通货膨胀与产出的作用机制，并实证得出中国房地产价格对物价与产出有显著的长期的正向影响。贾卓（2009）基于投入产出模

型，测算了北京市房地产业对社会就业的带动效应。何俊芳等（2008）和程武林（2010）利用投入产出模型，分析了房地产价格对CPI的影响程度以及房地产价格对其他部门产品价格的影响程度，研究了房地产价格波动的财富与收入分配效应和资源分配效应。原鹏飞（2009）、李秀婷（2012）等运用CGE模型探讨了房地产价格上涨和下跌对宏观经济和部门经济的影响。

综上所述，国内外学者分别从房地产价格波动、房地产投资波动、房地产周期等多角度对房地产业的宏观经济效应做了较为丰富的探讨，已有研究主要运用时序计量经济模型进行分析，采用包含部门经济的模型方法较少（如CGE模型和投入产出模型）；较侧重于房地产业对经济的整体影响，而对产业层面以及不同利益主体影响的研究较少；较侧重于房地产业对宏观实体经济的短期宏观经济影响的分析，较少探讨房地产业对宏观实体经济的中长期影响。

2. 房地产市场波动对宏观经济影响的定量分析

本节利用CGE模型以及投入产出模型测算房地产市场波动对实体经济的影响。该研究的主要特点是，在编制2007年的SAM矩阵时突出了房地产业的作用，在此基础上构建了CGE模型，用以测度房价波动和地价波动对实体经济的影响，并运用投入产出模型分析了房价波动对物价和就业的影响。

（1）房价波动对宏观经济的影响。

首先，基于已编制的2007年宏观社会核算矩阵（SAM），进一步对房地产相关的账户进行细分，编制适合房地产业CGE模型分析的细化SAM。在此基础上，构建包含房地产业、金融业、建筑业、农业、制造业和服务业六大部门，土地、非土地资本和劳动三大要素，城镇居民和农村居民两类居民，家庭、政府、企业等经济主体的开放经济一般均衡模型。

本节运用CGE模型来模拟房价上下波动［－50%，50%］对宏观经济、经济主体收入等方面的影响。结果如表7—2所示，在房价上涨的情况下，GDP、就业、投资、消费、CPI和进出口等宏

观经济变量都会上升，并且增长幅度一般都随着房价上涨幅度的增加而增加，其中投资和CPI增长最为明显，说明房地产价格上涨会直接带来房地产开发投资的增长，进而带动固定资产投资增长，从而拉动经济增长，但同时也会在较大程度上推动物价上涨。消费在房价上涨的情况下，增长也较为明显，这可以在一定程度上说明在中国房地产价格上涨的正向财富效应要大于挤出效应。在房价下跌的情况下，GDP、就业、投资、消费、CPI和进出口等宏观经济变量都下降，而且随着下跌幅度的增加，宏观经济指标呈现出加速下降趋势。其中，GDP、就业和投资等变量所受到的影响较大，而消费、CPI和进口等变量所受到的影响相对较小。总体而言，房价下跌对宏观经济的负面影响要大于房价上涨对宏观经济的正向影响。

表7—2　　房价波动对宏观经济变量的影响（%）

房价波动	GDP	就业	投资	消费	CPI	进口	出口
−50	−29.32	−28.28	−18.63	−8.26	−11.05	−9.03	−12.50
−40	−19.49	−19.42	−14.56	−6.93	−8.73	−7.33	−10.31
−30	−13.33	−12.1	−10.19	−5.25	−7.17	−6.31	−7.4
−20	−9.79	−8.88	−7.98	−5.03	−5.76	−4.68	−5.58
−10	−3.52	−3.33	−3.65	−2.12	−2.74	−2.03	−2.34
10	2.7	2.47	3.53	2.01	2.24	1.85	2.16
20	5.48	5.41	7.24	4.54	5.54	3.45	4.33
30	8.13	7.47	10.97	7.65	9.17	5.53	6.98
40	10.75	10.34	15.17	11.48	13.38	7.56	9.64
50	13.42	12.83	18.53	15.21	17.13	9.95	12.15

如表7—3所示，房价上涨使得各部门产出都出现不同幅度的增加，其中房价上涨对房地产业本部门和建筑业产出影响最为明显。房价下跌使各部门产出都出现不同程度的下降，且随着房价下跌幅度的增加，各部门的产出呈现出加速下降趋势。房价下跌对金

融业的负面影响要大于房价上涨对金融业的正面影响。

政府与企业的收入在房价上涨的情景中都是增加的，且增加幅度基本随着房价上涨幅度增加而增加，企业收入的增幅相对高于政府。房价上涨对所有居民的收入都产生负面影响，小幅上涨对居民收入影响并不大，但大幅上涨对所有居民的收入都产生了较大的负面影响。

在房价下跌的情况下，政府收入和企业收入都会下降，企业收入的下降幅度要大于政府收入的下降幅度。相对而言，房价下跌对企业收入的负向影响要大于房价上涨对企业收入的正向影响。房价下跌使所有居民的实际收入下降，且都随着下跌幅度的增加而加速下降。房价小幅下跌对居民实际收入的影响并不大，但大幅下跌对所有居民的实际收入都产生了较大的影响。

表 7—3　　房价波动对其他部门和主体收入影响（%）

房价波动	建筑业	金融业	房地产业	其他部门	政府	企业	城镇居民	农村居民
−50	−5.26	−8.11	−13.31	−9.72	−7.83	−30.17	−19.13	−17.79
−40	−5.07	−6.8	−10.54	−7.43	−6.47	−20.47	−12.82	−11.42
−30	−4.12	−5.12	−8.36	−5.56	−5.33	−13.31	−8.44	−7.88
−20	−3.87	−3.62	−5.74	−4.39	−4.53	−8.67	−6.31	−5.83
−10	−1.46	−2.01	−2.46	−1.58	−2.17	−3.72	−5.31	−4.99
10	1.31	0.83	3.33	1.48	1.51	3.12	−5.12	−4.79
20	3.12	1.82	6.43	3.17	3.42	6.35	−5.86	−5.44
30	4.78	3.22	9.73	4.93	5.12	9.25	−5.58	−6.63
40	6.44	4.12	13.14	6.84	7.02	11.55	−8.28	−7.81
50	8.79	5.21	17.49	8.78	9.12	16.14	−9.82	−8.96

（2）地价波动对宏观经济的影响。

基于已构建的 CGE 模型，分别模拟地价上下波动［−50%，50%］对实体经济增长、部门产出和经济主体收入等方面的影响。模拟结果如图 7—6 所示，在地价上涨的情况下，GDP、就业、投资、消费、CPI 等宏观经济变量都会上升，并且上升幅度都随着地

价上升幅度的增加而增加。与房价上涨相同，地价上涨对CPI的影响最为明显，说明地价作为一种要素价格上涨，会在一定程度上推高整体物价水平。消费在地价上涨的情况下，增长也较为明显。在地价下跌的情况下，除出口以外，GDP、就业、投资、消费、CPI等宏观经济变量都会下降，而且随着下跌幅度的增加，宏观经济指标的下跌幅度也增加。其中，GDP、就业和投资等变量所受到的影响较大，而消费和进口等变量所受到的影响相对较小。地价下跌对消费和CPI的影响要小于地价上涨对消费的正向影响，但地价下跌对GDP、投资、进口的负面影响要大于地价上涨对GDP、投资、进口的正向影响。总体而言，地价下跌对其他宏观经济变量的负面影响要大于地价上涨对其他宏观经济变量的正向影响。

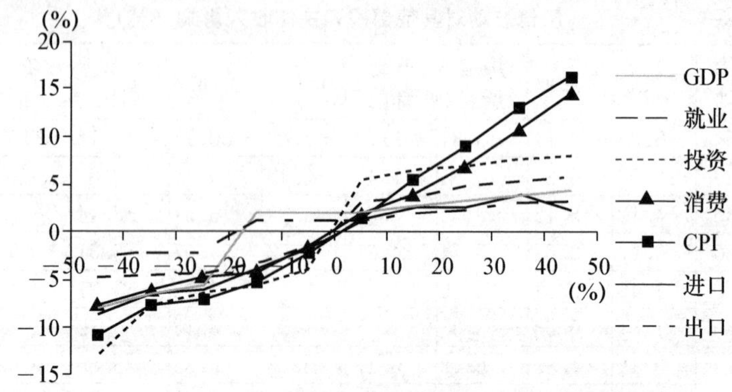

图7—6　地价波动对宏观经济变量的影响

如图7—7所示，地价上涨使得各部门产出都出现不同幅度的增加，其中对房地产业本部门和建筑业产出影响最为明显。地价下跌使各部门产出都出现不同程度的下降，且随着房价下跌幅度的增加，各部门的产出呈现出加速下降趋势。地价下跌对金融业和其他部门的负面影响要大于地价上涨对金融业和其他部门的正面影响。如图7—8所示，政府与企业的收入在地价上涨的情景中都是增加

的，且增加幅度基本随着房价上涨幅度增加而增加，政府收入的增幅相对高于企业收入的增幅。地价上涨对城镇居民和农村居民的收入都会产生负面影响，小幅上涨对居民收入影响并不大，但大幅上涨对所有居民的收入都产生了较大的负面影响。地价波动对居民收入的影响要大于房价波动对居民收入的影响。

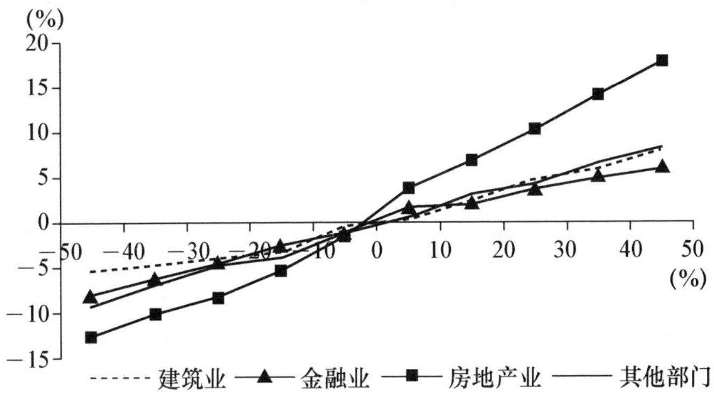

图 7—7　地价波动对部门产出的影响

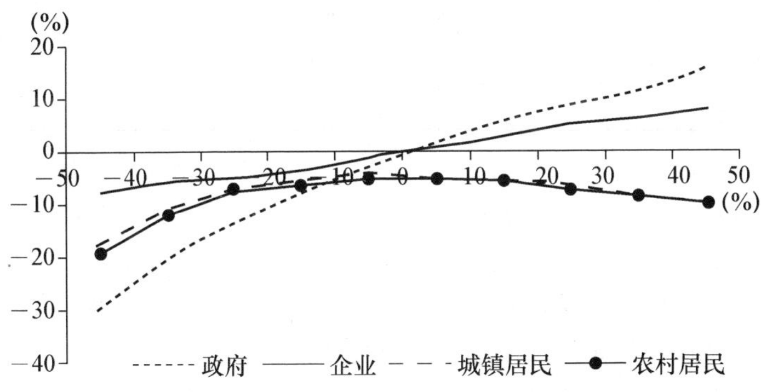

图 7—8　地价波动对不同主体收入的影响

(3) 房价波动对物价和就业的影响。

首先利用投入产出价格模型（单个主动部门的模型）测算主动部门价格变动对其他被动部门价格的影响。假设第 n 部门为主动部门，当其价格变动Δp_n时，则第j部门产品价格变动：

$$\Delta p_j = (c_{nj}/c_{nn}) * \Delta p_n \tag{7—1}$$

式中，c_{nj}和c_{nn}为完全需要矩阵系数（陈锡康和杨翠红，2011）。在此基础上，以总产出结构列向量（即各部门产出占总产出的比例）为各部门权重，加权计算出一般物价水平的变动，以此反映房地产业对一般物价水平的影响。

借鉴中国科学院国情分析小组建立的经济增长与就业人数之间的非线性模型及贾卓（2009）的研究，构建房地产业就业拉动模型：

$$L = f(Y) = \partial Y^{\beta} \tag{7—2}$$

式中，Y表示房地产业增加值，L表示房地产业就业人数，∂表示常数，β表示就业弹性系数。将模型函数等式两边取对数，则可变换为线性模型：

$$\ln L = \partial + \beta \ln L + \varepsilon \tag{7—3}$$

式中，ε为误差项。基于就业拉动模型和历史数据，可以测算出房地产业的直接就业弹性系数，即房地产业的直接就业效应。此外，通过构建其他部门的就业拉动模型，可以测算得出各部门的直接就业弹性，进而与房地产业对各部门的总关联系数相乘，便得到房地产业对各部门的间接就业弹性，将直接就业弹性与各部门间接就业弹性相加，便得出房地产业的整体就业效应。具体计算为：间接就业弹性＝平均总关联系数×密切关联产业的直接就业弹性；总的就业效应＝直接就业弹性＋间接就业弹性。

通过上述投入产出价格变动影响测算模型，利用1997年、2000年、2002年、2005年和2007年投入产出表数据计算得到了1997—2007年各部门价格对一般物价水平的影响系数(见表7—4)。各年的影响系数在所有产业部门的排名都十分靠后。从这层意义上讲，狭义上的房地产价格对一般物价水平影响并不大。但是，基于

投入产出表界定的房地产价格主要反映的是租金、物业费用和中介服务费等服务性收费价格，未将开发投资范畴的房地产业活动（归于建筑业的部分）考虑在内，这与国家统计局公布的房地产销售价格有所区别。如果将建筑业考虑在内，则更贴近一般意义上的房地产销售价格。根据模型测算结果可知，各年建筑业价格波动对一般物价水平的影响系数分别为 15.87%、16.23%、16.70%、16.06%和 17.35%，都排在所有部门的前列，说明广义上的房价波动对一般物价水平有较大影响。

表 7—4　　房价波动对一般物价水平的影响系数

行业	指标	1997	2000	2002	2005	2007
房地产业	影响系数	3.24%	4.80%	4.85%	3.80%	3.55%
	排名	(39/40)	(37/40)	(38/42)	(41/42)	(41/42)
考虑建筑业	影响系数	15.87%	16.23%	16.70%	16.06%	17.35%
	排名	(2/40)	(1/40)	(2/42)	(1/42)	(1/42)

1978 年以来，中国房地产业从业人数稳步增长，2009 年已达到 191 万人，占全国从业人数的 0.24%，可见，房地产业具有稳定增长的直接吸纳就业能力。基于 1997—2009 年房地产业的增加值和就业人口数据，对房地产业就业拉动模型进行回归分析，得出房地产业的直接就业弹性为 41.67%，即房地产业增加值每增加 1%，能直接带动就业增长 41.67%（见表 7—5）。

表 7—5　　中国房地产业对就业的拉动作用

产业部门	房地产业	金融保险业	建筑业	公共管理和社会组织
直接就业弹性	41.67%	14.65%	37.67%	10.11%
平均总关联系数（5 年）	0.025 3	0.137 2	0.082 1	0.052 1
间接就业弹性	—	2.01%	3.09%	0.53%

此外，房地产业通过带动关联产业发展，间接拉动就业增长。

鉴于数据可获性，此处仅以金融业、建筑业与公共管理和社会组织为例，测算房地产业通过这三个部门间接拉动的就业增长。基于三个部门1997—2009年的增加值和就业人口数据，对各部门的就业拉动模型进行回归分析得出各部门的直接就业弹性，分别为14.65%、37.67%和10.11%（见表7—5)。将各部门的直接就业弹性分别与对应部门的平均总关联系数（5年总关联系数的算术平均）相乘，得出房地产对各部门的间接就业弹性，分别为2.01%、3.09%和0.53%。除直接拉动就业增长41.67%以外，房地产业通过金融业、建筑业与公共管理和社会组织部门间接拉动就业增长5.63%，综合带动就业增长47.30%。若将其他关联产业考虑在内，将会有更大的间接就业拉动效应。可见，房地产业的发展能在较大程度上带动就业增长。

三、本节小结

本节基于CGE模型分别模拟了房价在［－50%，50%］区间内上下波动和地价在［－50%，50%］区间内上下波动对宏观经济的影响，最后分析了房价波动对物价和就业的影响程度。主要得到以下结论：

（1）房价和地价上涨都会对GDP、就业、投资、消费、CPI等宏观经济变量带来正向影响，且上升幅度都随着房价和地价上升幅度的增加而增加。房价上涨和地价上涨在带来开发投资增加、拉动经济增长的同时，也会在较大程度上推动物价上涨。房价上涨和地价上涨都会促进进口和出口的上升。房价下跌和地价下跌都会对投资、消费、就业、GDP等宏观经济变量带来负面影响，房价下跌对宏观经济的负面影响要大于房价上涨对宏观经济的正向影响。而地价下跌对消费和CPI、出口的影响要小于地价上涨对消费的正向影响。

（2）房价上涨和地价上涨都使得各部门产出出现不同幅度的增

加，其中对房地产业本部门和建筑业产出的影响最为明显。房价和地价下跌使各部门产出都出现不同程度的下降，且随着房价下跌幅度的增加，各部门的产出呈现出加速下降趋势。房价下跌对金融业的负面影响要大于房价上涨对金融业的正面影响。地价下跌对金融业和其他部门的负面影响要大于地价上涨对金融业和其他部门的正面影响。

（3）房价上涨和地价上涨会带来负面影响。房价上涨对企业收入的影响要大于对政府收入的影响，而地价上涨对政府收入的影响要大于对企业收入的影响。房价下跌和地价下跌使所有居民的实际收入下降，且都随着下跌幅度的增加而加速下降。房价和地价小幅下跌对居民实际收入的影响并不大，但大幅下跌对所有居民的实际收入都产生了较大的影响。地价波动对居民收入的影响要大于房价波动对居民收入的影响。

（4）房地产业的发展能在较大程度上带动就业增长，房价波动对一般物价水平有较大的影响，应该警惕房价波动对宏观经济的波及影响。

综上可知，房地产业对宏观经济稳定运行和居民福利都有重要的影响，房地产业大起大落不利于宏观经济的长期健康发展，从这一点上讲，应该尽量避免过度扶持房地产业发展，过度依赖房地产业带动经济增长，从而尽可能避免房地产业的大幅波动对宏观经济的不利冲击。房地产调控的核心是稳定房价和保障民生，以维持房地产市场和宏观经济的良性发展。

第三节　房地产调控政策对宏观经济的影响

2010 年以来，为了稳定房地产市场发展，遏制房价过快上涨，中国政府先后出台了“新国十条”、“新国八条”等一系列房地产调控政策，调控广度和力度都堪称空前。本节从政策模拟的角度，采用可计算一般均衡（CGE）模型与投入产出模型相结合的方法，以2010年房地产调控政策为例，定量模拟其引起的房地产投资变化对中国经济所带来的影响。

一、房地产调控对宏观经济的影响研究综述

房地产调控政策效应相关研究历来是国内外学者广泛关注的对象，尤其是货币政策方面。如Aoki等（2004）利用动态随机一般均衡（DSGE）模型研究发现，“金融加速器”效应会加大货币政策对房地产投资、房地产价格和消费的影响。Vargas-Silva（2008）运用带信号约束的VAR模型分析得出从紧的货币政策对住宅开发投资有负面影响，这种影响在信号约束下相对无约束情况下要弱。黄飞雪和王云（2010）、王先柱（2011）和沈悦等（2011）分别利用计量模型研究了利率、汇率、信贷规模等对房地产市场的影响，从而提出控制房价的相应政策措施。

少数学者对土地政策、财政政策和行政政策等其他房地产调控政策的效果进行了分析。如宫玉泉（2005）和Du等（2011）分别从定性和定量的角度对土地供应政策对房地产市场的影响进行了研究。Afonso和Sousa（2011）利用VAR模型实证分析了不同国家的财政政策对资产价格的影响，结果显示，财政政策对美国和德国的房价影响不大，但使英国和意大利的房价波动性加大。周建元（2011）构建了附加投机性需求的均衡模型，分析了在中国房地产市场实施最高限价政策的可行性和必要性。

还有部分学者综合考虑各项房地产调控政策的效果进行研究。王要武和金海燕（2007）研究发现，利率、货币供应量和购置土地面积等政策变量对房地产需求影响很小，利率对房地产投资有一定影响，土地购置面积对房地产开发投资和房价的影响较大。韩蓓和蒋东生（2011）基于动态不一致性理论分析了中国房地产调控的有

效性，研究得出中国房地产调控政策方向变化快、政策执行存在非连贯性，使得宏观调控对经济的负面影响较大，调控效果也不如意。蔡明超等（2011）构建了二元效用函数，从微观角度分析了居民的房地产住宅需求对房地产税收、首付款比例和贷款利率等宏观调控政策的反应。李玲等（2012）创新性地利用压力—状态—响应（PSR）模型对房地产调控的效果进行量化分析。其中将影响房价上涨的各种因素看成政府宏观调控的压力，将各种调控政策看成状态，得出房价受政策的影响十分明显。

综上所述，大多数研究基于现有数据的实证分析来研究房地产调控等相关政策对房地产市场带来的影响，较少研究房地产市场调控政策对整个经济带来的影响，特别是较少分析已出台的房地产调控政策对房地产投资带来的影响以及引起的房地产投资变化对宏观经济带来的影响。

二、房地产调控对宏观经济的影响的定量分析

1. 模型方法

采用投入产出分析与可计算一般均衡（CGE）模型相结合的两阶段方法来分析房地产调控政策带来的房地产投资的变化对经济增长的影响。首先，利用投入产出模型计算房地产投资的变化通过建筑业对整个社会全部行业产出带来的影响。然后，将投入产出模型中得到的各行业产出的变化作为外生冲击，利用CGE模型，模拟房地产投资变化对中国经济的影响。

（1）利用投入产出模型测算房地产投资变化对总产出的诱发效果。

在投入产出模型中，固定资产形成是最终需求中的一项。假设投资全部转化为固定资产形成，投资的变化可以诱发各产业的总产出发生变化。这种诱发效果包括投资对本部门产出的直接诱发效果和对其他部门产出的间接诱发效果。

投资变化列向量乘以列昂惕夫逆矩阵，得到投资对总产出的诱发额。

$$X=(I-A)^{-1}\Rightarrow\Delta X=(I-A)^{-1}\Delta Y \tag{7—4}$$

式中，X 表示各部门总产出的列向量，Y 表示各部门投资的列向量，ΔY 表示投资变化的列向量，ΔX 表示投资诱发的总产出变化的列向量，$(I-A)^{-1}$ 为列昂惕夫逆矩阵。

在本模型中，由于只考虑房地产投资变化，不考虑其他投资变化，且房地产投资最终转化为建筑业的固定资产形成，因此，房地产投资变化对应到 ΔY 的列向量中的建筑业，ΔY 中的其他行业变化为 0。

（2）利用 CGE 模型模拟房地产投资变化产生的经济影响。

在 CGE 模型中，经济增长是由内生的消费、投资以及净出口所驱动。居民分为城镇居民和农村居民。各地政府税率外生，政府消费内生，居民和政府对不同商品的购买量由柯布-道格拉斯函数决定。每个产业投资对各项投资商品的需求量使用了列昂惕夫函数决定。存货投资在模型中被设定为固定不变。汇率外生，进口和出口内生决定。模型的基础数据为 2007 年的投入产出表，根据研究需要对产业部门做了拆分与合并，共 40 个部门，最后运用据此编制的社会核算矩阵来进行政策模拟。

在模拟 2010 年房地产调控政策带来的经济影响时，采用 2007—2010 年的动态基准情景与以 2010 年为基础的政策效果静态模拟相结合，先动态模拟得出 2010 年的经济结构，然后以 2010 年为基础静态模拟在 2010 年调控政策下房地产业投资变化的经济影响。

2. 房地产投资变化量的确定和情景设计

2010 年 1—5 月，房地产投资增加迅速，随着房地产市场调控政策的出台，从 6 月份开始，房地产投资增速有所放缓。2010 年前 5 个月，房地产投资累计增速为 38.24%（见表 7—6）。2010 年前 5 个月房地产投资能保持较高速度的增长，一方面是由于房地产投资有一定的滞后性，2010 年上半年的投资资金部分来源于之前

的经济刺激和贷款优惠政策；另一方面是由于2009年房地产市场销售强力回暖，开发商资金回笼，加上房价支持和累积需求刚性旺盛，从而导致了房地产投资的迅速扩张。2010年下半年，之前的经济刺激等优惠政策以及房地产销售火爆的情况不再存在，即使没有房地产市场的调控，房地产投资增加的趋势也将会放缓。基于以上背景，并结合2000—2009年以及2010年前5个月房地产投资的情况（见表7—6和表7—7），笔者判断，在正常情况下（即如果没有房地产市场调控政策），2010年全年房地产投资的增速应在35%左右，比上年增加约12 681亿元。

表7—6　　2000—2009年房地产投资及增长情况

年份	房地产投资额（亿元）	房地产增加额（亿元）	增速（%）
2000	4 984.05	880.85	21.47
2001	6 344.11	1 360.06	27.29
2002	7 790.92	1 446.81	22.81
2003	1 0153.80	2 362.88	30.33
2004	13 158.25	3 004.45	29.60
2005	15 909.25	2 751.00	20.91
2006	19 422.92	3 513.67	22.09
2007	25 288.84	5 865.92	30.21
2008	31 203.19	5 914.35	23.39
2009	36 231.71	5 028.52	16.12

表7—7　　2010年分月房地产投资情况

时间	房地产投资额（亿元）	房地产投资累计额（亿元）	累计增加额（亿元）	累计增速（%）
2010-02	3 143.64	3 143.64	745.49	31.09
2010-03	3 450.81	6 594.45	1 714.16	35.12
2010-04	3 337.60	9 932.05	2 642.07	36.24

续前表

时间	房地产投资额（亿元）	房地产投资累计额（亿元）	累计增加额（亿元）	累计增速（%）
2010-05	3 985.36	1 3917.41	3 850.19	38.24
2010-06	5 829.71	1 9747.12	5 451.71	38.14
2010-07	4 117.65	23 864.77	6 472.47	37.21
2010-08	4 490.28	28 355.05	7 614.11	36.71
2010-09	5 156.2	33 511.25	8 951.25	36.45
2010-10	4 558.75	38 070.00	10 183.42	36.52

注：“房地产投资累计额”指从 2010 年开始按月的累计额，“累计增加额”指与 2009 年全年房地产投资相比的按月增加额累计。

房地产调控政策的变化会进一步促使房地产投资减少，2010 年后两个月房地产累计投资速度还会有所降低。基于以上背景并结合 2010 年前 10 个月房地产投资的情况，房地产投资调控政策的实施可能会使 2010 年全年房地产投资增速在 30%左右，比上年增加 10 870亿元。

正常情况下 2010 年房地产投资增加量为 12 681 亿元，房地产调控政策下房地产投资增加量为 10 870 亿元，也就是说，房地产市场调控政策引起的房地产投资减少额为 1 811 亿元。

为了定量研究 2010 年房地产调控政策引起的房地产投资的变化对中国经济带来的影响，情景主要针对静态模拟部分进行如下设计（见表 7—8）。

表 7—8　　情景设计

情景	描述
2010 年基准情景（SS0）	2010 年正常发展情景
房地产调控下投资减少情景（SS1）	2010 年正常发展情景下减少房地产投资 1 811 亿元

3. 模拟结果

与基准情景（SS0）相比，房地产调控情景（SS1）下社会总

产出减少 6 318.39 亿元，减少比例为 0.60%。建筑业减少额最多，为 1 833.86 亿元，减少比例为 2.25%。房地产投资的减少对建筑业生产链上的相关行业的负面影响也比较显著，如黑色金属冶炼及压延加工业，水泥、石灰和石膏制造业，电气机械及电子通信设备制造业，化学原料及制品制造业，黑色金属矿采选业，非金属矿采选业等（见表 7—9）。

表 7—9　　2010 年房地产投资变化对总产出的诱发效果

部门	生产诱发减少额（亿元）	生产减少比例（%）
农业	−80.24	−0.14
煤炭开采和洗选业	−107.66	−0.87
石油开采业	−109.47	−1.14
天然气开采业	−37.86	−1.36
黑色金属矿采选业	−84.12	−1.79
有色金属矿采选业	−31.54	−0.94
非金属矿采选业	−74.21	−1.46
食品饮料加工、制造业	−50.98	−0.11
烟草制品业	−11.74	−0.26
纺织业	−36.97	−0.13
服装皮革及其他纤维制品制造业	−27.92	−0.14
木材加工及竹藤棕草制品业、家具制造业	−68.64	−0.50
造纸及纸制品业	−45.12	−0.43
印刷业记录媒介的复制，文教体育用品制造业	−18.88	−0.23
石油及核燃料加工业	−180.50	−0.71
炼焦业	−36.13	−0.98
化学原料及制品制造业	−272.38	−0.57
医药制造业	−17.80	−0.20
化学纤维制造业	−11.71	−0.23

续前表

部门	生产诱发减少额（亿元）	生产减少比例（%）
橡胶、塑料制品业	−88.46	−0.41
水泥、石灰和石膏制造业	−401.51	−2.14
玻璃及玻璃制品制造业	−33.28	−0.71
其他非金属矿物制品制造业	−77.39	−1.10
黑色金属冶炼及压延加工业	−542.34	−1.02
有色金属	−160.09	−0.61
金属制品业	−148.56	−0.63
普通机械、专用设备制造业	−212.45	−0.41
交通运输设备制造业	−85.25	−0.20
电气机械及电子通信设备制造业	−277.68	−0.33
仪器仪表文化办公用机械	−31.61	−0.56
其他工业	−71.88	−0.65
火电生产供应业	−235.88	−0.65
其他电力生产供应业	−48.40	−0.67
热力生产供应业	−7.91	−0.52
燃气生产和供应业	−6.04	−0.36
水的生产和供应业	−6.36	−0.38
建筑业	−1 833.86	−2.25
运输业仓储及邮电通信业	−316.54	−0.59
房地产业	−15.21	−0.04
其他服务行业	−413.82	−0.25
总计	−6 318.39	−0.60

在房地产调控情景（SS1）下，与基准情景相比，2010 年 GDP 减少 0.56%，固定资产投资减少 1.29%，消费减少 0.03%，出口减少 0.03%，进口减少 1.39%，居民收入减少 0.43%，政府收入减少 0.72%，劳动就业减少 0.40%（见表 7—10）。总体上看，房地产投资的减少对消费和出口没有太大的影响，但对固定资

产投资和进口的影响较为明显，从民生角度看，房地产投资的减少对居民收入和就业产生了一些负面影响。

表 7—10　　　　2010 年房地产投资变化的经济影响

变量	SS0	SS1	变化值	变化率（%）
GDP（亿元）	353 689.10	351 693.80	−1 995.30	−0.56
固定资产投资（亿元）	138 573.70	136 786.10	−1 787.60	−1.29
消费（亿元）	188 224.14	188 160.49	−63.65	−0.03
出口（亿元）	111 160.50	111 130.10	−30.40	−0.03
进口（亿元）	91 613.21	90 335.52	−1 277.69	−1.39
居民收入（亿元）	258 533.19	257 412.03	−1 121.16	−0.43
政府收入（亿元）	106 332.30	105 564.50	−767.80	−0.72
劳动就业（亿人）	7.85	7.82	−0.03	−0.40

建筑业的消费、投资和出口都有很大幅度下降，因此需要通过进口来满足一部分国内需求，从而进口增加较快（见表 7—11）。黑色金属矿采选业、非金属矿采选业等资源开采型行业的出口下降较为明显；黑色金属冶炼及压延加工业，水泥、石灰和石膏制造业，电气机械及电子通信设备制造业等加工制造业的投资和进口下降较多；化学原料及制品制造业的消费、投资、进出口下降幅度比较接近。

表 7—11　　　　2010 年房地产投资变化对重点行业消费、投资、进口与出口的影响情况（%）

部门	消费	投资	出口	进口
黑色金属矿采选业	—	−0.50	−3.36	−0.02
非金属矿采选业	—	−0.62	−2.19	−0.61
化学原料及制品制造业	−0.44	−0.34	−0.58	−0.55
水泥、石灰和石膏制造业	—	−1.86	−0.02	−4.53
黑色金属冶炼及压延加工业	—	−1.64	−0.66	−1.50
电气机械及电子通信设备制造业	−0.34	−0.59	−0.02	−1.14
建筑业	−2.18	−2.30	−5.18	1.14

三、本节小结

本节首先定量分析了房地产调控政策对房地产投资的影响，然后模拟了房地产投资变化对经济产生的影响。2010 年，由于房地产调控政策的实施，房地产投资将减少 1 811 亿元，带来总产出减少 6 318.39 亿元，GDP 减少 1 995.3 亿元，GDP 增长率下降 0.56%。房地产投资减少对钢铁、水泥、机械、化工、金属矿产开采业等的负面影响较为明显。在房地产投资过热的时期（年均增长 25%），钢铁、水泥等行业产能快速扩大，在房地产调控政策下，房地产投资减少，可能会加剧钢铁、水泥等行业的产能过剩问题。这是房地产调控时所延伸出来的矛盾，还需要制定相应的配套措施来解决。

第八章 大宗商品价格波动的经济效应

第一节 投入产出价格影响局部闭模型

一、问题与思考

能源是工业生产乃至国民经济最重要的战略物资，粮食则是最重要的农产品，也是国民经济的基础，能源和粮食价格的波动对于经济社会的持续稳定发展具有深刻的影响。过去几年里，能源价格波动与粮食价格波动呈现出相似的变动趋势（见图8—1）。2002—2007 年，国际原油价格一路上扬，从 25 美元/桶上涨到 100 多美元/桶。受国际能源价格上涨和国内供求关系的影响，国内石油价格和煤炭价格也一路走高，成品汽油从 2.5 元/升涨到

5.34元/升；煤炭从167元/吨涨到336元/吨，扣除通胀影响后，汽油和煤炭分别上涨了101%和63%。

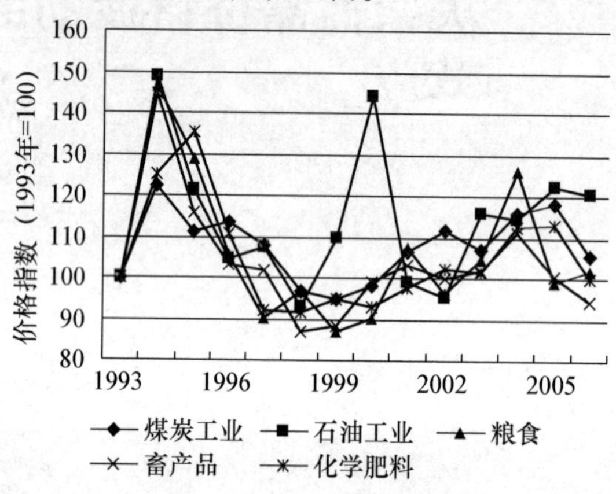

图8—1　1993—2006年中国能源及粮食价格波动

自2008年下半年起，石油价格和粮食价格均出现回落，国际油价一度跌落到40美元/桶，但国内成品油价仅从最高点的6.02元/升下降到5.7元/升，仍处于高位水平。与此同时，国内粮食价格不断攀升，2002—2007年粮食价格上涨了约43%。玉米价格出现小幅回落，小麦和稻谷价格仍稳中有升，处于较高水平。

能源价格上涨和粮食价格波动引起了全社会的高度关注。不少文献分析了能源价格波动或粮食价格波动的趋势以及能源价格或粮食价格波动对国民经济和居民生活的影响（Mehdi，1988；Uri，1996；Uri，1998；Mussa，2003；何晓群，2002；王秀清，2004；焦建玲等，2004；魏一鸣，2005；黄季焜等，2006；程国强，2008），但鲜有学者对经济效应及区域响应层面进行分析。

一般认为，能源价格波动和粮食价格波动的经济效应体现在如下层面：（1）能源价格和粮食价格波动对物价总水平及CPI的影响程度如何？是否会引起通货膨胀？（2）能源价格和粮食价格波动对城乡居民的收入分配分别会带来什么影响？（3）能源价格和粮食价格波动对区域农业分别带来哪些影响？

二、模型构建

定量模拟能源和粮食价格的经济效应和区域响应，细化整合的投入产出表和基于投入产出表的价格影响局部闭模型是最重要的分析工具。

1. 中国城乡投入产出模型

为深入分析能源和粮食价格波动，笔者在 2002 年中国投入产出表的基础上，对农业部门进行了细化，构建了 2002 年中国城乡投入产出模型。

2002 年中国城乡投入产出模型共有 77 个部门。原来的农、林、牧、渔等 6 个农业部门细化为 23 个部门，其中，种植业部门细化为按稻谷、小麦等粮食作物和棉花、麻类等经济作物划分的 13 个部门，畜牧业部门细化为按猪、牛、羊和家禽等畜产品划分的 6 个部门。与此同时，工业和服务业部门按照国民经济行业分类归并为 54 个部门，其中包括 29 个工业部门、1 个建筑业部门和 24 个服务业部门。

中国城乡投入产出模型的编制过程包括三个阶段十一个步骤。第一阶段对种植业部门进行细化。分四个步骤：第一，13 个种植业部门总产值、增加值、中间投入总额的核算，利用《全国农产品成本收益资料汇编（2003）》、《中国农村统计年鉴（2003）》、《中国农业统计年鉴（2003）》等资料，核算作为控制变量的各部门总产出、增加值、中间投入总额；第二，进行 13 个种植业部门的列向核算，利用《全国农产品成本收益资料汇编（2003）》的农产品生产投入，核算种植业部门的中间消耗；第三，进行 13 个种植业部门的行向核算，利用《中国农产品加工业年鉴（2003）》等统计资料，并通过对中国纺织协会等行业协会的调研，核算 77 个部门对 13 个种植业部门的中间使用和居民、政府等对其的最终使用；第四，用改进 RAS 法进行调平处理。RAS 法又称双边比例法，是由

理查德·斯通（Richard Stone）及其助手在 20 世纪 60 年代最初提出的直接消耗系数的修订方法。

第二阶段对畜牧业部门进行细化。将原畜牧业部门细化为猪、牛、羊、家禽、大牲口等部门。具体核算过程和思路与种植业相同，也分四个步骤进行。

第三阶段分三个步骤进行。第一，进行农村劳动者报酬总额和城镇劳动者报酬总额的核算；第二，根据部门性质将劳动者报酬分为三大类，即只有城镇劳动者的部门、只有农村劳动者的部门和既有农村劳动者又有城镇劳动者的部门，对最后一类根据相关资料调研进行拆分细化；第三，对上述结果进行调平处理。具体处理过程详见第一章。

2. 投入产出价格影响局部闭模型

投入产出价格影响局部闭模型在一些基本假定的前提下，计算某一个或几个部门价格变化通过成本驱动效应对各部门产品价格变化带来的影响。在投入产出价格影响局部闭模型中，把劳动者报酬作为计算价格的内生变量，反映了价格变化影响消费支出，消费支出影响劳动者收入，劳动者收入进一步影响价格变化这一客观规律。使用投入产出价格影响局部闭模型可以更加精确地测算成本驱动效应对其他部门产品的影响（陈锡康，1992）。

投入产出价格影响局部闭模型的基本假定为：（1）不考虑固定资产折旧、生产税净额、营业盈余、供需和进出口对价格的影响；（2）不考虑时滞因素，价格的影响效应是通过产业链条瞬间传递出去的，不存在时滞问题和瓶颈产业制约问题；（3）价格变化过程中和变化后，不考虑在原材料、燃料、动力价格提高后，企业可能采取的各种降低物耗的措施，以及其他降低成本的措施，即投入量不变；（4）细化的劳动者报酬作为内生变量，即考虑价格引发工资变化，工资进一步影响价格。

投入产出价格影响局部闭模型的数学表达式如下：

实际生产中价格形成及组成由下式表示：

$$p_j = \sum_{i=1}^{n} a_{ij} p_i + a_{vj} + a_{mj} \tag{8—1}$$

考虑劳动者报酬影响的价格形成由下式表示：

$$p_j = \sum_{i=1}^{n+2} a_{ij} p_i + a_{vj} + a_{mj} \tag{8—2}$$

（8—2）式基于生产税净额和营业盈余不变的假定，同时考虑劳动者报酬的影响。

当一种商品 i 价格变化时，对其他 j 部门（$j=1$，2，…，$n+2$）的价格影响为：

$$\overline{\Delta P_j} = \sum_{i=1}^{n+2} a_{ij}\, \overline{\Delta P_i} (j = 1,2,\cdots,n+2) \tag{8—3}$$

将（8—3）式展开、移项、整理并用矩阵形式表示为：

$$\begin{bmatrix} \overline{\Delta P_1} \\ \overline{\Delta P_2} \\ \vdots \\ \overline{\Delta P_{n+1}} \end{bmatrix} = [(I - A_{n+1})^{-1}]^T \begin{bmatrix} a_{n+2,1} \\ a_{n+2,2} \\ \vdots \\ a_{n+2,n+1} \end{bmatrix} \overline{\Delta P_i} \tag{8—4}$$

为方便运算，化简（8—4）式，得到第 i 种产品价格变动对其他部门价格的影响公式为：

$$\begin{bmatrix} \overline{\Delta P_1} \\ \vdots \\ \overline{\Delta P_{i-1}} \\ \overline{\Delta P_{i+1}} \\ \vdots \\ \overline{\Delta P_{n+2}} \end{bmatrix} = \begin{bmatrix} \tilde{b}_{i2} \\ \vdots \\ \tilde{b}_{i,j-1} \\ \tilde{b}_{i,j+1} \\ \vdots \\ \tilde{b}_{i,n+2} \end{bmatrix} \frac{\overline{\Delta P_{i-1}}}{\tilde{b}_{ii}} \tag{8—5}$$

当两种及两种以上商品价格变化时，其他部门产品价格变化的

表达式如下：

$$\begin{bmatrix} a_{n+1,1} \\ a_{n+1,2} \\ \vdots \\ a_{n+1,n} \end{bmatrix} \overline{\Delta P}_{n+1} + \begin{bmatrix} a_{n+2,1} \\ a_{n+2,2} \\ \vdots \\ a_{n+2,n} \end{bmatrix} \overline{\Delta P}_{n+2} = [(I-A_n)]^T \begin{bmatrix} \overline{\Delta P}_1 \\ \overline{\Delta P}_2 \\ \vdots \\ \overline{\Delta P}_n \end{bmatrix}$$

移项可得：

$$\begin{bmatrix} \overline{\Delta P}_1 \\ \overline{\Delta P}_2 \\ \vdots \\ \overline{\Delta P}_n \end{bmatrix} = [(I-A_n)^{-1}]^T \begin{bmatrix} a_{n,1} & a_{n+2,1} \\ a_{n,2} & a_{n+2,2} \\ \vdots & \vdots \\ a_{n+1,n} & a_{n+2,n} \end{bmatrix} \begin{bmatrix} \overline{\Delta P}_{n+1} \\ \overline{\Delta P}_{n+2} \end{bmatrix} \quad (8—6)$$

（8—1）式至（8—6）式中，p_j 和 p_i 为第 j 部门和第 i 部门产品的价格。a_{ij} 为直接消耗系数，表示第 j 部门单位产出对第 i 部门产品的消耗。$\sum_{i=1}^{n} a_{ij} p_i$ 为生产单位 j 产品的价格，$a_{vj}+a_{mj}$ 表示生产单位 j 产品的初始投入。第 $n+1$ 项和第 $n+2$ 项表示农村劳动者报酬和城镇劳动者报酬。$\overline{\Delta P}_i$ 为第 i 部门价格变化的幅度（$i=1$，2，…，79）；$[(I-A_{n+1})^{-1}]^T$ 为去掉第 i 行第 i 列后，列昂惕夫逆矩阵的转置阵；$\tilde{b}_{ij}$ 为去掉第 i 行第 i 列前，列昂惕夫逆矩阵的第 i 行第 j 列元素。

将城乡投入产出模型与投入产出价格影响局部闭模型结合起来，就可以定量地测算能源价格和粮食价格上涨的经济效应和区域响应影响，包括对工业产品和农产品价格的影响、对城乡居民消费价格和物价总水平的影响、对城乡居民收入分配的影响等。

三、价格波动的计算方法

1. 价格波动影响的计算公式

当第 j 种产品的价格发生变化 $\Delta \overline{P}_j$ 时，价格总水平的变化幅

度 π 为：

$$\pi=\Big(\sum_{j=1}^{n}\frac{\overline{\Delta P_1}}{P_j^0}X_j\Big)/\Big(\sum_{j=1}^{n}X_j\Big) \tag{8—7}$$

式中，X_j 为第 j 种产品的总产出，P_j^0 为第 j 种产品原来的价格。

居民消费品价格变化幅度 π_w 为：

$$\pi_w=\Big(\sum_{j=1}^{n}\frac{\overline{\Delta P_j}}{P_j^0}T_j\Big)/\Big(\sum_{j=1}^{n}T_j\Big) \tag{8—8}$$

式中，T_j 为第 j 种产品用于居民消费的数量（价值量）。

2. 情景设计

根据 2002—2007 年期间主要能源产品（石油和煤炭）、农业生产资料（化肥和饲料）和粮食价格的实际价格波动，设定模拟情景如下：石油价格上涨 101%，煤炭价格上涨 63%，稻谷、小麦和玉米三种主要粮食作物价格分别上涨 49%、37%和 42%，化肥价格上涨 32%，饲料价格上涨 30%。

第二节　能源价格波动的经济效应及区域响应

一、能源价格上涨对 CPI 和物价总水平的影响

2002—2007 年，我国物价总水平实际上涨了 17.94%，年均上涨 3.58%；居民消费者价格指数（CPI）实际上涨了 8.65%，年均上涨 1.73%；其中，城镇居民消费者价格指数实际上涨了 7.49%，农村居民消费者价格指数实际上涨了 10.45%。

据测算，能源价格上涨引起物价总水平上涨 10.60%，年均上涨 2.42%，占物价总水平实际涨幅的 59%左右（见表 8—1）。根据林卫龙（2008）的测算，成品油价格上涨 10%将导致物价上涨

0.56个百分点，原油价格上涨10%但成品油不相应调价时，将导致物价上涨0.36个百分点。本章的计算结果与之基本吻合。能源价格上涨引起居民消费者价格指数（CPI）上涨6.61%，年均上涨1.51%，占CPI实际涨幅的76%左右；其中，能源价格上涨引起农村居民CPI上涨6.17%，占农村居民CPI实际涨幅的59%，能源价格上涨引起城镇居民CPI上涨6.80%，占城镇居民CPI实际涨幅的80%左右。可见能源价格上涨的成本驱动效应对CPI走高起着主导作用，对城镇居民消费的影响大于对农村居民消费的影响。

表8—1　2002—2007年能源价格对CPI和物价总水平的影响（%）

部门	PPI	CPI	R-CPI	U-CPI	物价总水平
农产品及加工食品	0.73	1.86	2.34	1.64	0.77
种植业	0.28	0.42	0.82	0.23	0.24
畜牧业、渔业	0.13	0.51	0.63	0.46	0.17
农产品加工业	0.17	0.65	0.73	0.61	0.22
住宿餐饮业	0.09	0.28	0.16	0.33	0.10
非农产品	10.84	4.75	3.83	5.16	9.82
合计	11.57	6.61	6.17	6.80	10.60

注：R-CPI指农村居民消费者价格指数；U-CPI指城镇居民消费者价格指数。

二、能源价格上涨对城乡居民收入分配的影响

在投入产出价格影响局部闭模型里，城乡劳动者报酬和城乡居民消费成为内生变量，能源和粮食价格上涨将对城乡劳动者报酬和城乡居民消费带来不同程度的影响。能源价格和粮食价格上涨对城乡居民消费的影响主要体现在价格上涨拉动各个行业价格上涨，致使物价总水平上升，进而使得城乡居民生活消费成本增加上。如果价格上涨带来的城乡劳动者报酬增加的幅度不能抵消城乡居民生活

消费支出成本增加的幅度，城乡居民净收益将趋于减少。

计算结果显示：随着能源价格上涨，城乡居民消费和劳动者报酬同时增加，但消费支出的增加高于劳动者报酬的增加，城乡居民净收益均趋于减少。城镇居民消费支出增加额（2 468 亿元）高于农村居民消费支出增加额（1 004 亿元），城镇居民人均消费增加492 元，增长 8.15%，农村居民消费人均增加 128 元，增长 7%。城镇劳动者报酬增加额（702 亿元）高于农村劳动者报酬增加额（616 亿元），城镇劳动者报酬人均增加 140 元，增长 1.82%，农村劳动者报酬人均增加 79 元，增长 3.16%。城镇居民和农村居民净收益均减少，城镇居民的净收益损失高于农村居民。其中，城镇居民人均净收益损失 352 元，相当于涨价前城镇劳动者报酬的5.83%，农村居民人均净收益损失约 49 元，为涨价前农村劳动者报酬的 2.71%（见表 8—2）。

表 8—2　2002—2007 年能源价格上涨对城乡居民收入分配的影响

部门	农村居民消费	城镇居民消费	农村劳动者报酬	城镇劳动者报酬	农村净收益	城镇净收益
种植业（亿元）	258	277	352	0	94	−277
住宿餐饮业（亿元）	28	130	12	10	−16	−120
食品加工业（亿元）	129	243	12	14	−118	−229
其他非农业（亿元）	588	1 818	240	678	−348	−1 140
合计（亿元）	1 003	2 468	616	702	−388	−1 766
人均（元）	128	492	79	140	−49	−352
变化幅度（%）	7.00	8.15	3.16	1.82	−2.71	−5.83

伴随着能源价格上涨的消费支出变化的城乡差异，主要体现在对非农产品的消费支出增加上。对非农消费品消费较多的城镇居民，受能源价格上涨的影响更大。能源价格上涨虽然导致城乡居民净收益均趋于减少，但在一定程度上可缓解城乡居民收入差距。但是，能源价格上涨对城镇居民中的贫困群体的影响不容忽视。

三、能源价格上涨对农业经济的影响

由于各个地区农业结构的差异，能源价格上涨对各个农业部门成本—收益的影响会投影到地区上，对不同地区农业净收益产生不同的影响。能源价格上涨对各地区农业净收益的计算结果显示，总体来看，受能源价格上涨影响，大部分省区的农业净收益减少，只有少数几个省区净收益增加。净收益减少的省份多集中在农业商品化和集约化程度较高的地区，如广东、浙江、福建、山东、辽宁、江苏等沿海省市和四川、湖南等省份；净收益增加的省份多分布于农业集约度较低的中西部地区和豆类等粮食作物发达的东北地区，西部如云南和贵州，中部河南地区，东北如黑龙江和吉林。受能源价格上涨的影响，商品化和集约化程度较高的畜禽养殖业和渔业部门的净收益减少，使得这些部门集中分布的地区农业净收益受损，农业收益减少又会影响到这些地区的农民收入增长。非农就业机会较多的沿海省份可以通过非农收入弥补农民收入减少，但四川、湖南、江西和湖北等省由于非农就业机会不如沿海地区，能源价格上涨对农民收入的影响可能会更加明显。

农业部门净收益增加的地区主要是种植业比重较大的省份，这些省区的种植业多是在能源价格上涨中获利的部门，同时畜牧业和养殖业比重不大，因而能源价格上涨带来了这些省份的农业净收益增加。属于例外的是云南、西藏和新疆。云南是烟草生产大省，烟草在整个云南农业结构中占10%左右。而烟草在能源价格上涨中是获利部门，因此，云南农业总收益增加。新疆和西藏等虽属于草地畜牧业比重较大的省区，这些省区的草地畜牧业在能源价格上涨中是受损的，但是种植业部门收益随能源价格上涨是获利的，在获利农业部门中，小麦和豆类所占比重又较大，因此，新疆和西藏的农业总收益是增加的，但是农业总收益受能源价格波动的影响很小（见表8—3）。

表 8—3 能源价格上涨对不同地区农业成本—收益的影响 单位：万元

地区	稻谷	小麦	玉米	薯类	豆类油料	烟叶	糖类	棉花	麻类	蔬菜	水果	林业	猪	牛	羊	家禽	渔业	农业合计
云南	503	915	−46	−13	1 009	18 656	18	−0	17	−1 541	226	−5 537	−987	−180	−52	−364	−352	12 271
贵州	267	715	−31	−13	1 210	7 279	2	−0	4	−1 219	103	−1 884	−554	−191	−17	−195	−127	5 349
河南	303	10 150	−85	−22	7 632	6 198	2	−237	39	−8 638	579	−6 261	−2 066	−1 283	−373	−1 389	−542	4 005
黑龙江	516	518	−81	−21	6 855	991	7	0	210	−1 697	46	−1 677	−571	−463	−44	−534	−484	3 571
吉林	200	34	−93	−10	4 708	1 144	1	−0	5	−1 340	110	−1 480	−614	−196	−18	−1 019	−132	14299
新疆	29	2 019	−21	−2	1 528	65	7	−322	49	−1 052	249	−1 149	−113	−304	−374	−126	−72	411
西藏	3	484	−1	−0	278	0	0	0	0	−57	1	−124	−5	−121	−46	−2	0	410
青海	0	208	0	−2	361	6	0	0	7	−80	2	−279	−45	−99	−74	−6	−2	−4
宁夏	27	684	−5	−2	247	3	0	0	0	−209	15	−528	−53	−58	−35	−55	−56	−25
陕西	33	2281	−24	−8	899	915	0	−11	1	−1 519	687	−2 753	−350	−153	−56	−142	−95	−296
甘肃	1	1 583	−15	−17	919	221	0	−18	9	−1 232	91	−1 439	−255	−175	−92	−83	−23	−526
重庆	346	749	−28	−14	671	1 721	1	−0	14	−1 425	224	−1 397	−610	−73	−15	−366	−398	−603
内蒙古	25	946	−47	−24	2 585	185	4	−1	7	−974	23	−2 981	−417	−355	−352	−194	−125	−1 693
天津	6	161	−4	−0	237	0	0	−19	0	−1 029	75	−155	−150	−18	−26	−212	−563	−1 697
山西	1	930	−19	−8	1 346	73	0	−19	1	−1 301	245	−2 577	−295	−94	−53	−73	−44	−1 888
北京	3	122	−3	−0	141	0	0	−1	0	−1 102	153	−1 325	−206	−184	−51	−628	−239	−3 319
上海	154	148	−1	−0	135	0	1	−0	0	−1 302	82	−797	−170	−3	−13	−652	−1 045	−3 463
湖北	2 127	919	−13	−14	3 809	2 073	5	−88	59	−4 740	547	−2 929	−1 377	−136	−30	−657	−3 449	−3 896
安徽	1 892	3 484	−21	−15	5 408	529	2	−140	38	−2 720	554	−7 172	−1 151	−373	−104	−1 378	−3 063	−4 228
四川	1 022	3 797	−68	−29	3 471	2 553	4	−6	58	−4 594	599	−5 651	−2 113	−280	−153	−2 941	−1 056	−5 388
湖南	3 156	157	−11	−9	1 854	4 271	5	−40	115	−4 428	258	−5 671	−2 259	−134	−49	−922	−2 080	−5 789
广西	1 670	22	−21	−5	1 384	526	55	−0	12	−1 597	925	−4 119	−1 252	−194	−13	−1 193	−2 426	−6 225

续前表

地区	稻谷	小麦	玉米	薯类	豆类油料	烟叶	糖类	棉花	麻类	蔬菜	水果	林业	猪	牛	羊	家禽	渔业	农业合计
河北	36	4 502	−62	−15	3 205	219	0	−149	7	−6 843	984	−3 881	−1 881	−420	−301	−1 321	−1 527	−7 446
江西	2 245	90	−1	−4	1 650	441	3	−18	20	−2 234	190	−6 127	−839	−205	−8	−725	−2 548	−8 071
海南	246	0	−1	−4	203	3	6	0	0	−1 278	265	−5 082	−173	−77	−10	−398	−2 192	−8 492
江苏	2 036	4 661	−26	−10	4 433	11	2	−97	3	−7 236	470	−3 757	−997	−105	−175	−1 702	−8 194	−10 684
辽宁	268	92	−66	−7	1 718	554	1	−1	0	−3 887	494	−2 887	−861	−198	−62	−1 463	−4 707	−11 012
福建	1 075	55	−2	−12	702	2 731	3	−0	0	−2 607	993	−8 714	−848	−22	−16	−813	−7 821	−15 295
浙江	1 337	195	−3	−5	1 102	143	6	−6	1	−3 981	821	−7 710	−677	−16	−31	−520	−7 518	−16 860
山东	50	6 834	−83	−17	5 311	1 796	0	−186	5	−14 855	1 279	−4 999	−1 468	−654	−275	−2 584	−8 305	−18 149
广东	2 267	26	−9	−15	1 618	1 547	21	0	2	−5 436	1 685	−5 909	−1 414	−105	−3	−2 982	−9 644	−18 353

第三节　粮食价格波动的经济效应及区域响应

一、粮食价格上涨对CPI和物价总水平的影响

粮食价格上涨引起的物价总水平上涨幅度为1.91%，占物价总水平实际涨幅的11%。粮食价格上涨引起的CPI上涨幅度为3.12%，占CPI实际涨幅的36%。其中，粮食价格上涨引起农村居民CPI上涨4.43%，占农村居民CPI实际涨幅的59%；粮食价格上涨引起城镇CPI上涨2.52%，占城镇居民CPI实际涨幅的24%左右（见表8—4）。这表明，粮食价格上涨通过成本驱动效应对CPI的影响较小。

表8—4　2002—2007年粮食价格对CPI和物价总水平的影响（%）

部门	PPI	CPI	R-CPI	U-CPI	物价总水平
农产品及加工食品	1.27	2.68	4.09	2.04	1.27
种植业	0.85	0.91	2.12	0.37	0.67
畜牧业、渔业	0.15	0.71	0.88	0.64	0.23
农产品加工业	0.21	0.89	1.00	0.85	0.30
住宿餐饮业	0.05	0.16	0.09	0.19	0.06
非农产品	0.59	0.44	0.34	0.48	0.64
合计	1.86	3.12	4.43	2.52	1.91

卢锋和彭凯翔（2002）、王秀清（2004）和程国强（2008）等学者都认为，“价格上涨处于合理范围，不会演变为明显的通货膨胀”，“通货膨胀影响粮价变动，而不是粮价上涨导致通货膨胀”，本节的结果在一定程度上证实了他们的判断。粮食价格波动通过成本驱动效应对物价总水平和CPI的拉动作用离

通货膨胀的临界点（CPI超过4%或者物价水平达到5%）还有一定距离。

二、粮食价格上涨对城乡居民收入分配的影响

随着粮食价格上涨，城镇居民净收益趋于减少，农村居民净收益则趋于增加。城镇居民消费支出增加额（1 346亿元）高于农村居民消费支出增加额（959亿元），城镇居民消费人均增加268元，增长4.44%，农村居民人均消费增加162元，增长6.66%。城镇居民劳动者报酬增加额（383亿元）低于农村居民劳动者报酬增加额（1 982亿元），城镇人均劳动者报酬增加76元，增长0.99%，农村居民人均劳动者报酬增加253元，增长10.16%。城镇居民净收益减少963亿元，人均减少192元，农村居民人均净收益则增加1 026亿元，人均增加131元（见表8—5）。城乡居民收支的一增一减，可使城乡居民人均净收益差异缩小323元，相当于目前城乡人均收入差异的7.67%左右。

随着粮食价格上涨，城镇居民对于加工食品和住宿餐饮业的消费支出增加额远高于农村居民，对于非农产品的消费支出增加额，城镇居民也高于农村居民，但对于原料农产品的消费支出增加额，农村居民略大于城镇居民；农村劳动者从农业获取的报酬大幅度增加，农村劳动者在非农产业就业的报酬增加额也略高于城镇劳动者。

表8—5　2002—2007年粮食价格上涨对城乡居民收入分配的影响

部门	农村居民消费	城镇居民消费	农村劳动者报酬	城镇劳动者报酬	农村居民净收益	城镇居民净收益	城乡居民净收益差
种植业（亿元）	630	538	1 132	0	502	−538	1 040

续前表

部门	农村居民消费	城镇居民消费	农村劳动者报酬	城镇劳动者报酬	农村居民净收益	城镇居民净收益	城乡居民净收益差
住宿餐饮业（亿元）	23	105	39	6	16	－100	116
食品加工业（亿元）	197	370	37	8	－159	－362	203
其他非农业（亿元）	107	333	773	370	667	37	630
合计（亿元）	956	1 346	1 982	383	1 026	－963	1 989
人均（元）	122	268	253	76	131	－192	323
变化幅度（%）	6.66	4.44	10.16	0.99	7.15	3.18	7.67

三、粮食价格上涨成本驱动效应对畜牧业和食品加工业的影响分析

1. 粮食价格上涨对畜产品价格的影响

计算结果显示（见表 8—6），2002—2007 年，粮食价格上涨对畜产品价格的成本驱动效应为 4%～9%，占畜产品价格实际涨幅的比例为 16%～25%，猪、牛、养、家禽四种畜产品平均为 19%；饲料价格上涨对畜产品价格的成本驱动效应，扣除粮食价格上涨重复部分后，占畜产品价格实际涨幅的比例为 12%～17%，占主要畜产品平均涨幅的 14%；劳动者报酬变化带来的生产成本上升占畜产品价格实际涨幅的比例为 8%左右；粮食、饲料和劳动成本三项合计的成本驱动效应占畜产品价格实际涨幅的比例为 32%～47%，占主要畜产品平均涨幅的 39%。

表 8—6　2002—2007 年粮食价格上涨对畜产品价格的影响（%）

部门	各部门价格实际涨幅	粮价上涨对各部门价格的影响	饲料上涨对各部门价格的影响	其中粮食以外部分的影响	其中粮食和饲料以外部分的影响	粮食和饲料成本驱动效应占实际涨幅的比重
猪	50	8	7	6	4	32
牛	27	5	5	4	3	41
羊	25	4	4	3	3	37
家禽	36	9	8	6	3	47
平均	35	7	6	5	3	39

注：饲料价格上涨 30%之中，部分为粮价上涨所致（6%），与粮价上涨的影响重复。

资料来源：根据《中国统计年鉴》（2003—2008）和《中国物价年鉴》（2003—2008）整理。

值得说明的是，畜产品的价格变化滞后于成本驱动效应。2002—2006 年，成本驱动效应导致的畜产品价格涨幅高于实际价格涨幅，由于 2004—2006 年期间畜牧业价格持续低迷，粮食和饲料价格上涨带来的成本驱动效应致使畜牧业生产成本上升，成本—收益的不均衡使得畜产品价格面临着较强的上涨压力，这种情况的持续导致畜牧业出现了供需调整，引发了 2007 年畜产品价格的剧烈波动。据估计，畜产品供需调整带来的畜产品价格短期波动占畜产品价格实际涨幅的比例为 39%～55%，平均在 45%左右。

2. 粮食价格上涨对加工食品价格的影响

2002—2007 年，加工食品的价格上涨了 17%。其中，粮食价格上涨对加工食品的成本驱动效应在 7%左右，占加工食品实际价格（17%）涨幅的 41%左右；劳动者报酬变化带来的成本增加占加工食品价格实际涨幅的 12%左右；粮食和劳动成本合计的成本驱动效应对加工食品价格实际涨幅的贡献约为 64%（见表 8—7）。

表 8—7　2002—2007 年能源价格和粮食价格上涨对加工食品价格的影响（%）

部门	加工食品实际价格涨幅	粮价上涨对加工食品价格的影响	其中粮食以外部分的影响	粮食和饲料成本驱动效应占实际涨幅的比重
加工食品	17	7	4	64

上述结果表明，粮食价格成本驱动效应对食品加工行业的冲击非常大，加工食品价格上涨有超过 64%来自食品价格上涨的成本效应，市场供需调整带来的加工食品价格短期波动对加工食品价格实际涨幅的贡献为 36%。这说明，与农业生产的供给调整往往滞后于需求变化的情形相比，食品加工部门的供给调整要快得多，因此，加工食品的短期价格波动的影响远小于农产品供需调整导致的短期价格波动对农产品价格实际涨幅的贡献幅度。

四、粮食价格上涨对农业经济的影响

随着粮价上涨，各地区农业净收益普遍增加，但增加幅度存在差异。中南部和东北等粮食主产区，稻谷、小麦、玉米等粮食生产发达，粮价上涨带来的净收益增加幅度较大。粮食自给存在困难的西部地区和直辖市及以草地畜牧业为主的西北省份，粮食生产比重较小，粮价上涨带来的净收益增加幅度较小（见表 8—8）。

第四节　本章小结

能源价格上涨对 CPI 的上涨具有重要影响，能源价格上涨对物价总水平的拉动作用占物价总水平实际涨幅接近 60%，对 CPI 的

表 8—8　　粮食价格上涨对不同地区农业成本—收益的影响　　单位：万元

地区	稻谷	小麦	玉米	薯类	豆类油料	烟叶	糖类	棉花	麻类	蔬菜	水果	林业	猪	牛	羊	家禽	渔业	农业
湖南	1 293 213	11 471	55 493	−3	626	885	2	−13	95	−3 150	122	−2 146	−4 067	−190	−52	−2 062	−1 129	1 349 093
江苏	834 479	340 846	131 963	−3	1 497	2	1	−32	3	−5 147	222	−1 422	−1 796	−149	−185	−3 803	−4 447	1 292 018
河南	124 311	742 263	433 287	−7	2 577	1 285	0	−79	32	−6 144	274	−2 370	−3 721	−1 816	−396	−3 105	−294	1 286 000
安徽	775 501	254 814	107 276	−5	1 826	110	0	−46	32	−1 935	261	−2 714	−2 072	−528	−110	−3 080	−1 662	1 127 665
四川	418 862	277 649	344 838	−10	1 172	529	1	−2	48	−3 267	283	−2 139	−3 805	−396	−162	−6 574	−573	1 026 423
湖北	871 480	67 171	66 331	−5	1 286	430	1	−29	49	−3 371	258	−1 108	−2 479	−193	−32	−1 469	−1 872	996 323
广东	928 938	1 911	44 844	−5	546	321	6	0	2	−3 866	796	−2 237	−2 547	−148	−3	−6 666	−5 234	956 657
江西	920 078	6 602	5 174	−1	557	91	1	−6	16	−1 589	90	−2 319	−1 512	−290	−9	−1 621	−1 383	923 881
山东	20 459	499 739	419 875	−6	1 794	372	0	−62	4	−10 565	604	−1 892	−2 643	−925	−291	−5 776	−4 507	916 116
广西	684 241	1 591	107 593	−2	467	109	16	−0	10	−1 136	437	−1 559	−2 255	−274	−13	−2 666	−1 316	785 232
黑龙江	211 377	37 880	411 425	−7	2 315	205	2	0	173	−1 207	22	−635	−1 029	−654	−47	−1 194	−263	658 257
河北	14 583	329 243	315 524	−5	1 082	45	0	−49	6	−4 867	465	−1 469	−3 387	−594	−319	−2 952	−829	646 290
浙江	548 077	14 247	14 273	−2	372	30	2	−2	1	−2 831	388	−2 918	−1 218	−23	−33	−1 163	−4 080	565 120
吉林	81 904	2 495	471 382	−3	1 590	237	0	−0	4	−953	52	−560	−1 106	−278	−19	−2 277	−72	552 316
云南	206 119	66 906	233 045	−4	341	3 867	5	−0	14	−14096	107	−2 096	−1 778	−255	−55	−813	−191	504 043
福建	440 519	4 056	8 306	−4	237	566	1	−0	0	−1 854	469	−3 298	−1 528	−31	−17	−1 817	−4 244	441 361
辽宁	109 971	6 711	335 277	−2	580	115	0	−0	0	−2 765	233	−1 093	−1 550	−280	−65	−3 269	−2 555	441 209
重庆	141 746	54 805	143 851	−5	226	357	0	−0	12	−1 014	106	−529	−1 098	−104	−16	−819	−216	337 302
贵州	109 389	52 253	157 232	−4	409	1 509	1	−0	4	−867	49	−713	−997	−271	−18	−436	−69	317 424
内蒙古	10 439	69 172	240 104	−8	873	38	1	−0	6	−693	11	−1 128	−750	−502	−373	−433	−68	316 562
陕西	13 373	166 809	121 643	−3	304	190	0	−4	1	−1 081	324	−1 042	−630	−217	−59	−317	−52	299 216
新疆	11 707	147 640	105 297	−1	516	14	2	−107	40	−748	117	−435	−203	−429	−397	−282	−39	262 501

续前表

地区	稻谷	小麦	玉米	薯类	豆类油料	烟叶	糖类	棉花	麻类	蔬菜	水果	林业	猪	牛	羊	家禽	渔业	农业
甘肃	465	115 768	78 225	−6	310	46	0	−6	7	−877	43	−544	−459	−248	−97	−186	−13	192 368
山西	346	67 976	97 492	−3	455	15	0	−6	1	−925	116	−975	−531	−134	−57	−164	−24	163 557
海南	100 617	0	4，982	−1	69	1	2	0	0	−909	125	−1 923	−312	−109	−11	−889	−1 189	100 452
宁夏	10 999	50 034	24 680	−1	83	1	0	0	0	−149	7	−200	−96	−83	−37	−123	−30	85 068
上海	63 114	10 823	3 181	−0	46	0	0	−0	0	−926	39	−302	−305	−4	−13	−1 458	−567	73 626
西藏	1 028	35 413	2 615	−0	94	0	0	0	0	−40	1	−47	−9	−171	−48	−5	0	38 806
天津	2 289	11 752	19 510	−0	80	0	0	−6	0	−732	35	−59	−270	−26	−27	−473	−306	31 766
北京	1 143	8 914	14 581	−0	48	0	0	−0	0	−784	72	−501	−370	−260	−54	−1 403	−129	21 250
青海	0	15 207	0	−1	122	1	0	0	6	−57	1	−106	−81	−141	−78	−14	−1	14 841

拉动作用占CPI实际涨幅的76%左右。能源价格上涨引发的市场供需调整会导致剧烈的短期价格波动，短期价格波动对物价总水平和CPI上涨的推波助澜作用是不容忽视的。能源价格影响城乡净收益，能源价格上涨导致城乡居民净收益减少。

粮食价格上涨对CPI的影响较小。粮食价格上涨通过成本驱动效应对物价总水平和CPI的拉动作用离通货膨胀的临界点还有一定距离。粮食价格波动将影响畜产品和加工食品价格，粮食价格上涨导致城镇居民净收益减少、农村居民净收益增加。

综上所述，能源和粮食价格波动对城乡经济关系具有重要的影响，政府应加强政策调控，通过完善市场组织来弱化供需调整对价格波动的影响，以减轻能源和粮食价格波动的短期震荡效应。统筹城乡发展，推进城乡一体化，需要高度关注能源价格和粮食价格波动及其对经济社会发展的影响。

第九章 低碳发展政策与区域发展

应对气候变化已成为世界各国面临的共同挑战，中国基于自身可持续发展和保障能源安全的需要也使得走低碳经济之路是未来中国的必然选择。低碳政策的关键问题也随着我国减排政策的出台、经济形势的变化以及国际减排形势的变化而变化。在 2008 年，无论是出于国际减排压力还是国内能源短缺都应该减排，关键问题是我国应该采取何种政策减排，减排潜力如何，是否应该在国际上承诺量化的减排目标，承诺目标又该如何设定。为此，笔者在 2009 年初基于 2002 年投入产出表构建了动态中国能源经济环境 CGE 模型，模拟了多种政策组合的经济影响与减排效果以及可能的减排潜力，至今看来该模型综合分析多种政策组合的构建方法以及分析思路仍然具有较高的科学价值。

2009 年 11 月，中国政府宣布了控制温室气体排放的行动目标，到 2020 年单位国内生产总值的

CO_2 排放量比 2005 年下降 40%～45%，非化石能源占一次能源消费的比重达到 15%左右。此时，中国能否实现减排目标、应该采取何种措施减排、减排成本如何等关键问题成为学界研究的热点。碳税和排放配额交易等政策被普遍认为是最具市场效率的减少碳排放的经济手段。那么我国应该采取碳税、碳交易还是二者的组合？围绕碳税和碳交易的经济影响、减排效果、对非化石能源以及区域经济发展的影响等问题展开研究就非常必要。笔者在 2010 年和 2011 年基于 2007 年投入产出表构建的全国动态 CGE 模型模拟分析了碳税的减排效果、低碳技术的减排效果以及实现 2020 年减排目标的政策组合选择。

2010 年 10 月，中国提出建立和完善主要污染物和碳排放交易制度，2011 年 11 月批准北京、天津、上海、重庆、湖北、广东、深圳 6＋1 省市开展碳排放权交易试点工作，2013 年 6 月 18 日碳交易深圳试点试运行，中国碳交易机制试点取得了实质性的进展。2017 年将启动全国碳市场。然而，还存在以下有待解决的问题：碳交易会产生何种经济影响？如何向全国碳市场过渡？在全国碳市场框架下如何对碳排放许可进行初始分配？许可拍卖收入如何使用？单一的碳交易制度存在何种问题？碳交易会对区域经济产生何种影响？是否有更多的互补政策可以提高减排效率？为此，笔者基于 30 省区 CGE 模型，模拟分析了碳交易试点的经济影响与路径选择、在全国碳交易制度框架下碳交易的初始分配问题及碳税问题以及二者结合对区域经济发展的影响，并对三者进行了比较分析，研究结果可以对我国低碳政策的后续发展提供科学参考。

本章包括五部分内容：第一节基于 2002 年投入产出表构建的中国能源经济环境 CGE 模型探讨中国走向 2020 年的减排潜力与政策选择；第二节基于 2007 年投入产出表构建的中国能源经济环境 CGE 模型探讨碳税对我国非化石能源发展的影响；第三节基于 2002 年省区间投入产出表构建的中国动态 30 省区能源经济环境 CGE 模型探讨碳税对我国区域经济发展的影响；第四节基于 2007

年投入产出表构建的中国能源经济环境CGE模型，以碳税与碳交易政策为例探讨我国低碳政策的选择问题；第五节基于2002年省区间投入产出表构建的中国30省区能源经济环境CGE模型，探讨在全国碳交易制度框架下，我国碳交易初始分配问题对区域经济发展的影响以及单一碳交易制度存在的问题和可能的解决方案。

第一节　走向2020：中国控制温室气体排放的可能潜力与政策选择

一、研究背景

2008年底至2009年初，国际社会学界对于中国是否承诺减排以及国际社会关于2012年后应对气候变化的安排正在进行谈判，将在2009年12月哥本哈根的第十五次缔约方大会上达成新的协议。按照共同但有责任的原则，2012年之后工业化国家应制定具体的温室气体减排目标，发展中国家应采取措施积极控制温室气体排放增长，但尚未要求确定具体的减排目标。作为碳排放量最大的发展中国家，中国对于控制温室气体排放的态度和动向备受国际社会关注，特别是美国等西方国家要求中国等发展中国家也承担量化的减排义务。因此，在当时，关于未来中国控制温室气体排放增长的潜力和政策选择，已成为中国应对气候变化研究的焦点问题之一。然而，关于未来中国的减排潜力与政策选择的研究尚不能满足政策制定者的要求。部分研究时期较早，对近年的变化趋势估计不足，研究结果与当前发展的现状相比差异较大。部分研究不是基于定量的模型分析，难以给出定量的结果，从而无法为政策制定者提供量化的政策建议。部分研究由于模型方法的限制，未能得出符合实际的可供政策制定者参考的研究结果。

关于温室气体减排的研究大多采用模型模拟的方法。这些基于

模型方法的研究大体可以分为三类。第一类为基于自下而上的能源技术模型的研究，如 Cai 等（2008）。能源技术模型是描述能源系统的线性规划模型（如 Message、Markal 和 AIM 模型），以规划期内能源总供给成本最低为目标。这一类研究的主要缺陷是：技术的减排潜力测算与能源需求紧密相关，而技术模型的能源需求却是外生给定的。此外，这类模型只能分析技术可能产生的减排潜力，并不适合分析诸如碳税等政策对温室气体排放的影响。第二类为基于自上而下的 CGE 模型（Computable General Equilibrium Model）的研究，如 Zhang（1998）、Garbaccio 等（1999）、Cao 等（2005）、Fisher-Vanden 和 Ho（2007）、郑玉歆（1999）、贺菊煌（2002）、王灿（2005）、Liang 等（2007）、魏一鸣等（2008）。这类研究是在 CGE 模型的基础上，加入能源环境模块，可以分析诸多政策情景的影响，并且充分考虑了经济主体之间的相互影响和关联，但不能分析细化的技术因素的影响。此类研究主要沿着两条线进行：达到某一减排目标需要实施何种政策以及对经济造成的影响，或者实施某种政策可能达到的减排量以及对经济造成的影响。但是，这些研究目前主要以单项政策尤其是碳税政策为研究对象，而很少考虑技术政策、结构调整政策以及多种政策组合的影响，同时也缺乏对不同政策以及政策组合的比较分析。第三类为能源技术模型与经济模型相结合的研究，如陈文颖等（2004）、高鹏飞等（2004）、姜克隽等（2008）。这类研究主要是从 CGE 模型中得到能源需求，并将能源需求代入技术模型中，再将技术模型中的各种能源供给状况代入 CGE 模型中，逐步迭代，使得能源需求和能源供给趋于一致。这类分析较为复杂，需要两种模型共同作用，运转的结果也取决于两种模型连接的好坏。

在 2009 年初，笔者结合已有研究，基于 2002 年投入产出表构建了动态 CGE 模型，探讨了 2020 年中国的减排潜力以及可能的政策选择，从模型结构、数据库构建、模型参数校准和情景设计等方面做了综合改进。首先，采用了 CGE 模型和能源技术模型的软连

接方法，由于本节主要关注减排的宏观经济影响，不详细分析技术细节，因此以 CGE 模型为主，将能源技术模型的分析结果输入 CGE 模型，如基准情景的技术进步率根据 AIM 模型得到的自动能效提高指数（AEEI）设定。其次，以 2002 年投入产出表为基础构建了模型数据库。再次，将模拟结果与 2002—2007 年经济发展的实际数据进行拟合，对模型参数进行了校准。最后，情景设计考虑了减排与经济增长的权衡，改变了以往研究大多注重碳税的做法，将碳税与技术进步以及调整投资方向等结合起来设计政策情景。现在看来，虽然关于中国是否要承诺减排等问题已经无须讨论，但本节关于模型构建和综合分析政策组合的做法仍然具有一定的参考价值。

二、情景设计

气候变化问题从根本上说是经济发展问题。确定温室气体减排目标需要综合考虑减排对本国经济增长的影响以及减排潜力等因素。本节首先分析碳税和调整投资方向、控制高耗能产业增长等减排措施对本国经济增长的影响，其次考察加快技术进步对于缓解减排与经济增长之间矛盾的作用，最后通过分析政策组合对减排和经济增长的影响，讨论控制温室气体排放增长的可能潜力与政策选择。

1. 基准情景

经济增长：2002—2007 年 GDP 数据参考《中国统计年鉴》，利用 GDP 平减指数核算成可比价格。2008—2020 年中国的 GDP 预测分别参考潘文卿（2001）、贺菊煌（2001）、国务院发展研究中心课题组（2005）、魏一鸣等（2008）、EIA（2008）等对中国经济发展的预测结果。假设从现在到 2020 年经济依然保持比较快速的发展，但经济增长速度适度放缓，据此设计了三种经济增长情景：高经济增长情景，中经济增长情景，低经济增长情景（见表 9—1）。

表 9—1 2008—2020 年中国 GDP 年均增长率（%）

情景	2008—2010	2011—2015	2016—2020
高经济增长情景	10.5	9.0	8
中经济增长情景	9.0	7.5	6.5
低经济增长情景	8.0	6.0	5.0

资料来源：参见李京文、潘文卿、贺菊煌、魏一鸣、国务院发展研究中心课题组、EIA 等对中国未来经济发展的预测结果。

人口：未来人口增长情况来源于国家人口发展战略研究课题组（2007）的国家人口发展战略研究报告。

技术进步：能源利用效率的提高主要是由自动能源效率提高以及燃料相对价格变化所产生的能源替代带来的。其中，价格的相对变化在 CGE 模型中是内生的。自动能源效率提高反映了价格因素以外的技术进步的贡献，在 CGE 模型中为外生给定。本章基准情景下的技术进步率通过自动能效提高指数（AEEI）来衡量。37 个行业的能效提高指数参考国家发展和改革委员会能源研究所 AIM 能源技术模型计算得出的结果（见表 9—2）。

表 9—2 基于 2002 年投入产出表的 CGE 模型各部门自动能效提高指数（AEEI）

行业	AEEI	行业	AEEI	行业	AEEI
农业	0.025	印刷文教体育用品制造业	0.015	普通机械、专用设备制造业	0.002
煤炭开采和洗选业	0.006	石油及核燃料加工业	0.006	交通运输设备制造业	0.002
石油开采业	0.006	炼焦业	0.054	电机、电子通信设备制造业	0.002
天然气开采业	0.006	化学原料及制品制造业	0.019	仪器仪表文化办公用机械	0.002
黑色金属矿采选业	0.006	医药制造业	0.015	其他工业	0.013

续前表

行业	AEEI	行业	AEEI	行业	AEEI
有色金属矿采选业	0.006	化学纤维制造业	0.015	电力生产蒸汽热水生产供应业	0.025
其他矿采选业	0.006	橡胶塑料制品业	0.015	燃气生产和供应业	0.016
食品饮料加工制造业	0.015	水泥、石灰和石膏制造业	0.031	水的生产和供应业	0.015
烟草制品业	0.015	玻璃及玻璃制品制造业	0.031	建筑业	0.006
纺织业	0.032	其他非金属矿物制品业	0.031	运输业仓储及邮电通信业	0.033
服装皮革制品制造业	0.032	黑色金属冶炼压延加工业	0.041	其他服务行业	0.023
木材加工家具制造业	0.015	有色金属	0.041		
造纸及纸制品业	0.030	金属制品业	0.015		

资料来源：国家发展和改革委员会能源研究所。

固定资产投资：2002 年分行业的固定资产投资来自《中国统计年鉴》。2004—2007 年数据根据《中国统计年鉴》各地区按主要行业分的全社会固定资产投资，以及按行业、隶属关系和注册类型分的城镇固定资产投资进行估算。2003 年的投资数据由于无法从统计资料中获得，根据 2002 年和 2004 年的数据采用算术平均推算得到。2008 年以后的数据根据前五年的投资平均增长速度外推得到。

2. 碳税情景

相对于行政命令等手段而言，碳税充分利用了市场机制，成本效率较高，因此，作为减少能源消费和削减碳排放的一种手段，受到经济学家和国际组织的推崇。碳税情景设计主要包括三方面的内容：实施时间、税率设置以及税收收入的处理。由于目标期为2020年，模拟时期较短，本章将碳税开始实施时间设置为2011年。

碳税税率：OECD详细统计了美国等30个国家与环境相关的税收状况。这30个国家分别为：澳大利亚、奥地利、比利时、加拿大、捷克、丹麦、芬兰、法国、德国、希腊、匈牙利、冰岛、爱尔兰、意大利、日本、韩国、卢森堡、墨西哥、荷兰、新西兰、挪威、波兰、葡萄牙、斯洛伐克、西班牙、瑞典、瑞士、土耳其、英国和美国。假设这30个国家2002—2006年环境税收占GDP比重的算术平均数和加权平均数基本维持不变，分别为1.7%和2.5%，据此来设置中国的碳税。根据中国2002—2006年GDP和CO_2排放量，中国碳税税率应约为50元/吨CO_2和80元/吨CO_2。此外，为了充分比较碳税的政策效果，笔者还设置了更为激进的税率150元/吨CO_2（见表9—3）。

碳税收入用途情景包括两种情形：一是用来增加政府税收收入，二是用来降低间接税。根据碳税实施时间（1种）、税率（3种）和税收用途（2种），共设置了6种碳税情景。

3. 投资结构调整情景

高耗能产业在我国产业结构中的比例过高，导致产业结构不尽合理。通过降低高耗能产业的固定资产投资，把降低的固定资产投资额加到低耗能产业上，可达到调整产业结构的目的。根据高耗能产业固定资产投资增长速度降低的不同比例，本章设置了3种投资结构情景：高情景下，假设高耗能产业固定资产投资年增长速度降低50%；中情景下降低30%；低情景下降低20%（见表9—3）。

4. 加快技术进步情景

经济发展水平的提高带来了技术进步，未来资源环境的约束会更进一步推动技术的更新与改进。假设在技术进步情景下，技术进步速率要快于基准情景。参考Jiang（2003）G-Cubet-T对高情景

下中国 AEEI 值的设定以及 MIT-EPPA 对中国 AEEI 的估计值。本研究模拟了三种技术进步情景：高技术进步情景、中技术进步情景和低技术进步情景。三种情景下从 2008 年到 2020 年，各行业年均技术进步率分别为基准情景下 AEEI 的 120%、150%和 170%（见表 9—3）。

表 9—3　　　　政策情景设计

情景	技术进步	碳税	投资结构
	各行业年均技术进步增长率（相对基准情景的百分比）	税率（元/吨 CO_2）	高耗能产业固定资产投资年增长速度的降低率（%）
高	70	150	50
中	50	80	30
低	20	50	20

5. 政策组合情景

当减排目标过于严格时，单一可行的政策很难实现，可能需要多种政策的共同作用。而两种或两种以上政策之间的相互作用可能会优化或者降低政策效果。现实政策通常也为多种政策的组合。

本节设计的单项政策包括 3 种技术进步、6 种碳税政策和 3 种投资结构调整政策情景，政策组合有 45 种两种政策组合的情景和 54 种三种政策组合的情景，政策组合情景过多，为此，我们需要进行选择。我们的研究目的是在充分考虑我国承受能力的前提下中国可能的减排潜力和政策选择。因此，对于政策组合情景的选取标准如下：根据对单项政策模拟的结果，结合排放强度以及对经济造成的影响两个指标进行选取，我们的政策组合情景设计将更多地强调排放强度较低且对经济负面影响小的单项政策情景，同时也要选取较为激进的政策组合情景进行对比分析。

下文的单项政策的模拟结果显示：技术进步在减排的同时能促进 GDP 的增加，而投资调整和征收碳税都会对 GDP 造成一定

的负面影响，就排放强度而言，技术进步政策情景的强度最小，碳税次之，投资调整最大，我们的组合情景将更多地侧重于技术进步政策的作用，其次是碳税，最后是投资调整。碳税政策的返还情景和不返还情景对GDP的负面影响相近，而实施前者时的碳排放强度大于后者，因此，组合情景下的碳税政策采取不返还政策。同时为了比较，我们还设计了高技术＋高碳税＋高投资的情景。

结合我们单项政策的模拟结果以及组合情景选取的标准，我们选取的组合情景主要包括：高技术＋中碳税、中技术＋高碳税、中技术＋中碳税＋中投资、高技术＋中碳税＋低投资、高技术＋高碳税＋低投资、高技术＋高碳税＋高投资共6种情景。

三、单项政策模拟结果分析

1. *碳税*

如果从2011年开始实行碳税，到2020年与基准情景相比，征收碳税50元、80元和150元（税收不返还），所能达到的减排量分别为3.74亿吨、5.75亿吨和9.88亿吨（见图9—1和表9—4），人均排放介于7.1吨～7.5吨之间（见图9—2），GDP损失率分别为0.52％、0.83％和1.51％（见表9—4）。与基准情景相比，税收返还（间接税）碳税政策对GDP的影响仍然为负，这说明双重红利并不存在。这与中国的税制有一定关联，税收返还不足以抵消征收碳税造成的影响。

与税收不返还政策相比，税收返还政策的GDP损失率降低，但减排效果不如税收不返还政策。但从减排的平均成本和强度来看，税收不返还政策的减排平均成本、排放强度要低于返还政策，从这一角度看，税收不返还政策要略优于税收返还政策。

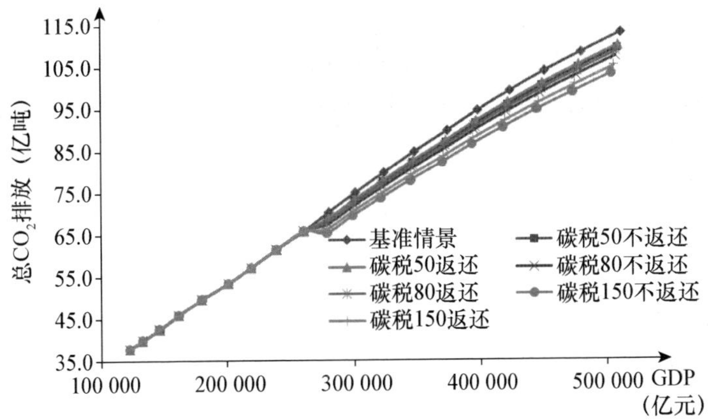

图 9—1　不同碳税情景和基准情景下的 CO_2 排放与 GDP

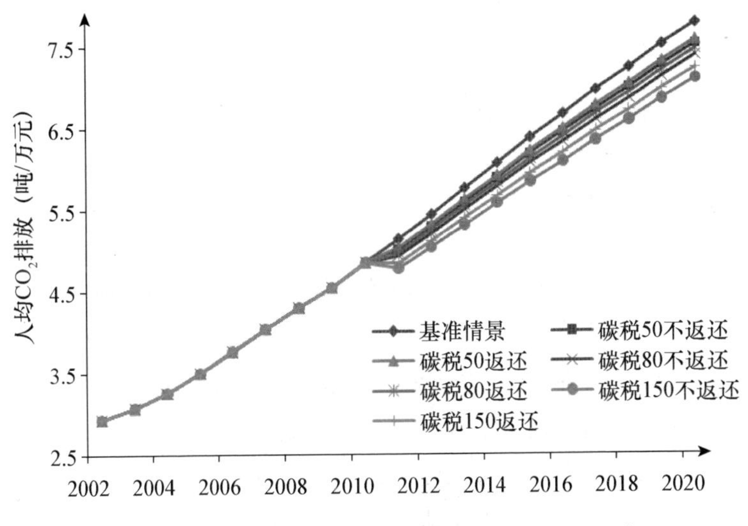

图 9—2　不同碳税情景和基准情景下人均 CO_2 排放

2. 投资调整

与基准情景相比，到 2020 年，在高、中、低投资调整情景下，所能达到的减排量分别为 7.45 亿吨、4.51 亿吨和 3.21 亿吨（见

图 9—3 和表 9—4)，人均排放介于 7.2 吨～7.6 吨之间（见图 9—4）。投资调整对 GDP 会产生一定的负面影响，并且 GDP 损失率在逐渐提高。与基准情景相比，到 2020 年，在高、中、低投资调整情景下的 GDP 损失率分别为 2.94%、1.80%和 1.34%（见表 9—4)，可以看出高投资调整情景对 GDP 有较大的负面影响。

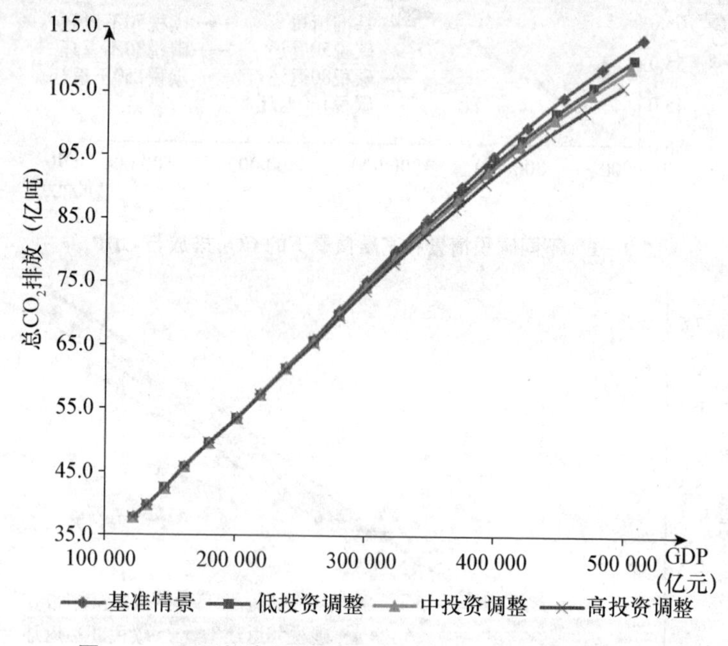

图 9—3　不同投资调整情景与基准情景下 CO_2 排放与 GDP

从图 9—5 和图 9—6 中可以看出，与基准情景相比，技术进步越快，所能实现的 CO_2 减排量越高。在高、中、低技术进步情景下，到 2020 年，CO_2 的减排量分别为 15.4 亿吨、11.3 亿吨和 4.76 亿吨（见表 9—4)；在高技术进步情景下，人均 CO_2 排放由基准情景的 7.78 吨下降到 6.72 吨，减排效果比较明显。此外，技术进步对 GDP 有正向促进作用，技术进步越快，GDP 增长速度也越快。

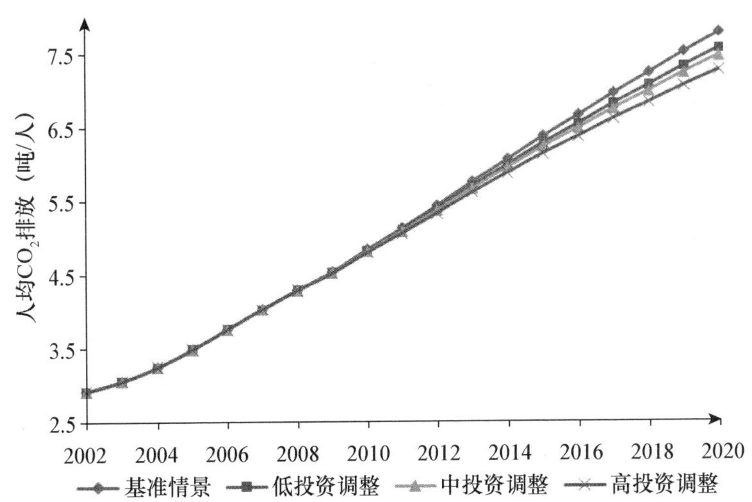

图 9—4　不同投资调整情景与基准情景下人均 CO_2 排放变化

3．技术进步情景

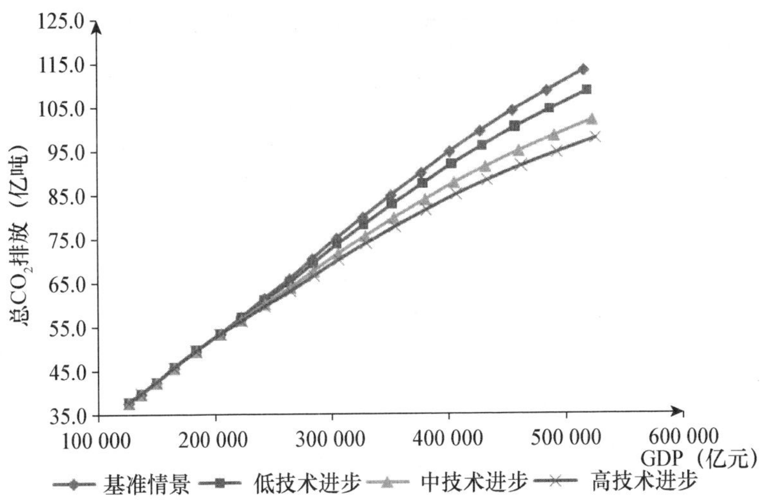

图 9—5　不同技术进步情景与基准情景下 CO_2 排放与 GDP

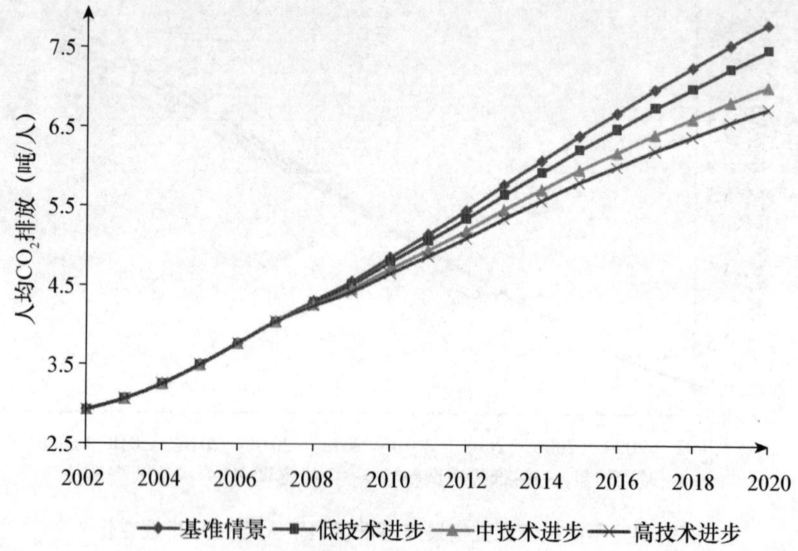

图 9—6 不同技术进步情景与基准情景下人均 CO_2 排放

表 9—4 单项政策情景下主要年份 CO_2 排放量和减排量与 GDP 变化率

	2010			2015			2020		
	排放量（亿吨）	减排量（亿吨）	GDP 变化率（%）	排放量（亿吨）	减排量（亿吨）	GDP 变化率（%）	排放量（亿吨）	减排量（亿吨）	GDP 变化率（%）
低技术进步	64.9	0.8	0.14	87.3	2.5	0.38	108.4	4.76	0.62
中技术进步	63.8	1.9	0.34	83.8	6.0	0.92	101.8	11.3	1.47
高技术进步	63.0	2.7	0.47	81.5	8.3	1.25	97.8	15.4	1.99
低碳税（不返还）	65.7	0.0	0.00	87.0	2.8	−0.36	109.4	3.74	−0.52
低碳税（返还）	65.7	0.0	0.00	87.5	2.3	−0.31	110.1	3.0	−0.38
中碳税（不返还）	65.7	0.0	0.00	85.4	4.4	−0.57	107.4	5.75	−0.83

续前表

	2010			2015			2020		
	排放量（亿吨）	减排量（亿吨）	GDP变化率（%）	排放量（亿吨）	减排量（亿吨）	GDP变化率（%）	排放量（亿吨）	减排量（亿吨）	GDP变化率（%）
中碳税（返还）	65.7	0.0	0.00	86.2	3.6	−0.49	108.5	4.6	−0.60
高碳税（不返还）	65.7	0.0	0.00	82.3	7.5	−1.07	103.3	9.88	−1.51
高碳税（返还）	65.7	0.0	0.00	83.7	6.1	−0.90	105.1	8.0	−1.09
低投资调整	65.5	0.2	0.01	88.5	1.3	−0.54	109.9	3.21	−1.34
中投资调整	65.4	0.3	0.01	87.8	2.0	−0.70	108.6	4.51	−1.80
高投资调整	65.1	0.6	0.01	86.5	3.3	−1.12	105.7	7.45	−2.94

4. 单项政策情景的比较

前述分析表明，技术进步在减排的同时能促进GDP的增加。投资调整和征收碳税都会损失GDP。下面进一步从排放强度和能源强度角度对三种政策手段的减排效果进行比较。

如表9—5所示，2020年，在技术进步情景下，CO_2排放强度和能源强度下降最快，碳税次之，投资调整最弱。特别是中、高技术进步情景和高碳税情景强度下降最为明显。但高碳税对GDP的负面影响也比较明显，所以从单项政策措施来看，促进技术进步是理想的选择，其所能达到的能效强度降低率为1.5%。根据胡秀莲和姜克隽等（2001）对中国终端用能部门单位服务量能耗下降的节能潜力的宏观分析，产业部门、交通运输部门和民用部门进一步普及高效节能技术，加速对陈旧技术设备的更新改造，引进新型生产工艺和技术设备，扩大技术的覆盖范围，认为到2010年和2030年年均节能率达到1.5%以上是可能的。

但是，单项政策所起到的减排效果并不是十分理想，年均排放强度最高降低 2.65％，而年均能源强度最高仅能降低 1.5％，小于十一五规划的年均能耗强度降低 4％的速度，因此，需要多种政策共同作用，以达到未来更高的减排目标。

表 9—5　　单项政策情景下 CO_2 排放强度和能源强度

	万元 GDP 的 CO_2 排放（吨/万元）				万元 GDP 能耗（吨标煤/万元）			
	2007	2010	2020	2007—2020 年均下降率（%）	2007	2010	2020	2007—2020 年均下降率（%）
基准情景	2.65	2.53	2.21	1.39	1.14	1.12	1.08	0.45
低技术进步	2.65	2.49	2.1	1.77	1.14	1.11	1.03	0.77
中技术进步	2.65	2.44	1.96	2.3	1.14	1.09	0.97	1.24
高技术进步	2.65	2.41	1.87	2.65	1.14	1.08	0.93	1.53
低碳税（不返还）	2.65	2.53	2.15	1.61	1.14	1.12	1.04	0.67
低碳税（返还）	2.65	2.53	2.16	1.57	1.14	1.12	1.05	0.63
中碳税（不返还）	2.65	2.53	2.12	1.73	1.14	1.12	1.03	0.8
中碳税（返还）	2.65	2.53	2.13	1.67	1.14	1.12	1.04	0.73
高碳税（不返还）	2.65	2.53	2.05	1.97	1.14	1.12	0.99	1.07
高碳税（返还）	2.65	2.53	2.08	1.87	1.14	1.12	1.01	0.95
低投资调整	2.65	2.52	2.18	1.5	1.14	1.12	1.06	0.56
中投资调整	2.65	2.51	2.16	1.57	1.14	1.11	1.05	0.63
高投资调整	2.65	2.5	2.13	1.68	1.14	1.11	1.04	0.7

四、政策组合情景的模拟结果

设计的各种政策组合情景下的排放量、减排率、对 GDP 的影响、单位减排成本以及人均 CO_2 排放的模拟结果见图 9—7 到图 9—10。

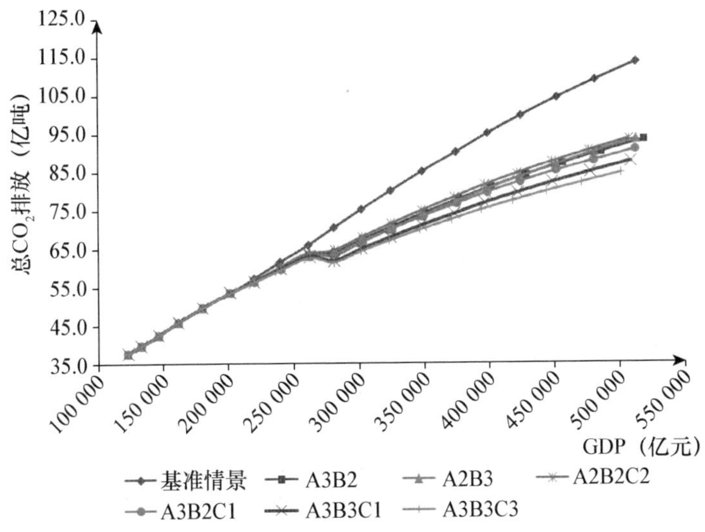

图 9—7 不同政策组合情景下 CO_2 排放与 GDP

注：分别用 A1、A2 和 A3 代表低技术进步情景、中技术进步情景和高技术进步情景；分别用 B1、B2 和 B3 代表低碳税情景、中碳税情景和高碳税情景；分别用 C1、C2 和 C3 代表低投资调整情景、中投资调整情景和高投资调整情景。下同。

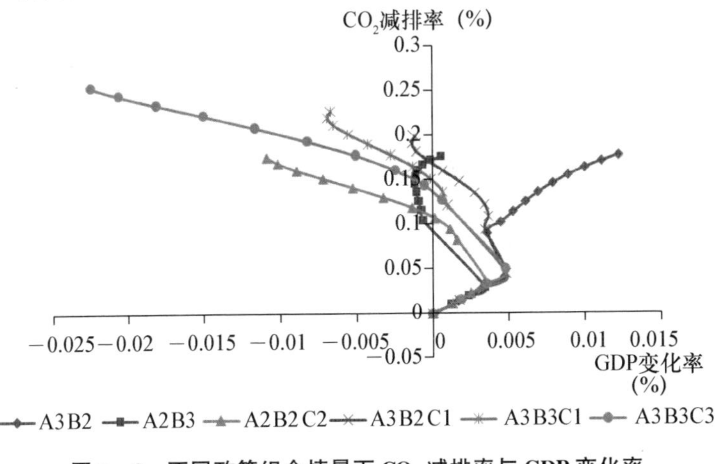

图 9—8 不同政策组合情景下 CO_2 减排率与 GDP 变化率

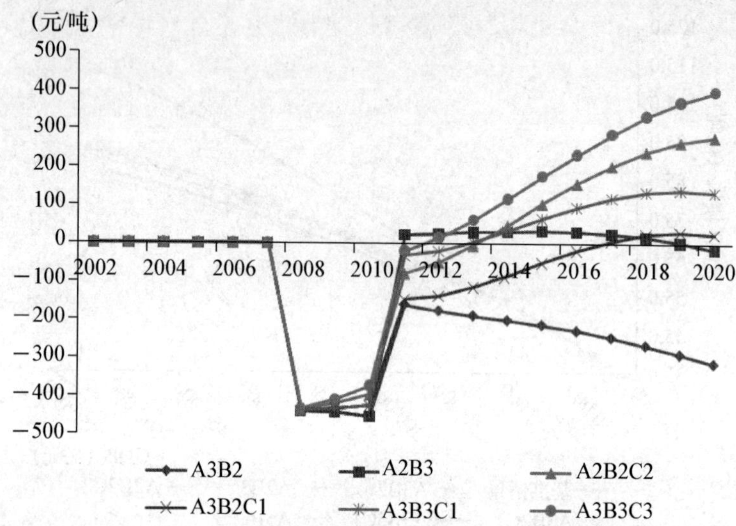

图 9—9 不同政策组合情景下单位 CO_2 的减排成本

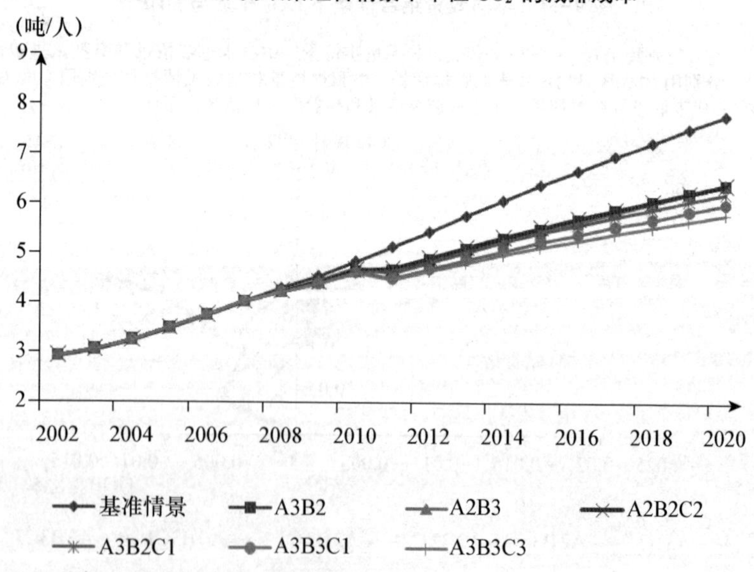

图 9—10 不同政策组合情景下的人均 CO_2 排放

A3B3C3（高技术进步＋高碳税＋高投资调整）政策组合情景减排潜力最大，到2020年排放量约为84.3亿吨，减排量相当于基准情景排放量的25.4%，但GDP的损失率也最大（为2.25%）。到2020年，A3B2（高技术进步＋中碳税）、A2B3（中技术进步＋高碳税）以及A2B2C2（中技术进步＋中碳税＋中投资调整）3种政策组合情景所能实现的CO_2减排量基本相当，排放量大约为93亿吨。其中，前两种情景对GDP有正向促进作用，尤其是第一种情景（GDP增加率为1.23%），而第三种情景会对GDP产生负面影响。因此，在达到同等减排效果的3种政策组合情景中，A3B2（高技术进步＋中碳税）是最优的选择。由于技术进步对GDP的正向影响，加入技术进步的政策组合，前期对GDP的影响为正，但随着时间的推移，其他政策对GDP的负向作用渐渐抵消了技术进步对GDP的正向作用，GDP的变化率变为负（见表9—6）。

表9—6 不同政策组合情景下主要年份CO_2排放量与减排量与GDP变化率

	2010			2015			2020		
	排放量（亿吨）	减排量（亿吨）	GDP变化率（%）	排放量（亿吨）	减排量（亿吨）	GDP变化率（%）	排放量（亿吨）	减排量（亿吨）	GDP变化率（%）
A3B2	63.0	2.7	0.47	77.6	12.2	0.70	93.0	20.1	1.23
A2B3	63.8	1.9	0.34	76.7	13.1	−0.12	93.2	19.9	0.05
A2B2C2	63.4	2.3	0.35	78.1	11.7	−0.33	93.2	19.9	−1.09
A3B2C1	62.8	2.9	0.48	76.5	13.3	0.18	90.5	22.6	−0.12
A3B3C1	62.8	2.9	0.48	73.8	16.0	−0.28	87.4	25.7	−0.67
A3B3C3	62.4	3.3	0.48	72.4	17.4	−0.83	84.3	28.8	−2.25

A3B3C3（高技术进步＋高碳税＋高投资调整）政策组合情景下单位CO_2减排成本最高（2020年为400元/吨），A2B2C2（中技

术进步＋中碳税＋中投资调整）政策组合情景次之。A3B2（高技术进步＋中碳税）、A2B3（中技术进步＋高碳税）、A3B2C1（高技术进步＋中碳税＋低投资调整）3 种政策组合情景下减排成本最低，这主要是由技术进步带来的。

表 9—7 的数据显示，到 2020 年，各组合情景下人均 CO_2 排放在 5.8 吨～6.4 吨之间，CO_2 排放强度和能源强度年均下降率分别达 2.77%～3.44%和 1.71%～2.34%。A3B3C3（高技术进步＋高碳税＋高投资调整）的政策组合情景下减排潜力最大，相应地，其人均排放水平最低，排放强度和能耗强度下降也最快。

表 9—7　　不同政策组合情景下 CO_2 排放强度和能源强度

	万元 GDP 的 CO_2 排放（吨/万元）				万元 GDP 能耗（吨标准煤/万元）			
	2007	2010	2020	2007—2020 年均变化率（%）	2007	2010	2020	2007—2020 年均变化率（%）
基准情景	2.65	2.53	2.21	1.40	1.14	1.12	1.08	0.45
A3B2	2.65	2.41	1.79	2.98	1.14	1.08	0.89	1.87
A2B3	2.65	2.44	1.82	2.86	1.14	1.09	0.90	1.84
A2B2C2	2.65	2.43	1.84	2.77	1.14	1.08	0.91	1.71
A3B2C1	2.65	2.40	1.77	3.07	1.14	1.07	0.88	1.96
A3B3C1	2.65	2.40	1.72	3.29	1.14	1.07	0.85	2.19
A3B3C3	2.65	2.39	1.68	3.44	1.14	1.07	0.84	2.34

五、结论与建议

基于动态 CGE 模型，本节构建了中国的能源—经济—环境模型，通过模拟技术进步、碳税、固定资产投资调整以及政策组合等情景下 2020 年中国温室气体排放量和经济增长的前景，进而对中国控制温室气体排放增长的可能潜力与政策选择进行了分析。模拟

结果显示：（1）高、中、低三种经济增长情景下，2020 年 CO_2 排放总量分别为 122 亿吨、113 亿吨和 106 亿吨。本研究以中增长情景作为基准情景。（2）各种减排情景模拟的结果显示，2020 年排放量为 97.8 亿吨～109.9 亿吨，对 GDP 的影响为－2.94%～1.99%之间。（3）碳税和投资调整虽然可以达到减排的目的，但都会对 GDP 造成一定的损失。促进技术进步可以在减排的同时促进 GDP 增长，但仅技术进步所能达到的减排目标有限。就排放强度而言，碳税政策比投资调整更好。在政策组合情景下，A3B3C3（高技术进步＋高碳税＋高投资调整）政策组合情景下的减排潜力最大，GDP 损失也最大；A3B2（高技术进步＋中碳税）、A2B3（中技术进步＋高碳税）以及 A2B2C2（中技术进步＋中碳税＋中投资调整）政策组合所能实现的减排潜力较小，A3B2（高技术进步＋中碳税）的政策组合情景对 GDP 的正向作用最大。（4）在面临较大的减排压力时，A3B3C3（高技术进步＋高碳税＋高投资调整）的政策组合是较优的选择，但对 GDP 造成的损失较大。如果强调经济发展，A3B2（高技术进步＋中碳税）的政策组合是较优的选择。综合减排潜力和对 GDP 造成的影响，A3B2C1（高技术进步＋中碳税＋低投资调整）政策组合是较优的选择。

对单项政策的模拟结果显示，碳税和投资调整是控制温室气体排放增长的有效手段，但都会给 GDP 造成一定的损失。加快技术进步可以同时促进减排和经济增长，有利于缓解减排和经济增长之间的矛盾，但仅有技术进步达到的减排目标有限。未来中国需要将碳税或调整投资方向与加快技术进步等政策措施组合起来，以控制温室气体排放增长。

当然，本节的研究工作完成于 2009 年初，受到数据条件、宏观经济发展形势以及信息获取途径的限制，本节对于技术进步的模拟未考虑技术进步所需的研发和设备改造成本，可能高估了技术进步对经济的正面影响，也没有考虑碳交易机制等的影响等多种不足

与局限性，但模型构建和综合分析政策组合的做法在现在看来仍然具有重要的参考价值。譬如，中国目前已经采取了碳交易政策，也有应该同时实施碳税、提升减排效率的呼声。在能源政策方面，中国出台了鼓励新能源发展的多项政策，会产生协同减排效果。综合考虑这些政策的相互影响以及产生的减排量、减排效果、减排成本，对于政策制定才具有更为现实的参考意义。

第二节　碳税与非化石能源的发展

一、研究背景

2009 年 11 月，中国政府宣布了控制温室气体排放的行动目标，到 2020 年单位国内生产总值的 CO_2 排放量比 2005 年下降 40%～45%，非化石能源占一次能源消费的比重达到 15%左右。由于中国正处于工业化和城镇化的中期阶段，在未来相当长一段时期内，以“土木钢石”为主的发展格局难以扭转，这就意味着在短期内 CO_2 排放仍将呈增加趋势。可以预见，中国控制温室气体排放增长面临着巨大的压力和困难。

已经有大量研究关注中国的 CO_2 减排问题。这些研究主要有三个方面：一是关于减排目标以及实现目标的可能性。在中国政府宣布 2020 年减排目标之前，学者的研究主要是围绕如何确定减排目标（Zhang，2000），包括国际气候机制、减排目标分解的原则等（周晟吕等，2010）。在中国政府宣布了减排目标之后，研究目标转向减排目标是否可能实现（Shi et al.，2010）。二是关于减排成本的研究，主要关注的是中国实现减排目标所需付出的成本。三是实现减排目标的政策手段，开始关注减排政策所能带来的减排效果，也有一些学者从成本—效益分析的角度，对可供选择的政策手

段进行筛选。

关于我国实现2020年减排目标的成本，邹骥课题组的研究表明，2020年CO_2排放强度相对2005年下降了45%，相对基准情景的对应增量减排成本约为300×10^8美元。韩一杰和刘秀丽（2010）采用CO_2的边际减排成本估计CO_2排放强度在2020年相对2005年降低40%～45%，到2020年每年所需的增量成本为104×10^8～318×10^8美元。根据Dai等（2011）的研究，CO_2排放强度相对2005年下降40%～45%，GDP相对基准情景下降0.032%～0.24%。上述研究并没有考虑CO_2减排带来的直接和间接收益，CO_2减排的直接收益可以看做由于CO_2排放减少所能避免的危害，但这部分影响的估算还存在很大的不确定性，不同的研究对其估计的范围非常大（Stern，2006；IPCC，2007）。而由于CO_2减排所伴随的SO_2和PM10排放的减少所产生的协同环境效益则相对易于计量（Wang et al.，1999；Cao et al.，2008；Bollen et al.，2009）。

在减排政策手段的研究中，碳税是国内外学者关注的热点。关于碳税的研究包括为达到某一减排目标需要施加的碳税税率（Zhang et al.，1998；Garbaccio et al.，1999；贺菊煌等，2002；王灿等，2005；Liang et al.，2007）；以及实施不同碳税税率可能产生的减排量和对经济造成的影响（曹静，2009；王金南等，2009；苏明等，2009）。但这些研究存在以下不足：一是对于基准情景下能源技术进步的估计过于乐观，导致关于碳税政策效果的判断过于乐观；二是碳税收入的使用方式大多是基于税收中性原则，或返还给居民或归政府所有，没有把碳税收入的使用与非化石能源投资结合起来考虑。

我国的减排目标既包括碳排放强度的降低，也包括非化石能源对化石能源的替代和能源结构的转换，还包括碳汇的增加。因此，基于2007年投入产出表构建的中国能源经济环境模型，综合考虑碳排放强度下降的目标以及非化石能源比例的发展目标，把碳税政

策与非化石能源发展相结合，分析碳税收入对于发展非化石能源的作用及其对实现减排目标的贡献，同时考虑 SO_2 等环境污染物排放的减少所带来的协同环境效益，从成本—效益分析的角度考察碳税政策的减排效果与经济影响。

二、情景设计

1. 基准情景

经济增长趋势：2007—2010 年 GDP 增长率为实际值，2011—2020 年 GDP 年均增长率参考国家十二五规划目标、国务院发展研究中心（2005）以及 EIA（2009）等的研究。政府和居民消费者价格指数，2007—2010 年参考 CPI 的实际值设定，2011—2020 年根据近 20 年的历史数据设定（见表 9—8）。关于人民币汇率变动，外生设定至 2020 年人民币升值 10%，相当于年均升高 0.8%，商品的国际价格来自 Peterson 等（2011）。

表 9—8　不同年份的 GDP 增长率和 CPI 设定

	2011	2012—2013	2014—2015	2016—2017	2018—2020
GDP 增长率（%）	8	7.5	7	6.5	6
CPI	102	102	102	101	101

能源价格：随着政府放宽对煤炭价格的管制，煤炭价格逐渐市场化，因此在模型中煤炭价格为内生。成品油和天然气价格由政府定价，但由于石油的对外依存度达到 50%，石油和天然气价格将逐渐缩小与国际的差距，因此，假设国内油气价格变化趋势与国际趋势相似，外生给出石油和天然气价格的变化趋势。参考 WEO 2009（IEA，2009）和 Kitous 等（2010）应用 POLES 模型对能源产品国际市场价格的分析结果。

能源利用效率提高率：参考国家发展和改革委员会能源研究所 AIM 模型的各产业部门自动能效提高指数（AEEI）的估计值、国

家发展和改革委员会发布的《节能中长期专项规划》目标，以及国内外主要高耗能产品的能耗差距，假设 2020 年中国能源利用效率和能源技术水平接近或达到目前的世界先进水平，据此设定各部门的能源利用效率提高率，见表 9—9。

表 9—9　基于 2007 年投入产出表的 CGE 模型各部门自动能效提高指数（AEEI）

行业	AEEI	行业	AEEI	行业	AEEI
农业	0.025	印刷文教体育用品制造业	0.015	普通机械、专用设备制造业	0.002
煤炭开采和洗选业	0.006	石油及核燃料加工业	0.006	交通运输设备制造业	0.002
石油开采业	0.006	炼焦业	0.013	电机、电子通信设备制造业	0.002
天然气开采业	0.006	化学原料及制品制造业	0.019	仪器仪表文化办公用机械制造业	0.002
黑色金属矿采选业	0.006	医药制造业	0.015	其他工业	0.013
有色金属矿采选业	0.006	化学纤维制造业	0.015	火电生产供应业	0.025
其他矿采选业	0.006	橡胶塑料制品业	0.015	其他电力生产供应业	0.025
食品饮料加工制造业	0.015	水泥、石灰和石膏制造业	0.015	热力生产供应业	0.025
烟草制品业	0.015	玻璃及玻璃制品制造业	0.015	燃气生产和供应业	0.016
纺织业	0.032	其他非金属矿物制品业	0.015	水的生产和供应业	0.015
服装皮革制品制造业	0.032	黑色金属冶炼压延加工业	0.025	建筑业	0.006

续前表

行业	AEEI	行业	AEEI	行业	AEEI
木材加工家具制造业	0.015	有色金属冶炼压延加工业	0.025	运输业仓储及邮电通信业	0.033
造纸及纸制品业	0.030	金属制品业	0.015	其他服务行业	0.023

模拟结果显示，在基准情景下，2011—2020年GDP年均增长率为6.8%，2020年全国GDP（2007年价格）将达到68.77万亿元。第一产业、第二产业和第三产业所占比例将分别为7.62%、49.34%和43.04%。其中，六大高耗能部门占GDP的比例将从2010年的15.45%下降到2020年的14.32%。随着时间的推移，消费占GDP的比例从2007年的48.5%增加到2020年的60.6%，居民消费和政府消费将达到30.59万亿元和11.11万亿元。受到人民币汇率变动和国际市场价格变化的影响，净出口比例逐渐下降，2020年净出口为1.32万亿元，占GDP的比例为1.9%。

2020年全国能源消费量预期达到47.61亿吨标煤，比2010年增加51.93%，年均增长率为4.27%。万元GDP消耗的能源为0.692 3吨，比2010年下降21.29%。这说明，由于能源技术进步带来能源效率提高，同期我国可以51.93%的能源消费增长实现93.03%的GDP增长。非化石燃料发电所占比例将从2010年的17.52%上升到2020年的23.18%，按发电煤耗计算的非化石能源占能源消费总量的比例将从2010年的7.45%上升到2020年的9.93%。

2020年全国CO_2排放总量将达到103.93亿吨，比2010年增长50.42%，年均增长率为4.17%。万元GDP的CO_2排放量为1.51吨，比2010年降低22.07%，与2005年碳排放强度相比，降低30.85%。可见基准情景尚不能达到我国2020年的减排目标，需要采取进一步的减排措施。

2. 碳税政策情景

碳税的征税范围：化石燃料燃烧产生的 CO_2 排放占我国温室气体排放的绝大比重，且相对集中和易于计量，因此，在碳税开征之初，主要是针对化石燃料燃烧产生的 CO_2 排放征收碳税。

碳税的征收方式：一是在能源消费端征税。二是在生产环节征收。从生产环节征税利于税收的征管和从源头控制。本章采用对生产环节征税的方式。

碳税的开征时间：根据"巴厘岛路线图"达成的协议，2012 年后要求发展中国家采取可测量、可报告、可核实的适当减排行动。利用我国费改税和资源税改革的契机，本章建议开征碳税的起始时间为 2013 年，每年保持相同税率。

碳税税率：从碳税实施的国际经验看，在已经采取碳税的国家，其碳税税率主要从 7 欧元/吨 CO_2 到 44 欧元/吨 CO_2 不等（苏明等，2009）。考虑到实施碳税可能对中国企业造成的负担以及对中国产品国际竞争力等的影响，碳税实施之初税率水平不宜过高。参考国际市场上清洁发展机制（CDM）平均价格从 2004 年的 3.1 欧元到 14.8 欧元，本章设置 40 元/吨 CO_2 的税率水平进行模拟。

碳税收入的使用方式：碳税收入的使用方式主要有以下四种。第一，碳税归政府所有（S-gov）。第二，将税收作为居民的转移支付（S-hou）。第三，在征收碳税的同时削减影响较大行业的其他税收（S-sec）。第四，综合考虑到我国 2020 年的碳排放强度目标和非化石能源消费比重的目标，将碳税用于非化石能源的投资（S-ren）。

三、模拟结果分析

1. 不同碳税情景下的节能减排效果

不同碳税情景下 CO_2 排放和能源消费水平见表 9—10。征收碳税的同时削减影响较大行业的其他税收（S-sec）所产生的减排效果最小。将碳税用于非化石能源投资（S-ren）实现的减排效果最佳，2020年相对基准情景减排13.53%，2020年所能实现的减排量相当于CO_2排放强度在2005年的基础上下降40.13%。

能源消费总量从2007年的25.3×10^8吨标准煤增加到2020年的42.8×10^8吨～45.1×10^8吨标准煤。在S-gov、S-hou、S-sec和S-ren情景下，2020年能源强度分别相当于在2005年的基础上下降了34.88%、34.81%、34.17%和37.49%。能源强度与CO_2排放强度下降程度的差异主要源自能源结构的转换，尤其是在S-ren情景下，这种差异更为明显，按发电煤耗计，非化石能源的消费量将占到总消费量的15.82%。以上结果显示，将碳税收入作为非化石能源投资，不仅有利于促进我国实现2020年碳排放强度目标，并且对于实现非化石能源消费占一次能源消费比重的目标也将发挥重要的作用。

表9—10　不同政策情景下2020年CO_2排放和能源消费水平

情景	CO_2排放量（10^8吨）	CO_2排放强度相对2005年下降（%）	能源消费总量（10^8吨标准煤）	能源消费强度相对2005年下降（%）	非化石燃料（%）	
					发电比例	消费比例
基准情景	103.9	30.85	47.6	30.47	23.18	9.93
S-gov	96.3	35.87	44.6	34.88	24.09	10.99
S-hou	96.3	35.80	44.6	34.81	24.08	11.00
S-sec	97.7	35.07	45.1	34.17	23.66	10.75
S-ren	89.9	40.13	42.8	37.49	34.38	15.82

2. 不同碳税情景的经济影响

如表9—11所示，征收碳税对GDP的影响不是十分明显，尤其是在征收碳税的同时减少影响较大的其他行业税收的情景下产生了双重红利，GDP相对基准情景增加了0.08%。

将碳税作为政府收入有利于刺激政府消费。将碳税转移给居民有利于增加居民收入，改善居民的消费水平。征收碳税会提高能源

生产和高耗能行业的生产成本，从而削弱这些行业的国际竞争力，在征收碳税的同时减少影响较大的其他行业的税收有利于改善征收碳税对这些行业的负面影响。

表 9—11　　不同碳税情景主要经济变量 2020 年相对基准情景的变化率（%）

情景	GDP 变化率	政府消费变化率	居民消费变化率	出口变化率	进口变化率
S-gov	−0.09	1.47	−0.43	−0.25	0.08
S-hou	−0.16	−0.01	0.08	−0.31	0.15
S-sec	0.08	−0.18	0.04	0.31	0.09
S-ren	−0.14	0.13	−0.16	−0.66	0.72

2007—2020 年，产业结构有了一定幅度的调整，其中，第一产业和第二产业分别下降了约 3%和 2%，第三产业增加了超过 5 个百分点。总的来说，征收碳税对三次产业结构的影响有限，变化幅度均在正负 0.2%左右。碳税对产业结构的影响主要体现在第二产业内部。如表 9—12 所示，能源生产行业，尤其是煤炭开采和洗选业受到的影响最大，其次是能源密集型行业。征收碳税的同时减少影响较大的其他行业税收能在一定程度上缓解这种负面影响。将碳税收入作为发展非化石能源的投资有利于促进非化石能源对煤炭等高碳能源的替代，从而加剧了对煤炭开采和洗选业的负面影响。

表 9—12　　不同碳税情景下主要行业产量相对基准情景的变化（%）

	S-gov	S-hou	S-sec	S-ren
煤炭开采和洗选业	−12.33	−12.35	−10.86	−16.53
炼焦业	−7.49	−7.52	−6.19	−7.22
天然气开采业	−1.70	−1.83	2.34	−2.34
燃气生产和供应业	−1.34	−1.24	−0.90	−1.24
热力生产和供应业	−1.23	−1.29	−0.31	−1.10

续前表

	S-gov	S-hou	S-sec	S-ren
黑色金属冶炼及压延加工业	−0.74	−0.78	0.07	−0.39
黑色金属矿采选业	−0.68	−0.73	0.00	−0.45
电力生产和供应业	−0.68	−0.66	0.19	3.16
其中：煤炭	−3.21	−3.19	−1.67	−21.18
石油	19.14	19.42	24.39	−43.54
天然气	3.79	3.83	4.55	−8.77
水力	2.43	2.42	1.65	27.40
核能	1.61	1.61	1.11	43.62
风能	1.36	1.36	0.94	243.44
生物质	1.45	1.45	1.00	479.55
太阳能	0.52	0.52	0.36	311.20
化学原料及化学制品制造业	−0.66	−0.70	0.59	−0.85
其他非金属矿物制品制造业	−0.53	−0.58	0.49	−0.19

注：该表为按负面影响程度由大到小列出的前10个行业。

3. 协同环境效益

CO_2 的减排成本定义为与基准情景相比，GDP 的损失量除以 CO_2 的减排量，如表 9—13 所示，在 S-gov 和 S-hou 情景下，CO_2 的减排成本分别从 2013 年的 54.81 元/吨和 103.87 元/吨增加到 2020 年的 81.29 元/吨和 147.89 元/吨。在 S-ren 情景下，随着减排量的迅速增加，CO_2 减排的成本从 2013 年的 77.66 元/吨下降到 2020 年的 66.12 元/吨。与其他政策情景相反，在 S-sec 情景下，减排成本为负，意味着在该情景下产生了减排收益。

碳税政策有利于促进节能和能源结构的转换，从而使得 SO_2 和 PM10 的排放减少。除了 S-hou 情景外，其他碳税政策情景下减排带来的环境效益可以抵消减排成本，对经济增长将转为不同程度的正面影响。

表 9—13　不同情景下单位 CO_2 减排的成本和环境效益　单位：元/吨 CO_2

情景	2013			2020		
	减排成本	环境效益	环境效益－减排成本	减排成本	环境效益	环境效益－减排成本
S-gov	54.81	118.77	63.96	81.29	137.24	55.95
S-hou	103.87	115.96	12.09	147.89	134.86	－13.03
S-sec	－48.56	127.04	175.6	－87.16	146.59	233.75
S-ren	77.66	119.09	41.43	66.12	94.61	28.49

四、结论与启示

本节的研究结论可以归纳为以下几点：

（1）征收碳税可以产生一定的 CO_2 减排效果，碳税的作用主要通过促进能源结构转换和产业结构变化对 CO_2 减排做出贡献。当碳税收入用于非化石能源投资时，可以达到 2020 年碳排放强度比 2005 年下降 40％的目标。

（2）碳税对宏观经济的负面影响不显著。这是因为如果按 40 元/吨的税率征收碳税，2020 年有相当于 $3\,400\times10^8$～$3\,700\times10^8$ 元的碳税收入重新投入经济系统循环，所产生的 GDP 增量可以抵消部分由碳税带来的 GDP 损失。如果考虑到 CO_2 减排带来的协同环境效益，可以减轻减排对 GDP 的负面影响。尤其是在碳税与发展非化石能源相结合的情景下，碳税的减排成本将从负转为正。因此，征收碳税与发展非化石能源相结合可以促进我国的绿色经济发展。

（3）碳税与发展非化石能源相结合，不仅可以收到较好的 CO_2 减排效果，减轻对宏观经济的冲击，并且可以扩大非化石能源的减排贡献。如果碳税收入用于非化石能源投资，2020 年有 $3\,400\times10^8$ 元的投资用于发展非化石能源，这部分投资额相当于 2007 年我国税收总额的 7.45％，相当于碳税收入用于发展非化石能源情景下 2020 年税收总额的 2.50％。碳税收入用于非化石能源投资可以使非化石能源占能源消费总量的比例从基准情景的 9.9％提高到

15%，实现2020年减排目标中非化石能源占一次能源消费比例的目标。

基于以上结果，笔者建议碳税可以作为减排政策考虑，按40元/吨税率征收碳税，并将碳税收入用于增加非化石能源产业投资。

从政策可操作性的角度考虑，碳税税率可以采取循序渐进的方针。为了减轻对社会的影响，开征碳税的起始阶段可以采用较低的碳税，同时发出明确的政策信号，使生产者和消费者形成未来的碳税税率将会提高的预期，鼓励生产者和消费者积极采取各种减排行动。

第三节　碳税与区域经济

一、研究背景

中国幅员辽阔，地域差异显著，经济发展水平不均衡，中西部地区的经济发展相对滞后。缩小区域差异，促进区域协调发展，是中国现代化建设的长期战略目标之一。由于各地区产业结构不同，实施碳税等低碳经济政策，势必对区域发展格局产生深远影响。因此，在设计低碳发展政策时，必须关注低碳发展政策对区域发展格局所带来的影响。

国外关于低碳发展政策的研究主要关注碳税等减排政策对宏观经济的影响，是否存在双重红利，以及碳税收入应如何循环等问题（Scrimgeoura，2005；Gurkan，2003）；部分全球模型也关注减排政策对不同国家经济增长的影响（Burniaux et al.，1992；Bollen et al.，1999），涉及国内区域尺度的影响分析非常之少。中国关于低碳发展政策的研究大多停留在全国层面的分析，很少有学者关注减排政策对区域发展的影响。金艳鸣等（2007）曾分析了征收碳税

和能源税对中国三个地区（广东、贵州、其他地区）经济的影响，提出了应按照地区差异来征税。何建武和李善同（2010）研究了碳减排和区域经济发展之间的关系，认为同一碳税政策将导致碳排放强度越高的省份福利损失越大，并造成区域差异扩大。但这些研究的模型比较简单，均停留在静态分析上，没有对减排和区域发展的互动关系及其过程进行动态模拟，也没有对差别碳税的减排效果和经济影响展开进一步的分析。因此，本节拟基于中国30个省区动态CGE模型，模拟实施低碳经济政策对中国区域发展格局演进的影响，考察不同的碳税政策设计所产生的政策效果及其区域响应，为探寻低碳发展和区域经济协调的双赢策略提供科学参考。

二、情景设计

1. 基准情景

基准情景（S0）的模拟时间段为2002—2020年。基准情景的设计主要为TFP（全要素生产率，total factor productivity）的提高、劳动人数增加的外生变化、资本积累的内生变化，从而推动2003—2020年的经济增长和产业结构变化。

TFP增长率：2002—2009年各地区TFP历史值基于各地区GDP的历史数据校准得到，即通过外生GDP增长率来校准TFP，然后利用外生的TFP来内生出GDP。2010—2020年各地区TFP增长率首先参考2010—2020年全国的TFP增长率进行趋势外推，并参考2003—2009年各地区TFP的历史值与同期全国TFP的差异设置各地区的TFP增长率（见表9—14）。2010—2020年全国的TFP增长率基于全国GDP增长率进行校准。参考国务院发展研究中心（2005）、魏一鸣等（2008）关于中国未来经济发展预测的研究成果，将全国GDP增长率设置为2010年8%、2011—2014年7.5%、2015—2018年7%、2019—2020年6.5%。

劳动供给增长率：2003—2009年增长率为历史实际值。

2010—2020 年按照各地区的历史发展趋势设置相应的劳动供给增长率（见表 9—15）。

资本增长率：模型内生决定，进行逐年累积。

表 9—14　　2010—2020 年各地区的 TFP 设置

地区	2010	2011	2012	2013	2014	2015	2016	2017	2018	2019	2020
北京	0.01	0.01	0.01	0.01	0.00	0.00	0.00	0.00	0.01	0.02	0.02
天津	0.08	0.02	0.02	0.02	0.02	0.02	0.02	0.02	0.02	0.02	0.02
河北	0.07	0.05	0.05	0.05	0.05	0.05	0.05	0.05	0.05	0.05	0.05
山西	0.06	0.04	0.04	0.04	0.04	0.04	0.04	0.04	0.04	0.04	0.04
内蒙古	0.13	0.09	0.09	0.09	0.09	0.09	0.09	0.09	0.09	0.08	0.09
辽宁	0.08	0.04	0.04	0.04	0.04	0.04	0.04	0.04	0.04	0.04	0.04
吉林	0.08	0.04	0.04	0.04	0.04	0.03	0.03	0.03	0.03	0.02	0.03
黑龙江	0.06	0.04	0.04	0.04	0.04	0.04	0.04	0.04	0.04	0.03	0.04
上海	0.08	0.01	0.01	0.00	0.00	0.00	0.00	0.00	0.00	0.01	0.01
江苏	0.06	0.02	0.01	0.01	0.01	0.01	0.01	0.01	0.02	0.01	0.02
浙江	0.06	0.02	0.02	0.02	0.02	0.02	0.02	0.02	0.02	0.02	0.02
安徽	0.04	0.02	0.02	0.02	0.02	0.02	0.02	0.02	0.02	0.02	0.02
福建	0.07	0.03	0.03	0.03	0.03	0.03	0.03	0.03	0.03	0.03	0.03
江西	0.05	0.03	0.03	0.03	0.03	0.03	0.03	0.03	0.03	0.03	0.03
山东	0.06	0.03	0.03	0.03	0.03	0.03	0.02	0.02	0.03	0.02	0.03
河南	0.06	0.03	0.03	0.03	0.03	0.04	0.03	0.03	0.03	0.03	0.03
湖北	0.06	0.04	0.04	0.04	0.04	0.04	0.04	0.04	0.04	0.04	0.04
湖南	0.03	0.01	0.01	0.01	0.01	0.01	0.01	0.01	0.01	0.01	0.02
广东	0.09	0.01	0.01	0.00	0.00	0.00	0.00	0.00	0.01	0.01	0.01
广西	0.07	0.04	0.04	0.05	0.05	0.05	0.04	0.04	0.04	0.04	0.04
海南	0.06	0.03	0.03	0.03	0.03	0.03	0.02	0.02	0.02	0.02	0.02
重庆	0.06	0.03	0.04	0.05	0.06	0.08	0.09	0.09	0.10	0.08	0.10
四川	0.07	0.04	0.04	0.05	0.05	0.05	0.05	0.05	0.05	0.05	0.05

续前表

地区	2010	2011	2012	2013	2014	2015	2016	2017	2018	2019	2020
贵州	0.05	0.03	0.03	0.03	0.03	0.03	0.03	0.03	0.03	0.03	0.04
云南	0.04	0.01	0.01	0.01	0.02	0.02	0.01	0.02	0.02	0.02	0.02
陕西	0.07	0.04	0.04	0.05	0.05	0.05	0.05	0.06	0.06	0.06	0.06
甘肃	0.05	0.03	0.03	0.03	0.03	0.03	0.03	0.03	0.03	0.03	0.03
青海	0.10	0.04	0.04	0.04	0.04	0.04	0.03	0.04	0.04	0.04	0.04
宁夏	0.04	0.02	0.02	0.02	0.02	0.02	0.02	0.03	0.03	0.03	0.03
新疆	0.05	0.02	0.02	0.02	0.02	0.02	0.02	0.02	0.02	0.02	0.02

表 9—15　　2010—2020 年劳动供给增长率设置（%）

地区	2010	2011	2012	2013	2014	2015	2016	2017	2018	2019	2020
北京	6.80	6.34	6.34	6.34	6.34	6.34	5.74	5.74	5.74	5.19	5.19
天津	3.55	3.31	3.31	3.31	3.31	3.31	3.00	3.00	3.00	2.71	2.71
河北	1.82	1.70	1.70	1.70	1.70	1.70	1.53	1.53	1.53	1.39	1.39
山西	2.00	1.86	1.86	1.86	1.86	1.86	1.68	1.68	1.68	1.52	1.52
内蒙古	1.50	1.40	1.40	1.40	1.40	1.40	1.26	1.26	1.26	1.14	1.14
辽宁	2.33	2.17	2.17	2.17	2.17	2.17	1.97	1.97	1.97	1.78	1.78
吉林	0.47	0.43	0.43	0.43	0.43	0.43	0.39	0.39	0.39	0.35	0.35
黑龙江	0.43	0.40	0.40	0.40	0.40	0.40	0.36	0.36	0.36	0.33	0.33
上海	3.34	3.12	3.12	3.12	3.12	3.12	2.82	2.82	2.82	2.55	2.55
江苏	3.66	3.41	3.41	3.41	3.41	3.41	3.09	3.09	3.09	2.79	2.79
浙江	4.40	4.10	4.10	4.10	4.10	4.10	3.71	3.71	3.71	3.36	3.36
安徽	1.06	0.99	0.99	0.99	0.99	0.99	0.90	0.90	0.90	0.81	0.81
福建	3.35	3.12	3.12	3.12	3.12	3.12	2.82	2.82	2.82	2.56	2.56
江西	1.86	1.73	1.73	1.73	1.73	1.73	1.57	1.57	1.57	1.42	1.42
山东	1.99	1.86	1.86	1.86	1.86	1.86	1.68	1.68	1.68	1.52	1.52

续前表

地区	2010	2011	2012	2013	2014	2015	2016	2017	2018	2019	2020
河南	0.97	0.90	0.90	0.90	0.90	0.90	0.82	0.82	0.82	0.74	0.74
湖北	2.95	2.75	2.75	2.75	2.75	2.75	2.48	2.48	2.48	2.25	2.25
湖南	1.68	1.56	1.56	1.56	1.56	1.56	1.41	1.41	1.41	1.28	1.28
广东	5.02	4.68	4.68	4.68	4.68	4.68	4.24	4.24	4.24	3.83	3.83
广西	1.51	1.41	1.41	1.41	1.41	1.41	1.27	1.27	1.27	1.15	1.15
海南	3.43	3.19	3.19	3.19	3.19	3.19	2.89	2.89	2.89	2.61	2.61
重庆	1.86	1.74	1.74	1.74	1.74	1.74	1.57	1.57	1.57	1.42	1.42
四川	1.57	1.46	1.46	1.46	1.46	1.46	1.32	1.32	1.32	1.19	1.19
贵州	1.71	1.59	1.59	1.59	1.59	1.59	1.44	1.44	1.44	1.30	1.30
云南	2.00	1.86	1.86	1.86	1.86	1.86	1.68	1.68	1.68	1.52	1.52
陕西	0.57	0.53	0.53	0.53	0.53	0.53	0.48	0.48	0.48	0.43	0.43
甘肃	1.93	1.80	1.80	1.80	1.80	1.80	1.63	1.63	1.63	1.48	1.48
青海	2.18	2.03	2.03	2.03	2.03	2.03	1.83	1.83	1.83	1.66	1.66
宁夏	2.39	2.23	2.23	2.23	2.23	2.23	2.02	2.02	2.02	1.83	1.83
新疆	2.47	2.31	2.31	2.31	2.31	2.31	2.09	2.09	2.09	1.89	1.89

模型模拟基准情景的结果显示，到2020年，各地区加总的全国GDP总量达到79.23万亿元（2002年不变价）。各地区2020年的GDP基本都比2010年时增加了一倍甚至更多，但各地区GDP总量的差距日益增大，广东、江苏、山东三省的GDP遥遥领先，分别位于中国地区GDP的前三强。

到2020年，各地区加总的全国CO_2排放量总量达到154.91亿吨，其中山东、河北、山西、内蒙古、辽宁、江苏、四川CO_2排放和能源消费增长较快。各地区CO_2排放强度和能源排放强度基本都有所下降（除了青海），到2020年，全国CO_2排放强度为1.96吨CO_2/万元GDP，比2002年下降了约30%（2002年不变

价)。其中，陕西、天津、内蒙古、安徽、福建、江苏、重庆等地区 CO_2 排放强度下降较快，但宁夏和山西的 CO_2 排放强度仍然明显高于其他地区。

2. 碳税政策情景

碳税政策情景包括同一碳税情景和差别碳税政策情景。同一碳税情景设置如下：各地区分别实行同一碳税，从 2013 年（后京都时代）开始征收。参考 OECD 对 30 个国家环境税收入占 GDP 的比重的研究并结合我国国情，来设置我国的两种同一碳税情景。

S1：碳税税率为 30 元/吨 CO_2；

S2：碳税税率为 60 元/吨 CO_2。

差别碳税从两个角度设置（以碳税税率 60 元/吨 CO_2 为基础）：一是减缓碳税影响的角度，二是促进区域协调发展的角度。

首先，碳税征收对不同经济体会带来不同的影响。征收碳税对经济影响的关系见图 9—11。

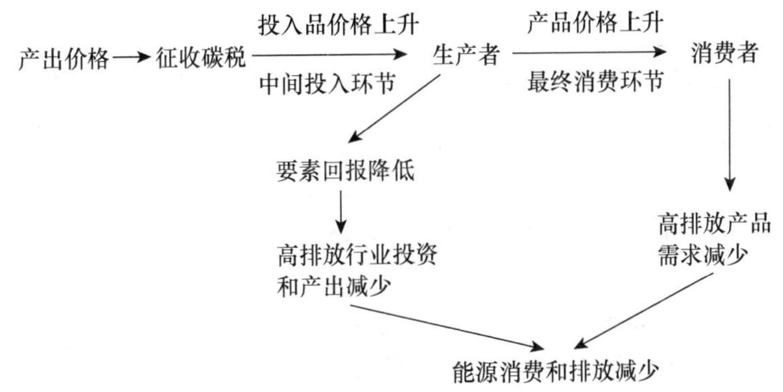

图 9—11　征收碳税对区域经济的影响关系

考虑到碳税对不同地区的影响不同，特别是对高耗能和高排放产业比重较高的地区带来的影响较大，因此，从减缓碳税影响的角度可以设置差别碳税。

其次，考虑到区域经济发展的差距，从区域协调发展角度，以

人均 GDP 为参考依据，可以设置差别碳税，以缓解区域差异的扩大（见表 9—16）。

表 9—16 差别碳税的情景设计

碳税税率	S3			S4		
	GDP 损失严重（50 元/吨）	GDP 损失较小（70 元/吨）	GDP 损失一般（60 元/吨）	人均 GDP 最低（50 元/吨）	人均 GDP 较高（70 元/吨）	人均 GDP 较低（60 元/吨）
对应地区	山西	北京	其他地区	新疆	上海	其他地区
	内蒙古	上海		青海	北京	
	吉林	江苏		海南	天津	
	黑龙江	福建		四川	江苏	
	山东	江西		江西	浙江	
	陕西	广西		安徽	广东	
	甘肃	重庆		广西	内蒙古	
	新疆			云南		
				甘肃		
				贵州		

注：S3 情景 GDP 损失情况对应的地区依据 S2 情景模拟后的结果设定，这里提前给出所对应地区，是为了方便与 S4 情景作对比。S4 情景人均 GDP 情况对应的地区是参照 2010 年《中国统计年鉴》的 GDP 和人口数据计算的人均 GDP 情况进行设定的。

二、同一碳税的模拟结果与分析

1. 减排效果

实行同一碳税后的减排效果见表 9—17。征收不同程度的同一碳税后，都产生了一定的减排量。2020 年全国的 CO_2 减排量在 S1 情景下为 13.44 亿吨，减排率为 7.89%；在 S2 情景下为 25.29 亿吨，减排率为 14.84%。

从空间上看，各地区的 CO_2 排放量和 CO_2 排放强度均趋于降低，但减排幅度存在空间差异。其中，河北、黑龙江、陕西、吉林、浙江、山西、新疆、甘肃、湖南、河南、山东等地区的减排率

较大，CO_2 排放强度下降也较快，并且随着碳税税率的提高，这种减排效果的差异性也越明显。

从时间角度看，碳税的征收并没有使 CO_2 减排量持续增加，这说明碳税的作用效果在减弱。在碳税实施初期，价格信号的冲击效果较为明显，但随着时间的推移，由于碳税金额不变，碳税的价格信号作用效果减弱。

表 9—17　同一碳税情景下的各地区 CO_2 减排率和排放强度降低率（%）

地区	S1				S2			
	2013		2020		2013		2020	
	减排率	CO_2 强度降低率	减排率	CO_2 强度降低率	减排率	CO_2 强度降低率	减排率	CO_2 强度降低率
北京	14.02	14.71	7.67	8.37	24.35	25.38	14.54	15.68
天津	13.74	13.27	7.86	7.63	24.16	23.26	14.88	14.39
河北	19.78	15.71	10.38	9.79	28.74	27.23	19.26	18.13
山西	17.28	12.91	8.76	7.78	25.91	22.83	16.48	14.69
内蒙古	14.96	11.18	6.77	5.65	22.33	19.23	12.73	10.66
辽宁	15.29	12.53	7.81	7.24	23.01	21.77	14.47	13.43
吉林	15.82	12.84	9.11	8.01	24.51	23.05	17.22	15.30
黑龙江	18.47	17.44	10.48	9.15	25.91	30.31	19.31	16.92
上海	11.75	11.46	5.20	5.58	18.26	19.80	9.56	10.20
江苏	10.61	10.31	4.92	5.30	17.00	18.14	9.20	9.84
浙江	15.94	13.53	9.74	9.25	23.71	23.31	17.76	16.94
安徽	13.52	13.45	8.23	8.32	24.16	23.88	15.62	15.66
福建	10.06	10.96	6.28	6.72	18.30	19.79	12.08	12.86
江西	13.28	13.42	8.18	8.45	23.21	23.31	15.25	15.65
山东	13.36	11.76	8.50	7.27	24.01	21.24	16.12	13.89
河南	14.70	14.37	8.96	8.64	25.80	25.29	16.89	16.34
湖北	13.18	13.43	7.91	8.08	23.56	23.87	15.01	15.27
湖南	13.76	13.41	8.81	8.48	24.76	23.99	16.84	16.15

续前表

地区	S1				S2			
	2013		2020		2013		2020	
	减排率	CO_2 强度降低率	减排率	CO_2 强度降低率	减排率	CO_2 强度降低率	减排率	CO_2 强度降低率
广东	11.04	11.86	6.57	6.66	19.37	20.76	12.23	12.38
广西	8.73	9.80	4.88	5.50	16.05	17.76	9.52	10.58
海南	1.77	2.41	2.06	2.33	2.96	4.07	3.95	4.41
重庆	8.31	9.73	4.13	5.86	15.10	17.51	7.91	11.12
四川	13.53	13.69	7.58	7.82	23.75	23.89	14.32	14.68
贵州	11.61	11.82	5.55	5.81	20.78	21.14	10.83	11.32
云南	13.91	14.04	7.80	8.02	23.85	23.98	14.53	14.84
陕西	17.40	16.32	10.13	9.20	29.86	28.41	18.59	17.21
甘肃	13.61	12.03	8.92	7.07	24.75	22.14	17.10	13.73
青海	14.27	14.71	8.26	8.70	26.07	26.79	16.21	16.93
宁夏	15.71	14.77	8.04	8.01	27.61	25.97	15.39	15.21
新疆	14.05	12.37	9.27	7.53	26.40	23.67	18.13	14.99
全国	13.36	13.24	7.89	7.66	23.56	23.29	14.84	14.42

2. 同一碳税对各地区 GDP 的影响

在同一碳税情景下，2020 年 S1 和 S2 情景下各地区加总的全国 GDP 损失分别为 0.23%和 0.49%。区域之间 GDP 变化存在差异（见图 9—12）。其中，山西、内蒙古、吉林、黑龙江、山东、陕西、甘肃、新疆地区的 GDP 损失较为显著。S1 情景下这些地区的 GDP 损失都在 1%以上，S2 情景下这些地区的 GDP 损失都在 2%以上。除此之外，河北、天津、辽宁、浙江、河南、湖南以及宁夏等地区的 GDP 也产生了一定的损失。

但并不是所有地区的 GDP 都会下降，北京、上海、江苏、福建、江西、广西、重庆这些地区的 GDP 产生了较明显的正面影响，广东、海南、湖北、四川、贵州、云南、安徽、青海地区的 GDP 也存在较小的正面影响。

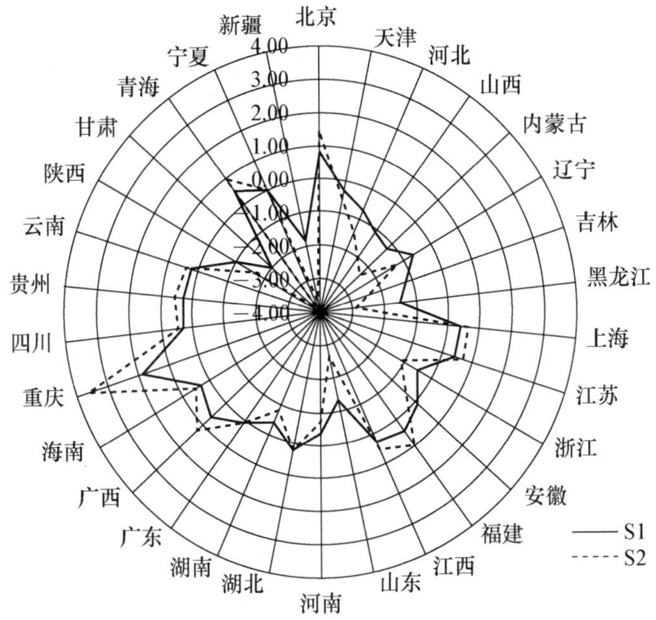

图 9—12　S1 和 S2 情景下各地区 GDP 变化率（%）

从 GDP 组成部分来看（见表 9—18），到 2020 年各地区加总的全国整体消费在 S1 情景下上升 0.47%，在 S2 情景下上升 0.84%。其中，河北、内蒙古、吉林、黑龙江、山东、青海地区的消费下降，其他地区的消费都有所上升，这主要是因为在模型中碳税收入最终主要用于政府支出，而政府支出带来了消费的增加。

尽管碳税没有造成整体消费的下降，但其对整体区域投资的影响却是下降的。全国整体投资在 S1 情景中下降 0.02%，在 S2 情景中下降 0.04%。其中黑龙江、湖南、天津、山东、安徽的投资下降最快。

全国整体净出口在 S1 情景中下降 3.10%，在 S2 情景中下降 6.23%。大部分地区表现为出口下降和进口上升，因为国内商品价格升高抑制了出口，而进口商品价格相对国产商品价格变低，促进

了进口增加，最终使净出口明显减少。但是北京、上海、福建、河南、广东、广西、海南、重庆、贵州、青海等地区的出口仍有略微增加，主要是由于这些地区的大部分地区经济实力较强，在其他地区出口下降时更能显现出其出口的比较优势。

在区域间商品调入调出方面，河北、山西、黑龙江、山东、河南、湖南、陕西、甘肃、新疆的净调出减少最快，由于经济成本上升较快，这些地区的调出相对减少或从其他地区调进更多的商品来满足本地区需要，从而使调入相对增加。而净调出相对增多的地区是北京、天津、上海、江苏、福建、广西等，这些地区大多是经济较为发达的地区，它们为其他地区的产品输入提供了重要保障。

通过以上分析可以发现，碳税对山西、内蒙古、吉林、黑龙江、山东、陕西、甘肃、新疆地区带来较大负面影响的原因主要是征收碳税使其成本上升、产出降低，导致投资减少，出口下降，进口显著增加（由于未对进口商品征收碳税，国内产品价格高于国际市场产品，促使进口增加），从其他地区的净调入增加。由于商品、资本和劳动可以在区域间自由流动，北京、天津、上海、江苏、福建、广西等地区凭借较强的经济实力、技术条件和要素集聚优势，减少从其他地区的调入，同时增加向其他地区的调出，从而使得GDP有一定程度的增长。西南地区尽管经济水平不十分发达，但大多数省份的能源密集型产业和高排放产业较少，因此部分省份的GDP也出现了一定的正向增长。

表 9—18　　同一碳税情景下 2020 年各地区 GDP 组成的变化（%）

地区	消费		投资		出口		进口		净出口		净调出	
	S1	S2	S1	S2	S1	S2	S1	S2	S1	S2	S1	S2
北京	0.58	1.05	0.00	0.00	0.15	0.23	1.29	2.55	−2.28	−4.55	1.12	2.13
天津	0.32	0.55	−0.11	−0.21	−0.19	−0.39	1.47	2.96	−1.25	−2.51	14.47	26.64
河北	−0.03	−0.14	−0.04	−0.07	−0.80	−1.65	1.32	2.83	−1.42	−2.95	−2.08	−4.32

续前表

地区	消费		投资		出口		进口		净出口		净调出	
	S1	S2	S1	S2	S1	S2	S1	S2	S1	S2	S1	S2
山西	0.10	0.14	−0.04	−0.08	−0.46	−0.92	1.23	2.57	−6.52	−13.45	−12.37	−24.37
内蒙古	−0.12	−0.18	0.03	0.06	−1.79	−2.59	2.32	4.74	−6.12	−10.29	−1.32	−3.61
辽宁	0.30	0.51	−0.03	−0.05	−0.61	−1.26	2.61	5.63	−2.22	−4.70	−0.85	−0.99
吉林	−5.05	−9.59	−0.05	−0.09	−0.38	−0.88	1.52	3.09	−2.22	−4.73	−2.46	−4.66
黑龙江	−1.10	−2.19	−0.26	−0.49	−0.73	−1.23	0.54	1.09	−1.00	−1.73	−15.01	−32.48
上海	1.08	1.99	−0.01	−0.01	0.13	0.29	2.42	4.85	−2.01	−3.96	7.87	15.09
江苏	0.78	1.43	0.00	0.01	−0.01	−0.02	1.99	4.04	−1.72	−3.45	9.51	18.11
浙江	0.30	0.53	−0.03	−0.06	−0.41	−0.78	2.11	4.25	−1.08	−2.12	−1.17	−3.97
安徽	0.15	0.19	−0.09	−0.17	−0.25	−0.49	2.28	4.54	−0.86	−1.69	1.32	1.80
福建	0.76	1.41	0.04	0.07	0.28	0.58	2.19	4.34	−0.41	−0.79	4.42	8.64
江西	0.56	0.98	0.01	0.01	−0.21	−0.44	2.20	4.40	−2.48	−5.01	0.35	0.46
山东	−0.04	−0.12	−0.10	−0.19	−0.39	−0.85	0.95	2.19	−1.44	−3.21	−5.37	−10.19
河南	0.58	1.04	−0.01	−0.02	0.40	0.69	1.87	3.82	−0.10	−0.38	−3.22	−5.86
湖北	0.16	0.26	0.01	0.01	−0.27	−0.55	2.55	5.24	−117	−241	−0.19	−0.51
湖南	0.03	−0.04	−0.17	−0.33	−1.18	−2.33	1.97	3.95	−3.18	−6.32	−2.19	−4.84
广东	2.09	3.81	0.01	0.02	0.33	0.68	1.32	2.68	−2.18	−4.34	0.39	0.91
广西	0.98	1.80	0.02	0.04	0.03	0.09	2.15	4.20	−0.74	−1.40	5.95	10.70
海南	0.57	1.02	0.01	0.01	0.49	1.00	1.58	3.01	−0.24	−0.33	0.68	1.18
重庆	0.41	0.78	0.00	0.00	0.06	0.24	1.17	2.33	−1.18	−2.34	1.17	2.25
四川	0.46	0.81	−0.01	−0.02	−0.43	−0.86	2.00	4.06	−2.33	−4.71	0.61	1.00
贵州	0.38	0.66	0.01	0.02	0.38	0.76	2.36	4.72	−3.10	−6.21	1.04	1.84
云南	0.37	0.65	−0.06	−0.12	−0.90	−1.67	2.29	4.59	−6.25	−12.39	0.51	0.84
陕西	0.36	0.70	−0.01	−0.02	−0.84	−1.53	1.87	3.84	−14.91	−29.55	−2.34	−3.77
甘肃	0.09	0.05	−0.03	−0.05	−0.44	−1.12	1.67	3.43	−8.05	−17.17	−23.87	−45.36
青海	−0.45	−0.95	−0.01	−0.02	0.65	1.05	1.23	2.37	−1.31	−2.56	1.77	3.30
宁夏	0.19	0.29	0.00	−0.01	−2.28	−4.66	1.76	3.58	−9.73	−19.80	−0.38	−0.64
新疆	0.03	0.03	−0.10	−0.16	−0.49	−1.37	2.29	4.65	−9.80	−20.91	−13.33	−27.90
全国	0.47	0.84	−0.02	−0.04	−0.07	−0.12	1.57	3.18	−3.10	−6.23	0.00	0.00

在征收同一碳税后，各地区GDP损失最大的往往是不发达地区或中等发达地区，而受益地区是经济较为发达的沿海地区，这在一定程度上扩大了区域经济差距。图9—13为模拟的2020年同一碳税情景下的区域人均GDP的变异系数，可以看出，随着碳税税率的提高，区域经济差距也在扩大。

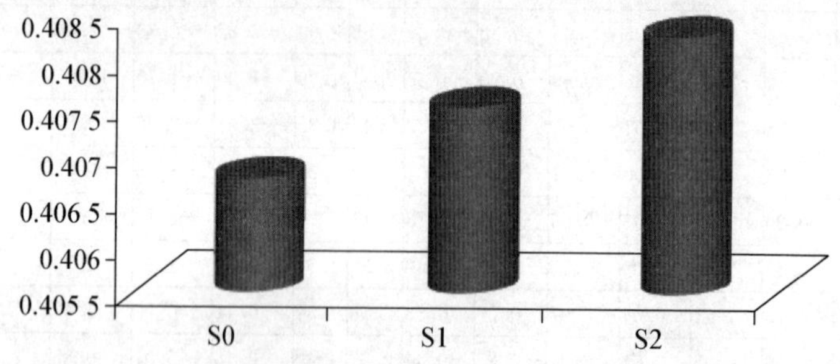

图9—13　同一碳税情景下2020年区域人均GDP的变异系数

3. 同一碳税对产业结构的影响

征收碳税会带来产品价格上涨、产量降低，并通过产业间投入产出关联和生产要素替代，进而影响各个产业的产品价格和产量。从全国来看，征收碳税将使得能源开采部门和能源需求较大的产业出现明显的产量下降，煤炭石油天然气开采业和高排放产业的产量在S1情景下分别下降12.120%和2.17%，在S2情景下分别下降22.69%和4.01%；其他第二产业和第一产业的产量也有一定程度的下降（见图9—14）。这表明碳税将促使产业结构朝着低碳经济方向转变。与产量变化相对应，除第一产业以外，其他产业的产品价格均有所升高，其中，煤炭石油天然气开采业的价格上升最快（见图9—15）。

煤炭石油天然气开采业和高排放产业在产量明显下降的同时，其产出份额在区域之间也将发生一定程度的空间转移（见表9—19）。就煤炭石油天然气开采业而言，在征收同一碳税后，煤炭资源丰富的山西、内蒙古、山东、河南、陕西的份额下降明显；河

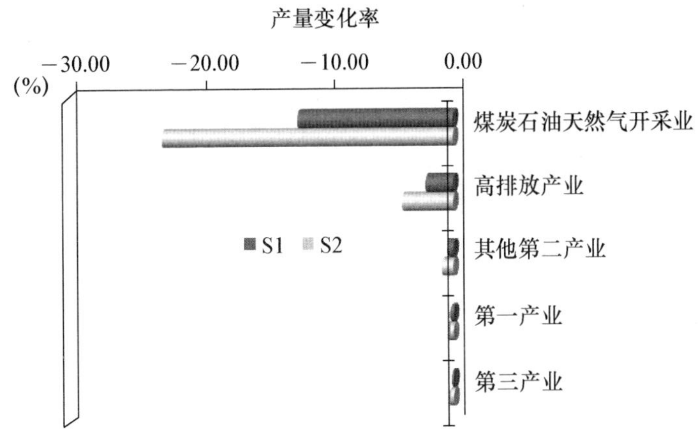

图 9—14 同一碳税情景下 2020 年各部门产量变化

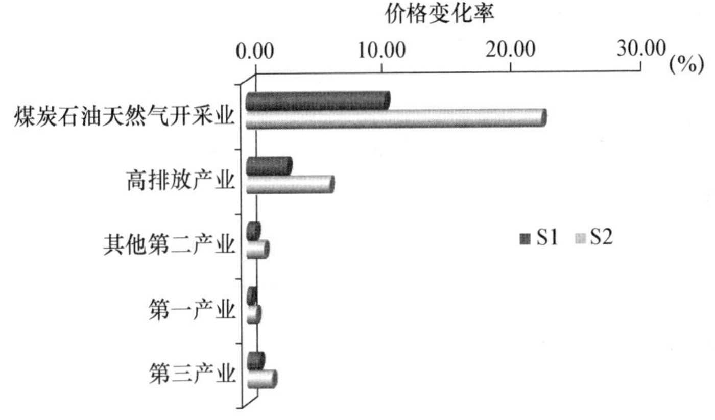

图 9—15 同一碳税情景下 2020 年各部门价格变化

北、辽宁、黑龙江、北京、广东、新疆的份额略有下降；而重庆、江苏、上海、湖南、四川的份额上升明显，其他地区份额略有升高。就高排放产业而言，在征收同一碳税后，河北、辽宁、吉林、黑龙江、浙江、山东、甘肃的份额下降较多，北京、湖南、广东、陕西、新疆的份额也有一定程度的降低；而江苏、重庆、福建、内蒙古的份额上升明显；其他地区的份额略有上升。总体上看，西北

和华北地区的能源开采产业，以及华北、东北和部分西北地区的高排放产业会向经济技术条件较好或具有产业优势的其他地区转移。随着碳税税率的提高，产业的空间转移效果更加明显。

表 9—19　　在同一碳税情景下 2020 年重点产业的份额变化（%）

地区	煤炭石油天然气开采业		高排放产业	
	S1－S0	S2－S0	S1－S0	S2－S0
北京	－0.07	－0.13	－0.02	－0.04
天津	0.00	－0.01	0.01	0.02
河北	－0.04	－0.09	－0.10	－0.20
山西	－0.16	－0.32	0.00	0.00
内蒙古	－0.19	－0.38	0.08	0.15
辽宁	－0.03	－0.06	－0.06	－0.12
吉林	0.05	0.10	－0.08	－0.14
黑龙江	－0.08	－0.16	－0.06	－0.11
上海	0.09	0.18	0.04	0.08
江苏	0.14	0.29	0.27	0.50
浙江	0.03	0.07	－0.14	－0.24
安徽	0.10	0.20	0.00	0.00
福建	0.03	0.05	0.05	0.10
江西	0.03	0.05	0.00	0.00
山东	－0.18	－0.36	－0.14	－0.30
河南	－0.17	－0.35	0.03	0.05
湖北	0.01	0.03	0.03	0.05
湖南	0.16	0.31	－0.04	－0.08
广东	－0.08	－0.17	－0.01	－0.01
广西	0.02	0.03	0.04	0.07
海南	0.00	0.01	0.00	0.01
重庆	0.23	0.47	0.13	0.25
四川	0.11	0.23	0.06	0.10

续前表

地区	煤炭石油天然气开采业		高排放产业	
	S1－S0	S2－S0	S1－S0	S2－S0
贵州	0.08	0.16	0.02	0.03
云南	0.00	0.00	0.01	0.01
陕西	－0.10	－0.20	－0.03	－0.05
甘肃	0.02	0.04	－0.07	－0.13
青海	0.00	0.01	0.02	0.04
宁夏	0.02	0.04	0.00	0.00
新疆	－0.02	－0.05	－0.02	－0.03

三、差别碳税的模拟结果与分析

1. 减排效果

在差别碳税（S3 和 S4）情景下，各地区加总的全国 CO_2 减排率和 CO_2 强度降低率与 S2 情景基本相当（减排率 S2：14.84％，S3：13.78％，S4：14.45％；强度降低率 S2：14.84％，S3：13.78％，S4：14.45％），但不同地区的变化趋势不同（见表 9—20）。在 S3 情景下，从整体上看，各地区的减排率在 S3 情景下有所收敛。山西、内蒙古、吉林、黑龙江、山东、陕西、甘肃、新疆等地区减排率与 S2 情景相比有明显的降低；河北、天津和青海也在周边地区的带动作用下减排率明显减少；与之相反，北京、上海、江苏、福建、江西、广西、重庆地区的减排率则有所升高。在 S4 情景下，人均 GDP 水平较低的新疆、青海、海南、四川、江西、安徽、广西、云南、甘肃、贵州地区的减排率与 S2 情景相比有所降低，而人均 GDP 水平较高的上海、北京、天津、江苏、浙江、广东、内蒙古地区的减排率则有所升高。这说明，差别碳税可以在整体减排水平基本不变的情况下使得碳减排效果发生一定程度的空间转移。

表 9—20　　在差别碳税情景下各地区 CO_2 减排率和排放强度降低率（%）

地区	S3				S4			
	2013		2020		2013		2020	
	减排率	CO_2 强度降低率	减排率	CO_2 强度降低率	减排率	CO_2 强度降低率	减排率	CO_2 强度降低率
北京	25.31	25.98	14.96	15.77	26.33	27.14	15.82	16.80
天津	22.96	21.85	13.77	13.16	26.11	24.73	16.02	15.26
河北	27.04	25.50	18.00	16.81	28.97	27.43	19.43	18.30
山西	22.56	20.56	14.10	13.02	25.89	22.88	16.47	14.74
内蒙古	18.83	16.78	10.53	9.26	25.62	22.00	14.82	12.40
辽宁	22.40	20.88	14.11	12.86	23.05	21.87	14.49	13.51
吉林	21.08	20.11	14.68	13.27	24.62	23.18	17.31	15.41
黑龙江	21.75	20.10	15.78	14.17	26.07	23.82	19.40	17.02
上海	18.95	20.15	10.03	10.50	19.59	21.01	10.45	11.02
江苏	17.73	18.56	9.57	10.02	18.42	19.37	10.05	10.59
浙江	22.63	22.22	16.83	16.02	25.11	24.51	19.06	18.04
安徽	23.55	23.25	15.07	15.07	22.34	22.21	14.52	14.68
福建	18.30	19.60	11.91	12.58	18.18	19.69	12.08	12.87
江西	24.39	24.11	15.85	15.98	21.69	22.07	14.39	14.98
山东	20.40	18.31	13.54	11.84	24.07	21.34	16.16	13.96
河南	24.96	24.29	16.21	15.54	25.76	25.22	16.86	16.31
湖北	22.72	22.93	14.40	14.57	23.62	23.90	15.06	15.30
湖南	23.96	23.20	16.19	15.51	24.99	24.20	17.04	16.33
广东	18.65	19.87	11.70	11.79	20.33	21.53	13.16	13.19
广西	18.64	19.84	11.14	11.86	14.33	16.26	8.46	9.67
海南	3.29	4.27	4.05	4.46	1.69	2.90	2.90	3.44
重庆	16.92	18.27	8.76	10.37	15.05	17.27	7.85	10.84
四川	23.39	23.41	13.96	14.19	20.49	20.98	12.18	12.83
贵州	20.65	20.83	10.75	11.05	17.26	18.17	8.90	9.84

续前表

地区	S3				S4			
	2013		2020		2013		2020	
	减排率	CO_2强度降低率	减排率	CO_2强度降低率	减排率	CO_2强度降低率	减排率	CO_2强度降低率
云南	23.97	24.03	14.55	14.79	21.42	21.69	13.02	13.46
陕西	25.94	24.99	15.69	14.79	29.87	28.33	18.53	17.08
甘肃	21.29	19.57	14.53	12.24	21.22	19.78	14.60	12.48
青海	23.95	24.65	14.64	15.31	23.66	24.66	14.86	15.70
宁夏	27.28	25.36	15.14	14.71	27.42	25.76	15.31	15.08
新疆	22.64	21.12	15.40	13.40	22.78	21.39	15.56	13.64
全国	22.01	21.77	13.78	13.40	23.40	23.11	14.89	14.45

2. 差别碳税对各地区GDP的影响

在差别碳税情景下，到2020年S3和S4情景下各地区加总的全国GDP损失分别为0.44%和0.50%。各地区的GDP影响与同一碳税情景不同（见表9—21）。

表9—21　2020年差别碳税情景下各地区的GDP及其组成部分的变化情况（%）

情景	区域	GDP	消费	投资	出口	进口	净出口	净调出
S3	东北	−0.68	0.09	−0.01	−0.34	1.38	−3.61	−1.22
	京津	−0.53	−0.53	0.00	−0.53	−0.53	−5.42	1.50
	北部沿海	−1.29	0.07	−0.02	−0.88	1.06	−3.32	−7.39
	华东沿海	−0.01	0.61	0.01	−0.07	1.36	−3.27	9.11
	南部沿海	0.43	0.68	0.04	0.48	1.27	−4.26	16.25
	中部	−0.86	0.09	−0.01	−0.65	1.09	−6.82	−13.12
	西北	−0.63	−0.63	0.01	−0.63	−0.63	−4.30	−4.83
	西南	−0.03	0.58	0.02	−0.41	1.06	−2.49	−0.28
	全国	−0.37	0.36	0.00	−0.01	1.23	−5.42	0.00

续前表

情景	区域	GDP	消费	投资	出口	进口	净出口	净调出
S4	东北	−0.89	0.00	−0.02	−0.43	1.58	−4.24	−1.66
	京津	−0.04	0.46	0.00	−0.09	0.96	−6.41	2.00
	北部沿海	−2.12	−0.20	−0.03	−1.30	0.96	−4.13	−12.89
	华东沿海	0.01	0.67	0.01	−0.05	1.61	−3.79	11.01
	南部沿海	0.43	0.70	0.04	0.52	1.44	−5.01	18.30
	中部	−1.16	0.00	−0.02	−0.98	1.20	−8.72	−16.87
	西北	0.31	0.38	0.02	0.97	2.23	−3.96	11.44
	西南	0.48	0.86	0.02	0.35	1.29	−2.20	1.32
	全国	−0.44	0.39	0.00	−0.02	1.43	−6.30	0.00

以2020年为例，在S3情景下，山西、内蒙古、吉林、黑龙江、山东、陕西、甘肃、新疆地区的GDP损失与S2情景相比明显变小。其中，山西、内蒙古、黑龙江、甘肃、新疆地区GDP损失的减少都在1%以上，吉林、山东、陕西地区的GDP损失的减少都在0.6%以上。而北京、上海、江苏、福建、江西、广西、重庆地区GDP的正面影响与S2情景相比有所减小。尽管如此，这些地区GDP与S0相比仍是正向的影响，只是增长幅度降低了。

在S4情景下，人均GDP水平较低的新疆、青海、海南、四川、江西、安徽、广西、云南、甘肃、贵州地区的GDP损失率与S2情景相比有所降低，而人均GDP水平较高的上海、北京、天津、江苏、浙江、广东、内蒙古地区的GDP的正面影响与S2情景相比则有所减少（或GDP损失率有所升高）。

导致GDP影响出现变化的原因主要是：由于实施差别碳税，碳税税率低的地区（S3情景为山西、内蒙古、吉林、黑龙江、山东、陕西、甘肃、新疆地区，S4情景为新疆、青海、海南、四川、江西、安徽、广西、云南、甘肃、贵州地区），与S2情景相比，其消费、投资和净出口与净调出降低幅度减少（或略有增

加），GDP损失有所降低或促进了正面增长。对于碳税税率高的地区来说（S3情景为北京、上海、江苏、福建、江西、广西、重庆地区，S4情景为上海、北京、天津、江苏、浙江、广东、内蒙古地区），情形正好相反。与S2情景相比，这些地区的消费、投资、净出口和净调出基本上都趋于减少，因此GDP影响幅度有所扩大。

差别碳税将使得区域发展格局发生新的变化。在S3情景下，各地区的GDP损失差距形成收敛的格局。S4情景使得西部地区的GDP损失明显减小，但对人均GDP水平较高但煤炭资源丰富的内蒙古地区则带来了较大的损失。总体来看，各地区GDP损失差距收敛效果略低于S3情景。通过计算人均GDP变异系数，可以进一步看出区域之间的经济差距变化，如图9—16所示。实行差别碳税与实行同一碳税相比可使得整个区域间经济差距有所收敛，人均GDP变异系数变小。

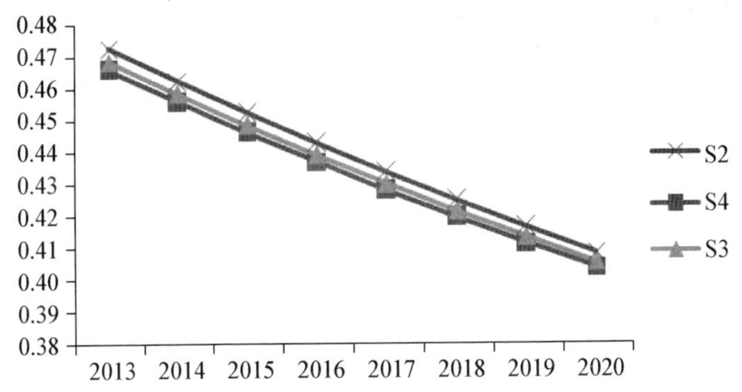

图9—16　同一碳税和差别碳税情景下区域人均GDP的变异系数比较

3. 差别碳税对产业结构的影响

在S3情景下，与S2情景相比，所有产业的价格上升幅度都有所下降，产量下降幅度也都有所减少。在S2情景下产量明显下降的煤炭石油天然气开采业，在S3情景下，其产量下降幅度回升了

3%。高排放产业和其他第二产业的产量下降幅度在S3情景下也有小幅度提升。在S4情景下，与S2情景相比，煤炭、石油、天然气开采业的产量回升十分有限，高排放产业和其他第二产业的产量则表现出小幅度的下降。除煤炭石油天然气开采业外，其余产业的价格进一步上升（见图9—17和图9—18）。

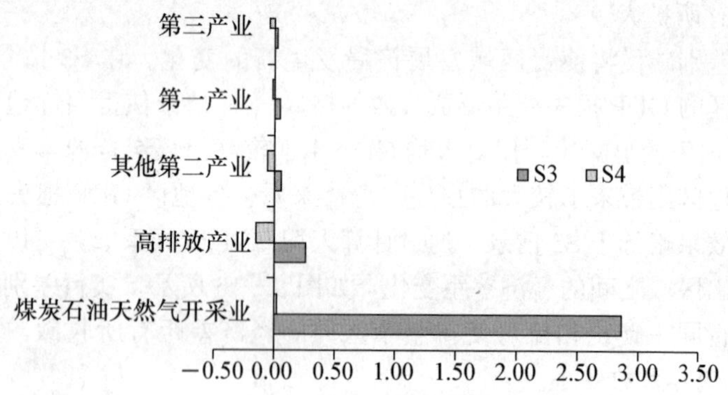

图9—17　S3和S4情景与S2情景相比2020年各部门的产量变化

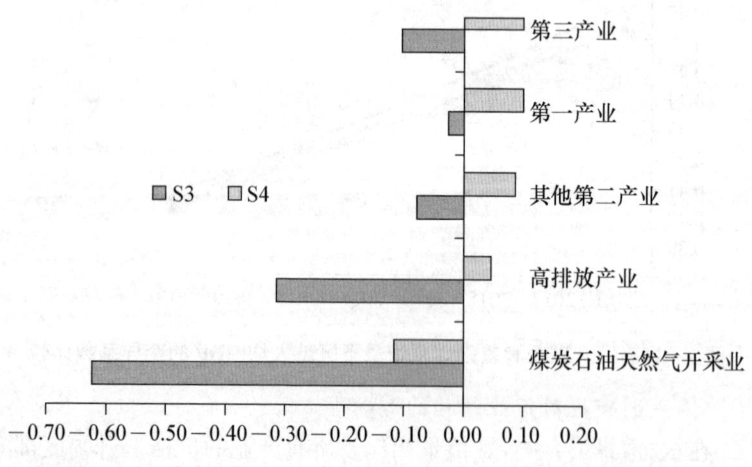

图9—18　S3和S4情景与S2情景相比2020年各部门的价格变化

差别碳税情景下产业份额与同一碳税情景相比也发生了变化

（见表9—22）。就煤炭石油天然气开采业而言，在S3情景下，与S2情景相比，碳税税率较低的山西、内蒙古、黑龙江、吉林、山东、陕西、甘肃、新疆这些煤炭资源丰富地区的份额有所增加，而北京、天津、河北、辽宁、江苏、河南、广东、重庆、四川这些地区的份额下降较为明显。在S4情景下，与S2情景相比，碳税税率较低的新疆、青海、甘肃、辽宁、四川、江西、安徽、广西、云南、贵州这些不发达地区的份额有所增加，另外，山东、黑龙江、河北、山西地区的份额也出现增长趋势，其他地区的份额有所减少。就高排放产业而言，在S3情景下，与S2情景相比，碳税税率较低的山西、内蒙古、黑龙江、吉林、山东、陕西、甘肃、新疆，以及河北、浙江、山东等这些工业较发达的地区份额有所增加，其他大部分地区的份额有所降低。在S4情景下，与S2情景相比，碳税税率较低的新疆、甘肃、四川、江西、安徽、广西、云南、吉林、辽宁、贵州，以及山东、河北、河南这些工业基础较好的地区的份额有所增加，碳税税率较高的发达地区份额有所减少，特别是长三角地区。总之，在差别碳税情景下，碳税税率较低的地区的产业份额下降趋势有所缓和，或上升趋势有所增加，碳税税率较高的地区情形正好相反。特别是西北和华北地区的能源开采产业，以及华北、东北和部分西北地区的高排放产业向其他地区转移的趋势有所缓和。

表9—22　　　差别碳税情景下2020年重点产业的份额变化（%）

地区	煤炭石油天然气开采业		高排放产业	
	S3－S2	S4－S2	S3－S2	S4－S2
北京	－0.10	－0.06	－0.02	－0.02
天津	－0.14	－0.21	0.00	－0.01
河北	－0.16	0.01	0.01	0.01
山西	0.25	0.03	0.01	0.00
内蒙古	0.05	－0.14	0.01	－0.03
辽宁	－0.23	0.02	－0.02	0.01
吉林	0.01	0.00	0.04	0.01

续前表

地区	煤炭石油天然气开采业		高排放产业	
	S3－S2	S4－S2	S3－S2	S4－S2
黑龙江	0.21	0.01	0.02	0.00
上海	－0.06	－0.03	－0.02	－0.01
江苏	－0.21	－0.11	－0.08	－0.02
浙江	－0.01	－0.01	0.01	－0.05
安徽	－0.06	0.10	0.00	0.01
福建	－0.01	0.00	－0.02	0.00
江西	－0.04	0.03	－0.01	0.01
山东	1.09	0.08	0.14	0.02
河南	－0.28	－0.03	－0.01	0.01
湖北	－0.02	0.00	－0.01	0.00
湖南	－0.09	0.00	0.00	0.00
广东	－0.26	－0.44	－0.02	－0.06
广西	－0.02	0.01	－0.02	0.01
海南	0.00	0.00	0.00	0.00
重庆	－0.13	－0.02	－0.05	0.00
四川	－0.12	0.18	－0.01	0.03
贵州	－0.03	0.04	0.00	0.01
云南	－0.02	0.05	0.00	0.00
陕西	0.13	－0.02	0.02	0.00
甘肃	0.01	0.02	0.03	0.04
青海	－0.02	0.02	0.00	0.00
宁夏	－0.02	0.00	0.00	0.00
新疆	0.29	0.48	0.01	0.01
全国	0.00	0.00	0.00	0.00

四、结论与讨论

本节应用基于动态多区域 CGE 模型的中国能源—环境—区域经济模型，以碳税为例，动态模拟了低碳经济时代实施碳税政策对中国区域发展格局演进的影响。主要的研究结论可概括如下：

（1）征收碳税将导致能源开采产业和高排放产业出现明显的产量下降，促使产业结构朝着低碳经济方向转变。在同一碳税情景下，西北和华北地区的能源开采产业，以及华北、东北和部分西北地区的高排放产业会向经济技术条件较好或具有产业优势的其他地区转移。在差别碳税情景下，碳税税率较低的地区产业份额减少趋势有所缓和，碳税税率较高的地区情形正好相反。

（2）如果实施同一碳税政策，碳税对各地区 GDP 的影响将会导致区域间经济差距有所扩大。山西、内蒙古、吉林、黑龙江、山东、陕西、甘肃、新疆等地区由于能源密集型产业和高排放产业的比重较大，征收碳税将带来其生产成本明显增加，导致 GDP 损失较大。北京、天津、上海、江苏、福建等地区凭借较强的经济实力和产品竞争优势与要素集聚优势，出口和向其他地区的净调出趋于增加，对 GDP 具有正向促进作用。因此，同一碳税政策将进一步加剧区域发展的不平衡。

（3）差别碳税可使得 GDP 影响发生一定程度的空间转移。与同一碳税情景相比，碳税税率较低的地区的消费、投资、净出口、净调出的减少幅度下降，GDP 损失有所减少；对于碳税税率较高的地区，GDP 损失增加（或受益减少）。在差别碳税情景下，区域间人均 GDP 的差异趋于缩小。这说明差别碳税政策可以在一定程度上缓解区域间经济差异的扩大。

（4）按碳税损失程度设计的差别碳税对地区 GDP 损失差距的收敛效果要大于单纯按人均 GDP 大小设计的差别碳税。从整体产量损失和经济损失角度来看，前者的损失要小于后者，而且前者较能体现出减排的公平性。

以上模拟结果表明，区域发展的不平衡和产业结构的地域差异使得中国在低碳发展时代将面临更加复杂的局面。制定低碳经济政策时应考虑到区域差异和经济发展不平衡，针对各个区域的资源禀赋、产业结构、经济发展水平，制定差异化的低碳经济政策，让发达地区多承担责任，适当减轻欠发达地区的负担，与此同时，也要促使欠发达地区提高技术水平和产业竞争力。差异化的低碳经济政策可以考虑多种方式，可以考虑在征税环节直接实行差别环境税（如此处研究的差别碳税），或在实行同一环境税的同时，从环境税收中给予欠发达地区适当的经济补贴，建立区域间生态补偿机制等。

实施差异化的碳税政策，还要注意碳税税率较高的经济发达地区与碳税税率较低的欠发达地区之间可能出现的碳排放转移。因此，差异化的碳税政策需要相关辅助措施作为配套，并随着时间的推移不断调整差异税率，处理好公平和效率的关系，使中国走上低碳发展和区域经济协调的双赢之路。

第四节　碳税还是碳交易?

一、研究背景

一直以来，关于应该采取碳税还是碳交易的争论不断。在完全竞争、完全信息和零交易费用的条件下，碳税和碳排放交易机制可以达到相同的政策效果，两者可以相互替代，只要将价格或者排放上限确定在边际减排成本与边际减排收益相等处即可。但现实世界里完全竞争、完全信息、零交易成本的假设很难满足，碳税和碳排

放交易机制的政策效果并不相同。因此，究竟是应该选择碳税还是碳排放交易，学术界还存在着分歧。从国际碳减排的实践看，既存在着实施碳税的国家和地区，也存在着实施碳排放交易机制的国家和地区，近年来还出现了将二者结合起来实施复合政策的国家和地区。如丹麦、芬兰、荷兰、挪威等国在开征碳税之后又加入了欧盟排放交易计划（EU ETS）。由于欧盟排放交易计划只覆盖了碳排放最突出的工业部门，瑞典对于没有参加欧盟排放交易计划的部门征收碳税。当前，碳税与碳交易相结合的复合政策大有成为潮流之势。由于碳交易以及碳税与碳交易相结合的复合政策仍然是新生事物，对于欧美国家的经验是否适用于中国和其他国家，还需要进一步研究。

为了实现2020年的碳减排目标，我国已经实施了6+1碳交易试点政策，即将于2017年启动全国碳交易市场。利用单一的碳交易政策来实现2020年减排目标会存在哪些问题，是否需要其他政策予以互补，以提高减排效率等问题仍然需要学界的回答。

在我国，节能减排政策究竟应该选择碳税还是碳排放交易机制，政策研究部门和业界人士也存在着分歧，但是学术研究相对滞后。不少学者分别对碳税和碳交易的经济影响、减排效果和减排成本进行了实证分析（Zhang，1998；苏明等，2011；曹静，2009；周晟吕等，2011；袁永娜等，2012），但是鲜有将两者联系起来、置于统一的框架下进行的比较研究。即使少数学者曾探讨过碳税和碳交易的政策选择问题，但局限于概念和定性的探讨（曾明等，2010；付强和黄毅，2010；许光，2011），缺乏基于模型的实证研究和定量分析，远不能满足为我国减排政策的制定提供理论支撑的需要。

为此，基于2007年投入产出表构建的全国动态CGE模型的中国能源—经济—环境政策模型，通过设计单一碳税、单一碳排放交易以及两者相结合的复合政策情景，模拟分析不同减排政策选择的减排效果、经济影响及减排成本，比较分析碳税和碳排放

交易以及复合政策的优劣，能够为我国减排政策的制定提供理论依据和科学参考。

二、情景设计

1. 基准情景设计

基准情景设计与本章第二节相同。

2. 单一碳税情景（TS）

碳税情景主要涉及碳税的征收范围和征收方式、碳税的开征时间、碳税税率以及碳税收入应该如何使用等问题。

碳税的征收范围：《京都议定书》涉及的温室气体有六种。由于我国 CO_2 排放占温室气体排放的比重接近 80%，而化石燃料燃烧产生的 CO_2 排放占到了 CO_2 排放总量的 90%，化石燃料燃烧产生的 CO_2 排放相对集中和易于计量，因此，在碳税开征之初主要是针对化石燃料燃烧产生的 CO_2 排放征收碳税。

碳税的征收方式：在生产环节征税有利于税收的征管和从源头控制，本章采用对生产环节征税的方式，针对煤炭、石油、天然气的开采及加工精炼行业征收碳税，采取从量计税的方式。由于实际的 CO_2 排放很难直接监测，通常采取估算的方式，以化石燃料的 CO_2 排放系数作为排放量估算依据。

碳税的开征时间：根据“巴厘岛路线图”达成的协议，2012 年后要求发展中国家采取可测量、可报告、可核实的适当减排行动。从国内情况来看，开征碳税存在着和其他相关化石能源税种相协调的问题，应该抓住我国费改税和资源税改革的契机。因此，2013 年是较为合适的开征时间，每年保持相同税率。

碳税税率：考虑到实施碳税可能对中国企业造成的负担以及对中国产品国际竞争力的影响，碳税实施之初税率水平不宜过高。参考国际市场上 CDM 平均价格从 2004 年的 3.1 欧元到 2011 年的 14.8 欧元，本研究设置 40 元/吨 CO_2 的税率水平进行模拟。

碳税收入使用：保持税收中性，并将碳税作为降低企业间接税。

3. 单一碳排放交易机制情景（CS）

碳排放交易机制情景主要涉及碳交易机制开始实施的时间、全国的减排目标与路径、机制覆盖范围、碳排放许可的初始分配方式以及碳排放许可拍卖收入的使用等问题。

碳排放交易机制的实施时间：2010年10月《国务院关于加快培育和发展战略性新兴产业的决定》提出要建立和完善主要污染物和碳排放交易制度。十二五规划也提出“逐步建立碳排放交易市场”，并首次以政策文件形式对“碳排放交易”给出明确的实施时间。2011年4月国家发展和改革委员会官员表示，将在北京、重庆、上海、天津、湖北和广东展开碳交易试点，希望能在2013年前开展碳交易试点，2015年扩大到全国范围。本章设定的碳交易开始实施时间为2013年。

减排目标与路径：我国提出的减排目标为2020年碳排放强度比2005年降低40%～45%。根据十二五规划，未来五年内单位GDP能耗需降低16%，单位GDP的二氧化碳排放需降低17%。本章设定的减排目标为2015年碳排放强度比2010年降低17%，2020年碳排放强度比2005年降低40%。考虑到减排难度将会越来越大，本章设定的减排路径为碳排放强度逐年降低率相同，也即：2013—2015年间碳排放强度降低率相同，以达到2015年减排目标；2016—2020年间碳排放强度降低率相同，以达到2020年减排目标。

机制覆盖范围：主要包括参与交易的温室气体、行业和区域三个方面。本章设定的碳排放交易机制主要覆盖化石燃料燃烧产生的CO_2排放。与征收碳税相比，碳排放交易机制覆盖到排放源，碳排放量可测量、可报告、可核查（MRV）的要求较高。考虑到MRV成本问题，碳排放交易机制的覆盖范围通常是排放量大而集中、MRV成本较低的行业。本章设定的机制覆盖行业为：火力发电供

应业、热力生产供应业、黑色金属冶炼压延加工业、非金属制造业（主要为水泥、石灰和石膏制造业）、化学原料及制品制造业共5个行业，这5个行业的排放量占排放总量的72.4%。覆盖区域为全国。

碳排放许可的初始分配方式：碳排放许可的初始分配方式主要有三种：拍卖、免费发放和收费制。免费发放的分配方式需要确定免费发放的标准，目前主要有祖父制、以产出为基础的分配方式、基准等。有学者认为拍卖并将收入用于再循环方式的效率较高（Jensen et al.，2000；Edwards et al.，2001；Fischer et al.，2007）。本章采取拍卖方式并将拍卖收入用于再循环。

碳排放许可拍卖收入用途：考虑到碳排放交易机制只是覆盖部分行业，这些行业受到的冲击较大，从公平角度考虑，本研究将碳排放许可拍卖收入用于降低机制覆盖行业的间接税，以减小机制覆盖行业受到的负面影响。

4. 复合政策情景（CTS）

复合政策情景为碳排放交易机制与适度碳税相结合。碳税从源头征收，也即从化石能源的生产端征收，税率为20元/吨CO_2，开始征收时间为2013年。由于税率相对较低，对居民、企业的影响相对较小，碳税税收作为政府收入使用。

碳排放交易机制的实施时间、覆盖范围、减排目标的设定与前述的单一碳排放交易机制情景相同。由于在实施排放交易机制的同时征收碳税，在减排任务目标设置较低的某些年份，单一碳税可能就可以完成减排任务，此时碳排放许可的稀缺性就难以保证。如果不设定碳排放许可价格的下限，模型内生得出的碳排放许可价格可能为负值，与现实不符。因此，本章设定碳排放许可价格的下限为零，此时碳税的作用可能会超额完成减排任务，使得原先设定的减排路径发生一定的偏离。

三、模拟结果

1. 不同减排政策情景的减排效果

从2020年的碳排放强度看，TS情景相对2005年下降了35.33%，未能实现我国2020年的减排目标；而CS和CTS情景均实现了相对2005年下降40%的目标（见表9—22）。从时间发展看，三种政策情景下CO_2减排率均逐步上升（见图9—19）。2013—2020年，TS、CS、CTS的累计减排量分别为47.5亿吨、65.5亿吨和66.4亿吨。2015年前，TS情景下相对于基准情景的CO_2减排量较大；2015年后，TS情景下相对于基准情景的CO_2减排率低于CS和CTS情景。CS和CTS情景下碳强度减排路径基本相同，但CTS情景下由于征收20元/吨CO_2的碳税，2013年的碳排放强度比预先设定的目标值低1%，此时内生的碳排放许可交易价格下限为零，导致CTS情景下累计减排量略高于CS情景。2014年后，CTS和CS情景下碳排放强度相同，相对于基准情景的CO_2减排率也非常接近。

2020年，TS情景下CO_2排放量最高，CS与CTS情景基本持平（见表9—23）。CTS情景下能源消费总量和能源消费强度最低，其次为CS情景，TS情景最高。CS情景下非化石能源发电比例最高，其次为CTS情景，TS情景最低。

表9—23　不同情景下2020年CO_2排放和能源消费

情景	CO_2排放量（Gt）	CO_2排放强度相对2005年下降（%）	能源消费总量（Gtce）	能源消费强度相对2005年下降（%）	非化石能源发电比例（%）
基准情景	10.39	30.85	4.76	30.47	23.18
TS	9.70	35.33	4.48	34.41	24.33
CS	8.96	40.00	4.30	36.80	39.22
CTS	8.97	40.00	4.29	36.94	37.61

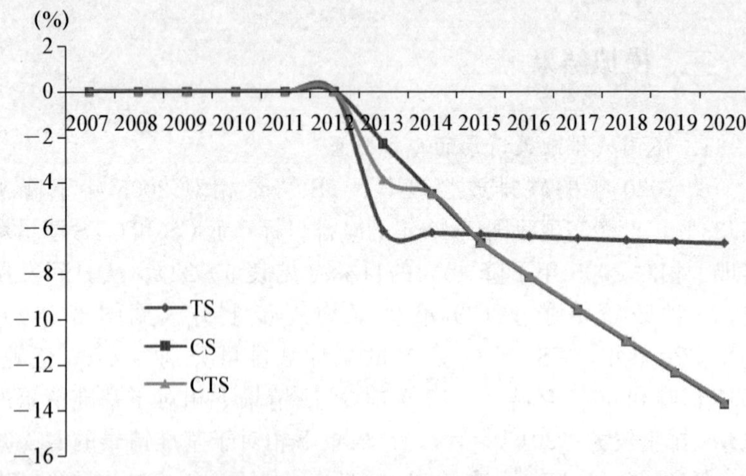

图 9—19　不同减排政策情景下相对于基准情景的 CO_2 排放变化率

从行业减排贡献看，单一碳排放交易机制情景（CS）下机制覆盖行业的减排贡献率均大于100%，主要是由火力发电部门贡献的；非机制覆盖行业的减排贡献为负值，出现了不减反增的情形，居民的减排贡献率也不到1%（见表9—24）。这主要是由于碳排放交易机制只覆盖部分行业，如果仅靠碳排放交易机制达到特定的减排目标，将使得机制覆盖行业承担的减排压力过大。相对而言，在碳排放交易机制的基础上增加小额碳税的复合政策情景（CTS）下，机制覆盖行业的减排压力大大减少，非机制覆盖行业的 CO_2 排放不减反增的情形也得以改观，在初始期承担一定的减排责任，居民的减排贡献也比CS情景有所提高。

表 9—24　不同减排政策情景下主要产业部门和居民的减排贡献率（%）

减排主体		2013	2014	2015	2016	2017	2018	2019	2020
机制覆盖行业	TS	67.1	50.0	66.1	64.6	69.1	76.1	75.8	75.4
	CS	107.9	107.7	107.5	107.1	106.7	106.2	105.8	105.3
	CTS	73.3	83.9	91.4	93.9	95.5	96.5	97.2	97.6

续前表

减排主体		2013	2014	2015	2016	2017	2018	2019	2020
非机制覆盖行业	TS	16.1	16.0	16.0	16.1	16.1	16.2	16.3	16.5
	CS	−8.3	−8.3	−8.1	−7.7	−7.4	−7.0	−6.6	−6.2
	CTS	18.8	9.9	4.1	2.1	0.9	0.1	−0.4	−0.7
火力发电	TS	47.6	47.9	48.0	48.3	48.5	48.5	48.4	48.1
	CS	96.6	101.5	104.9	106.8	108.0	108.9	109.4	109.7
	CTS	46.6	60.7	75.0	81.6	86.3	89.8	92.4	94.5
居民	TS	7.9	8.2	8.6	8.9	9.2	9.6	9.9	10.3
	CS	0.4	0.5	0.6	0.7	0.7	0.8	0.8	0.9
	CTS	8.0	6.2	4.6	4.0	3.6	3.4	3.2	3.1

2. 不同减排政策情景的经济影响

图 9—20 为三种情景下相对于基准情景的 GDP 变化率。2013—2014 年间，TS 情景下实现的减排量最大，GDP 损失率也最高。2015 年后，TS 情景下 GDP 损失率较低，但其减排效果最弱，并不能实现 2020 年减排目标。CTS 情景下 GDP 损失率低于 CS 情景。这是因为，CTS 情景在 CS 情景的基础上征收 20 元/吨 CO_2 的碳税，使得居民和非机制覆盖行业也承担一定的减排义务，减排成本有所降低。可见，相对于单一的碳排放交易机制情景，碳交易与碳税相结合的复合政策情景可以以较低的减排成本收到相同的减排效果。

实施减排政策会推动企业和居民使用低碳能源或低碳商品替代高碳能源或高碳产品，使用非管制行业的产品替代管制行业的产品，并通过复杂的供需关联对整个经济系统产生影响。在 TS 情景下，能源开采部门尤其是煤炭开采和洗选业、炼焦业受到的冲击较大，此外，高排放行业主要是火力发电受到的冲击也较大（见表 9—25）。相对于 TS 情景，CS 情景下碳排放交易机制覆盖行业受到的冲击过大，煤炭和热力生产供应业的产出将分别下降 44.15% 和 39.30%。在机制覆盖行业内部，碳排放交易机制会促使能源结

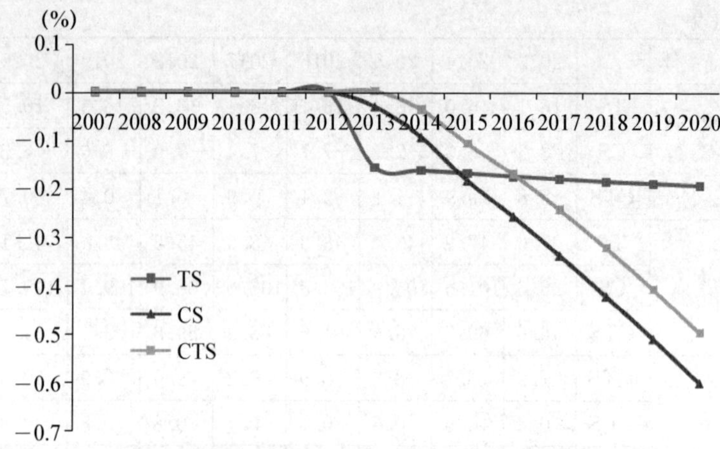

图 9—20　不同减排政策情景下相对基准情景的 GDP 变化率

构转换，用低碳能源替代煤炭。相对于 CS 情景，在 CTS 情景下碳排放交易机制覆盖行业受到的冲击程度减缓，但能源开采部门受到的冲击有所增加，这是因为碳税从化石能源生产部门征收，使得一些分散的排放源也承担了一定的减排义务。

表 9—25　　2020 年不同减排政策情景下主要产业部门产量相对于基准情景的变化率（%）

	TS	CS	CTS
煤炭开采和洗选业	−11.74	−9.20	−12.52
石油开采业	0.43	0.71	0.68
天然气开采业	−1.86	−2.19	−2.71
黑色金属矿采选业	−0.76	−1.89	−1.68
有色金属矿采选业	−0.26	−2.69	−2.30
其他矿采选业	−0.31	0.12	0.02
食品饮料加工制造业	−0.04	−0.27	−0.25
烟草制品业	0.57	−0.50	−0.47
石油及核燃料加工业	0.44	2.16	1.70
炼焦业	−7.20	1.45	−2.42
化学原料及制品制造业	−0.74	2.45	1.87

续前表

	TS	CS	CTS
橡胶制品业、塑料制品业	−0.07	−0.48	−0.44
水泥、石灰和石膏制造业	−0.09	−0.10	−0.11
玻璃及玻璃制品制造业	−0.22	−1.06	−1.05
其他非金属矿物制品业	−0.50	−0.64	−0.73
黑色金属冶炼压延加工业	−0.67	−0.23	−0.37
有色金属冶炼压延加工业	−0.06	−2.34	−2.00
金属制品业	−0.31	−1.32	−1.21
普通机械、专用设备制造业	−0.44	−0.84	−0.84
交通运输设备制造业	−0.12	−0.62	−0.57
电气机械及器材与电子及通信设备制造业	0.49	−2.16	−1.82
仪器仪表文化办公用机械制造业	0.65	−1.02	−0.90
电力	−0.15	−12.22	−9.73
其中：煤炭	−2.59	−44.15	−35.83
石油	23.07	193.64	159.00
天然气	4.34	19.35	15.67
水力	2.56	32.20	26.58
核能	1.66	20.91	17.27
风能	1.42	17.86	14.75
生物质	1.51	19.06	15.74
太阳能	0.52	6.61	5.45
热力生产供应业	−0.19	−39.30	−33.29
燃气生产和供应业	−1.06	1.87	0.81

3．减排成本

碳减排成本的测算方法主要有两种：一是根据既定的外生目标内生出碳排放许可的影子价格，该影子价格即为达到特定减排目标的单位 CO_2 减排成本；二是用减排带来的 GDP 损失除以 CO_2 减排量，也即用单位 CO_2 减排引起的 GDP 损失量作为单位 CO_2 减排成本，见表9—26。

按碳排放许可的影子价格计算，CS情景下的减排成本整体上高于CTS，每吨CO_2的成本至少高60元。即使考虑到CTS情景下征收了20元/吨CO_2的碳税，CS情景下的减排成本仍高于CTS情景。TS情景的减排成本最低，为40元/吨CO_2，但累计减排量最小，且不能实现2020年减排目标。

从单位CO_2减排引起的GDP损失来看，2013—2017年间，CTS情景下的减排成本最低，尤其是2013年的减排成本为负，也就是说可以获得一定的减排收益。这是因为征收适度碳税（20元/吨CO_2）的税收收入用于经济系统再循环，产生了双重红利。2018—2020年间，TS情景下的减排成本最低，但累计减排量也低。CTS情景下的减排成本均低于TS情景，两者的差距以2020年最小，为48.63元/吨CO_2，2013年最大，为75.58元/吨CO_2。值得注意的是，在CS和CTS情景下，按照单位CO_2减排引起的GDP损失测算的减排成本和碳排放许可的影子价格非常接近。

表9—26　　不同政策情景的减排成本　　单位：元/吨CO_2

		2013	2014	2015	2016	2017	2018	2019	2020
碳排放许可的影子价格	CS	61.31	120.85	177.4	209.65	237.57	261.36	282.09	300.12
	CTS	0.00	32.56	92.09	128.91	161.76	190.65	216.47	239.52
单位CO_2减排引起的GDP损失	TS	140.77	148.45	156.3	163.62	171.06	178.47	185.77	192.94
	CS	73.6	117.67	160.14	188.29	215.08	240.71	265.63	289.61
	CTS	−1.98	45.48	93.29	125.36	155.96	185.19	213.6	240.98

四、结论与讨论

基于动态CGE模型的中国能源—经济—环境政策模型，分析比较了碳税和碳排放交易机制的减排效果、经济影响和减排成本。笔者发现，在基准情景下2020年我国碳排放强度可比2005年下降

30.85%，难以实现预定的减排目标，需要采取进一步的减排措施。然而，单一的碳税或单一的碳排放交易机制均难以收到预期的效果。一方面，征收碳税虽然简单易行，GDP损失也相对较小，但减排效果最小，且不确定性较大，依靠单一的碳税政策难以确保减排目标的实现。碳排放交易机制可以确保特定减排目标的实现，但对于碳减排量的MRV要求较高，监测、核查等实施成本较高，适用于排放量较大、排放源较为集中的行业和分散的排放源。另一方面，如果依靠单一的碳排放交易机制来达到减排目标，机制覆盖行业承担的减排压力过大，对经济增长的负面影响较大。碳税与碳排放交易相结合，在实施碳排放交易的同时征收适度碳税的复合政策，可以确保特定减排目标的实现，同时使分散的排放源也承担一定的减排义务，降低机制覆盖行业的减排压力和减排成本，是较优的政策选择。

研究结果表明，碳税和碳排放交易机制各有千秋，可以相互补充。为确保2020年减排目标的实现，我国应采用碳税与碳排放交易机制相结合的节能减排政策，碳排放交易机制采取“抓大放小”的方针，对于钢铁、有色、建材、石油加工、化工和火力发电等排放源集中的行业，实施碳排放交易机制，控制其排放总量，与此同时，对于排放源分散的行业征收适度碳税，使其承担一定的减排义务。

由于依赖行政手段推进节能减排难以调动经济主体的减排积极性，我国需要充分发挥基于市场机制的节能减排政策的作用，本章的研究结果可以为我国的减排政策制定提供一定的理论支撑。但是，减排政策制定是一个系统工程，需要考虑多方面的影响，包括政策制定与执行成本、可行性与可操作性、实施时机选择、利益相关方的博弈等。本章的研究工作仅是宏观尺度上的政策模拟，减排政策制定还需要各方面的研究相互补充。本章的政策模拟研究也需要进一步加以完善和改进。一是如何考虑区域差异的影响？我国经济发展的区域差异巨大，减排政策需要兼顾区域经济协调的目标，

政策模拟需要考虑基于区域差异的碳排放许可分配等问题。二是如何考虑实施时机的选择？减排政策的完善需要经历一个过程，我国也有可能先实施单一的碳税或单一的碳排放交易，积累经验之后再根据减排形势需要，逐步引入碳税与碳排放交易相结合的复合减排政策，政策模拟需要考虑究竟是先实施碳排放交易，还是先征收碳税，在什么条件下可以引入复合政策等问题。

第五节　碳交易与区域经济

一、研究背景

在碳排放交易机制里，碳排放许可具有稀缺性，是一种资产，碳排放许可的初始分配就是资产的分配，会产生结构调整效应和收入分配效应，是碳排放交易机制设计的核心环节，也是当前碳排放交易机制研究的热点和核心问题。我国虽然行政体制较为集权，但省级行政区的经济格局和利益分割非常明显，省级行政对政策的制定和实施有巨大影响。碳排放初始分配方案如果对某些地区的经济造成巨大的负面冲击，就会引起这些地区的反对，交易机制的政治可行性大大降低。譬如，采取完全拍卖方式、全国碳价同一、类似于征收同一碳税的政策，可能会对西部地区造成巨大的负面影响(李善同等，2005；金艳鸣等，2006；何建武和李善同，2010；李娜等，2010)，加剧区域经济不平衡，也会引起中西部地区的抵触，加大政策实施难度。因此，碳排放配额的初始分配必须充分考虑区域公平问题。

碳排放配额的区域分解标准的选择非常重要，将对区域经济和区域公平产生巨大的影响。如按照 GDP 份额来进行区域分解，会引起中西部经济欠发达地区的抵触。按照历史排放量份额进行分

配，相对来说考虑到了碳排放空间转移问题，比 GDP 份额更容易接受。此外，我国中西部地区经济发展水平较低，能源强度和碳排放强度较高，且部分地区有上涨的压力。同时，考虑到中西部地区发展相对滞后，未来的 GDP 增长率可能高于东部，按照碳排放强度基准分配可能相对更容易被接受，而且可以兼顾到区域协调发展的需要。

碳排放配额从地区分配到行业的标准需要充分考虑行业属性，主要包括两方面的问题：第一，对碳交易机制覆盖的出口密集型行业的影响，对这些行业应该给予一定的倾斜，减少碳泄漏。第二，对碳交易机制覆盖行业或者说高排放行业的影响。总体来看，祖父制对于高排放行业的负面影响最小，产业之间按照增加值份额来分配的效率较高，但对高排放行业的影响也相对比较大。其中，火力发电行业集中度高，企业游说能力较强，如果电力行业受到的冲击较大，会加大政策实施难度。但电力行业是 CO_2 排放大户，减排技术选择较多，从欧美碳交易机制的实践来看，火力发电也是碳排放控制的重点行业，大多采取拍卖方式。因此，火力发电行业应该承担较大的减排义务，碳排放配额的初始分配倾斜可以较少考虑。如果火力发电或者高排放行业承担的减排义务过大，可以通过实施碳税使其他的排放源也承担一定的减排义务来达到，而不是采取碳排放配额的初始分配倾斜。考虑到火力发电行业在中国经济社会发展中的重要地位，且碳交易机制实施初期会有很多不确定性因素，给予火力发电行业一定的免费发放许可也许是值得考虑的。

综上所述，碳排放配额的区域分解关系到碳排放交易机制实施的政治可行性，是碳排放配额初始分配的主要矛盾。而区域分配到行业或者实体的分解标准也很重要，会影响到区域减排效率和竞争力，但相对区域分解而言是次要矛盾。因此，本节重点分析碳排放配额的区域分解，采用 30 个地区的 CGE 模型，模拟碳排放配额的初始分配对区域经济的影响。碳排放配额从区域到行业的分配方式根据区域分解设置的不同而有所改变。

二、情景设计

中国的碳减排强度目标以2005年为基准，本节先通过模型动态化，把30个省区CGE模型的基年数据从2002年调整到2005年，通过参数校准对2002—2005年的实际情况进行历史拟合，然后以2005年为基准情景（S0），进行静态的政策冲击模拟。

减排目标与覆盖温室气体：我国2020年目标为碳排放强度下降40%～45%，为此，碳排放交易机制的减排目标也设定为强度目标，覆盖温室气体为CO_2。石敏俊等（2010）的研究表明，按照现有努力减排，不采取市场机制政策的照常发展情景，2020年约可以实现碳减排强度下降30%。因此，政策情景设定的减排目标为全国碳排放强度比基准情景降低10%。碳交易机制覆盖行业为碳排放密集型行业，主要包括钢铁、有色、建材、石油加工、化工和火力发电等高排放且排放较为集中的行业。

分配方式：碳排放许可的发放采取免费发放与拍卖相结合的方式。EU ETS前两个交易期拍卖比重分别为5%和10%，WCI前两个交易期拍卖比重分别为10%和25%，MGGRA不同行业的拍卖比重设置不同，在5%～100%之间。由于发展仍然是我国的第一要务，为了提高碳交易机制的政治可行性，降低对产业竞争力的负面影响，碳排放配额的初始分配主要采取免费发放的形式。然而，拍卖效率较高，是初始分配方式的发展方向。在机制运行初始阶段，为了避免诸多不确定性的影响，拍卖的比重设定不应过大，拍卖的主要作用是中央政府根据减排目标实现的情况，以拍卖形式将碳排放许可储备投入市场，确保强度减排目标的实现。碳减排的政策目标是排放强度目标，为基准情景的碳排放强度90%，考虑到政策对经济造成的冲击，我们设定免费发放的碳排放许可绝对量和排放强度基准为BAU情景下的80%，碳排放许可拍卖比重根据碳排放强度目标实现情况在10%上下有所浮动。

为了充分比较不同分配方式的影响，我们设置了 4 大类情景，每类情景包括 1 种情景，4 类情景共设置了 4 种政策情景。

1. 完全拍卖情景

理论研究普遍认为，完全拍卖并将收入用于再循环时，减排效率最高，因此，设定 S1 情景为：完全拍卖并将收入用于降低企业的税收。

然而，拍卖方式在政治上会遭到利益集团的游说和反对，实施阻力较大。且从排放交易机制的国际实践来看，排放交易即使实施相当长的一段时间，为了避免不确定性因素的影响，也会将大部分碳排放许可免费发放。我国碳排放的初始分配应该采取自上而下的分配结构，先由中央分配到地区（区域分解），再由地区分配到特定行业的排放源。为此，我们首先需要确定中央分配到区域的分解标准，之后再确定区域分配到行业的分配基准。

从理论研究和实践经验来看，根据分配基准选取的不同，免费分配方式可以分为绝对量分配和强度数量分配，前者主要是指区域或者地区在碳交易机制实施之前就已经确定可以获得排放许可的数量，如祖父制。后者主要是指在碳交易机制实施之前，企业只知道特定经济行为可以获得的碳排放许可数量，而并不知道可以获得的碳排放许可的绝对量，如以产出或附加值为基础的分配方式。

2. 绝对量分配情景

S2 为绝对量分配方式。总的免费发放量为 BAU 情景碳交易机制覆盖行业排放量的 80%。考虑到区域经济发展的不平衡性，兼顾发展和减排、公平与效率、消费和需求，我们根据 RGGI 区域分解方案设定 S2 情景：50%根据历史排放量许可份额，25%根据人口数量份额，25%根据人均 GDP 发展状况。人均 GDP 越高的地区获得的免费发放数量也相对较少，因此，我们在此根据 GDP 倒数的份额进行设定。S2 情景区域分解主要指标参见表 9—27。

在 S2 情景下，考虑到各行业属性，地区分解到行业的标准为该地区 BAU 情景下的行业碳排放份额。此外，中央持有一定的碳排放许可储备投入市场，根据经济发展状况投入市场。考虑到碳排放成本有可能通过价格转嫁给消费者，因此将拍卖收入返还给居民。

表 9—27　　绝对量分配（S2）情景下碳排放许可的区域分解（%）

地区	历史排放量	人口	人均 GDP 倒数份额	S2（RGGI 模式）
北京	1.751	1.201	0.920	1.406
天津	1.757	0.815	1.161	1.373
河北	6.441	5.350	2.794	5.257
山西	5.021	2.620	3.305	3.992
内蒙古	4.355	1.863	2.522	3.274
辽宁	5.291	3.296	2.170	4.012
吉林	2.731	2.121	3.089	2.668
黑龙江	2.311	2.983	2.854	2.615
上海	3.010	1.389	0.800	2.052
江苏	7.370	5.838	1.681	5.565
浙江	4.435	3.825	1.501	3.549
安徽	2.626	4.780	4.688	3.680
福建	2.237	2.761	2.216	2.363
江西	1.635	3.367	4.376	2.753
山东	10.274	7.222	2.056	7.457
河南	8.027	7.325	3.648	6.757
湖北	3.478	4.459	3.606	3.755
湖南	3.225	4.940	4.000	3.848
广东	6.169	7.180	1.693	5.303
广西	1.747	3.639	4.708	2.960
海南	0.292	0.647	3.811	1.260
重庆	1.472	2.185	3.752	2.220
四川	2.953	6.413	4.579	4.225
贵州	2.643	2.913	7.761	3.990
云南	2.427	3.475	5.276	3.401
陕西	1.956	2.905	4.167	2.746
甘肃	1.546	2.026	5.523	2.660
青海	0.373	0.424	4.115	1.321

续前表

地区	历史排放量	人口	人均 GDP 倒数份额	S2（RGGI 模式）
宁夏	0.389	0.465	4.049	1.323
新疆	2.058	1.570	3.178	2.216
全国	100	100	100	100

注：其中 RGGI 模式是指 50%根据历史排放量许可份额、25%根据人口数量份额、25%根据人均 GDP 倒数份额。

3. 碳排放强度数量分配情景

S3 为排放强度数量分配情景，强度免费发放基准按照各地区碳交易机制覆盖行业的历史排放强度进行设定，各地区强度基准为 BAU 情景下该地区机制覆盖行业单位增加值引起的 CO_2 排放量的 80%；各地区分配到各行业的基准与地区的基准相同。也即各地区机制覆盖各行业单位增加值可获得的免费发放量为：

$$\frac{\text{BAU 情景下该地区机制覆盖行业的 } CO_2 \text{ 排放量}}{\text{BAU 情景下该地区机制覆盖行业的增加值}} \times 0.8$$

我国区域经济欠发达地区碳排放强度较高，而经济发达地区碳排放强度较低，按照基准情景，碳排放强度分配也兼顾了我国区域经济发展状况。此外，中央持有一定的排放许可储备投入市场，根据经济发展状况投入市场，拍卖收入返还给居民。

4. 碳排放交易机制与碳税的复合政策情景

实施单一的碳排放交易机制使得机制覆盖行业的减排压力较大，受到的冲击也较大，没有覆盖的行业或者排放并没有承担相应的减排义务，这显然有失公平。比如下面的模拟结果显示某些情景下的运输仓储（S1 和 S3）、建筑业（S1 和 S3）、居民生活排放（S2 和 S3）等机制未覆盖行业的排放不仅没有减少，反而有所增加。为了使得机制外其他行业也承担一定的减排义务，本研究在实施交易机制的基础上增加了较低的碳税。S6 情景为：综合比较前三种情景的优缺，选择较优的初始分配情景，同时从上游加收 20 元碳税，碳税收入返还居民。

综上所述，本研究共设计了4种情景，各政策情景设计主要指标见表9—28。为了表述清晰，根据各情景的主要参数特征，我们将S1—S4分别称作拍卖情景、绝对量情景、强度情景、强度+碳税情景。

表9—28　　碳排放许可初始分配的情景设计

情景	强度目标	分配方式				收入返还	CO_2 税
		拍卖	免费发放				
			数量	区域分配	产业分配		
S1	−10%	100%	无	无	无	企业	无
S2	−10%		BAU 情景的80%	RGGI分配复合模式	排放份额	居民	无
S3	−10%		不确定	碳排放强度的80%	同一基准	居民	无
S4	−10%		不确定	S1−S3的较优方案，最终确定为S3方案		居民	20元

注：分配数量和强度基准的设置都是以机制覆盖的行业进行测算的。

三、模拟结果

1. 碳排放交易对我国经济增长和碳排放的总量影响

在各种政策情景下，GDP都有一定的损失。在S1情景下，GDP损失率最小，为0.18%；在S2情景下，GDP损失率最大，为0.96%。在其余两种政策情景下，GDP损失率基本趋同，在0.35%～0.40%之间（见表9—29）。

表9—29　　不同的排放许可分配情景下各地区GDP变化率（%）

地区	S1	S2	S3	S4
北京	−0.47	−0.56	−0.83	−0.55
天津	−1.98	−1.87	−2.38	−1.45
河北	−1.65	−5.76	−1.05	−0.90
山西	−4.29	−8.10	0.53	−0.83

续前表

地区	S1	S2	S3	S4
内蒙古	−4.47	−6.63	−1.69	−1.25
辽宁	0.48	−4.29	−0.63	−0.66
吉林	−1.60	−1.61	−0.91	−0.71
黑龙江	−0.96	−2.68	−0.53	−0.63
上海	1.07	−0.93	0.07	0.11
江苏	0.98	−2.78	−0.47	−0.10
浙江	0.67	−2.22	−0.17	−0.07
安徽	−0.73	0.42	−0.33	−0.26
福建	−0.14	0.82	0.03	0.35
江西	3.57	3.11	−0.56	−0.52
山东	−0.44	−3.47	−0.61	−1.04
河南	−1.62	0.79	−0.38	−0.29
湖北	1.23	1.12	0.13	0.06
湖南	−0.02	0.23	−0.43	−0.34
广东	1.22	−0.67	0.30	0.11
广西	1.43	5.79	0.06	0.33
海南	−0.81	−0.10	−0.48	−0.06
重庆	−2.09	3.83	−0.08	0.17
四川	−0.29	3.24	−0.33	−0.15
贵州	−5.22	5.35	−1.47	−0.71
云南	−1.11	1.09	−0.29	−0.13
陕西	−0.59	2.79	−0.50	−0.64
甘肃	−2.76	5.28	−1.71	−1.31
青海	1.53	8.45	0.26	−0.22
宁夏	−7.52	2.83	−2.15	−2.09
新疆	−1.66	0.44	−0.66	−0.89
全国	−0.18	−0.96	−0.39	−0.35

各种政策情景都达到了碳排放强度比 BAU 情景下降 10%的减排目标，也正因如此，GDP 损失率比较高的情景 CO_2 减排率相对

较高。S2 情景的减排率比较高，为 10.86%；S1 情景最低，为 10.16%；其余四个情景基本相当，在 10.35%左右。

2. 碳排放交易对各地区 GDP 和碳排放的影响

（1）对各地区 GDP 的影响。

不同的初始分配方式对我国区域经济发展的影响存在巨大的差异（见表 9—28）。人均 GDP 变异系数反映区域经济发展不平衡状况。BAU、S1－S4 情景区域人均 GDP 变异系数分别为 0.124 34、0.126 38、0.126 86、0.124 75、0.124 66。4 种政策情景的人均 GDP 系数均高于基准情景，其中 S4 情景人均 GDP 系数最接近基准情景，从这一角度看，基于强度基准分配的碳排放交易与碳税相结合的复合减排政策是较优的选择。

具体来看，在完全拍卖（S1）分配方式下，经济发展水平低、资源较为丰富的中西部地区受到的经济冲击最大，而经济较为发达的东部地区 GDP 却有所增长。从东、中、西区域经济来看，东部地区 GDP 增长了 0.31%。中部地区和西部地区经济都受到了冲击，GDP 损失率分别为－0.84%和－1.21%。从省区来看，受到冲击最大的 5 个地区为：宁夏、贵州、内蒙古、山西和甘肃；而广东、上海、江苏、浙江等经济发达的省份 GDP 却都有所上涨。

在充分考虑区域经济发展的绝对量分配方式（S2）下，资源较为丰富的山西、内蒙古受到的冲击仍然比较大，青海、广西、贵州、甘肃、重庆、四川、江西、宁夏、陕西、湖北、云南、河南、新疆、福建、安徽、湖南等中西部地区的 GDP 都有所增长；河北、辽宁、山东、江苏、黑龙江、浙江、天津、吉林、上海、广东、北京、海南等经济相对比较发达的地区 GDP 都存在一定的损失。

S3 情景考虑了区域经济发展和碳排放强度的差异，按照不同地区制定不同的强度免费发放基准，S4 情景在 S3 的基础上新增了碳税。在 S3 情景下，山西、上海、福建、湖北、广东、广西、青海等 7 地区的 GDP 有所增长，增幅均小于 0.6%，天津、河北、内蒙古、贵州、甘肃、宁夏的 GDP 损失率超过了 1%，其他地区

的 GDP 损失率均在 1％以内。在 S4 情景下，上海、福建、湖北、广东、广西、重庆的 GDP 略有上升，但均未超过 0.4％；天津、内蒙古、山东、甘肃、宁夏的 GDP 损失率超过了 1％，其他地区的 GDP 损失率均在 1％以内。

各地区经济受到的冲击相对比较平均，且相对都不大时，初始分配方案的政治可行性相对越高。经济受到冲击较大的省份个数越多，初始分配方案就越容易受到越多地区的反对，其政治可行性越低。在 S1—S4 情景下，GDP 损失率超过 3％的省份个数分别有 4、4、0 和 0 个，GDP 损失率超过 2％的省份个数分别有 6、8、2 和 1 个；GDP 损失率超过 1％的省份个数分别有 12、10、6 和 5 个。在 S3 和 S4 情景下，GDP 受到负面冲击的省份个数较多，但这种负面影响大多都在 1％以内，各地区受到的冲击比较平均，政治实施可行性也较大。

（2）对各地区碳排放的影响。

在不同的碳排放许可分配情景下，各地区的减排贡献率差异较大（见表 9—30）。受冲击越大的地区减排贡献率也越大。在 BAU 情景下，东、中、西部碳排放量的比重分别为 52.48％、31.25％和 16.27％。从减排贡献率来看，在拍卖情景（S1）下，东部地区较低，为 31.37％，中部地区为 47.39％，西部地区为 20.88％。在根据区域经济调整的绝对量 RGGI 情景（S2）下，东部地区减排贡献率高达 93.96％；西部地区的碳排放量不但没有减少，反而增加了，减排贡献率为－23.04％；中部地区的减排贡献率为 29.08％。在 S3、S4 情景下，东部地区的减排贡献率较高，但与 BAU 排放贡献率偏离程度不大。

表 9—30　不同的排放许可分配情景下各地区的碳减排贡献率（％）

地区	S1	S2	S3	S4
北京	0.58	0.87	0.90	1.55
天津	4.11	3.24	5.37	3.67

续前表

地区	S1	S2	S3	S4
河北	9.72	21.97	7.46	8.76
山西	13.85	13.40	6.59	6.61
内蒙古	9.39	12.16	5.10	5.46
辽宁	4.03	12.52	6.90	5.57
吉林	7.21	2.71	5.73	3.99
黑龙江	3.01	4.54	2.00	2.75
上海	−1.18	5.16	1.78	1.77
江苏	0.43	18.98	7.60	6.00
浙江	0.65	6.46	2.21	2.63
安徽	3.29	−1.71	1.86	2.20
福建	1.21	0.17	0.74	1.19
江西	−2.03	−2.86	1.10	1.38
山东	13.15	23.98	15.31	13.11
河南	12.87	1.99	9.45	7.79
湖北	−0.66	−0.46	0.65	2.19
湖南	0.44	−0.67	1.70	2.46
广东	−1.07	9.48	3.47	4.12
广西	−0.23	−4.98	0.81	0.93
海南	0.33	−3.89	0.21	0.11
重庆	1.31	−1.86	0.08	0.79
四川	0.64	−4.52	0.76	2.08
贵州	5.60	−4.48	2.77	2.92
云南	2.42	−2.17	1.05	1.87
陕西	2.73	−3.44	2.40	2.40
甘肃	2.02	−3.24	1.55	1.50
青海	−0.52	−3.30	−0.07	0.24
宁夏	2.96	−0.97	1.63	1.49
新疆	3.72	0.93	2.89	2.47
全国	100.00	100.00	100.00	100.00

碳排放量较大的省份其减排贡献率相对较大。在 4 种情景中，碳减排贡献率曾经超过 10%的省份有 7 个，分别是山东、河北、河南、山西、内蒙古、辽宁和江苏，这 7 省份在 BAU 情景下碳排放总量占全国的比重仅为 45.98%，在 S1－S4 情景下碳减排贡献率之和分别为 63.44%、105.00%、58.41%和 53.30%。其中山东在 4 种情景下的碳减排贡献率都超过了 10%，在绝对量 RGGI 情景下贡献率更是高达 23.98%。

此外，部分情景部分地区的 CO_2 排放不减反增，减排贡献率为负，这些初始分配方式在一定程度上有失公平。如完全拍卖（S1）情景下的上海、江西、湖北、广东、广西、青海；绝对量 RGGI（S2）情景下的安徽、江西、湖北、湖南、广西、海南、重庆、四川、贵州、云南、陕西、甘肃、青海、宁夏；S3 情景下的青海；S4 情景下所有地区碳排放均减少。

3. 碳排放交易对区域净调出和净出口以及竞争力的影响

实施减排政策会增加碳排放行业的生产成本，并通过复杂的产业和区域经济关联对区域竞争力产生影响。

（1）对全国净出口的影响。

全国作为一个整体来看，我国实施减排政策会提高我国碳排放密集型行业的成本和产品价格，进而会引起这些行业产品的进口增加、出口减少、国际竞争力降低。在完全拍卖情景（S1）下，拍卖收入再循环降低了扭曲性税收，提高了效率，在这种情况下，我国净出口不但没有减少，反而增加了 0.42%。碳排放许可成本与碳税成本占 GDP 的比重越高，我国净出口受到的冲击越大。在绝对量分配标准情景（S2）下，我国净出口损失高达 5.32%，相对而言，强度分配标准（S3 和 S4）情景下的净出口损失率较低，也验证了国际上学者的研究结论：强度分配标准情景比绝对量分配情景更有利于避免对国际竞争力造成过大的负面影响，降低碳泄漏风险。

（2）对区域净调出与净出口的影响。

地区竞争力变化主要表现在净调出与净出口之和上（见表 9—

31）。获得免费许可数量较多、碳排放成本占GDP比重相对较低的地区，净出口和净调出会有所增长。在完全拍卖情景（S1）下，经济相对发达的地区，如北京、辽宁、上海、江苏、浙江、福建、江西、湖北、广东、广西、云南、青海等地的碳排放成本占GDP的比重也相对较低，净调出＋净出口出现了增长。天津、山西、内蒙古、宁夏、黑龙江、湖南、河南、甘肃等地区化石能源比较丰富，经济发展对碳排放密集型行业的依赖也比较严重，碳排放成本占GDP的比重也相对较高，净调出＋净出口下降最为严重。

在绝对量情景（S2）下，江西、广西、湖南、海南、重庆、四川、安徽、贵州、云南、陕西、甘肃、青海、宁夏、新疆等中西部地区获得的免费碳排放许可较多，与之相对应的是，这些地区的净调出和净出口之和有所增加。而天津、河北、山西、内蒙古、陕西、辽宁、吉林、黑龙江、上海、山东、江苏、浙江等经济相对比较发达的地区获得免费碳排放许可数量相对较少，碳排放成本占GDP的比重较大，其净调出与净出口之和下降较快。

在S3、S4情景下，各地区碳排放成本占GDP的比重相对比较平均，地区净调出与净出口之和变化也相对比较温和。

表9—31　生产成本总分类科目与所属明细分类科目之间的关系（%）

地区	净调出与净出口之和的变化率				单位GDP的碳排放成本			
	S1	S2	S3	S4	S1	S2	S3	S4
北京	3.42	8.33	−13.13	3.72	0.99	1.44	0.19	0.07
天津	−29.13	−28.20	−32.70	−21.38	1.68	3.23	−0.54	−0.02
河北	−6.64	−32.76	−4.70	−3.37	3.54	7.19	0.48	0.20
山西	−18.99	−49.76	5.84	−4.39	5.12	6.61	−0.11	0.18
内蒙古	−12.78	−24.51	−5.89	−3.63	4.16	4.34	0.49	0.24
辽宁	2.78	−17.62	−1.06	−1.42	2.85	5.71	0.18	0.15
吉林	−5.07	−1.97	−2.33	−1.84	1.85	2.96	−0.31	0.04
黑龙江	−11.45	−71.42	−7.13	11.89	2.23	3.20	0.34	0.14
上海	13.40	−9.12	1.97	−2.73	1.54	3.43	0.21	0.10

续前表

地区	净调出与净出口之和的变化率				单位GDP的碳排放成本			
	S1	S2	S3	S4	S1	S2	S3	S4
江苏	3.08	−12.29	−1.66	0.12	2.00	4.47	0.22	0.12
浙江	1.36	−5.92	−0.31	0.33	1.49	3.46	0.26	0.11
安徽	−1.87	7.15	−2.56	−0.13	2.32	1.49	0.41	0.17
福建	0.18	2.36	0.59	1.25	1.04	1.32	0.21	0.08
江西	13.80	17.65	−2.45	1.55	2.70	−0.42	0.38	0.15
山东	−1.05	−16.27	−1.86	−4.14	2.13	3.95	0.01	0.09
河南	−10.64	9.39	−0.55	−0.22	2.05	1.45	−0.08	0.07
湖北	5.67	2.40	0.68	2.33	1.87	1.52	0.39	0.13
湖南	−7.20	34.01	−37.26	4.43	2.21	1.02	0.40	0.14
广东	4.93	−0.49	1.58	0.90	1.39	2.55	0.21	0.09
广西	11.61	69.43	0.50	−5.06	1.80	−3.21	0.28	0.12
海南	−1.03	7.97	−0.83	−0.58	0.88	−11.95	0.12	0.08
重庆	−3.07	9.65	0.17	−1.05	1.90	−1.84	0.50	0.15
四川	−0.28	15.32	−0.97	0.23	1.47	−1.03	0.32	0.10
贵州	−3.71	10.41	−2.16	0.69	4.87	−1.99	0.67	0.29
云南	4.52	8.35	−2.47	−0.72	2.90	−0.99	0.66	0.21
陕西	−0.68	10.53	−0.62	1.53	1.99	−1.42	0.03	0.08
甘肃	−6.90	23.17	−5.84	3.63	3.74	−3.04	0.60	0.26
青海	1.69	12.18	0.34	−0.18	0.62	−6.97	0.14	0.04
宁夏	−12.31	5.84	−3.44	3.61	5.81	−0.04	−0.21	0.20
新疆	−4.58	3.25	−1.20	−2.47	2.54	0.68	0.05	0.14
全国	0.42	−5.32	−1.37	−0.93	—	2.70	0.23	0.10

注：(1) 碳排放成本主要包括两部分：一部分为购买碳排放许可成本，等于（实际排放量减去免费获得许可量）乘以价格；另一部分为碳税成本，等于碳税税率乘以实际排放量。(2) 如果碳排放成本/GDP的比率为负，代表该地区为排放许可净卖出方，会有一部分碳许可收益。(3) 全国为净出口。

4. 对行业增加值和碳排放的影响

(1) 对行业增加值的影响。

实施碳排放交易机制引起碳排放成本上升，会使得碳交易机制覆盖行业和非覆盖行业之间、碳交易机制覆盖行业内部产品之间的

相对生产成本和相对价格发生改变，并通过产业关联等对产业结构产生影响。整体来看，碳交易机制覆盖行业受到的冲击较大，其次为与碳交易机制覆盖行业的产业关联紧密的煤炭石油和天然气开采和洗选业，金属、非金属采矿业，机械制造业，运输仓储业和服务业等也受到一定的冲击。

碳交易机制覆盖行业作为一个整体而言，在完全拍卖方式（S1）下，由于拍卖收入全部返还企业，机制覆盖行业受到的冲击相对较小，增加值相比 BAU 情景下降了 0.82%（见表 9—32）。在绝对量情景（S2）下，碳交易机制覆盖行业增加值损失率较高，为 4.39%。强度分配方式将企业的生产和可获得免费许可数量联系在一起，对机制覆盖行业价格冲击较小，在 S3 情景下，碳交易机制覆盖行业增加值损失率相对比较低，为 1.76%。施加碳税后（S4），碳交易机制没有覆盖的行业也承担了一定的减排义务，碳交易机制覆盖行业和非覆盖行业的相对价格差异变小，碳交易机制覆盖行业的增加值损失率进一步降低，为 1.19%。

就碳交易机制覆盖行业内部而言，按照历史排放进行分配比按照增加值方式分配更有利于缓解减排政策对高碳排放行业的冲击。区域分配按照历史排放分配到产业时（S2），充分考虑了行业的属性，电力、热力、燃气的生产和供应业受到的冲击也相对较小，覆盖的其他行业增加值也有一定的减少。当不考虑行业属性、只是根据区域碳排放强度设定统一的地区基准时（S3 和 S4），电力、热力、燃气的生产和供应业受到的冲击最大，而机制覆盖的其他行业为排放许可的净卖方，获得碳排放许可收入，增加值都有不同程度的提高。

表 9—32　不同的排放许可分配情景下各部门增加值变化率（%）

行业	S1	S2	S3	S4
农业	0.02	0.00	0.02	0.10
煤炭石油和天然气开采和洗选业	−1.52	−3.79	−1.83	−6.55

续前表

行业	S1	S2	S3	S4
金属、非金属采矿业	0.20	0.35	−0.06	0.07
食品制造	0.11	0.14	0.12	0.09
纺织业	0.85	0.00	0.47	0.29
造纸印刷文教	0.80	−0.69	0.18	0.15
石油加工、炼焦及核燃料加工业	3.17	−8.86	2.30	−4.56
化学工业	2.03	−2.51	0.80	0.49
非金属矿物制品业	0.76	0.46	0.66	0.81
金属冶炼及压延加工业	0.80	−3.04	0.48	0.44
金属制品业	0.97	−1.28	0.26	0.14
机械制造业	0.27	−1.52	−0.28	−0.13
通信设备、计算机及其他电子设备制造业	0.54	−1.65	−0.45	−0.05
仪器仪表及文化、办公用机械制造业	0.46	−1.81	−0.66	−0.20
其他制造业	0.59	−0.15	0.30	0.12
电力、热力、燃气的生产和供应业	−8.98	−9.95	−10.55	−5.16
建筑业	0.17	0.29	0.14	0.51
运输仓储业	−0.43	−0.72	−0.64	−0.10
服务业	−0.02	−0.87	−0.35	−0.39
全国	−0.18	−0.96	−0.39	−0.35

（2）对行业碳排放的影响。

碳交易机制覆盖行业之间的碳减排贡献率存在很大的差异（见表9—33）。在所有行业中，电力、热力、燃气的生产和供应业的贡献率最高，在S1—S4只实施碳排放交易机制情景下的减排贡献率分别为95.648%、76.895%、99.091%和68.173%。机制覆盖的其他行业由于行业分配标准设定问题，减排量不减反增，比如S1和S3情景下的石

油加工、炼焦及核燃料加工业，化学工业，非金属矿物制品业等。

表 9—33　不同的排放许可分配情景下各部门的减排贡献率（%）

行业	S1	S2	S3	S4
农业	0.074	0.551	−0.043	1.368
煤炭石油和天然气开采和洗选业	0.843	1.823	0.950	4.328
金属、非金属采矿业	0.355	0.290	0.001	0.651
食品制造	0.209	0.433	0.016	0.975
纺织业	0.084	0.005	0.016	0.578
造纸印刷文教	−0.008	0.076	−0.003	0.670
石油加工、炼焦及核燃料加工业	−0.359	3.139	−0.425	2.518
化学工业	−1.375	4.094	−1.090	2.195
非金属矿物制品业	−0.370	−3.084	−0.719	2.347
金属冶炼及压延加工业	3.156	7.892	0.296	5.081
金属制品业	0.376	1.016	0.396	0.652
机械制造业	0.761	2.641	0.891	2.113
通信设备、计算机及其他电子设备制造业	0.099	0.271	0.169	0.200
仪器仪表及文化、办公用机械制造业	0.034	0.147	0.036	0.074
其他制造业	0.032	0.178	0.035	0.439
电力、热力、燃气的生产和供应业	95.648	76.895	99.091	68.173
建筑业	−0.059	0.223	−0.051	0.482
运输仓储业	−0.604	2.656	−0.059	3.493
服务业	0.571	1.013	0.550	2.049
居民生活排放	0.533	−0.262	−0.053	1.613
全国	100.00	100.00	100.00	100.00

碳交易机制覆盖行业会通过产业关联等对其他产业排放量产生

影响，但这种影响比较间接，其他行业的减排贡献明显较低。某些行业排放量不增反减，比如某些情景下的运输仓储业（S1 和 S3）、建筑业（S1 和 S3）、居民生活排放（S2—S3）等。S6 情景在 S5 的基础上增加了 20 元的碳税，碳税使得较为分散的排放源也承担了一定的减排义务，碳交易机制覆盖行业的减排压力大大减小。

5. 碳交易市场发展预测

企业可以通过两种方式购买碳排放许可：政府拍卖和企业之间的交易。碳市场包括企业之间的交易以及政府在市场上的拍卖行为。为了分析碳市场发展情况，我们做了以下定义和测算：第一，市场净跨区交易量等于碳排放许可净卖出地区的净卖出数量之和；第二，完全拍卖量等于碳交易机制覆盖行业实际排放量减去免费获得的排放许可数量；第三，碳市场市值等于发行排放许可总量乘以碳价格；第四，最保守市场交易量等于拍卖许可数量加上跨区净交易量，最保守市场交易额等于最保守市场交易量乘以价格。

碳交易价格对企业而言是一种可变成本，会影响企业的定价，进而影响企业产品的竞争力，因此，碳交易机制设计应该保证碳价不能过高。碳交易市场主要指标的模拟结果见表 9—34。在 S2 绝对量情景下，碳排放许可的影子价格比较高，达到了 1 677.99 元/吨 CO_2。从现实来看这几乎是不可能的。以欧盟碳市场 CER 价格作为基准，大约为 12 欧元/吨 CO_2，折合人民币 111.6 元/吨 CO_2。* 目前，在 S1 和 S3 情景下，碳交易价格分别为 116.16 元/吨 CO_2 和 135.72 元/吨 CO_2，这两类情景对于我国而言仍然偏高。在 S4 情景下，碳排放许可交易价格为 50.06 元/吨 CO_2，如果再加上碳税成本，则机制覆盖行业碳排放的边际成本达到了 70.06 元/吨 CO_2，这一价格对我国而言基本可以接受，但需要将部分许可免

* 欧盟碳交易市场比较成熟，碳交易价格最高时仅为 30 欧元/吨 CO_2，折合人民币大约 300 元/吨 CO_2；CER 最高交易价格为 22 欧元/吨 CO_2，折合人民币为 220 元/吨 CO_2。

费发放给企业，减轻碳减排成本对企业的不利影响。

表 9—34　　不同的排放许可分配情景下碳交易市场发展预测

指标		S1	S2	S3	S4
碳排放许可总量（万吨）		330 428	331 307	329 169	338 776
跨区净交易量（万吨）		0	4 201	2 782	222
拍卖	数量（万吨）	330 428	24 403	27 923	35 820
	占总排放量比重（%）	100.00	7.37	8.48	10.56
碳市场保守交易量（万吨）		330 428	28 604	30 705	36 042
碳排放许可的影子价格（元/吨 CO_2）		111.16	1 677.99	135.72	50.06
碳市场市值	金额（亿元）	3 673	55 593	4 467.5	1 696.0
	占 GDP 比重（%）	2.05	31.3	2.5	0.95
最保守市场交易量	金额（亿元）	3 673	4 799.7	416.7	180.4
	占 GDP 比重（%）	2.05	2.7	0.23	0.10

由于我国碳排放密集型行业的排放量巨大，碳市场规模比较大。4 种政策情景下高排放行业的实际排放量相差不大，碳市场市值主要由碳价格决定。绝对量情景下碳价较高，碳市场市值占我国 GDP 的比重也较高，强度碳交易与碳税复合情景最低。最保守市场交易额呈现相近的特点。

在存在免费发放的情景下，中央持有的拍卖许可储备为拍卖部分，S2—S4 情景占总排放量的比重分别为 7.37%、8.48% 和 10.56%，与欧盟前两个交易期的拍卖比重（5%～10%）接近。因此，中央持有的碳排放许可储备的比重不低于发行总排放许可量的 10%，可根据强度目标情况或碳价向市场投放。

四、结论与政策含义

不同的排放许可分配方式具有不同的经济影响和减排效果。拍卖并将收入返还企业的方式（S1）对 GDP 造成的损失较小，但是会加剧区域经济发展不平衡，容易遭受来自利益集团的抵触。绝对量分配方式（S2）下碳排放许可交易价格很高，会削弱外贸竞争力，减少净出口，增加碳泄漏的风险，GDP损失也较大。与绝对量分配方式（S2）相比，在强度方式分配（S3）下，碳交易价格下降，净出口损失较小，碳泄漏风险相对较小。此外，在强度情景下区域经济不平衡程度较缓和，利用强度分配方式调整区域经济不平衡有一定的潜力。

碳排放交易机制适用于排放量大且排放源比较集中的行业。如果只实施碳排放交易机制，排放交易机制覆盖行业的减排压力巨大，减排成本较高。比如，在单一的碳排放交易机制情景下，碳交易机制未覆盖的交通运输和仓储、建筑、居民生活等部门的排放量不减反增，不仅没有承担应尽的减排义务，反而给碳交易机制覆盖行业带来更大的减排压力。因此，应该采取适度碳税使碳排放较为松散的行业也承担一定的减排义务。在强度分配方式情景下，征收碳税之后（S4），GDP损失降低，减排效率提高，碳交易机制覆盖行业的减排压力大大减轻，同时碳交易价格下降，即使加上碳税，单位碳减排成本也有所下降，对外贸易竞争力有所上升，碳泄漏风险进一步降低，并且人均GDP的变异系数也进一步下降。

从区域经济、产业结构和国际竞争力的综合影响来看，投资强度调整＋碳税政策无疑是最优的选择。因此，我国应该建立碳税与排放交易机制相结合的市场机制体系。碳税税率可以不高，只是提供一种价格信号，让比较小的和比较分散的排放源也承担一定的减排义务。碳排放交易机制主要用来控制碳排放密集型行业的排放量，以达到碳减排强度目标。碳排放交易机制的初始分配结构应该采取两阶段分配法，首先由中央政府根据各地区的经济发展水平等设定各区域的强度免费发放标准，之后由各地区根据本地区各行业发展的需要设定行业的强度基准。中央持有一定的碳排放许可储备，根据碳强度目标实施和碳价变动情况向市场投放。碳排放许可收入一部分可以用于碳减排的资金支持，一部分可以返还给居民，以抵消碳排放成本对居民福利的影响。

第十章 能源管理政策与区域发展

我国能源消费量和产量连续多年位居世界第一。随着工业化、城市化进程的推进以及全面建设小康社会步伐的加快，社会经济对能源的旺盛需求仍将持续。对区域经济发展进行预判，综合考虑能源生产和供给可能带来的影响，制定相应的能源管理政策，是促进能源与区域经济发展的重要基础。本章将从能源供给约束与中国经济中长期发展、能源供需平衡与区域经济增长、能源开发与产业转移三个方面对能源管理政策与区域发展的关系进行阐述。

第一节 能源供给约束与中国经济中长期发展

一方面，中国处于工业化、城市化快速发展阶

段，未来一个时期能源消费将会持续增长。李善同等（2010）认为，在现有发展方式下，中国经济中长期发展仍能保持较快速度，十三五期间 GDP 增速可保持 7%，2030 年前保持 6%，能源消费总量将持续增加，2030 年可能达到 84 亿吨标准煤，能源特别是石油的供给压力加大，经济安全风险增大。按照 2010 年的化石能源生产规模计算，我国煤炭、石油和天然气的资源保有储量只能分别开采 50 年、15 年和 40 年（国家统计局能源统计司，2011；中华人民共和国国土资源部，2011），煤炭、石油和天然气产量的峰值出现在 2050 年之前（Lin et al.，2010；Imam et al.，2004；钱伯章，2009）。可以预见，能源供应保障将面临巨大的压力。如何既能确保人民生活水平不断提升，又不重复西方发达国家以牺牲环境为代价谋发展的老路，是中国经济中长期发展面临的重大挑战。

另一方面，从国际气候谈判进程来看，很有可能 2020 年后全球所有国家将被纳入强制减排框架。由于中国 CO_2 排放总量大、增加速度快，2020 年后中国的 CO_2 排放前景、排放峰值、减排路径已经成为国际社会高度关注的热点问题，也是中国经济中长期发展必须正视的重大问题。迄今为止，关于中国 CO_2 排放长期前景的研究主要有两种思路：一是在给定的能源需求控制和 CO_2 排放约束下探讨对经济系统的影响或能源技术的选择（姜克隽等，2009；Liu et al.，2009；Wang et al.，2010；王克，2011），二是分析不同的社会经济发展情景下中国 CO_2 排放的可能趋势（姜克隽等，2009；McKinsey&Company，2009；UNDP，2010；IEA，2010；Zhou et al.，2010）。

鉴于能源需求旺盛的中国将面临化石能源供给约束，有必要就化石能源供给约束对中国经济中长期发展前景和 CO_2 排放的长期趋势的影响做出科学评估。然而，已有研究都是基于通过能源技术进步、能源结构转换或产业结构升级换代，减少能源需求从而减少 CO_2 排放的思路进行，没有考虑化石能源供给约束的影

响。有的研究虽然考虑了能源进口的限制因素，但没有充分考虑国内能源供给的约束（李善同等，2010）。基于上述背景，本节构建了包含资源耗竭模块的中国能源—经济—环境政策模型，对能源供给约束下中国经济中长期发展前景和CO_2排放的长期趋势进行模拟，探讨如何通过低碳发展实现经济发展目标、控制CO_2排放，以期为中国制定中长期发展的战略目标和国际气候谈判提供科学参考。

一、研究方法

1. 模型构建

(1) 中国能源—经济—环境政策模型。

中国能源—经济—环境政策模型是基于动态CGE模型开发的，参考Lofgren等（2002）、武亚军等（2002）和Paltsev等（2005），在生产技术模块中加入能源模块。模型使用多层嵌套的结构，并用固定替代弹性（CES）函数来描述能源之间，能源和资本、劳动之间，劳动和资本之间的替代关系。模型假设中间投入品之间、中间投入品与资本—劳动—能源复合品之间的替代弹性为0，此时CES函数转换为列昂惕夫形式。大多数部门的生产结构如图10—1所示。对于炼焦业和燃煤发电技术、石油加工业和燃油发电技术、天然气发电技术，煤炭、石油、天然气分别是上述行业的原材料。由于这些原材料很难被其他中间投入品或生产要素替代，本研究采用列昂惕夫函数形式来衡量原材料与其他投入品之间的关系。

模型包括38个部门，2组居民家庭（城市和农村），3种生产要素（劳动、资本和能源）。电力部门拆分为8项发电技术（周晟吕等，2012），能源要素投入来自8个能源部门。

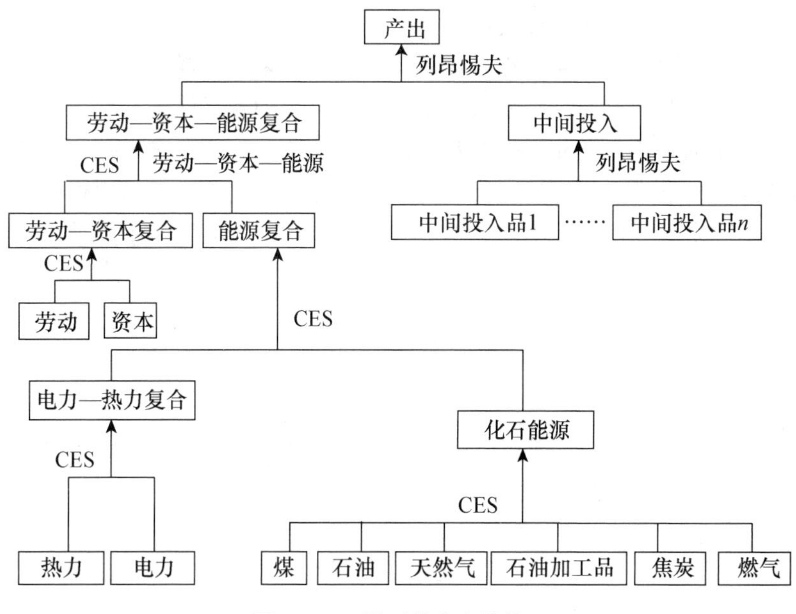

图 10—1　模型的生产结构图

注：本图为除煤炭开采和洗选业、石油开采业、天然气开采业、石油及核燃料加工业、炼焦业、燃煤发电、燃油发电和天然气发电外其他部门的生产结构。

模拟的基准年份为 2007 年。2007 年社会核算矩阵（SAM）基于 2007 年投入产出表以及相应的海关、税收、国际收支、资金流量等数据编制；能源消耗来自《中国能源统计年鉴（2008）》，CO_2 排放因子参考 IPCC（2006）；生产要素之间替代弹性的设定参考武亚军等（2002）的研究，以及 Paltsev 等（2005）的参数设定，进口与国产商品之间的替代弹性参考 GTAP 6.0 中的经验值设定；行业劳动的数据来自第五次全国人口普查数据，固定资产投资、人口等数据来自国家统计局。

模型的动态化通过资本积累、劳动增长和要素技术进步来实现。2007—2011 年的相关经济参数根据基年的数据并基于经济发展实际值的拟合反演进行了校正。

（2）耗竭资源供给模块。

模型构建了可耗竭化石资源供给模块，来计算煤炭、原油和天然气等化石能源的每一期供给量。煤炭、原油和天然气分别是煤炭开采和洗选业、石油开采业和天然气开采业的生产要素之一，这些能源资源很难被其他生产要素和中间投入品替代，因而采用列昂惕夫函数来刻画化石能源与资本—劳动—能源复合品以及中间投入品之间的关系（见图10—2）。

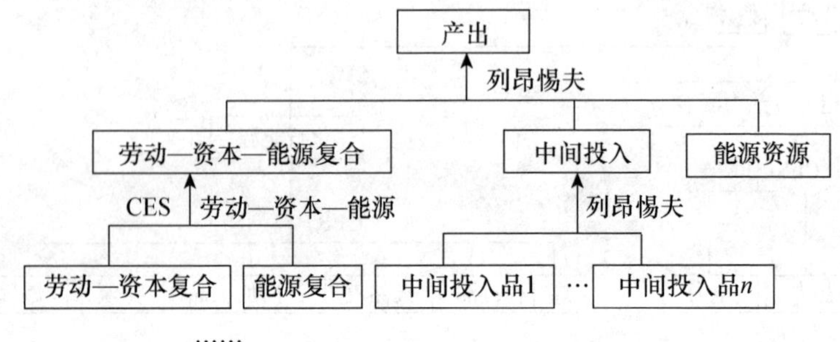

图10—2　煤炭开采和洗选业、石油开采业和天然气开采业的生产结构图

参考GREEN模型（Burniaux et al.，1992），在模型中设置煤炭、原油和天然气资源的供应函数。化石能源供应量与开采率、基年储量、基年储量与待探明储量的比例等有关，其中，假设新增探明储量与待探明储量的比例和能源价格相关，能源价格越高，则会越有动力探明更多的储量。具体方程设置参见石敏俊等（2014）的研究。

由于投入产出表中的生产要素投入只包含劳动和资本，因此，基准年份煤炭开采和洗选业、石油开采业和天然气开采业的能源资源投入量需要从投入产出表的资本投入项中根据外生设定的比例得到。参考王克（2011）和Sue Wing（2001）的研究，上述三个行业的资源投入数量占资本投入的比例系数分别为0.4、0.45和0.45。煤炭、石油和天然气供给函数的相关系数根据2006—2010

年数据校正，煤炭、石油和天然气的储量及产量来自国家统计局、《中国能源统计年鉴》（2008—2011）、《2011 中国矿产资源报告》以及 Burniaux 等(1992)（见表 10—1）。

表 10—1　　化石能源供给函数的相关系数

参数	煤炭	石油	天然气
α	0.000 237	0.001 39	0.004 8
w	0.51	0.7	1.43
μ	0.008	0.06	0.016
$RES_0/YTFP_0$	0.247	0.237	0.115

2. 情景设计

本节的情景设计分为基准情景、资源约束情景和低碳发展情景三种情景。

在基准情景下，不考虑经济政策的重大调整，资源供给约束较弱，用能效率提高速度处于正常水平。考虑到未来的资源环境压力，GDP 增速的设定比姜克隽等（2009）和 UNDP 等（2010）的研究更为缓和，全要素生产率（TFP）根据外生的 GDP 反演得出（见表 10—2)。2014—2020 年 CPI 根据近 20 年的历史数据设定。2014—2050 年劳动设定参考马忠东等（2010）的研究，人口红利在 2015—2020 年间消失，劳动人口趋于下降。2007—2020 年能源利用效率采用 AIM 模型的输出结果并结合节能中长期发展规划（2010）设定。由于如无重大技术突破，能源利用效率越高，能源技术进步的空间会变小，参考国内外的能效水平差距进行设定。

表 10—2　　基准情景下的 GDP、CPI 和全要素生产率（%）

指标	2014—2020	2021—2025	2026—2030	2031—2035	2036—2040	2041—2045	2046—2050
GDP 年均增速	6.83	5.60	4.70	3.90	3.30	2.70	2.00
全要素生产率	3.20	2.77	2.48	2.29	2.07	1.78	1.46

资源约束情景是在基准情景的基础上施加了化石能源供应约

束，低碳发展情景在资源约束情景下进一步考虑了居民消费结构、产业结构和固定资本形成比例的变化以及能源利用效率水平的进一步提高（见表10—3）。

表10—3　　资源约束情景和低碳发展情景设计

指标	资源约束情景	低碳发展情景
GDP	TFP外生，采用基准情景下的反演结果，GDP内生	同资源约束情景
CPI	同基准情景	同基准情景
劳动	同基准情景	同基准情景
能源利用效率	同基准情景	2020—2050年在基准情景的基础上提高10%
化石能源供应约束	化石能源的供应量受到能源价格、剩余可采储量、开采速度、新增探明储量等因素的影响	同资源约束情景
居民消费结构变化	—	根据历史趋势对收入与消费结构的关系拟合后外推，并参考日本、美国、部分欧盟国家的居民消费结构
产业结构变化	—	参考中国产业结构的历史变动趋势以及日本、美国、部分欧盟国家当前的中间投入结构，假设中国2050年的中间投入结构趋近于发达国家现阶段水平
固定资本形成比例变化	—	反映建筑业在固定资本形成中的比例变化。近期大规模的基础设施建设以及居民对住房的刚性需求使得该比例下降幅度有限。随着基础设施建设的逐渐饱和，建筑业在固定资本形成中的比例有所下降。设定到2050年中国该比例接近美国现阶段水平

二、基准情景下的中长期经济发展前景

在基准情景下，全国 GDP 总量将从 2007 年的 27 万亿元（根据 2007 年投入产出表计算）增长到 2050 年的 214 万亿元（2007 年价格，下同）。从产业结构变化看，第一产业的比重从 2007 年的 10.6%下降到 2050 年的 2.3%；第二产业的比重也下降到 15.2%。第二产业内部的变化较大，不同部门之间增加值增长幅度差异显著，煤炭开采和以煤炭为原料的炼焦业的增长幅度较小，2008—2020 年间大多数高耗能部门的增长幅度仍较大。这可能是因为随着中国工业化和城镇化的继续发展，基础设施建设的需求较大，以“土木钢石”为特征的发展格局在短期内还难以改变。

全国能源消费总量将从 2007 的 26.5 亿吨标煤增加到 2050 年的 104 亿吨标煤（均按发电煤耗计）。能源燃烧产生的 CO_2 排放量将从 2007 年的 56 亿吨增长到 2050 年的 164 亿吨。从能源消费结构看，2050 年煤炭消费量占一次能源消费总量的比例相对 2007 年下降 21%，煤炭消费主要通过国内供应满足，国内供应量呈持续增加趋势，2050 年将是 2007 年的 2.35 倍。石油消费量占一次能源消费总量的比例较为平稳，国内石油供应量逐步上升，但是增速趋缓。天然气消费总量增长迅速，2050 年相对于 2007 年增长 11 倍多，天然气消费的对外依存度将逐步上升。在基准情景下，非化石能源的需求增长明显，2050 年非化石能源消费占一次能源消费总量的比例将达到 20.8%。

在基准情景下，要满足 2050 年 104 亿吨标煤的能源消费量，中国的煤炭、石油和天然气供应量都要快速增加。但一方面，国内的煤炭、石油和天然气的探明资源储量按当前生产水平的供应时间有限；另一方面，国外可供进口的化石能源数量有限，过度依赖能源进口也会严重影响到能源安全。由于基准情景没有考虑化石能源供给的约束，实际上是难以实现、不可持续的，中国的中长期发展必须考虑化石能源的供给约束，追求绿色低碳的发展道路。

三、资源约束情景和低碳发展情景下的中长期经济发展前景

1. 经济发展水平

在资源约束情景下，受化石能源供应约束的影响，经济发展速度比基准情景有所降低，尤其是2020年之后，化石能源供应约束对GDP的负面影响日趋显著。2050年全国GDP总量将比基准情景水平减少7.89%。在低碳发展情景下，由于产业结构和居民消费结构发生变化，2025年前GDP的增长速度相对于基准情景有所提高，但随着能源供应约束日渐增强，2025年后GDP年均增速逐渐回归到基准情景水平（见表10—4）。也就是说，在低碳发展情景下，产业结构调整和居民消费结构变化将可以抵消能源供给约束对经济增长的负面影响。

表10—4　　不同情景下GDP年均增长速度（%）

情景	2013—2020	2021—2025	2026—2030	2031—2035	2036—2040	2041—2045	2046—2050
基准情景	6.92	5.60	4.70	3.89	3.31	2.70	2.00
资源约束情景	6.91	5.54	4.55	3.66	2.98	2.30	1.53
低碳发展情景	7.05	5.72	4.60	3.78	3.15	2.51	1.83

在资源约束情景下，由于能源供给约束，国内生产总值整体上下降幅度较大，但能源供应部门和高耗能部门增加值的下降幅度又高于其他部门，第二产业增加值的下降幅度略高于基准情景。在低碳发展情景下，随着产业结构调整，尤其是高耗能部门需求减少和服务业需求增加，第二产业的比重将明显下降，第三产业的比重显著上升，形成以第三产业为主导的经济结构。

2. 能源消费量和 CO_2 排放量

如表 10—5 所示，在资源约束情景和低碳发展情景下，由于化石能源供应约束的影响，能源消费总量将大幅度减少。在资源约束情景下，2050 年的节能率（即基准情景和资源约束情景的能源消费总量之差除以基准情景的能源消费总量）接近 26%，能源消费总量减少幅度较大。在低碳发展情景下，节能效果更为明显，2050 年的节能率将接近 27%。

在资源约束情景和低碳发展情景下，化石能源消费量减少使得 CO_2 排放量相对于基准情景也显著减少。在资源约束情景下，CO_2 排放量在 2034 年达到峰值（112 亿吨），2050 年减排率（即基准情景和资源约束情景的 CO_2 排放量之差除以基准情景的 CO_2 排放量）将达到 37.20%。在低碳发展情景下，CO_2 排放峰值可在 2030 年前后出现，为 104 亿吨。

表 10—5　　不同情景下的能源消费和 CO_2 排放

指标	情景	2007	2015	2020	2030	2040	2050
能源消费量（亿吨标煤）	基准情景	28	42	51	69	87	104
	资源约束情景	28	41	51	63	70	77
	低碳发展情景	28	41	50	62	68	76
CO_2 排放量（亿吨）	基准情景	56	82	97	123	145	164
	资源约束情景	56	81	96	110	108	103
	低碳发展情景	56	79	92	104	98	91

3. 不同能源品种的供应量和消费量

如表 10—6 所示，在资源约束情景下，煤炭消费量先升后降，2027 年达到峰值，2050 年煤炭消费量占一次能源消费总量的比例可比 2007 年降低 29.2%，煤炭国内供应量在 2028 年达到峰值。石油消费量于 2030 年达到峰值 13.9 亿吨标煤（折合原油 9.7 亿吨），石油国内供应量在 2030 年出现峰值，之后石油消费的对外依存度将增大，2050 年将达到 76.36%。天然气消费量增速明显，2050 年天然气占总一次能源消费总量的比例将比 2007 年提高

10.3%，国内供应量将于2040年左右达到峰值，2040年后天然气的对外依存度明显加大，2050年将达到46.1%。

在低碳发展情景下，煤炭消费量峰值将提前出现；由于天然气和非化石能源对煤炭的替代，煤炭消费量占一次能源消费总量的比重比基准情景和资源约束情景下降得更加明显，2050年可比2007年降低36.2%；煤炭的国内供应量峰值也将提前出现。石油和天然气的国内供应量和消费需求与资源约束情景下的变化趋势大致相同，但由于低碳发展情景下交通运输业的发展相对于资源约束情景下更快，对石油的需求量要略大于资源约束情景。

表10—6　　　不同情景下化石能源的供应和消费情况

能源	指标	情景	2007	2020	2030	2050
煤炭	国内供应量（亿吨标煤）	基准情景	19.5	29.0	34.6	45.9
		资源约束情景	19.5	28.9	30.3	26.6
		低碳发展情景	19.5	28.1	29.7	24.0
	总消费量（亿吨标煤）	基准情景	19.4	31.2	38.3	50.6
		资源约束情景	19.4	31.0	33.9	31.2
		低碳发展情景	19.4	29.7	31.7	25.5
	占一次能源消费总量的比例（%）	基准情景	69.9	60.8	55.2	48.9
		资源约束情景	69.9	61.2	53.5	40.7
		低碳发展情景	69.9	58.7	50.0	33.7
石油	国内供应量（亿吨标煤）	基准情景	2.9	6.9	8.9	11.0
		资源约束情景	2.9	6.5	7.3	2.6
		低碳发展情景	2.9	6.5	7.0	2.4
	总消费量（亿吨标煤）	基准情景	5.4	11.3	15.6	19.5
		资源约束情景	5.4	10.9	13.9	11.0
		低碳发展情景	5.4	10.9	13.6	10.7
	占一次能源消费总量的比例（%）	基准情景	19.5	22.1	22.5	18.8
		资源约束情景	19.5	21.6	21.8	14.3
		低碳发展情景	19.5	21.5	21.4	14.2

续前表

能源	指标	情景	2007	2020	2030	2050
天然气	国内供应量（亿吨标煤）	基准情景	1.0	2.3	3.4	6.7
		资源约束情景	1.0	2.2	3.4	6.1
		低碳发展情景	1.0	2.1	3.0	6.0
	总消费量（亿吨标煤）	基准情景	1.0	2.4	4.2	12.0
		资源约束情景	1.0	2.3	4.1	11.3
		低碳发展情景	1.0	2.2	3.7	11.1
	占一次能源消费总量的比例（%）	基准情景	3.6	4.7	6.0	11.5
		资源约束情景	3.6	4.5	6.4	14.7
		低碳发展情景	3.6	4.3	5.8	14.7

注：1千克原煤＝0.714 3千克标准煤；1千克原油＝1.428 6千克标准煤；1立方米天然气＝1.33千克标准煤。

在资源约束情景和低碳发展情景下，化石能源占一次能源消费总量的比重逐渐降低，2050年分别为69.7%和62.5%，可比基准情景降低10%左右或更多；非化石能源的需求量相对于基准情景有一定程度的增加，同时由于一次能源消费总量相对于基准情景有大幅度降低，因此，非化石能源占一次能源需求总量的比例上升得更快（见表10—7）。但是，不同的非化石能源发展轨迹不同。水电在前期发展速度较快，2025年后转为平稳状态。核电稳步发展，在能源消费总量中的比例将越来越大。虽然风电装机增长飞速，但由于风电并网困难，近期风电发挥的作用有限，随着未来技术上的突破，风电的发展潜力非常可观。

表10—7　　不同情景下非化石能源消费所占比例（%）

情景	2007	2015	2020	2030	2040	2050
基准情景	7.0	10.1	12.5	16.3	19.3	20.8
资源约束情景	7.0	10.3	12.7	18.2	24.4	30.3
低碳发展情景	7.0	11.5	15.0	20.4	29.6	37.5

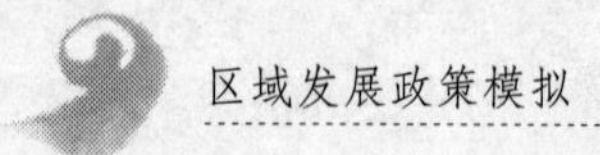

四、敏感性分析

由于模型中部分参数的外生设定会给模拟结果和模型的稳定性带来影响，为分析关键参数的影响程度，本节选取对经济增长和CO_2排放影响较大的部分关键参数进行了敏感性分析。关键参数敏感性分析的情景设计见表10—8。

表10—8　　关键参数敏感性分析的情景设计

参数变化范围	所有变动都是相对低碳发展情景
AEEI in20%/de20%	所有行业的能源利用效率提高率高于/低于低碳发展情景的20%
TFP in10%/de10%	每年的全要素生产率相对低碳发展情景增加/减少10%
ELA cap-lab and ene in20%/de20%	能源—资本—劳动复合品的替代弹性相对低碳发展情景增加/减少20%
ELA ene and ene in20%/de20%	化石能源之间的替代弹性相对低碳发展情景增加/减少20%

表10—9显示，能源利用效率的提高在有利于促进经济增长的同时，还能减少能源消耗和CO_2排放，万元GDP的能源消费和CO_2排放相对低碳情景有了较大程度的下降。全要素生产率的提高（降低）能大大提高（降低）经济增长的幅度，同时带来CO_2排放和能源消费量的增加（减少），万元GDP的能源消费量的变化幅度不大。替代弹性相比能源利用效率和TFP的影响则相对较小，化石能源之间的替代弹性的影响程度要高于能源—资本—劳动复合品之间的替代弹性。

表 10—9 不同情景下的 GDP、能耗与 CO_2 排放相对低碳情景的变化率（%）

参数变化范围	GDP	能源消费量	CO_2 排放	万元 GDP 的能源消费	万元 GDP 的 CO_2 排放
AEEI in20%	2	−5.2	−5.9	−6.19	−7.74
AEEI de20%	−2.3	5.8	6	9.22	8.48
TFP in10%	12.9	12.1	6.4	0.18	−5.76
TFP de10%	−11.5	−10.4	−5.7	2.23	6.64
ELA cap-lab and ene in 20%	0.3	0.6	−0.3	1.29	−0.52
ELA cap-lab and ene de 20%	−0.2	−0.2	0.5	0.92	0.76
ELA ene and ene in 20%	0.1	1.8	2.4	2.67	2.38
ELA ene and ene de 20%	−0.1	−1.8	−2.4	−0.78	−2.36

五、结论与启示

本节的研究结果表明，未来中国的能源需求旺盛，即使能源利用效率有较快的提高，能源消费需求也将持续增加，中长期经济发展将面临能源供给的约束。由于能源供给约束的作用，2020 年后 GDP 增长率将比基准情景降低 0.1～0.5 个百分点，2050 年 GDP 总量将比基准情景减少 7.89%。能源供给约束也将导致能源消费量和 CO_2 排放量大幅度减少，CO_2 排放峰值提前到 2034 年前后，预期 2050 年能源消费总量控制在 77 亿吨标煤，CO_2 排放量控制在 103 亿吨。可以说，能源供给约束将对未来中国的发展空间起到决定性作用。

上述结果也表明，中国需要走低碳发展道路，加快能源技术进步，积极推进产业结构调整，鼓励居民生活、消费方式向绿色、低碳、生态的方向转变。低碳发展可以减轻对化石能源的依赖，抑制

化石能源需求增长速度，大大缓解化石能源供给约束对经济增长的负面影响，并在中长期经济发展目标没有受到较大影响的前提下，进一步控制 CO_2 排放增长，使 CO_2 排放峰值提前到 2030 年前后。预期 CO_2 排放峰值（105 亿吨）在 2030 年出现，2050 年减至 91 亿吨。可以说，低碳发展情景是在完全不承诺减排与承诺激进减排目标之间的一个平衡点，可以在不影响中长期经济发展目标的同时，通过国内自身的努力实现 CO_2 排放量的绝对减排，为全球应对气候变化做出更大贡献，也有利于推动国际气候变化谈判的进程。

中国的减排策略更多地是出于国内能源安全和可持续发展的需要，而不是屈服于国际社会的减排压力。中国需要在综合考虑能源供给约束、能源技术进步等因素的基础上，科学确定绿色经济的发展战略和应对气候变化的减排目标。在国际气候变化谈判中，既要合理争取应有的权益和发展空间，同时也要避免把谈判目标放在超过可能的发展空间，以免成为众矢之的。国际社会也需要深入了解中国中长期发展面临的困难和可能前景，尤其是资源供给约束的影响，应当着眼于帮助中国等发展中国家提高能源利用效率，加快能源技术进步，增强应对气候变化的能力，而不是一味地向中国施压，以免谈判形成僵持局面。

第二节　能源运输与区域经济增长

中国经济增长高度依赖能源投入。1978—2014 年，中国经济增长了 28.25 倍，能源消费量从 5.71 亿吨标煤增加到 42.60 亿吨标煤，增长了 7.46 倍，GDP 与能源消费的相关系数高达 0.997。由于我国制造业主要集中于东部地区，能源资源主要分布在中西部地区，形成了能源生产和消费的空间错位格局（刘毅，1999；任志远等，2008；高天明等，2013；魏一鸣等，2013；周洪等，2013），

能源供给与需求的空间平衡主要靠能源运输来解决。2011 年，全国铁路煤炭运输量为 22.69 亿吨，占全国煤炭总产量的 64.6%。可见跨区域煤炭运输对于能源供需平衡的重要性。随着东部传统产煤省份煤炭产量趋于下降，能源生产的主战场进一步向内蒙古、山西、陕西、新疆等地区转移，能源生产与消费的空间错位格局仍将持续下去，这将给沿海地区的能源供给带来严峻的挑战（成升魁等，2008；张雷等，2009；Zhange et al.，2012）。因此，能源运输对于沿海地区经济的持续稳定增长具有至关重要的影响。

然而，跨区域能源运输受到运输能力和运输成本两个方面的约束。一方面，庞大的能源运输量加剧了运输压力，使得运力偏紧。2011 年，铁路货运量中煤炭的比重高达 57.9%，在晋陕蒙至京津冀的铁路货运量中，这一比例超过 90%。目前，煤炭的港口运输能力与铁路运输能力不匹配，公路运输能力临近极限，总体上看运能仍然低于产能。由于铁路运力不足，内蒙古的煤炭主要依靠公路向外运输。跨区域电力输送能力也难以满足电力输送需求。另一方面，跨区域长距离能源运输导致较高的运输成本。全国吨煤平均运输成本已超过 200 元。新疆煤炭资源丰富，但远离能源消费地，运输成本过高，向外输送面临极大的困难。沿海地区由于从煤炭产地调运煤炭的运输成本过高，从海外（印度尼西亚、澳大利亚）进口煤炭成本更低，近年来进口煤炭的数量已达到 3 亿吨。近年来，特高压电网技术为跨区域电力输送提供了新的手段（刘振亚，2014；王敏，2014），但关于特高压电网建设也存在着不同的意见。

本节拟利用动态多区域可计算一般均衡模型（DMRCGE 模型），定量模拟不同情景下各个地区的能源供需平衡，探讨能源运输对于能源供需空间平衡及区域经济增长的影响。具体来说，试图回答以下三个问题：第一，未来的能源运输能否满足经济增长带来的能源消费需求？第二，如果能源运输不能满足能源消费需求，能源供给约束对于区域经济增长与产业发展会带来什么样的制约作用？第三，能源输送通道建设对于缓解能源供给约束、促进区域经济增长可以起到什么样的作用？

一、研究方法

本研究主要使用动态多区域可计算一般均衡模型（DMRCGE模型）进行模拟分析。

1. DMRCGE模型的基本结构

假设市场完全竞争，生产规模报酬不变，生产者最小化其成本，消费者最大化其效用，所有产品和要素市场均出清。

与单区域CGE模型相比，多区域CGE模型通过商品交易、投资流动、劳动流动等，对区域间经济联系进行刻画。在DMRCGE模型中，居民消费部门区分为城镇居民和农村居民，居民对不同商品的购买量由ELES消费函数决定。各地政府税率外生，政府消费内生。产业投资对各项投资品的需求量由列昂惕夫函数决定。存货在模型中被设定为固定不变。汇率外生，进口内生，外国储蓄占本国GDP比例内生。DMRCGE模型作为递归动态模型，主要通过资本积累、劳动改变、出口增长和技术进步等来实现动态化。

2. 部门划分及数据来源

DMRCGE模型的基础数据来源于中国科学院虚拟经济与数据科学研究中心编制的2007年中国区域间投入产出表，包含30个省区、55部门（西藏无数据）。根据各部门能源消费特点，将55个部门合并为10个部门，构建了30区域、10部门的动态多区域可计算一般均衡模型（见表10—10）。

参考《2014年国民经济和社会发展统计公报》，能源密集型产业可以界定为能源加工、化学工业、非金属矿物制品、金属冶炼加工、电热燃气生产5个部门。各个部门的能源投入来自煤炭、油

气、能源加工、电热燃气生产 4 个能源部门。

2007 年分省、分部门的劳动数量和工资水平根据第六次人口普查结果及《中国统计年鉴（2008）》拆分。2007 年分省、分部门、分品种的能源消费量参考《中国能源统计年鉴（2008）》及各省工业分行业能源消费数据校准得出。各省区的资本存量参考相关研究（张军等，2004；单豪杰，2008）计算得出。城乡居民对各种商品和服务的最低消费量利用 ELES 函数，参照 Frisch（1959）的研究，根据不同区域的经济发展水平计算。

表 10—10　　部门划分

部门	备注
农业	农业、林业、畜牧业、渔业
煤炭	煤炭开采和洗选业
油气	石油和天然气开采业
能源加工	石油加工业、炼焦业
化学工业	基础化学原料制造业，肥料与农药制造业，专用化学产品制造业，日用化学产品制造业，医药制造业，化学纤维、橡胶与塑料制品业
非金属矿物制品（简称非金属矿）	水泥、玻璃和陶瓷制造业
金属冶炼加工（简称金属冶炼）	钢铁冶炼加工、有色金属冶炼加工业
电热燃气生产（简称电热燃气）	电力、热力的生产和供应业、燃气生产和供应业
其他工业	其他工业
服务业	所有服务行业

3. 能源供给和需求的嵌入

一方面，在 DMRCGE 模型中，能源作为重要的投入要素被纳入生产函数中，能源（煤炭、电力等）作为必需的生产要素将会影

响总产出。另一方面，能源也直接参与生活消费，能源消费将对最终需求中的消费支出产生影响。在模型中，煤炭、电力等能源作为重要的生产要素纳入生产函数，进行多层的 CES 函数嵌套。模型的生产结构参照图 10—3。部门之间的替代弹性参考 GTAP 8.0 中的设置（Hertel，2007）。

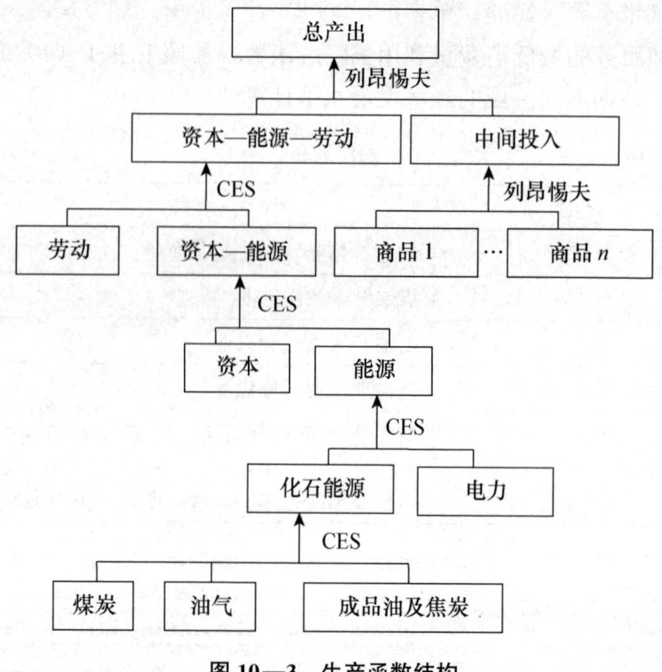

图 10—3　生产函数结构

当存在能源运输约束时，能源输入区域生产生活的能源消费量将受到影响，进而影响到区域经济的发展。在模型中，能源供给从两方面影响区域经济发展：一方面，煤炭、电力等能源作为重要的生产要素纳入生产函数，从而影响到总产出。另一方面，能源直接参与到生活消费中，能源消费将对最终需求中的消费产生影响。

4. 能源运输约束的刻画

为了模拟能源运输约束的影响，需要在模型中对关键的能源运输线路的能源运输量设置上限，影响能源输入区域的能源消费量，进而影响到区域经济发展。考虑到我国能源结构以及各能源品种的特点，本研究选取煤炭和电力两种能源作为能源运输约束的对象。

能源运输约束主要是运输量的约束，而原有的基础数据是价值量数据，无法反映出煤炭及电力在各地的生产与消费量，以及不同区域价格的差距。综合考虑各区域煤炭产量、投入产出表中相应部门的产值以及公开的价格数据对各区域煤炭及电力进行量价分离，可以计算出 2007 年的能源输送矩阵。在量价分离的基础上，对于存在能源调配的两个区域，以基年的差价作为当年的运输成本。通过以上操作，能源的价格水平、区域间的能源运输量、区域间的能源运输成本可以得到体现。

在模拟时，基准情景下运输成本外生固定；在约束情景下，对能源运输量进行限制，运输成本内生。

5. 情景模拟的分析思路

本节设计了基准情景以及能源运输约束情景、能源通道建设情景两种政策情景，定量模拟能源运输约束对能源供需空间平衡及区域经济发展的影响。

基准情景是指区域间的能源运输不存在运输能力的限制，区域间的煤炭及电力运输量由各区域的供需状况决定。

能源运输约束情景（约束情景）：在基准情景的基础上，假定所选取的 13 条煤炭运输线路与 18 条输电线路的能源运输能力保持在 2014 年水平不变。其中，如果该运输线路的运输量在基准情景下出现了下降，则不外生施加约束。

能源通道建设情景（建设情景）：对于在基准情景下运输量增加较大（变化比例较大、运输量变化较大）的线路，在 2014 年基础上逐年增加新的运输能力。

二、基准情景与模型校准

1. 基准情景设计

区域间的煤炭运输量由模型内生得出。各地区 TFP（全要素生产率）、劳动总数、出口、煤炭及油气生产为外生给定，资本积累为内生变化。

TFP：由 GDP 增长率进行校准得出。2008—2014 年采用各区域实际的经济增长率，2015—2020 年经济增长率参考相关研究，设定全国年均增长率为 6.70%，各区域经济增长率参照 2007—2014 年与全国经济增长率的差异程度设定。

其他外生变量：劳动总数，2008—2013 年为历史值，数据来源于《中国统计年鉴》，2014—2020 年参照 UNDESA（2013）的研究进行设定。出口数据，2008—2013 年参照历史值，数据来源于《中国统计年鉴》和 UNCTAD 数据库，2014—2020 年参照历史趋势进行设定。油气生产数据，2008—2013 年参照历史值，2014—2020 年参考国土资源部油气资源战略研究中心《新一轮全国油气资源评价》中的预测值进行设定。

2. 历史年份拟合

对 2007—2014 年模拟结果与已公布的统计数据进行比较，依据历史年份拟合结果进行模型校准。首先，以各地区 GDP 统计数据为外生变量对 TFP 进行反演再校准，然后，以校准结果为基础进行历史拟合。

通过模拟结果与统计数据的比较，发现各地区 GDP、产业结构、能源消费等数据的误差大多在 10%以内（见表 10—11）。北京、上海、新疆 2014 年拟合值与实际值的误差大于 10%，其中北京、上海是因为能源消费增长速度低于模拟水平，新疆则是因为能源消费增长速度高于模拟水平。其他地区的误差水平均小于 10%。拟合误差的原因部分来源于投入产出表和统计数据之间的差异。可以认为，

模拟结果与实际情况基本一致，模型可信度在可接受的范围之内。

表 10—11　　各区域能源消费量拟合值与实际值的误差比较

地区	2007	2010	2014	地区	2007	2010	2014	地区	2007	2010	2014
北京	0.021	0.071	0.138	浙江	0.003	0.020	0.043	海南	0.008	−0.021	−0.059
天津	−0.020	−0.031	−0.029	安徽	−0.029	−0.038	−0.051	重庆	−0.065	−0.043	0.000
河北	−0.052	−0.037	−0.017	福建	−0.003	−0.019	−0.037	四川	−0.094	−0.084	−0.070
山西	0.021	−0.010	−0.033	江西	−0.057	−0.032	0.000	贵州	0.011	0.010	0.009
内蒙古	−0.078	−0.063	−0.043	山东	−0.006	0.044	0.071	云南	−0.053	−0.057	−0.061
辽宁	−0.030	−0.018	−0.020	河南	−0.018	0.010	0.047	陕西	−0.077	−0.075	−0.036
吉林	−0.055	0.009	0.084	湖北	−0.021	−0.020	−0.020	甘肃	−0.023	−0.016	−0.007
黑龙江	−0.023	−0.033	−0.046	湖南	−0.019	−0.006	0.012	青海	0.000	−0.033	−0.078
上海	−0.024	0.032	0.107	广东	−0.001	0.075	0.096	宁夏	−0.048	−0.050	−0.052
江苏	−0.010	−0.001	0.012	广西	−0.033	−0.008	0.024	新疆	−0.067	−0.098	−0.138

3. 基准情景下的区域经济发展

2015—2020 年，全国 GDP 年均增长率为 6.70%，西部区域和中部区域增长较快，增长率分别为 7.19%与 7.08%，沿海区域为 6.66%，而东北地区增长率较低，仅为 4.81%。从各地区来看，新疆的增速最高，高达 10.43%，天津、福建、青海、江西、湖北、甘肃等地的平均增速也超过了 8%；而山西最低，仅为 3.47%，黑龙江、辽宁也低于 5%。可以看出，中西部 GDP 增长速度高于沿海和东部，区域发展将更加趋于协调，西部和中部区域 GDP 份额占比分别增长 0.53%和 0.43%，但中西部地区的资源型省份山西、内蒙古与陕西的 GDP 份额有所下降。沿海区域和东北区域的份额分别下降 0.09%与 0.87%。

从产业发展来看，2015—2020 年，服务业、化工、非金属矿物、金属冶炼加工、电热气生产增长较快。除金属冶炼加工、电热气生产外，其他部门在西部地区的增速较快。从产业份额来看，沿海区域的能源加工、化工和电热气生产的份额有所上升；西部区域除金属冶炼加工、电热气生产外的产业份额均有所

上升。

2015—2020年，各省区加总的能源消费年均增长3.89%，2020年达到54.35亿吨标煤。沿海区域仍然是能源消费增加的主力。

三、能源运输格局分析

为了准确地模拟能源运输约束对能源供需空间平衡的影响，本节分析煤炭和电力的跨区域运输格局，选取关键的能源运输线路，在此基础上进行能源运输的情景设置。

1. 煤炭运输格局

(1) 煤炭的生产及消费。

2012年，山西、陕西、内蒙古3省区的煤炭产量占全国煤炭总产量的60%，占煤炭净调出总量的94%。2007—2012年，山西、陕西、内蒙古3省区的煤炭产量增长迅速，其中内蒙古、陕西分别增长2倍与1.5倍；西北地区煤炭产量增长较快，其中新疆增长2倍，但生产规模仍然较小；由于资源条件限制，黑龙江、江苏、福建、江西、河南、重庆、四川7省市的煤炭产量已经出现下降；受煤炭消费增长的驱动，其他大多数省区的煤炭生产规模也有所扩大，吉林、安徽、贵州增长超过50%，但受制于资源约束，煤炭产量增长无法持续（见表10—12)。

煤炭消费主要分布在江苏、广东、浙江等沿海省份以及内蒙古、山西、河北、山东、河南、辽宁、安徽等资源富集地及重化工业基地。2007—2012年，多数省区的煤炭消费都有较快增长，其中山西增长超过6倍，新疆、海南、宁夏增长1倍左右。

2012年，江苏、河北、山东、广东、湖北、浙江、辽宁7省区的煤炭缺口均超过1亿吨，超过煤炭缺口省份总和的一半，而这部分缺口主要通过外地调入或进口来满足。

表 10—12　　2012 年各区域煤炭缺口分析　　单位：万吨

地区	生产	消费	缺口	地区	生产	消费	缺口	地区	生产	消费	缺口
北京	493	2 346	−1 853	浙江	15	14 691	−14 676	海南	0	930	−930
天津	0	6 657	−6 657	安徽	15 049	15 878	−829	重庆	3 572	6 993	−3 421
河北	11 772	34 823	−23 051	福建	2 051	9 337	−7 286	四川	9 471	12 283	−2 812
山西	91 333	26 889	64 444	江西	2 950	7 006	−4 056	贵州	18 107	12 621	5 486
内蒙古	104 191	36 833	67 358	山东	17 668	39 273	−21 606	云南	10 385	9 955	430
辽宁	6 598	21 228	−14 630	河南	15 879	21 793	−5 914	陕西	46 767	13 555	33 212
吉林	6 336	11 875	−5 539	湖北	887	16 386	−15 499	甘肃	4 878	6 979	−2 101
黑龙江	9 129	13 273	−4 144	湖南	9 032	12 435	−3 403	青海	2 606	1 640	966
上海	0	6 376	−6 376	广东	0	18 571	−18 571	宁夏	8 598	7 399	1 199
江苏	2 104	29 631	−27 527	广西	754	7 882	−7 128	新疆	15 375	11 327	4 048

资料来源：2012 年各省能源平衡表。

（2）煤炭跨区域运输格局。

煤炭短距离运输主要依靠公路，中长距离运输主要依靠铁路和水运。各省区间的煤炭铁路运输数据可以通过《中国铁道年鉴》查得，规模以上港口[①]的煤炭水运数据可以通过《中国交通运输统计年鉴》查得，但公路运输数据难以获得。在远距离运输中，一般采用公路、铁路和水路相结合的运输方式，铁路及水路运输数据无法全面地反映跨区域的煤炭运输状况。

从铁路运输来看，2012 年煤炭铁路跨省区运输量为 11.70 亿吨。山西和内蒙古占到了调出总量的 70%左右，而河北、辽宁和山东 3 省合计占到了调入总量的 60%左右，其中河北调入量 4.61 亿吨，主要是利用沿海港口向南部省份转运。

从水运状况来看，规模以上港口的煤炭出港量为 10.18 亿吨，其中出口 0.13 亿吨；进港量 11.55 亿吨，其中进口 3.01 亿吨。煤炭出港量较大的省市有河北、江苏、天津、广东、浙江、辽宁、上海等，其中河北的出港量高达 5.27 亿吨，主要通过秦皇岛、黄骅、

① 规模以上港口指年吞吐量超过 1 000 万吨的沿海港口和超过 200 万吨的内河港口。

唐山等港口向外运输。进港量较大的省市有江苏、广东、浙江、上海、福建、广西、山东等。净入港量较大的有江苏、广东、浙江、福建、上海、广西等省市区。煤炭净进口 2.88 亿吨，其中广东 0.59 亿吨、广西 0.41 亿吨、福建 0.40 亿吨、浙江 0.34 亿吨、河北 0.29 亿吨、山东 0.29 亿吨、江苏 0.26 亿吨。

假设近距离煤炭运输主要以公路为主，铁路运输和水路运输主要用于远距离运输，综合判断各省份煤炭运输的主要方式，结果如表 10—13 所示。

表 10—13　　2012 年各区域煤炭运输状况　　单位：万吨

地区	缺口	铁路净调入	港口净调入	运输判断	地区	缺口	铁路净调入	港口净调入	运输判断
北京	−1 853	784		公路、铁路	河南	−5 914	1 218		公路为主
天津	−6 657	4 526	−8 661	公路为主	湖北	−15 499	4 958	408	公路为主
河北	−23 051	41 294	−49 270	公路为主	湖南	−3 403	2 432	909	铁路为主
山西	64 444	−54 869		铁路为主	广东	−18 571	−251	15 021	海运
内蒙古	67 358	−25 486		公路、铁路	广西	−7 128	2 129	4 048	海运、铁路
辽宁	−14 630	11 701	1 145	铁路为主	海南	−930	3	1 211	海运
吉林	−5 539	4 637		铁路为主	重庆	−3 421	−49	−290	公路
黑龙江	−4 144	1 330	11	公路为主	四川	−2 812	930	−286	公路为主
上海	−6 376	56	6 068	海运	贵州	5 486	−2 287		公路、铁路
江苏	−27 527	4 550	17 278	海运为主	云南	430	276		铁路为主
浙江	−14 676	769	13 463	海运	陕西	33 212	−4 243		公路为主
安徽	−829	−2 286	1 973	有进有出	甘肃	−2 101	573		公路为主
福建	−7 286	−455	6 827	海运	青海	966	−344		公路为主
江西	−4 056	2 554	1 241	铁路、水运	宁夏	1 199	−2 940		铁路为主，转运
山东	−21 606	9 350	2 605	铁路、公路	新疆	4 048	−860		公路为主

（3）煤炭跨区域运输关键线路。

综合分析各省区煤炭缺口状况、铁路运输数据、港口运输数据等，选定山西、陕西、内蒙古 3 个区域的煤炭调出，以及江苏、河

北、山东、广东、湖北、浙江、辽宁7个区域的煤炭调入作为重点省份。假定东北3省的煤炭缺口主要由内蒙古提供，河北的煤炭缺口由内蒙古、山西共同提供，山东的煤炭缺口主要由山西提供，山西与内蒙古合计5亿吨左右的煤炭出港调运至江苏、浙江和广东等地。陕西的煤炭主要满足湖北、河南、四川、重庆、江苏等地的需求。

选取山西至河北、江苏、浙江、山东、湖北、广东，内蒙古至河北、辽宁、江苏、浙江、广东，陕西至江苏、湖北共计13条线路，所选取线路约占跨区域煤炭调运总量的65%。

2. 电力输送格局

(1) 电力的生产及消费。

2012年，电力存在盈余的省区主要有内蒙古、山西、湖北、贵州、云南、安徽、陕西和宁夏，其中内蒙古电力盈余高达1 155亿千瓦时；电力存在缺口的省市主要包括广东、河北、北京、山东、江苏、上海、辽宁和浙江，其中广东电力缺口达855亿千瓦时(见表10—14)。

表10—14　　2012年各区域电力缺口分析　　单位：亿千瓦时

地区	发电	用电	缺口	地区	发电	用电	缺口	地区	发电	用电	缺口
北京	291	912	−621	浙江	2 808	3 211	−403	海南	199	210	−11
天津	590	767	−177	安徽	1 771	1 361	410	重庆	598	723	−125
河北	2 411	3 078	−667	福建	1 623	1 580	43	四川	2 151	2 010	141
山西	2 546	1 766	780	江西	728	868	−140	贵州	1 618	1 047	571
内蒙古	3 172	2 017	1 155	山东	3 212	3 795	−583	云南	1 759	1 314	445
辽宁	1 441	1 900	−459	河南	2 643	2 926	−283	陕西	1 342	1 067	275
吉林	692	787	−95	湖北	2 238	1 643	595	甘肃	1 103	995	108
黑龙江	849	828	21	湖南	1 398	1 582	−184	青海	584	602	−18
上海	886	1 353	−467	广东	3 764	4 619	−855	宁夏	1 010	742	268
江苏	4 001	4 581	−580	广西	1 186	1 154	32	新疆	1 237	1 152	85

资料来源：国家统计局能源统计司编：《中国能源统计年鉴（2013）》，北京，中国统计出版社，2013。

（2）跨区域电力输送。

从最新的《2011年电力工业统计资料汇编》的《全国跨省电量交换情况》中可以看出，主要跨区域电力输送包括内蒙古至东北及华北，山西至河北、江苏，湖北至上海、广东，贵州、云南至广东，安徽至江苏、浙江，宁夏至山东。

近年来，我国建设了多条特高压输电线路，主要涉及区域包括云南至广东、四川至上海、云南至浙江、安徽至上海等（见表10—15）。

表10—15　目前已建成的部分特高压输电线路

相关区域	线路	规格	输电能力	建成日期
山西至湖北	晋东南至南阳至荆门	1 000千伏交流	500万千瓦	2009.1.6
云南至广东	楚雄至广州（云广）	±800千伏直流	500万千瓦	2010.6.18
	普洱至江门	±800千伏直流	500万千瓦	2013.9.13
四川至上海	向家坝至上海	±800千伏直流	700万千瓦	2010.7.8
	锦屏至上海	±800千伏直流	720万千瓦	2012.12.12
云南至浙江	溪洛渡至金华	±800千伏直流	800万千瓦	2014.7.3
安徽至上海	淮南至上海	1 000千伏交流	410万千瓦	2013.9.25
新疆至河南	哈密南至郑州	±800千伏直流	800万千瓦	2014.1.27

（3）电力跨区域调运关键线路。

综合考虑2012年各省区电力缺口状况、2011年《全国跨省电量交换情况》以及近年来新建的跨区域电力输送线路，选取山西至北京、河北、江苏，内蒙古至北京、河北、辽宁、山东，安徽至江苏、浙江，湖北至上海、江苏、广东，四川至上海、浙江，贵州、云南至广东，陕西至江苏，宁夏至山东18条输电线路作为研究对象。

四、能源运输约束对区域经济发展的影响

1. 能源运输约束情景描述

在基准情景的基础上，控制前述选定的13条煤炭运输线路与

18条输电线路的能源运输能力，假设2015—2020年间能源运输能力保持在2014年水平。在基准情景下，山西至湖北、内蒙古至辽宁2条煤运线路，以及山西至北京、内蒙古至北京、内蒙古至山东、宁夏至山东4条输电线路的能源运输量已经出现下降，这6条线路不需要施加约束，其余25条能源运输线路的能源运输量保持在2014年水平不变（见表10—16）。

表10—16　运输约束情景下2015—2020年关键线路能源输送设置

煤运（万吨）	山西至河北	山西至江苏	山西至浙江	山西至山东	山西至广东	内蒙古至河北	内蒙古至江苏
	11 695	8 507	5 100	20 022	4 502	11 836	7 501
	内蒙古至浙江	内蒙古至广东	陕西至江苏	陕西至湖北			
	5 100	4 502	5 114	7 518			
输电（亿千瓦时）	山西至河北	山西至江苏	内蒙古至河北	内蒙古至辽宁	安徽至江苏	安徽至浙江	湖北至上海
	184	170	331	400	223	214	220
	湖北至江苏	湖北至广东	四川至上海	四川至浙江	贵州至广东	云南至广东	陕西至江苏
	100	148	300	200	444	351	100

2. 能源运输约束对区域经济发展的影响

2015—2020年，受能源运输约束影响，全国平均GDP年均增长率将下降0.17个百分点，沿海、中部、西部的年均增长率分别下降0.30、0.05、0.03个百分点，东北地区增长率上升0.06个百分点。可以看出，沿海区域所受冲击相对较大，能源运输约束使河北、江苏、浙江、山东、广东受到了显著的负面影响，但天津、福建、广西、海南反而有所受益。受制于能源难以输出，中部区域的山西、安徽，西部区域的内蒙古、贵州也受到了负面冲击（见表10—17）。

表 10—17　　能源运输约束对各区域 2015—2020 年 GDP 年均增长率的影响（%）

地区	基准情景	约束情景	变化率	地区	基准情景	约束情景	变化率	地区	基准情景	约束情景	变化率
沿海	6.66	6.36	−0.30	中部	7.08	7.04	−0.04	西部	7.19	7.16	−0.03
北京	6.21	6.29	0.08	山西	3.47	2.91	−0.56	内蒙古	5.79	5.44	−0.35
天津	8.61	8.68	0.07	安徽	6.95	6.62	−0.33	广西	7.06	7.11	0.05
河北	5.07	4.42	−0.65	江西	8.21	8.26	0.05	重庆	7.40	7.47	0.07
上海	5.72	5.59	−0.13	河南	6.94	7.05	0.11	四川	6.96	7.05	0.08
江苏	7.15	6.60	−0.55	湖北	8.11	8.13	0.02	贵州	7.55	7.24	−0.31
浙江	5.86	5.36	−0.50	湖南	7.42	7.44	0.02	云南	7.06	7.11	0.05
福建	8.55	8.65	0.10					陕西	6.41	6.30	−0.11
山东	6.58	6.24	−0.34	东北	4.81	4.87	0.05	甘肃	8.06	8.16	0.10
广东	6.71	6.52	−0.19	辽宁	4.80	4.86	0.06	青海	8.54	8.59	0.05
海南	7.49	7.54	0.05	吉林	5.34	5.39	0.05	宁夏	7.06	7.11	0.05
				黑龙江	4.35	4.42	0.07	新疆	10.43	10.51	0.08

存在通道运输约束时，2020 年全国加总的 GDP 减少 6 893 亿元，从各省区来看，12 个省份 GDP 减少，减少量均超过 100 亿元，其中江苏损失最大，损失量为 2 204 亿元；18 个省份 GDP 有所增长，其中河南受益最大，增长了 247 亿元。从 GDP 损失的比例来看，全国加总的 GDP 减少 0.94%。河北、山西、江苏、浙江损失较大，损失比例分别达到 3.70%、3.19%、3.04%与 2.82%。虽然受益的省份数量大于受损的省份数量，但是由于受损省份损失较大，总体影响仍然为负。

3. 能源运输约束对产业发展的影响

在能源运输约束情景下，受沿海地区能源供给不足以及能源价格上升的影响，能源密集型产业呈现出向西转移的态势。从增长变化来看，沿海区域的所有行业都受到了负面影响，其中，金属冶炼加工、非金属矿物等高能耗部门所受影响较大；中部区域仅农业、油气、能源加工、非金属矿物 4 个行业略有增长；西部地区煤炭、

能源加工、金属矿物冶炼、电热气生产4个行业受到了负面影响；东北地区所有行业增长速度均略有提升。从份额来看，沿海区域除煤炭行业外，份额均有所减少，中部仅煤炭和电力两个行业份额下降，西部区域除煤炭行业外，其他行业的份额均有所上升。东北区域各产业份额均有所增加（见表10—18）。

表10—18　　不同情景下2020年各部门增长值份额的变化（%）

部门	能源运输约束情景相对于基准情景的变化				能源运输通道建设情景相对于能源运输约束情景的变化			
	沿海	中部	西部	东北	沿海	中部	西部	东北
农业	−0.71	0.29	0.33	0.09	0.39	−0.16	−0.18	−0.05
煤炭	1.12	−0.36	−0.96	0.20	−0.69	−0.03	0.83	−0.12
油气	−0.04	0.00	0.02	0.02	0.03	0.00	−0.01	−0.02
能源加工	−0.56	0.18	0.12	0.25	0.29	−0.10	−0.06	−0.13
化学工业	−0.70	0.26	0.28	0.17	0.39	−0.14	−0.16	−0.09
非金属矿物	−0.96	0.53	0.28	0.15	0.55	−0.31	−0.16	−0.08
金属冶炼加工	−0.86	0.42	0.33	0.11	0.45	−0.21	−0.18	−0.06
电热气生产	−0.07	−0.15	0.03	0.19	0.10	0.03	−0.02	−0.11
其他第二产业	−0.38	0.15	0.14	0.09	0.21	−0.08	−0.08	−0.05
服务业	−0.34	0.11	0.15	0.08	0.19	−0.06	−0.09	−0.05
合计	−0.39	0.14	0.15	0.10	0.22	−0.08	−0.08	−0.06

4. 能源运输约束对能源消费的影响

2015—2020年，受能源运输约束影响，全国能源消费年均增长率由3.89%减少到3.47%。沿海地区能源消费增速下降高达0.67个百分点，其中河北、江苏与浙江的年均增速分别下降了1.18、1.13与1.03个百分点；其次是中部与西部，分别下降了0.21与0.20个百分点，东北下降了0.03个百分点。

2020年，全国能源消费总量减少1.31亿吨标煤，减少比例为2.04%。其中沿海地区减少1.03亿吨标煤，占到了全国能源消费减少量的79.18%，减少比例为3.77%。从各省份来看，能源消费减少比例超过全国平均水平的有8个省份，均是能源通道相关省份，其中江苏、山东、河北能源消费减少量均超过2 000万吨，浙江、广东减少量也超过1 000万吨。而河南、天津、湖北等地由于靠近能源产地，所受能源供给约束相对较小，能源消费量略有增加（见表10—19）。

表10—19　　能源运输约束对各区域2020年能源消费量的影响

单位：亿吨标准煤

地区	基准情景	约束情景	变化率(%)	地区	基准情景	约束情景	变化率(%)	地区	基准情景	约束情景	变化率(%)
沿海	27.41	26.37	−3.77	中部	10.95	10.82	−1.22	西部	11.39	11.26	−1.15
北京	1.52	1.52	0.21	山西	1.97	1.92	−2.82	内蒙古	1.51	1.48	−1.78
天津	0.92	0.92	0.64	安徽	1.02	0.98	−4.28	广西	1.23	1.21	−1.55
河北	3.04	2.84	−6.76	江西	0.94	0.93	−1.04	重庆	0.91	0.90	−0.41
上海	2.28	2.24	−1.92	河南	3.37	3.38	0.21	四川	1.75	1.74	−0.31
江苏	3.97	3.72	−6.32	湖北	1.80	1.81	0.28	贵州	1.09	1.06	−3.53
浙江	2.81	2.65	−5.77	湖南	1.84	1.80	−1.98	云南	0.78	0.78	−0.29
福建	1.22	1.21	−1.59					陕西	1.06	1.04	−1.73
山东	5.88	5.67	−3.68	东北	4.60	4.59	−0.16	甘肃	1.06	1.06	−0.41
广东	5.62	5.48	−2.58	辽宁	2.09	2.08	−0.44	青海	0.37	0.37	−1.01
海南	0.14	0.14	−0.33	吉林	1.31	1.31	−0.16	宁夏	0.49	0.49	−0.89
				黑龙江	1.20	1.20	0.33	新疆	1.13	1.13	−0.40

从终端能源消费来看，煤炭消费减少5.43%，油气消费增长0.01%，石油及炼焦等二次能源消费减少0.23%，电力消费减少2.48%。从区域来看，沿海区域的煤炭消费减少幅度高达10.23%，同时也给电力消费带来了较大的负面影响；中部、西部区域煤炭消费的下降幅度均为2.86%左右；东北地区的煤炭消费量也有所下降。从省区来看，广东、江苏、浙江、河北4省份的煤炭消费量下降比例均超过10%，其中广东达到18.67%；山东、安徽、贵州、湖南的下降比例也超过了5%；30个省份中，仅湖北、黑龙江的煤炭消费略有上升，其他能源品种的消费变化情况如表10—20所示。

表 10—20　　能源运输约束对各区域 2020 年能源消费量的影响（相比基准情景,%）

地区	煤炭	油气	能源加工	电力	加总	地区	煤炭	油气	能源加工	电力	加总	地区	煤炭	油气	能源加工	电力	加总
沿海	-10.23	-1.31	-0.36	-3.78	-3.77	中部	-2.86	0.55	-0.12	-1.06	-1.22	西部	-2.86	0.41	-0.26	-0.98	-1.15
北京	-1.43	2.22	0.73	0.28	0.21	山西	-4.44	0.58	-2.14	-2.66	-2.82	内蒙古	-3.74	-0.31	-0.86	-1.38	-1.78
天津	-1.16	1.75	0.47	1.12	0.64	安徽	-6.07	0.79	-1.63	-4.27	-4.28	广西	-4.19	-0.31	-0.03	-1.56	-1.55
河北	-10.41	-5.96	-3.21	-6.49	-6.76	江西	-4.56	-0.42	0.03	-0.91	-1.04	重庆	-1.36	1.76	0.03	-0.62	-0.41
上海	-4.00	0.63	-0.09	-3.44	-1.92	河南	-1.36	1.37	1.11	0.48	0.21	四川	-1.38	0.10	0.15	-0.21	-0.31
江苏	-15.63	-2.48	-1.14	-5.93	-6.32	湖北	1.45	-3.38	-0.25	0.09	0.28	贵州	-5.86	1.50	-1.28	-2.86	-3.53
浙江	-13.78	-0.01	-1.08	-5.62	-5.77	湖南	-5.47	-0.29	0.49	-1.21	-1.98	云南	-1.72	0.78	-0.17	0.02	-0.29
福建	-4.46	1.14	0.67	-2.21	-1.59							陕西	-4.27	-0.35	-0.76	-1.43	-1.73
山东	-7.37	-1.05	-1.08	-3.41	-3.68	东北	-0.15	0.36	0.30	-0.49	-0.16	甘肃	-0.93	1.22	0.22	-0.42	-0.41
广东	-18.67	-0.15	1.36	-2.84	-2.58	辽宁	-0.03	0.86	0.31	-0.91	-0.44	青海	-1.71	0.11	-0.55	-1.16	-1.01
海南	0.00	0.00	-0.39	-0.30	-0.33	吉林	-0.42	0.11	0.20	-0.09	-0.16	宁夏	-2.18	1.12	-0.15	-0.79	-0.89
						黑龙江	0.34	0.43	0.36	0.28	0.33	新疆	-1.56	0.57	0.36	-0.09	-0.40

注：能源加工指汽油、柴油、焦炭等能源加工产品，此处煤炭、油气均为终端消费量。

受制于运输约束，煤炭价格在各区域普遍有所上升，但山西、内蒙古由于煤炭运不出去价格有所下降，煤炭价格区域差距拉大。陕西由于其他区域消费的拉动，其煤炭价格呈现出先下降后上升的趋势。

五、能源运输通道建设的作用

1. 能源通道建设情景描述

在通道建设情景下，扩大约束强度较大线路的运输能力。包括在基准情景下，煤炭运输量增加幅度超过 40%以及绝对增长量超过 1 000 万吨的线路、电力输送增加幅度超过 50%以及绝对增长量超过 80 亿度的线路。通过能源通道建设，使能源输送能力逐年提高。对于变化比例过大以及运输量增长较多的线路，参照基准情景下的变动分别进行设置，如设置“山西至浙江”的煤运线路运输能力年均增长 4%，设置“山西至江苏”的煤运线路运输能力年均增长 160 万吨；对电力输送线路亦采取类似方法进行设置（见表 10—21）。

表 10—21　　通道建设情景下 2015—2020 年能源运输关键线路的输送量年均变化

煤运	山西至浙江	山西至广东	内蒙古至江苏	内蒙古至浙江	内蒙古至广东	山西至江苏	山西至山东	内蒙古至河北
	4%	6%	4%	7%	9%	160 万吨	450 万吨	250 万吨
输电	山西至河北	山西至江苏	湖北至上海	湖北至江苏	四川至上海	云南至广东	陕西至江苏	内蒙古至辽宁
	15%	10%	8%	6%	5%	9%	7%	15 亿度
	四川至浙江	贵州至广东						
	8 亿度	15 亿度						

2. 能源通道建设对能源供需空间平衡和区域经济发展的作用

通过能源通道建设，与能源运输约束情景相比，2020 年全国

加总的 GDP 增加了 3 981 亿元（2007 年价格），增长幅度为 0.55%，但仍低于基准情景。其中沿海区域的 GDP 增加了 3 697 亿元（2007 年价格），增长幅度为 0.97%，占全国 GDP 增长总量的 92.87%。能源通道建设使得能源输入与输出相关区域的 GDP 提升较大。河北、江苏、浙江等地的能源供给约束得到了一定程度的缓解，山西、内蒙古、贵州的能源也得以输出，这些省区的 GDP 增长幅度均超过 1%，但仍低于基准情景（见表 10—22）。

表 10—22　能源通道建设情景下各省区 2020 年的 GDP

（万亿元，2007 年价格）

地区	通道建设情景	相比约束情景	相比基准情景	地区	通道建设情景	相比约束情景	相比基准情景	地区	通道建设情景	相比约束情景	相比基准情景
沿海	38.46	0.97%	−0.72%	中部	14.67	0.15%	−0.12%	西部	14.20	0.13%	−0.04%
北京	2.13	−0.29%	0.19%	山西	1.15	1.86%	−1.38%	内蒙古	1.79	1.32%	−0.64%
天津	1.88	−0.22%	0.14%	安徽	2.10	0.99%	−0.88%	广西	1.70	−0.10%	0.14%
河北	3.01	1.77%	−1.99%	江西	1.72	−0.17%	0.15%	重庆	1.37	−0.18%	0.16%
上海	2.63	0.51%	−0.23%	河南	4.05	−0.36%	0.25%	四川	3.11	−0.24%	0.19%
江苏	7.15	1.78%	−1.31%	湖北	2.89	−0.06%	0.08%	贵州	0.83	1.21%	−0.55%
浙江	4.17	1.82%	−1.05%	湖南	2.76	−0.03%	0.09%	云南	1.32	−0.14%	0.10%
福建	2.87	−0.31%	0.23%					陕西	1.62	0.31%	−0.32%
山东	6.68	1.03%	−0.90%	东北	5.68	−0.20%	0.16%	甘肃	0.78	−0.33%	0.22%
广东	7.61	0.74%	−0.32%	辽宁	2.64	−0.20%	0.17%	青海	0.25	−0.18%	0.14%
海南	0.33	−0.15%	0.11%	吉林	1.46	−0.17%	0.14%	宁夏	0.25	−0.15%	0.12%
				黑龙江	1.58	−0.23%	0.18%	新疆	1.19	−0.24%	0.18%

能源通道建设可以使沿海区域能源供给的紧张状况在一定程度上得到缓解，这将减缓沿海区域产业向中西部转移的步伐，从而减小能源运输约束对沿海地区产业发展的负面影响。

与能源运输约束情景相比，2020 年全国能源消费增加 1.36%，

但低于基准情景下的能源消费1.07%。通道建设使得沿海、中部、西部、东北的能源消费分别增长了2.14%、0.71%、0.72%、0.03%。分省份来看，河北、江苏、浙江、安徽等地的能源消费增长较大，能源约束对这些区域能源供给带来的负面影响得到了一定程度的缓解。

六、结论与启示

我国沿海地区许多省份的能源供给依赖于省外调入，能源运输对于解决能源供给与能源需求的空间错位问题具有十分重要的作用。本节的研究结论表明，现有的能源运输能力难以满足区域经济增长带来的日益增长的能源消费需求。与不受能源运输约束的基准情景相比，受煤炭运输及电力输送约束的影响，全国的能源消费增速有所下降，2020年全国能源消费总量将减少1.31亿吨标煤；沿海省份能源消费需求增速下降较为显著，沿海地区的能源消费总量将减少1.03亿吨标煤，其中江苏、山东、河北、浙江、广东的能源消费减少量均超过1 000万吨。

能源运输约束将会对区域经济增长带来显著的负面影响。与不受能源运输约束的基准情景相比，受煤炭运输及电力输送约束的影响，2015—2020年间全国GDP年均增长率将下降0.17个百分点，2020年全国GDP将减少6 893亿元（2007年价格水平）。从区域层面看，依靠能源调入的沿海省份的经济增长受到的负面冲击较大，特别是能源消费量较大且能源供给对外地调入的依赖较深的河北、江苏、浙江、广东、山东等省份的GDP损失较大。与此同时，能源运输约束使得能源产地的能源向外输出量减少，山西、内蒙古、安徽、贵州等能源产地的能源产量下降，能源生产对区域经济增长的拉动作用将受到抑制。因前述省份的产业发展受制于能源运输约束的负面影响，对能源输入的依赖较轻或受能源供给约束较小的省份的区域经济增长反而会得到更多的发展机会。能源运输约束

对产业发展的负面影响主要体现在能源生产部门和能源密集型行业。对于能源产地而言，由于能源产量减少，加上能源需求减少带来能源价格下降，能源生产行业所受负面影响较大。对于依赖于能源输入的沿海省份而言，由于能源供给受到限制，能源价格上涨，化工、非金属矿物、金属冶炼加工等能源密集型行业受到的负面冲击较大。在这样的背景下，能源密集型行业会出现向能源产地转移的趋势。

加快能源通道建设可以缓解沿海地区的能源供给约束，有效减缓能源运输约束对区域经济增长带来的负面冲击，同时也减缓能源密集型行业向西转移的趋势。在中国经济步入新常态、中国经济面临区域再平衡的背景下，能源运输是一把双刃剑。能源运输约束会制约沿海省份的经济增长，但可以推动能源密集型行业向西转移；能源通道建设可以减缓能源供给约束对沿海省份经济增长的负面冲击，但也将减缓产业转移的步伐。因此，能源通道建设可以和区域政策结合起来，作为政策工具推动主体功能区规划和区域政策的实施。

本节利用系统刻画了区域之间、产业之间投入产出联系的动态多区域 CGE 模型，充分考虑了区域经济增长的各种影响因素和发展态势，对各区域能源消费需求和能源供需空间平衡进行了预测。与此同时，在多区域 CGE 模型里刻画了能源运输矩阵及能源运输约束，使得应用多区域 CGE 模型研究能源运输与区域经济的关系成为可能。本节的研究结论也证明了区域发展政策模拟的研究方法应用于能源运输和区域经济相关研究中的作用。

第三节　能源开发与产业转移

由于历史原因，长期以来我国制造业集中分布于东部地区，形

成了资源分布与产业发展的空间错位格局。推进区域协调发展，要求引导东部地区产业向中西部地区有序转移，特别是中西部地区要利用自身的资源优势，加快能源、优势矿产资源的开发与加工，通过原材料工业发展带动加工制造业发展，使资源优势转化为产业优势（范恒山，2011）。

新古典贸易理论认为，资源禀赋差异是导致分工和贸易发生的原因，一个区域会集中生产具有资源优势的产品并向其他区域出口。新贸易理论和新经济地理学则认为，规模经济、运输成本和市场需求的共同作用会导致产业地理集中（Krugman，1991），产业集聚以及转移是否发生取决于生产成本与贸易成本的权衡（Hamaguchi et al.，2000）。改革开放以来，在投资加出口的经济增长模式驱动下，我国制造业不断向沿海地区集中。市场潜力、产业关联效应等被认为是制造业不断向沿海地区集中的驱动因素（马国霞等，2007；赵璎等，2012；郑鑫等，2012），特别是海外直接投资集中于沿海地区的主要原因（魏后凯等，2001；He，2008）。近年来，制造业开始出现向中西部地区转移的动向，部分劳动密集型行业和能源密集型行业呈现出西进和北上的趋势（刘红光等，2014）。沿海地区劳动、土地等要素成本上升，沿海—内地之间的生产成本和贸易成本的均衡关系发生逆转性变化，被认为是产业空间分布变化的驱动因素（石敏俊等，2013；安虎森，2014）。

能源密集型产业以能源为燃料或原料，生产成本中能源消耗所占比例高是能源密集型产业的重要特征。能源密集型产业一般包括石油加工、钢铁、有色金属冶炼、化学工业、建材工业以及电热气供应等重化工部门。能源密集型产业的区位指向一般为靠近能源富集地区，以便就近配置能源动力进行生产和加工（Martinek et al.，2002；贺灿飞等，2010）。然而，过去 20 年里，在市场需求、上下游产业关联、利用海外资源等因素的驱动下，石油、化工、钢铁和有色金属冶炼等诸多项目密布在沿海地区特别是港口区域，东部地区曾经出现了重化工化的现象（杨晶，2012），使得东部地区

能源供需压力不断增大，资源环境承载力面临严峻考验。以电解铝行业为例，过去 20 年里电解铝产能增长了 25 倍以上，一半以上的产能集中于河南和山东，仅电解铝行业的电力消费就占到两省电力消费总量的 22%左右。东部地区的重化工化，表明传统的能源资源区位指向发生了变化，市场需求、上下游产业关联以及海外资源已成为能源密集型产业的重要区位因素。能源密集型产业的空间布局，不仅要考虑能源的资源分布，也要考虑市场需求、产业关联及海外资源等因素。

我国十二五规划明确了将重点建设山西、鄂尔多斯盆地、内蒙古东部地区、西南地区和新疆等五大国家综合能源基地，五大综合能源基地大多是煤炭资源富集区域，煤炭开发重心向西转移的态势跃然而出（高天明等，2013；周洪等，2013）。随着煤炭开发重心西移，部分能源密集型产业已经出现了向西转移的迹象。例如，过去 4 年里新疆的电解铝产能增加了 10 倍以上，2014 年新疆已超过河南、山东，成为原铝生产第一大省区。尽管如此，能源密集型产业的区位选择仍需综合考虑能源、市场需求、产业关联等因素。中西部地区的能源开发是否会带动能源密集型产业的向西转移，并进一步拉动下游产业的发展，促进中西部地区的资源优势转化为产业优势，是一个值得深入探讨的问题。

本节拟利用动态多区域可计算一般均衡模型，定量模拟煤炭开发重心西移对能源密集型产业空间分布的影响，试图回答以下两个问题：第一，煤炭生产重心西移能否带动能源密集型产业向西转移？第二，如果能源密集型产业向西转移，能否带动下游制造业向西转移？

一、模型与情景设计

1. 模型构建

本研究主要使用动态多区域可计算一般均衡模型（DMRCGE

模型）进行模拟分析。模拟的结构、部门划分、数据来源和煤炭投入与第二节相同。

考虑到区域煤炭供需特征，本节把30个省区合并为10个区域（见表10—23），构建了10区域、10部门的动态多区域可计算一般均衡模型。

表10—23　　　　区域划分

区域	包含省市区	备注
京津冀	北京、天津、河北	主要煤炭调入区
晋陕蒙	山西、内蒙古、陕西	传统煤炭主产区
东北	辽宁、吉林、黑龙江	煤炭调入区
长三角	上海、江苏、浙江	主要煤炭调入区
中部	安徽、江西、湖北、湖南	煤炭调入区
鲁豫	山东、河南	煤炭调入区
南部沿海	福建、广东、广西、海南	主要煤炭调入区
西南	重庆、四川、贵州、云南	
甘青宁	甘肃、青海、宁夏	
新疆	新疆	新兴煤炭产区

注：山东和河南在2004年前煤炭基本自给自足，2005年后调入量大幅上升；中部区域中湖北调入量较大，其他省份有少量调入。

2. 情景设计

本节设计了基准情景和煤炭开发重心西移情景两类不同情景，定量模拟分析煤炭开发重心西移对能源密集型产业和制造业空间格局的影响。

(1) 基准情景（BAU情景）。

在BAU情景下，各地区煤炭产量基于原有生产格局内生得出。TFP（全要素生产率，见表10—24）、劳动总数、出口为外生给定，资本积累为内生变化。因我国油气产量较为稳定，如果采用内生设定，结果与现实情况相差较大，因此，油气生产采用外生给定。各个外生变量的参数设置方法参照第二节情景设置中的基准情景。

表 10—24　　2014—2020 年各地区 TFP 设置

年份	京津冀	晋陕蒙	东北	长三角	中部	鲁豫	南部沿海	西南	甘青宁	新疆
2014	0.023	0.021	0.017	0.023	0.034	0.016	0.024	0.032	0.035	0.033
2015	0.019	0.025	0.020	0.026	0.029	0.019	0.016	0.027	0.029	0.032
2016	0.015	0.030	0.023	0.029	0.023	0.023	0.019	0.022	0.022	0.027
2017	0.022	0.035	0.017	0.032	0.027	0.027	0.021	0.027	0.026	0.033
2018	0.020	0.030	0.021	0.025	0.021	0.031	0.024	0.021	0.019	0.029
2019	0.018	0.035	0.020	0.030	0.023	0.026	0.019	0.024	0.032	0.033
2020	0.015	0.026	0.016	0.029	0.024	0.031	0.020	0.017	0.032	0.034

（2）煤炭开发重心西移情景（WS 情景）。

在 WS 情景下，参照煤炭生产西移的现实状况及各省市区相关规划，外生设定各区域的煤炭产量，其他参数设置与 BAU 情景相同（见表 10—25）。

2014—2020 年，由于新疆煤炭开发规模尚存在较大的不确定性，本章区分 WS1、WS2 与 WS3 三种情景，对新疆的煤炭产量进行不同的外生设定。

WS1：新疆煤炭产量的年均增长率保持不变；

WS2：参照相关研究 2020 年新疆煤炭产量达到 8 亿吨进行设定；

WS3：按照 2007 年国家的能源发展规划 2020 年新疆煤炭产量 10 亿吨进行设定。

表 10—25　　2014—2020 年 WS 情景下煤炭产量增长率设定（%）

区域	增长率	区域	增长率	区域	增长率
京津冀	−1.17	晋陕蒙	2.51	东北	−3.29
长三角	0.28	中部	−2.24	鲁豫	−2.24
南部沿海	−3.48	西南	−1.43	甘青宁	1.06
新疆 WS1	19.85	新疆 WS2	26.26	新疆 WS3	30.18

二、能源密集型产业的空间分布变化

1. 历史年份拟合

首先，依据2007—2013年实际数据进行历史年份拟合。通过模拟结果与统计数据比较发现，GDP、产业结构、能源消费等数据的误差均较小。能源密集型产业各区域份额模拟值与实际值比较的误差情况如表10—26所示，大部分误差都在10%以内，误差的原因部分来自投入产出表和统计年鉴数据之间的差异。拟合结果表明，模型可信度在可接受的范围之内。

表10—26　　能源运输约束对各区域2020年能源消费量的影响　　单位：亿吨标准煤

年份	京津冀	晋陕蒙	东北	长三角	中部	鲁豫	南部沿海	西南	甘青宁	新疆
2007	0.018	0.018	−0.066	−0.001	0.030	−0.017	0.083	−0.037	−0.195	−0.046
2011	0.031	0.028	−0.065	−0.006	0.097	−0.063	0.056	−0.033	−0.117	−0.124

注：各区域份额的实际值由2008年与2012年《中国工业经济统计年鉴》中的产值数据计算得出。

模拟结果显示，2007—2013年，晋陕蒙、鲁豫、中部、西南、甘青宁和新疆的能源密集型产业份额逐步上升，其他区域所占份额有所下降。从实际情况看，2007—2011年，晋陕蒙、鲁豫、中部、西南和新疆的能源密集型产业产值份额有所上升，其他区域有所下降。模拟结果与实际情况基本一致。

2. BAU情景下2014—2020年能源密集型产业的空间分布

在BAU情景下，2014—2020年，晋陕蒙、鲁豫的能源密集型产业份额将继续增加，西南、甘青宁、新疆3个西部区域的份额基本持平或略有增长，其他区域的份额有所下降。能源密集型产业将呈现出向能源富集区域（晋陕蒙、西部）和重化工基地（鲁豫）靠拢的态势（见表10—27）。

表 10—27　　BAU 情景下 2014—2020 年各区域能源密集型产业增加值相对于 2013 年的份额变化（%）

年份	京津冀	晋陕蒙	东北	长三角	中部	鲁豫	南部沿海	西南	甘青宁	新疆
2014	−0.06	0.18	−0.05	−0.31	−0.13	0.36	−0.18	0.16	0.02	0.00
2015	−0.12	0.37	−0.10	−0.61	−0.28	0.74	−0.36	0.30	0.05	0.01
2016	−0.19	0.54	−0.14	−0.88	−0.46	1.15	−0.52	0.40	0.08	0.01
2017	−0.25	0.69	−0.16	−1.13	−0.67	1.60	−0.67	0.47	0.12	0.01
2018	−0.31	0.80	−0.18	−1.35	−0.88	2.10	−0.82	0.48	0.16	0.01
2019	−0.36	0.89	−0.20	−1.53	−1.09	2.62	−0.97	0.43	0.20	0.02
2020	−0.41	1.00	−0.23	−1.67	−1.27	3.09	−1.14	0.36	0.24	0.02

区分 5 个能源密集型产业来看，能源加工部门东北、鲁豫、南部沿海、西南、新疆和甘青宁的份额增长较为明显，而京津冀、晋陕蒙、长三角和中部的份额下降突出。化学工业主要表现为长三角和南部沿海的份额减少较明显，鲁豫的份额增长较明显。非金属矿物制品部门主要表现为鲁豫、西南的份额增长较明显和晋陕蒙、长三角、南部沿海的份额减少较明显。金属冶炼加工部门主要表现为晋陕蒙、鲁豫的份额上升和京津冀、长三角、中部、南部沿海、西南、东北的份额下降较明显。而电热燃气生产部门主要表现为晋陕蒙、南部沿海、西南和甘青宁 4 个区域的份额上升及京津冀、长三角、东北、中部、鲁豫和新疆 6 个区域的份额下降（见表 10—28）。

表 10—28　　BAU 情景下 2020 年能源密集型行业分部门增加值相对于 2013 年的份额变化（%）

	京津冀	晋陕蒙	东北	长三角	中部	鲁豫	南部沿海	西南	甘青宁	新疆
能源加工	−2.77	−3.73	2.61	−1.49	−0.72	1.91	1.86	0.27	1.82	0.23
化学工业	1.05	0.06	0.00	−1.87	−0.93	4.59	−3.27	0.12	−0.02	0.27
非金属矿	−0.10	−1.07	0.60	−1.87	0.12	4.83	−4.51	1.91	0.13	−0.03
金属冶炼	−1.31	4.22	−0.86	−1.99	−2.34	5.55	−1.26	−2.28	0.38	−0.09
电热燃气	−1.08	0.45	−0.17	−0.03	−1.67	−3.05	2.99	2.43	0.18	−0.06

3. WS情景下2014—2020年能源密集型产业的空间分布

在煤炭开发重心西移的情景下，与BAU情景相比，2014—2020年，能源密集型产业从京津冀、东北、长三角、南部沿海转出的步伐有所加快，晋陕蒙、鲁豫、甘青宁、新疆的份额提升幅度加大，中部所占份额下降幅度有所减小，而西南所占份额则由增加转变为减少。在WS1至WS3三个情景下，新疆能源密集型产业所占份额随着新疆煤炭开发步伐加快而不断上升。图10—4显示，2020年，新疆的能源密集型产业份额基准情景下为0.85%，WS1至WS3情景下分别上升到1.74%、1.96%与2.14%。

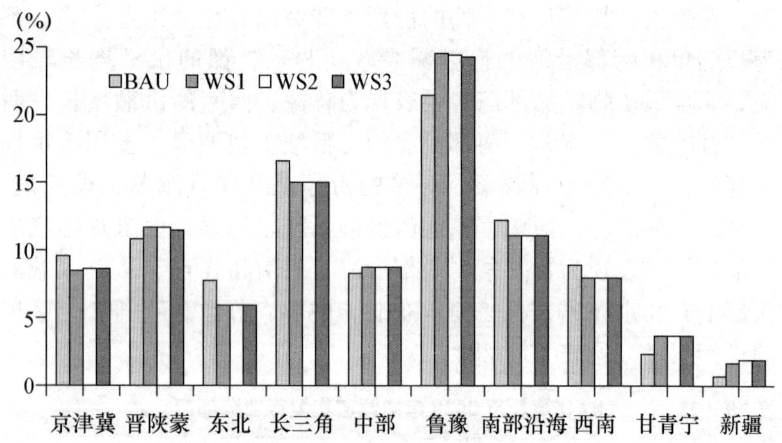

图10—4 2020年不同情景下能源密集型产业增加值的各区域份额

由于不同部门中能源成本的重要性存在差异，煤炭开发重心西移对能源密集型产业不同部门的空间分布变化的影响也有所不同。在能源加工部门，鲁豫、甘青宁、新疆的份额加速上升，长三角、中部的份额下降幅度大大减小；而京津冀、晋陕蒙的份额加速下降，东北、南部沿海、西南的份额也由增加转变为减少。在化学工业，晋陕蒙、鲁豫、西南、新疆所占份额加速提升，甘青宁所占份额则由减少转变为增加，中部下降幅度大大减少；而东北、长三

角、南部沿海的份额加速减少，京津冀所占份额由增长转变为下降。在非金属矿物制品部门，中部、鲁豫、甘青宁所占份额加速提升，新疆则由下降转变为上升，晋陕蒙所占份额下降幅度有所减小；而京津冀、长三角、南部沿海的份额加速下降，东北所占份额由上升转变为下降，西南所占份额上升幅度减少。在金属冶炼加工部门，晋陕蒙、甘青宁的份额加速上升，新疆所占份额由下降转变为上升，中部的下降幅度有所减少；京津冀、东北、长三角、南部沿海、西南的份额则加速下降，鲁豫的份额则由上升转变为下降。在电热燃气生产部门，晋陕蒙、南部沿海、甘青宁的份额加速上升，新疆的份额由下降转变为大幅上升，而长三角、西南的份额则由减少转变为增加；东北、中部的份额加速下降，京津冀、鲁豫的下降幅度有所减少。

在煤炭开发重心西移的WS1情景下，2020年各个能源密集型产业增加值相对于基准情景BAU的份额变动如表10—29所示。WS2与WS3情景除新疆大幅增长之外各部门在各区域的份额略有减少，变动趋势基本相同。

表10—29 WS1情景下2020年各区域能源密集型产业增加值相对于BAU情景的份额变化（%）

部门	新疆	京津冀	晋陕蒙	东北	长三角	中部	鲁豫	南部沿海	西南	甘青宁
能源加工	−0.68	−1.26	−2.98	1.02	0.62	4.34	−3.13	−1.30	0.86	2.52
化学工业	−1.64	0.39	−2.68	−3.15	0.71	6.78	−2.25	0.15	0.16	1.54
非金属矿	−3.00	0.35	−3.49	−2.28	0.97	9.87	−2.40	−1.18	0.72	0.43
金属冶炼	−0.01	3.19	−0.71	−0.57	0.52	−6.51	−0.17	−0.38	4.12	0.51
电热燃气	0.40	0.51	−0.43	−0.24	−0.90	1.69	0.82	−3.11	0.70	0.55

与BAU情景相比，新疆能源密集型产业增加值占全国的份额随着煤炭开发重心西移而大幅上升。表10—30显示，5个能源密集型产业增加值所占份额将增长近一倍。随着新疆煤炭开发步伐加快，在WS2与WS3情景下，新疆各个能源密集型产业增加值所占份额将进一步提升。可以看出，煤炭开发重心西移将明显增强新疆对能源密集型产业的吸引力。

表10—30　不同情景下2020年新疆分部门能源密集型产业增加值所占份额（%）

	BAU	WS1	WS2	WS3
能源加工	3.40	5.91	6.28	6.62
化学工业	1.10	2.64	3.02	3.29
非金属矿	0.47	0.90	1.07	1.17
金属冶炼	0.46	0.98	1.12	1.21
电热燃气	0.74	1.29	1.40	1.58
合计	0.85	1.74	1.96	2.14

4. WS情景下2014—2020年加工制造业的空间分布

在本章中，其他工业包括农产品加工和食品制造、轻纺工业、机械装备制造等加工制造业部门。随着煤炭开发重心西移，煤炭生产、能源密集型产业发展通过前向或后向的产业关联将会影响制造业的发展。与BAU情景相比，长三角、南部沿海、鲁豫、中部、新疆和甘青宁等区域的其他工业份额趋于增加，但京津冀、晋陕蒙、东北、西南地区的份额则趋于下降（见图10—5）。从能源富集区域看，除了新疆的其他工业份额上升幅度较为显著以外，鲁豫和甘青宁的其他工业份额提升幅度很小，京津冀、晋陕蒙、西南的份额是减少的。这表明，煤炭开发重心西移对于吸引加工制造业向西转移的效果并不是十分显著，除了新疆之外，反而是长三角、南部沿海和中部地区等传统的制造业基地其他工业的份额增加幅度较大。

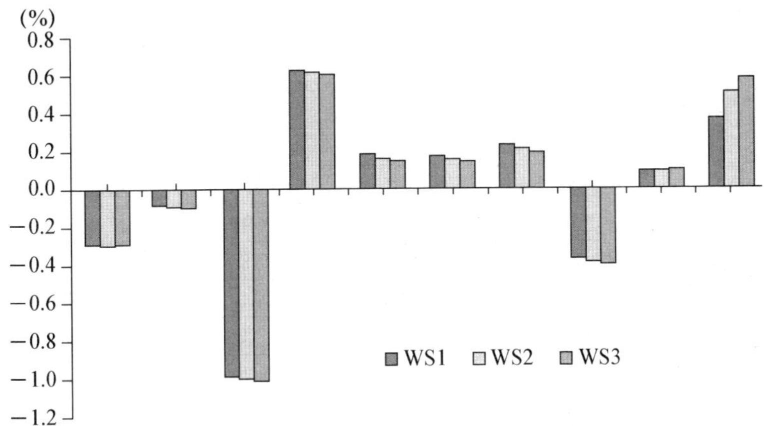

图 10—5　WS 情景下 2020 年各区域其他工业增加值相对于 BAU 情景的份额变化

5. 煤炭开发重心西移对区域经济发展格局的影响

我国区域经济发展不平衡，京津冀、长三角、中部、鲁豫、南部沿海 5 个区域占全国 GDP 的 75%左右，西南、甘青宁、新疆 3 个西部区域所占份额仅 10%。随着煤炭开发重心西移，区域经济发展格局也将发生变化。

2014—2020 年，在基准情景下，晋陕蒙、中部、西南、甘青宁、新疆的 GDP 份额趋于上升，其他区域的份额趋于减少。随着煤炭开发重心西移，与基准情景相比，煤炭资源富集区域及其重化工产业基地的新疆、晋陕蒙、甘青宁、鲁豫的 GDP 份额将进一步提高，京津冀、东北、中部、西南的 GDP 份额则会下降，长三角、南部沿海的 GDP 份额基本不变（见表 10—31）。随着新疆煤炭资源开发占比的逐步提高，新疆的 GDP 份额将从基准情景的 1.45% 上升到 2.17%、2.35%与 2.55%。

总体而言，煤炭开发重心西移对于晋陕蒙、甘青宁、新疆等能源富集却经济发展滞后的区域将起到积极的促进作用，有利于缩小中西部地区与沿海发达地区的经济差距。

表 10—31　　不同情景下 2020 年各区域 GDP 份额（%）

情景	BAU	WS1	WS2	WS3
京津冀	9.74	9.58	9.57	9.55
晋陕蒙	7.53	7.79	7.77	7.75
东北	8.81	8.00	7.98	7.96
长三角	17.66	18.02	18.00	17.97
中部	13.07	12.94	12.91	12.87
鲁豫	14.04	14.25	14.23	14.19
南部沿海	15.30	15.34	15.32	15.28
西南	10.56	9.80	9.78	9.75
甘青宁	1.85	2.10	2.10	2.11
新疆	1.45	2.17	2.35	2.55

三、煤炭开发重心西移的成本驱动效应与产业关联效应

煤炭开发重心西移主要通过两个渠道对能源密集型产业及下游制造业的空间分布产生影响：一是成本驱动效应，主要指中西部地区煤炭开发及电力发展带来的能源成本降低对能源密集型产业及下游制造业区位选择的影响；二是产业关联效应，主要指能源密集型产业空间分布变化通过上下游产业关联对下游制造业空间分布的影响。煤炭开发重心西移的成本驱动效应和产业关联效应又可能改变能源密集型产业以及下游制造业的生产成本和贸易成本的均衡关系，进而对能源密集型产业以及下游制造业的区位选择产生影响。

由于不同区域能源成本存在差异，不同的能源密集型部门中能源成本的比例也有所不同，煤炭开发重心西移的成本驱动效应对于不同区域不同的能源密集型产业部门的影响存在明显的差异。以电解铝行业为例，过去几年里其空间格局的巨变与电力成本的区域差异密不可分。我国电解铝的生产成本中电力成本约占 45%，新疆煤炭资源丰富，但远离经济发达地区，煤炭及火电的成本低廉，在新

疆生产一吨电解铝的成本比河南低3 000～5 000元，比把氧化铝运往新疆，电解后再把铝锭运回河南的综合运输成本还要低得多。

模拟结果表明，随着煤炭开发重心西移，各区域能源密集型产业和其他工业的生产成本中能源成本所占比例将发生变化。2014—2020年，京津冀、东北、长三角、中部和南部沿海区域能源成本占比将有所上升，而晋陕蒙、鲁豫、甘青宁和新疆能源成本占比将略有下降（见表10—32）。能源成本所占比例下降，表明能源成本低廉，使得这些区域的能源密集型产业相对于其他区域的成本优势增强了，也就是说，煤炭开发重心西移的成本驱动效应使得中西部地区能源密集型产业增强了成本竞争力。

表10—32　　WS1情景下2020年工业部门能源成本占生产成本比例相对于2013年的变化（%）

	京津冀	晋陕蒙	东北	长三角	中部	鲁豫	南部沿海	西南	甘青宁	新疆
能源加工	2.66	2.03	0.27	0.36	0.06	−1.40	0.81	0.58	−0.62	−0.82
化学工业	0.08	−0.06	0.42	0.63	0.02	−0.42	0.98	−0.03	−0.02	−0.42
非金属矿	0.67	0.16	0.51	0.68	−0.23	−0.59	1.01	−0.18	−0.15	−0.16
金属冶炼	0.21	−0.32	0.18	0.26	0.25	0.11	0.11	0.30	−0.29	−0.21
电热燃气	0.53	−0.33	0.33	0.17	0.81	0.75	−0.68	0.29	−0.13	−0.14
其他工业	0.01	−0.04	0.00	0.02	0.01	−0.02	0.04	−0.03	0.00	−0.01

产业关联效应主要通过供给邻近（supply access，SA）与市场邻近（market access，MA）的变化，对上下游产业的空间分布产生影响。供给邻近和市场邻近的变化将影响企业的贸易成本，进而对企业区位选择产生影响。煤炭开发重心西移的产业关联效应主要是看能源密集型产业的空间分布变化对下游制造业的供给邻近的影响，并比较供给邻近的变化与下游制造业的市场邻近变化的强弱程度。

在模型中，市场规模和产业规模是内生变化的，因此市场邻近和供给邻近也将随之变化。本节参考赵曌等（2012），基于模型结果计算了各区域工业部门的供给邻近（SA）与市场邻近（MA）。在基准情景下，京津冀、长三角、南部沿海以及鲁豫区域工业部门的SA与MA明显高于其他区域，甘青宁和新疆工业部门的SA和MA均较低。特别是在市场邻近方面，东部地区的优势相对于其他区域尤为突出（见表10—33）。煤炭开发重心西移，尽管可以通过成本驱动效应带动能源密集型产业向西转移，促进晋陕蒙、甘青宁、新疆等地的GDP份额提升，使得这些区域工业部门的MA将会有所改善，但这些区域工业部门MA的改善程度有限，仍然难以扭转东部地区工业部门市场邻近显著占优的格局。

随着煤炭开发重心西移，与基准情景相比，晋陕蒙、甘青宁、新疆等区域工业部门的SA将有所改善（见表10—34），京津冀、东北、长三角、南部沿海等区域由于与煤炭生产区域的空间距离加大，工业部门的SA将趋于下降。然而，晋陕蒙、甘青宁、新疆等区域工业部门的SA改善幅度有限，还难以抵消这些区域工业部门MA的不利条件。

表10—33　　2013年各区域工业部门的市场邻近（MA）

	京津冀	晋陕蒙	东北	长三角	中部	鲁豫	南部沿海	西南	甘青宁	新疆
能源加工	1.881	0.378	0.526	3.323	1.316	1.392	1.647	0.754	0.143	0.104
化学工业	0.433	0.157	0.266	1.015	0.329	0.469	0.908	0.260	0.083	0.050
非金属矿	1.098	0.448	0.771	3.416	0.644	1.098	1.854	0.907	0.125	0.123
金属冶炼	0.551	0.215	0.313	1.023	0.333	0.692	0.842	0.311	0.113	0.088
电热燃气	0.695	0.275	0.498	1.924	0.424	1.099	0.959	0.299	0.067	0.079
其他工业	0.431	0.701	0.580	0.425	0.772	0.585	0.464	0.723	0.114	0.176

表 10—34 WS1 情景下 2020 年工业部门的供给邻近（SA）及相对于基准情景的变化

	晋陕蒙		中部		鲁豫		甘青宁		新疆	
	2020	变化	2020	变化	2020	变化	2020	变化	2020	变化
能源加工	0.424	−0.027	0.922	0.029	0.568	0.123	0.071	0.003	0.083	0.015
化学工业	0.139	0.003	0.380	0.013	0.509	0.036	0.048	0.000	0.073	0.019
非金属矿	0.272	0.005	0.668	0.019	1.216	0.088	0.091	0.003	0.173	0.047
金属冶炼	0.179	0.028	0.468	0.012	0.833	−0.032	0.059	0.012	0.113	0.022
电热燃气	0.367	0.009	1.248	−0.056	1.335	0.113	0.121	0.004	0.227	0.046
其他工业	0.054	0.000	0.069	0.001	0.072	0.001	0.025	0.000	0.044	0.001

四、结论与启示

本节通过情景模拟分析，验证了煤炭开发重心西移将带动能源密集型产业向西转移，晋陕蒙、鲁豫、甘青宁、新疆的能源密集型产业将会获得更多的发展机会，并对这些区域的经济发展起到积极的促进作用。尤其是新疆，随着新疆煤炭生产占比的逐步上升，2020 年能源密集型产业增加值所占份额有可能从基准情景的 0.85%提高到 1.74%、1.96%和 2.14%，新疆 GDP 所占份额有可能从基准情景的 1.45%上升到 2.17%、2.35%和 2.55%。这表明，中西部地区的能源资源开发将会吸引能源密集型产业向西转移，从而促进区域经济发展。然而，随着煤炭开发重心西移，对于吸引制造业向晋陕蒙、鲁豫、甘青宁等能源富集区域集聚并无显著的效果，只有新疆表现出制造业份额显著增加的趋势。

由于中西部地区能源开发成本较低，煤炭开发重心西移使得中西部地区发展能源密集型产业的成本竞争优势更加凸显，成本驱动效应是随着煤炭开发重心西移能源密集型产业向西转移的重要驱动因素。煤炭开发重心西移使得中西部地区能源密集型产业的供给邻近得到改善，也是拉动能源密集型产业西移的驱动因素之一。但煤炭开发重心西移尚不足以扭转东部地区制造业的市场邻近优势，因而对于吸引制造业向西转移的效果并不十分明显。

新疆在我国经济地理版图中占据十分特殊的地位。一方面，新疆煤炭和油气资源丰富，是我国的重要能源基地，也是西气东输、西油东送、西电东送的西端起点；另一方面，新疆远离经济发达区域，周边又缺乏发达的经济体，市场邻近的不利条件使得新疆面临空间不经济的限制，但也有利于新疆发展依托本地市场的制造业。新疆煤炭生产比例的提升，可以带动新疆能源密集型产业的份额增加，也有利于新疆利用成本优势，依托本地市场，提升制造业的份额。

在西部开发的进程中，加快能源和矿产资源开发和加工，有利于把资源优势转化为能源密集型产业的优势，但要转化为加工制造业的优势则仍将面临严峻的挑战。这就要求中西部地区科学认识资源优势转化为产业优势的发展条件和利弊因素，充分利用成本优势，依托本地市场，重点发展具有区域性竞争优势的加工制造业。

需要说明的是，这里没有考虑东部沿海地区环境压力增大带来的产业结构调整和中西部地区交通条件改善等因素对产业空间格局变化的影响。近年来，东部沿海地区环境污染加剧，环境保护压力增大，雾霾污染治理要求推进产业结构调整和能源结构调整转换，在一定程度上推动了能源密集型产业向西转移。中西部地区交通基础设施改善使得区域间的联系更加方便，也会为中西部地区的资源优势转化为产业优势创造有利条件。在这些因素的共同作用下，能源密集型产业向西转移的步伐可能会进一步加快。

第十一章 生态环境管理政策与区域发展

第一节　退耕还林政策与黄土高原地区农村发展

一、土地退化与生态重建

水土流失和沙漠化等导致的土地退化问题已成为我国最深刻的农村环境问题之一。据估计，全国水土流失面积达到180万平方公里，每年流失的土壤达50亿吨。北方沙漠化土地面积达到38.57万平方公里，20世纪90年代以来还在以每年2 460平方公里的速度不断扩大（王涛，2003）。土地退化对农业生产以及农村居民的生活带来了严重危害，水土流失会导致土壤表层流失、土地生产力下降，还会带来泥沙淤积、下游河床抬高等问题，沙漠化会导致土地废弃、交通线路掩埋、草地产草量下降等危害。特别是占我国疆土面积60%的西部地区，农村居民占总人口的82%，农业收入占农村收入的75%，土地退化对于农业生产的危害直接影响到农村居民的生活水平。然而，土地退化也与当地居民的生产生活有关，不合理的土地利用方式等人为活动是导致土地退化的重要原因，因此，遏制土地退化，推进生态重建，要求调整和转变不合理的土地利用方式与农业经营活动。为了改善农村生态环境，建设山川秀美的西部农村，中国政府自2000年起在西部农村地区全面实行退耕还林还草政策，对于实施退耕还林还草的农户给予一定的经济补贴，以促进退化生态系统的恢复重建。

在大多数发展中国家，土地退化问题与农户的经济行为是直接相关的，而农户的经济行为又受到政策变化的影响。Heerink 等（2001）提供了研究政策因素影响土地退化的分析框架。根据这个分析框架，农户关于土地利用和农业经营的行为决策将对土地质量产生影响并加剧或减缓土地退化过程；农户作为价格接受者，其土地利用和农业经营的行为决策必然深受农产品价格等各种外部社会经济因素的影响，这些社会经济因素还包括农业生产资料价格、农业技术进步、农户收入和消费期望、农业及宏观经济政策等；而农户面临的外部社会经济环境又将受到农业政策和宏观经济政策的影响。因此，政策因素将通过影响农户面临的外部社会经济环境，对农户的土地利用和农业经营决策带来影响，进而影响土地退化过程（见图11—1）。

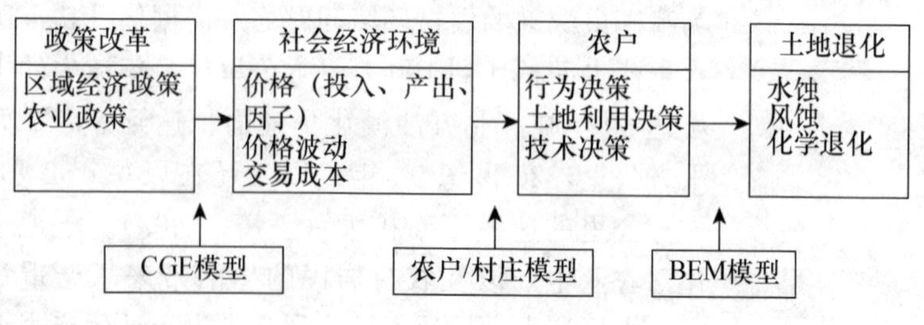

图11—1　分析概念框架图

我国自 20 世纪 80 年代以来实行了家庭联产承包责任制，农户成为土地利用和农业生产经营的基本决策单位，其农业生产经营决策将直接影响土地质量和农业生态环境。随着市场化进程的深入，我国农户的生产经营决策也越来越多地受到各种外部社会经济因素的影响，包括政策因素的影响。因此，上述分析框架可以适用于分析我国社会经济因素对土地退化过程的影响。

然而，定量地分析、描述政策等社会经济因素对土地退化过程的影响并不是一件容易的事，这一方面是因为通常我们缺乏足够的相关历史资料，另一方面也由于社会经济因素和土地退化过程之间的相互作用非常复杂（Barbier，1998；Shiferaw and Holden，1999）。克服这些困难的方法是建立人地关系行为机制模型，将土地质量变化的自然生态过程与农户对外部环境做出反应的经济行为综合到一个框架里来进行考察（Singh and Squire，1986）。近年来，在人地关系行为机制模型研究中已经出现了一些新的尝试，整合农户经济行为模型（Household Model）和生态经济模型（Bio-economic Model），建立生态经济农户模型（Bio-economic Household Model）（Singh and Squire，1986；Kruseman et al.，1995；Kruseman and Bade，1998；Mullen et al.，2003；Fleming and Milne，2003）。本章即采用耦合自然生态过程与农户经济行为的生态经济农户模型，作为基本分析框架构建人地关系行为机制模型。在该模型中，首先模拟农户经济行为对外部社会经济环境变化的反应（响应），然后通过农户经济行为包括土地利用等对土地退化过程的影响，模拟政策等外部社会经济因素变化对土地退化的影响。

Shiferaw and Holden（1999）和 Shiferaw 等（2001）建立的模型引入了水土流失导致产量下降引起的将来价值损失，这种将来价值损失作为用户成本进入生产决策过程，进而分析社会经济因素对于农户关于水土保持投入选择的影响。在使用动态模型分析人口增长等长期性因素对土地退化带来的影响时，土地退化导致的将来价值损失是必须考虑的因素之一。然而，在考虑价格变化等短期性

因素对土地退化的影响时，农户常常会对价格变化做出短期反应，调整其土地利用行为，但此时农户会很少同时考虑土地保护投入问题。这是因为土地保护投入对于提高作物产量的短期效果很难测定，并且即便农户知道土地退化会对将来价值造成损失，大多数农户也缺少土地利用会对土地退化及其将来价值损失带来什么影响的科学知识和精确信息。更为重要的是，发展中国家的大多数农户都面临着如何增加眼前利益、改善当前生活的课题，低收入的窘迫状况使得他们没有余地考虑为了将来价值而节约现在价值的使用，他们更迫切需要考虑的是追求土地利用的现在价值。也正因为如此，土地退化问题仍在包括我国在内的发展中国家继续扩大发展。因此，本节主要通过比较静态模拟，讨论退耕还林还草政策对土地退化过程的短期性影响。

二、模型构建

定量分析政策等社会经济因素对土地退化过程的影响并非易事，主要是因为一方面缺乏足够的相关历史资料，另一方面，社会经济因素和土地退化过程之间的相互作用非常复杂。克服这些困难的方法是建立人地关系行为机制模型，将土地质量变化的自然生态过程与农户对外部环境做出反应的经济行为综合到一个框架里来进行考察。近年来，在人地关系行为机制模型研究中出现了一些新的尝试，整合农户经济行为模型（Household Model）和生物经济模型，建立生物—经济模型（Bio-economic Model，简称 BEM 模型）。生物—经济模型可以模拟农户经济行为对外部社会经济环境变化的响应，并通过农户经济行为对土地退化过程的影响，模拟政策等外部社会经济因素变化对土地退化的影响（Heerink，2001）。

本节采用数理规划方法，建立了基于一年期线性规划模型的圪针堰村生物—经济模型，把农户经济行为与土地退化的自然生态过程结合起来考察分析。之所以建立村级模型，是因为我国农用地是村

集体所有，土地资源的分配管理也是村级进行的，土地退化过程也往往是在村级范围发生的。另一个理由是由于村内农户之间存在劳动交换，在农户层次上难以界定严格的劳动资源约束（Barbier，1998）。

1. 模型的函数式

在一年期村级生物—经济模型中，目标函数被定义为村级尺度上的纯利益最大化。

$$\begin{aligned}\max M = & \sum_{c=1}^{C}\Big\{p_c\Big(\sum_{g=1}^{G}A_{cg}y_{cg}(x)-b_c-s_c\Big) \\ & -\sum_{g=1}^{G}\sum_{i=1}^{n}A_{cg}e_{icg}x_{icg}\Big\} \\ & +\sum_{v=1}^{V}\Big\{p_v(L_v y_v(x)-b_v-s_v)-\sum_{i=1}^{n}e_{iv}x_{iv}\Big\} \\ & -\sum_{j=1}^{J}p_j f_j+\sum_{o}^{O}w_o z_o-\sum_{k}^{K}w_k h_k \qquad (11—1)\end{aligned}$$

上述目标函数服从以下约束条件：

$$A=\sum_{c}^{C}\sum_{g}^{G}A_{cg} \qquad (11—2)$$

$$Z_h=z_f+z_o \qquad (11—3)$$

$$Z_f=z_f+\sum_{k}^{K}h_k \qquad (11—4)$$

$$se_{cg}=se(st_g,sl_g,rf,l_g,c_g,x_{cg}) \qquad (11—5)$$

$$SE=\sum_{c}^{C}\sum_{g}^{G}se_{cg} \qquad (11—6)$$

模型各变量的定义见表 11—1。

2. 农村市场的不完全性

随着商品经济的渗透，农业商品化程度不断提高，不少生产玉米的农民将玉米作为饲料粮或出售，其主食消费越来越多地依赖大米或面粉等商品粮，在内蒙古等偏远地区，农户的蔬菜消费也越来越多地依赖于从市场购买（Shi，1996）。但是由于农产品市场的不完

表 11—1　　　　生物—经济模型变量定义

变量名称	定义	变量名称	定义
M	村级层次的纯经济利益	A_{cg}	土地类型 g 上的作物 c 的种植面积
c	作物	p	作物或家畜产品的价格
g	土地类型	y	作物 c 或家畜 v 的产出水平
A	土地资源面积	x_i	生产作物 c 或家畜 v 时的 i 项生产资料投入
v	家畜品种	e_i	i 项投入生产资料 x_i 的价格
Z_h	家庭劳动	L_v	家畜 v 的产出水平
w_o	非农就业工资	z_o	非农就业劳动
w_k	雇佣劳动工资	z_f	投入农业生产的家庭劳动
h	雇佣劳动	Z_f	投入农业生产的总劳动投入
b	作物或家畜产出 y 中用于自给消费的部分	s	作物或家畜产出 y 中用于自给资源投入的部分，如饲料或役畜
SE	土壤侵蚀量	se_{cg}	土地类型 g 种植作物 c 时的土壤侵蚀量

全性和农产品流通过程中的交易成本较高，在农户出售农产品的价格即农产品收购价格与农户购买商品粮或副食品的价格即消费者价格之间存在着价格差，农户在出售农产品的同时，也将不少农产品作为主食自给消费或作为饲料经家畜循环后出售以增加附加值。因此，在模型中我们在设计了出售贸易产品的销售选择模块的同时，也引入了食品自给消费和饲料自给供应等非贸易产品的选择模块。农户生产的农产品既可以用于出售，也可以用于食品自给消费或饲料与种子自给供应等非贸易用途。农产品价格采用实地调查获取的市场价格的 3 年平均值。由于农村非农就业机会仍然有限，农村劳动就业市场仍然为不完全市场，在模型中我们引入了劳动就业机会

的约束条件，并且为了更加精确地描述劳动就业机会约束，将其细分为季节性非农就业机会和常年性非农就业机会。

3. 农业生产选择

作物生产选择是根据 3 类土地类型和 6 种作物的不同组合来设计的，共有 17 个作物生产选项。作物生产函数则采用列昂惕夫投入产出系数法来界定。作物产量主要依赖于土地类型、劳动和肥料等生产资料投入水平，各种不同类型的土地投入、劳动投入以及肥料等物质投入均受到土地资源供给、劳动资源供给以及养分供需平衡的资源约束，其中土地投入还受到轮作制度的约束。由于影响产量的最重要的因子为土地类型，作物选择以及劳动和物质投入水平也大多与土地类型相对应，同样土地类型上同一作物的栽培集约化程度对产量差异的影响无法得到验证。

畜牧业生产选择主要包括山羊、猪和小尾寒羊三类家畜。家畜数量主要取决于可利用饲料资源的丰度，饲料资源包括草地和来自农耕地的饲料作物。

4. 消费选择

消费选择模块是非常棘手的部分。已往研究中多采用建立外部的非线性消费函数方程，并将其与线性生产选择模块相连的方法。在本章中，我们强调的是农户经济行为与土地退化的自然生态过程相结合，消费模块采用了线性方程，从一开始就引入模型内部的简化处理方法。食品消费包含自产农产品和从外部购买食品两个部分，消费决策是基于食品价格与其所含营养价值相比的线性消费选择，同时引入了维持营养水平的营养摄入基本需求量和当地农民消费习惯的约束条件。

5. 水土流失和水土保持活动

农户的土地利用活动导致的水土流失是该地区最突出的生态环境问题。在模型中，我们暂时只引入了土壤侵蚀量一个指标，来反映土地利用活动对水土流失的影响程度。土壤侵蚀量的参数来自 EPIC 模型的模拟计算结果（Williams et al.，1987）。

近年来，退耕还林还草政策的实施对水土保持产生了深远的影响。我们在模型的土地资源供给模块中引入了坡耕地退耕还林还草选项，以期反映退耕还林还草对水土保持的影响。

水土流失必然对表层土壤厚度和土壤有机质成分带来影响，从而减少自然资源资本存量。但由于缺乏不同土地利用方式对表层土壤厚度和土壤有机质成分减少的影响程度的详细数据，因而无法精确测定不同土地利用方式及其导致的水土流失对土地生产力的影响程度，我们暂时只能在短期框架内分析不同土地利用活动对水土流失带来的影响程度，不同土地利用方式及其导致的水土流失对土地生产力的反馈影响有待今后深入研究。

6. 资源约束

除了一般的线性规划模型包含的土地资源约束和劳动资源供给约束，考虑到农村劳动市场的不完全性，我们引入了农村非农就业机会的约束。土地资源的约束除了土地面积约束，还包括作物轮作制度的约束。此外，资源投入约束还包括作为农业生产资料的肥料养分供需平衡和饲料供需平衡的约束条件。

三、退耕还林与黄土高原人地系统调控

1. 研究区域概况

本节的研究对象区域内蒙古自治区准格尔旗海子塔乡圪针堰村是一个典型的黄土高原村落，距呼和浩特市约150公里。土地类型主要有梁地、川地和梯田。土地类型是影响作物产量的最重要因素，作物种植结构及栽培技术选择均与土地类型相对应。

当地最重要的资源约束是耕地稀缺。实行家庭联产承包责任制后，耕地经营权已经均分到户。2002 年圪针堰村有 21 户 81 人，户均耕地面积为 1.19 公顷。由于耕地面积少、农业收益低，不少农户转而寻求非农就业机会以增加收入。全村 56 个劳动中，14 人从事各种各样的非农产业。按照农户主要收入来源来划分，

该村有12户农业户和9户兼业户，农业户收入的93%来自农业和土地利用活动，兼业户收入的73%来自各种非农就业机会（见表11—2）。

表11—2　　2002年准格尔旗圪针堰村农村经济概况

类型	单位	合计	农业户	兼业户
户数	户	21	12	9
人口	人	81	49	32
劳动	人	56	34	22
非农业劳动	人	14	4	10
季节性非农业劳动	人	9	3	6
全年性非农业劳动	人	5	1	4
每户的人数	人/户	3.82	4.08	3.56
耕地	公顷/户	1.15	1.43	0.87
家庭收入	元/户	8 904	94 645	7 998
农业收入	元/户	5 945	9 018	2 188
非农业收入	元/户	2 960	627	5 810
非农业收入比率	%	33%	7%	73%
畜牧业收入占农业收入比率	%	66%	69%	51%

当地的土地利用方式仍然是黄土高原地区传统的农牧复合经营。主要作物有玉米、糜子、向日葵、油料、土豆和杂豆。玉米主要用于家畜饲料和出售。糜子是当地农民的传统主食，一般用于自给。商品作物主要有向日葵和油料。土豆和杂豆主要作为蔬菜食用（见表11—3）。

家畜在农户经济中扮演着重要的角色。畜牧业收入占农户总收入的70%。部分玉米以及绝大部分玉米秸秆被用作家畜饲料。山羊是当地最主要的家畜。但近年来为控制水土流失，该地区开始实行禁牧政策，猪和小尾寒羊等舍饲家畜的数量趋于增加。

表 11—3　　2002 年准格尔旗圪针堰村土地利用和农作物系统

	合计		川地		梯田		梁地	
	播种面积（公顷）	产量（千克/公顷）	播种面积（公顷）	产量（千克/公顷）	播种面积（公顷）	产量（千克/公顷）	播种面积（公顷）	产量（千克/公顷）
玉米	7.67	6 660	4.27	9 250	1.27	5 100	2.13	3 750
糜子	6.87	1 819			1.47	1 850	5.41	1 808
油菜籽	3.07	580			2.00	660	1.07	500
向日葵	2.43	885			0.73	1 000	1.69	836
马铃薯	2.80	7 500			1.07	7 125	1.73	7 725
大豆	0.87	1 400			0.47	1 500	0.40	1 300
合计	23.70		4.27		7.00		12.43	

水土流失是当地最严重的环境问题。EPIC（Erosion Productivity Impact Calculator）模型的模拟结果显示，不同土地类型和不同作物之间土壤侵蚀模数不同（见表 11—4）。水土流失最严重的是坡地糜子或坡地向日葵。反之，川地玉米的水土流失最轻。水土保持技术主要有等高线种植、鱼鳞坑和坡地梯田化等。等高线种植已被广泛应用于农业生产中。鱼鳞坑对于减少坡面径流、保持水土有较好效果，但需要一定的劳动投入。在目前实行的退耕还林政策中，退耕以后的坡耕地要挖鱼鳞坑，每个鱼鳞坑补贴 0.5 元。坡地梯田化需要投入的劳力、物力、财力更多，对于单个农户来说有一定困难，更多的是由村集体组织进行。

表 11—4　　根据 EPIC 模型计算的土壤侵蚀值　单位：吨/公顷·年

耕地类型	川地	梯田	梁地
坡度	0%	5%	10%
玉米	0.430	4.400	12.520
糜子	0.550	5.620	15.770
油菜籽	0.510	5.220	15.090
向日葵	0.460	4.670	13.090

续前表

耕地类型	川地	梯田	梁地
马铃薯	0.200	2.070	5.880
大豆	0.460	4.670	13.090

注：表中数据为10年平均值。

2. 退耕还林政策的水土保持效果

(1) 模型拟合。

由于农户调查时对一部分生产投入的调查不够仔细和完全，部分生产投入的现状水平偏低，总体来说，表11—5显示的模型模拟结果在土地利用结构上与2002年现状相当接近。与模型模拟结果相比，现状农户经营和土地利用的自给色彩较明显，导致农户收入减少。同时，模拟结果建议农户应该扩大饲料作物种植，多养小尾寒羊，并扩大经济作物面积，通过发展商品化生产增加农业收入。

目前农户更多地采用自给性生产经营而非商品化生产的原因可能有两个方面。一是资金的约束。扩大商品性生产，多养小尾寒羊等家畜，需要更多的初始资金投入。事实上农户目前的经济收入水平较低，许多农户面临着扩大再生产所需的初始资金不足的约束。二是风险规避行为。商品化生产虽然会带来更大的利润机会，同时也意味着更大的市场风险，尤其是在目前农产品流通不畅、市场波动较大的情况下，许多农户更愿意选择利益少但风险小的自给性生产经营，宁愿多种一点糜子等用于自给消费的作物，而不是多种葵花等经济作物，或多种玉米作为饲料作物用于饲养家畜。

表11—5　　实际数据与模拟结果的比较

	项目	单位	2002年实际数量	模型结果
收入	家庭全部收入	10^4元	13.91	19.44
	农业收入	10^4元	10.62	17.41
	非农业收入	10^4元	5.92	5.22

续前表

	项目	单位	2002年实际数量	模型结果
种植业产量	川地玉米	公顷	4.27	0.00
	梯田玉米	公顷	1.27	0.50
	梁地玉米	公顷	2.13	0.00
	川地饲料玉米	公顷	n.a	4.40
	梯田饲料玉米	公顷	n.a	3.54
	梁地饲料玉米	公顷	n.a	2.33
	梯田糜子	公顷	1.47	0.00
	梁地糜子	公顷	3.41	3.10
	梯田马铃薯	公顷	1.07	0.45
	梁地马铃薯	公顷	1.73	0.00
	梯田向日葵	公顷	0.73	0.00
	梁地向日葵	公顷	1.70	4.05
	梯田油菜籽	公顷	2.00	3.58
	梁地油菜籽	公顷	1.07	0.00
	大豆	公顷	0.87	1.38
畜牧业	山羊	头	377.00	348.40
	圈养小尾寒羊	头	123.00	734.90
	猪	头	39.00	0.00
	牛	头	4.00	4.00
出售	玉米	吨	18.90	0.0
	向日葵	吨	1.75	3.38
	油菜籽	吨	1.70	2.44
	羊绒	吨	0.03	0.09
	山羊	头	177.00	348.40
	绵羊	头	32.00	734.90
	猪	头	39.00	0.00

续前表

	项目	单位	2002年实际数量	模型结果
自己消费	玉米	吨	7.45	2.00
	糜子	吨	4.45	5.00
	马铃薯	吨	22.85	2.77
	大豆	吨	1.32	1.45
	羊肉	吨	0.48	0.0
	猪肉	吨	0.76	0.00
购买	小麦	吨	5.25	8.84
	大米	吨	3.80	4.00
	猪肉	吨	0.33	0.33
	蔬菜	10^3元	0.73	0.00
	基肥	10^3元	5.90	7.38
	追肥	10^3元	6.96	11.64
	农药	10^3元	0.19	3.99
	种子	吨	0.35	0.49
	燃煤	吨	103.0	40.0
自己供应	种子	吨	n. a	0.62
	玉米饲料	吨	22.30	68.50
	秸秆饲料	吨	57.50	82.06
	其他饲料	吨	n. a.	212.56
	肥料	吨	832.40	678.13
土地供给	川地	公顷	4.51	4.40
	梯田	公顷	8.07	8.07
	梁地	公顷	11.40	10.86
	退耕地	公顷	10.61	11.15
	草场	公顷	27.13	27.13
土地退化	土壤侵蚀	吨/年	200.1	194.5

（2）农村非农就业机会对水土流失的影响。

目前农村非农就业机会收入占全村农户家庭总收入的30%。14个非农劳动中，有5个劳动常年从事非农产业，几乎没有时间兼顾农业劳动；其余9个属于兼业劳动，季节性从事非农产业，同

时兼顾农业生产，因此季节性非农劳动的增减对于土地利用的影响不是很明显。但是，常年性非农劳动的增减将对土地利用带来深刻的影响。比较静态分析的结果表明，常年性非农劳动增加时，首先对坡耕地的利用带来影响。当常年性非农劳动达到25人时，坡耕地的糜子将由于缺乏劳动而退出栽培。当常年性非农劳动达到35人时，所有坡耕地将因劳动不足而退出耕种。随着坡耕地栽培利用的减少，土壤侵蚀也将随常年性非农劳动的增加而减少（见图11—2）。由于非农就业收入的增加，农户收入将稳定增长，并不因坡耕地退出利用而减少。

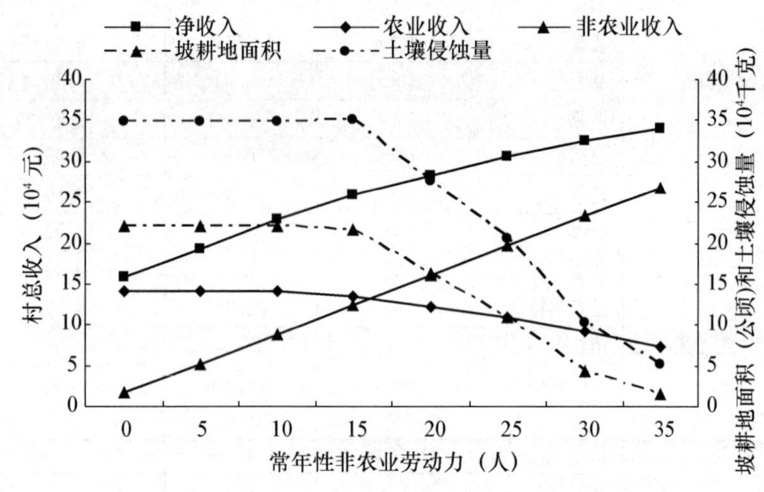

图11—2　常年性非农业劳动数量和土壤侵蚀的关系

（3）退耕还林还草与水土保持。

坡耕地退耕还林还草政策对于坡耕地以及梯田的土地利用将带来显著影响，同时也会对家畜结构带来影响。随着坡耕地退耕还草，土壤侵蚀趋于减少。模型结果证明坡耕地退耕还林还草是治理水土流失的有效措施。但问题在于如果没有相应的补贴措施，随着坡耕地退耕还林还草，农户收入也将减少（见图11—2）。

（4）退耕还林还草补贴与水土保持。

比较静态分析的结果显示，当坡耕地退耕补贴达到 2 400 元/公顷时，农户将自发地开始把部分坡耕地退耕还草，全村坡耕地退耕还草面积将达到 11.13 公顷（见图 11—3）。根据国家颁布的退耕还林还草实施条例，黄河流域坡耕地退耕补贴粮食 1 500 千克/公顷，粮食按每 1.40 元/千克由中央财政负担。另外，退耕坡耕地挖鱼鳞坑，每亩误工补贴 300 元/公顷。合计坡耕地退耕补贴正好达到 2 400 元/公顷。2002 年，调查对象区域的圪针堰村实际实现坡耕地退耕面积为 10.6 公顷。模型模拟结果与现实状态相当接近，同时也验证了坡耕地退耕补贴政策对鼓励农户实施坡耕地退耕还林还草的有效性。

模型结果还表明，随着坡耕地退耕补贴的提高，坡耕地退耕面积将会不断扩大。当坡耕地退耕补贴达到 3 000 元/公顷时，有 16.34 公顷（占全部坡耕地 74%）的坡耕地将会退耕还草。而当坡耕地退耕补贴达到 4 500 元/公顷时，全村有 19.25 公顷（占全部坡耕地 87%）的坡耕地将会退耕还草。随着越来越多的坡耕地退耕还草，水土流失将逐渐减少。当坡耕地退耕补贴增加到 3 000 元/公顷时，全年水土流失量将从 348.5 吨减少到 123 吨；当坡耕地退耕补贴增加到 4 500 元/公顷时，水土流失量将进一步减少到 79.2 吨（见图 11—4）。模型结果建议，如果提高坡耕地退耕补贴，可以进一步扩大坡耕地退耕，加快治理水土流失的步伐。

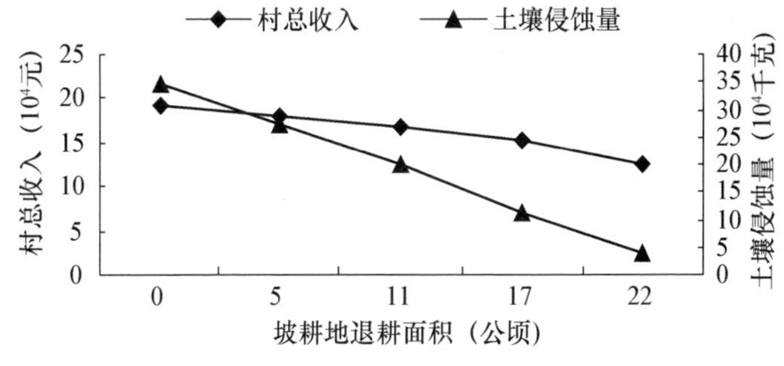

图 11—3　退耕还林政策与土壤侵蚀

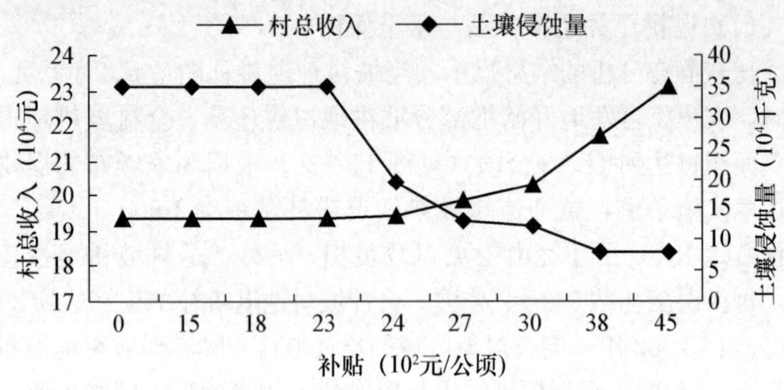

图 11—4　退耕还林补贴与土壤侵蚀

四、结论与政策启示

上述模拟结果验证了退耕还林还草是减轻水土流失的有效途径。为了鼓励农户将坡地退耕，应当向农户支付高于坡地种植收入的补贴，作为退耕带来收入减少的补偿。模拟结果还显示，在非农就业机会增加时，农户会减少坡地垦殖。这表明推进农村工业化和城镇化发展，增加农民非农就业机会，鼓励农民进城的政策对于黄土高原的水土保持具有促进作用。

问题是，退耕补贴停止后，农户是否会继续坚持退耕？模拟结果显示，当退耕补贴停止或者低于 2 400 元/公顷时，农民将不愿意继续保持坡地退耕，可能会回到原来的状态，又会出现坡地复垦。这说明发展后续产业，增加退耕农户收入，对于巩固退耕还林还草政策的成果是至关重要的。一个可供选择的政策选择是，鼓励农户发展舍饲畜牧业，积极利用包括退耕地在内的耕地提供的饲料饲草，多养家畜，以增加收入。推进农村工业化和城镇化发展，增加农民非农就业机会，也有助于巩固退耕还林还草政策的成果。

第二节　草原禁牧政策与沙漠化重建

一、研究区域概况

本节的研究对象区域为内蒙古东部奈曼旗尧勒甸子村和沙日塔拉村。奈曼旗位于科尔沁沙地的核心区，年均降水365毫米，其中70%集中在夏季。春季极端干旱且多大风天气，在草地开垦和过度放牧的植被退化地区易发生沙漠化（王涛、赵哈林，2005）。尧勒甸子村为典型的丘陵农耕区和汉族居住区，土地总面积1 283公顷，其中耕地122.9公顷（30公顷水田、72.2公顷水浇地和20.7公顷旱地），村集体管理的草地530.2公顷。玉米是最主要的农作物和售卖作物，其中一部分作为牲畜饲料。沙日塔拉村为典型的畜牧区和蒙古族聚居区，土地面积1 235公顷，其中耕地54公顷（约61%为水浇地），草地859.6公顷，已经分产到户。放养畜牧业占主导地位，绵羊和牛是主要的售卖牲畜，马是主要的役用畜力。

根据2003年农户调查资料（见表11—6），尧勒甸子村和沙日塔拉村非农就业以及非农收入差别明显。在尧勒甸子村，从事非农就业的兼业户占总农户的33%，常年性和季节性非农就业劳动分别占总劳动的14%和19%，专业户和兼业户农业收入分别占总收入的95%和67%。在沙日塔拉村，从事非农就业的兼业户占总农户的19%，常年性非农就业劳动占总劳动的8%，非农收入占总收入的38%。

两个村农户收入及其来源差别明显（见表11—7）。尧勒甸子村种植业收入占家庭总收入的76%，沙日塔拉村畜牧业收入占家庭总收入的56%。尧勒甸子村和沙日塔拉村贫困农户（A组）家庭净收入分别为669元和440元。反之，富裕农户（E组）家庭净

收入分别为 4 708 元和 5 665 元。富裕农户收入水平分别与耕地面积和牲畜数量显著正相关，尧勒甸子村高收入农户耕地面积大(r=0.677，a=0.01)，沙日塔拉村高收入农户牲畜数量多（r=0.658，a=0.01)。另外，中等收入家庭（B组、C组和D组）非农就业比例以及非农收入占家庭总收入的比例相对较高。

表 11—6　　尧勒甸子村和沙日塔拉村非农就业和农户收入比较

农户类型	尧勒甸子村			沙日塔拉村		
	合计	专业户	兼业户	合计	专业户	兼业户
户数（个）	84	56	28	37	30	7
人口（个）	343	221	122	147	115	32
劳动（个）	222	125	97	96	69	27
农业劳动（个）	190	125	65	88	69	19
季节性非农劳动（个）	10	0	10	1	0	1
常年性非农劳动（个）	32	0	32	8	0	8
年均收入（元）	2 050	1 949	2 297	2 264	2 455	1 683
农业收入比例（%）	87	95	67	88	90	62
非农收入比例（%）	13	5	33	12	10	38

资料来源：笔者 2003 年 7—8 月进行的农户调查。

表 11—7　　尧勒甸子村和沙日塔拉村农户收入水平和来源比较

村	农户分组	收入水平（元）	农户		年均收入（元）	收入来源（%）				耕地面积（公顷）	牲畜数量（羊单位）
			户数	（%）		农业收入	其中：种植业	其中：畜牧业	非农收入		
尧勒甸子村	A	<1 000	10	11.9	669	90.0	76.0	14.0	10.0	1.08	—
	B	1 000～2 000	40	47.6	1 515	90.6	79.1	11.5	9.4	1.23	—
	C	2 000～3 000	20	23.8	2 414	80.3	73.4	6.9	19.7	1.56	—
	D	3 000～4 000	8	9.5	3 547	77.1	67.2	9.9	22.9	2.12	—
	E	≥4 000	6	7.1	4 708	87.4	76.7	10.7	12.6	2.70	—
	合计		84	100	2 050	86.6	76.1	10.5	13.4	1.46	—

续前表

村	农户分组	收入水平（元）	农户		年均收入（元）	收入来源（%）				耕地面积（公顷）	牲畜数量（羊单位）
			户数	（%）		农业收入	其中：种植业	其中：畜牧业	非农收入		
沙日塔拉村	A	<1 000	12	32.4	440	97.8	51.9	45.9	2.2	1.04	21.01
	B	1 000～2 000	9	24.3	1 093	82.5	20.3	62.2	17.5	1.74	32.11
	C	2 000～3 000	4	10.8	2 790	78.0	12.1	65.9	22.0	1.30	68.75
	D	3 000～4 000	5	13.5	3 569	78.7	20.6	58.1	21.3	1.79	50.50
	E	≥4 000	7	18.9	5 665	89.7	29.9	59.8	10.3	1.68	67.71
	合计		37	100	2 264	87.8	31.5	56.3	12.2	1.46	41.69

注：尧勒甸子村实施全年禁牧政策，没有放牧牲畜数量数据。

研究区放牧试验表明，当每半年的放牧压力超过 2 羊单位/公顷时，植被将受到破坏（Ohkuro and Nemoto，1996）。放牧草地的植被残留物保持大于 50%的水平，其生产力才是可更新的（赵哈林，1993），因此，研究区合理的放牧压力为 1 羊单位/公顷。为防治过度放牧和开垦造成的土地沙漠化，自 2000 年以来奈曼旗实施了禁垦政策，并分别在农耕区和畜牧区实施全年和半年（1—6 月）禁牧政策。

二、模型构建

农业政策通过影响农户经济的外部社会经济条件，会间接地影响农户土地利用和技术选择等农业生产决策，从而加速或缓解土地退化进程。本节利用基于线性规划方法的生物—经济模型，耦合农户行为决策和农业生产过程，模拟不同的农村发展政策下农户的行为响应及其对草地保护和沙漠化防治的影响。

该模型以净收入最大化为目标函数，以土地、劳动、食物供给与需求、预算等为约束变量。模型的基本单位为农户，农户层次上的生物—经济模型需要考虑农户经营面对的资金约束和劳动约束。

模型的目标函数为：

$$\max M = \sum_{c=1}^{C}\{p_c(\sum_{g=1}^{G}A_{cg}y_{cg}(x)-b_c-s_c)$$
$$-\sum_{g=1}^{G}\sum_{i=1}^{n}A_{cg}e_{icg}x_{icg}\}+\sum_{v=1}^{V}\{p_v(L_v y_v(x)-b_v-s_v)$$
$$-\sum_{i=1}^{n}L_v e_{iv}x_{iv}\}-\sum_{j=1}^{J}p_j f_j+\sum_{o}^{O}w_o z_o$$
$$-\sum_{k}^{K}w_k h_k \tag{11—7}$$

目标函数服从以下约束条件：

$$A=\sum_{c}^{C}\sum_{g}^{G}A_{cg}+A_r \tag{11—8}$$
$$Z_h=z_f+z_o \tag{11—9}$$
$$Z_f=z_f+\sum_{k}^{K}h_k \tag{11—10}$$
$$365\gamma P\leqslant\sum_{c=1}^{C}\beta_c b_c+\sum_{j=1}^{J}\beta_j f_j \tag{11—11}$$
$$\sum_{c=1}^{C}\sum_{g=1}^{G}\sum_{i=1}^{n}A_{cg}e_{icg}x_{icg}+\sum_{v=1}^{V}\sum_{i=1}^{n}L_v e_{iv}x_{iv}+\sum_{j=1}^{J}p_j f_j$$
$$+\sum_{k}^{K}w_k h_k\leqslant M_0+N \tag{11—12}$$
$$\sum_{c=1}^{C}\sum_{g=1}^{G}\sum_{i=1}^{n}A_{cg}e_{icg}x_{icg}+\sum_{v=1}^{V}\sum_{i=1}^{n}L_v e_{iv}x_{iv}+\sum_{j=1}^{J}p_j f_j$$
$$+\sum_{k}^{K}w_k h_k+\sum_{v=1}^{V}p_w L_v\leqslant M_0+N+R_0 \tag{11—13}$$

式中，M、M_0 和 N 分别为年净收入、现金收入和可获得贷款；p_c 和 p_v 分别为农产品和畜产品出售或购买价格；A、A_{cg} 和 A_r 分别为土地、耕地和草地面积，y_{cg} 和 y_v 分别为农产品和畜产品的生产函数；b_c 和 b_v 分别为农产品和畜产品的自给消费；s_c 和 s_v 分别为农产品和畜产品的自给供应；e_{icg} 和 e_{iv} 分别为农产品和畜产品 i 的单位

输入成本，x_{icg}和x_{iv}分别为农产品和畜产品x_i的输入向量；L_v为牲畜存量；p_j和f_j分别为购买食物的价格和数量；w_o和w_k分别为雇佣劳动和非农就业的工资。

三、农村经济发展和沙漠化重建

1. 引进舍饲养牛技术的情景分析

在半年禁牧与禁垦（尧勒甸子村）、全年禁牧与禁垦（沙日塔拉村）的土地利用政策情景下，引进舍饲养牛技术，尧勒甸子村和沙日塔拉村农户收入分别增加52%（A0至A1）和41%（B0至B1）（见表11—8）。在实施控制放牧规模（1羊单位/公顷）与禁垦的土地利用政策情景下，引进舍饲养牛技术，尧勒甸子村和沙日塔拉村农户收入分别增加49%和52%（C0至C1）。该结果表明，实施控制放牧规模与禁垦的土地利用政策，同时引进舍饲养牛技术能显著提高农户收入。

表11—8　　　　引进舍饲养牛技术的情景分析

情景	尧勒甸子村		沙日塔拉村	
	年收入（元）	放牧压力（羊单位/公顷）	年收入（元）	放牧压力（羊单位/公顷）
A0	1 907	0	1 042	0
A1	2 892	0	1 852	0
B0	2 149	1.58	1 931	1.68
B1	3 079	1.58	2 723	1.68
C0	2 026	1.00	1 559	1.00
C1	3 011	1.00	2 369	1.00

注：情景定义：土地政策：A表示全年禁牧和禁垦；B表示半年禁牧和禁垦；C表示控制放牧规模（1羊单位/公顷）与禁垦。技术：0表示现存技术；1表示引进舍饲养牛技术。下同。

2. 改进农村信贷服务的情景分析

农户调查资料表明，信贷服务是贫困农户引进农业新技术的重

要前提。在现行土地利用政策（禁牧与禁垦）和技术条件情景下，引进信贷服务政策，尧勒甸子村农户收入不变，沙日塔拉村农户收入增加317%（见表11—9）。在现行技术条件下，实施控制放牧规模（1羊单位/公顷）与禁垦的土地利用政策，同时引进信贷服务政策，尧勒甸子村农户收入没有变化，沙日塔拉村农户收入增加183%。在实施控制放牧规模（1羊单位/公顷）与禁垦的土地利用政策情景下，引进舍饲养牛技术和信贷服务政策，尧勒甸子村和沙日塔拉村贫困农户收入分别增加51%和416%。该结果表明，实施控制放牧规模（1羊单位/公顷）作为禁牧的替代政策，引进舍饲养牛技术和信贷服务政策，能显著提高农户收入。

表11—9　　为贫困农户提供信贷服务的情景分析

类别	情景	提供信贷服务		不提供信贷服务	
		家庭收入（元）	放牧压力（羊单位/公顷）	家庭收入（元）	放牧压力（羊单位/公顷）
尧勒甸子村	A0	873	0	873	0
	C0	981	1.00	981	1.00
	A1	1 138	0	1 132	0
	C1	1 714	1.00	1 137	0.19
沙日塔拉村	B0	1 043	1.64	250	0.22
	C0	707	1.00	250	0.22
	B1	1 614	1.65	250	0.22
	C1	1 291	1.00	250	0.22

3. 增加非农就业机会的情景分析

农户调查资料表明，稳定的非农收入比农业收入高30%左右。在自由放牧与耕垦土地利用政策情景下，当尧勒甸子村和沙日塔拉村非农就业劳动比例分别大于15%和20%时，农业劳动和非农劳动才会产生供需竞争；当尧勒甸子村和沙日塔拉村非农就业劳动比例分别大于30%和20%时，土地开垦停止；继续增加非农就业机会，尧勒甸子村现存的非灌溉旱地继续被耕种，而沙日塔拉村现存

的非灌溉旱地逐渐被退耕（见图 11—5 和图 11—6）。但是，非农就业机会增加对牲畜数量的影响不明显，放牧压力仍然维持在 2.41 羊单位/公顷。

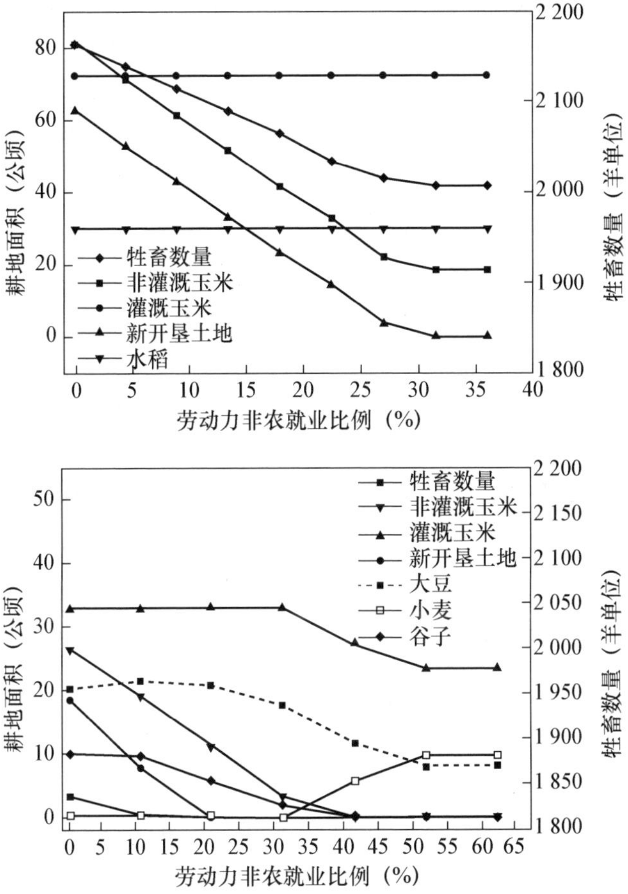

图 11—5　自由放牧与耕垦土地利用政策情景下非农就业机会增加对耕地面积和牲畜数量的影响

注：上图为尧勒甸子村，下图为沙日塔拉村。

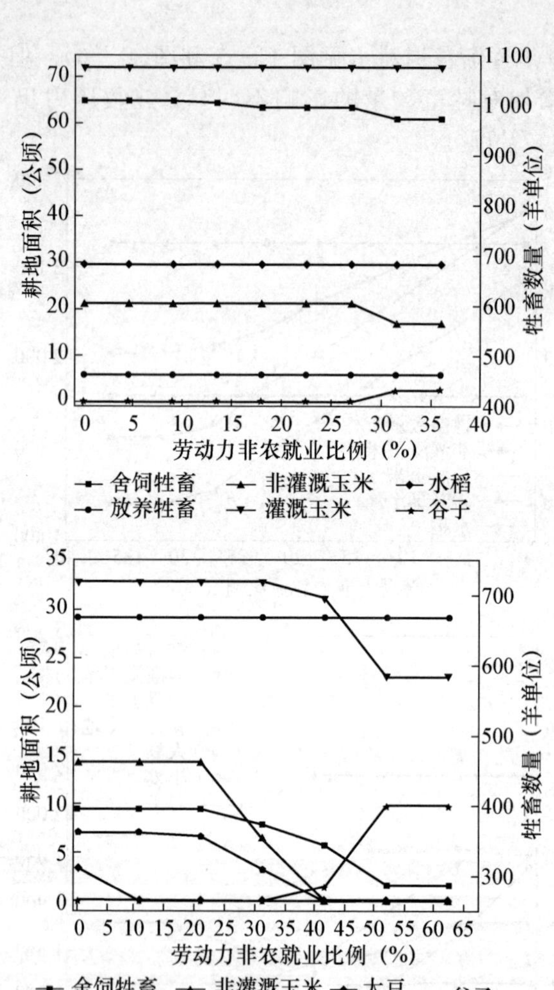

图 11—6　控制放牧规模与禁垦土地利用政策情景下非农就业机会增加对耕地面积和牲畜数量的影响

注：上图为尧勒甸子村，下图为沙日塔拉村。

在现行生产力水平和价格水平的情景下，实施控制放牧规模（1 羊单位/公顷）与禁垦的土地利用替代政策，尧勒甸子村和沙日

塔拉村农户收入分别下降31%和61%；在该情景下，非农就业机会增加，尧勒甸子村和沙日塔拉村农户收入分别提高39%和65%，相当于土地利用政策调整前的93%和78%（见图11—7）。该结果表明非农就业机会增加，有利于补偿土地利用政策调整造成的农户收入减少。

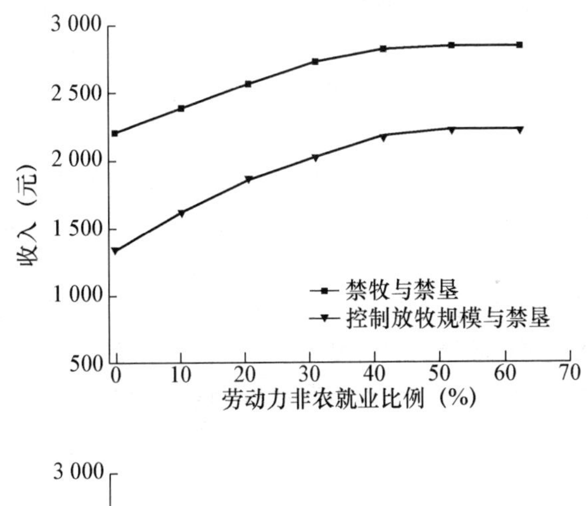

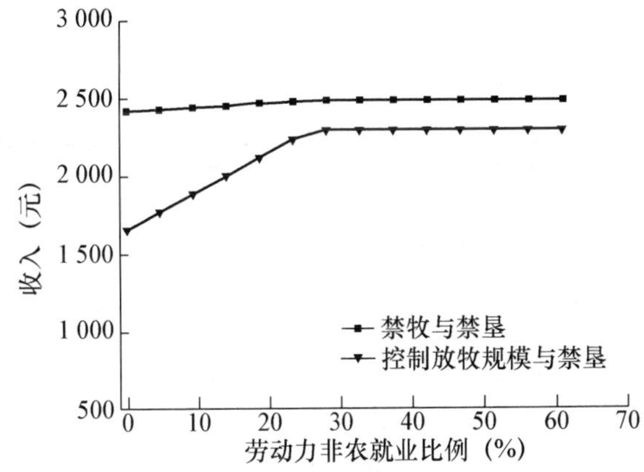

图11—7　禁牧与禁垦和控制放牧规模与禁垦土地利用政策情景下非农就业机会增加对农户收入的影响

注：上图为尧勒甸子村，下图为沙日塔拉村。

四、结论与启示

本节应用模型比较了自由放牧与耕垦、禁牧与禁垦、控制放牧规模与禁垦等三种土地利用政策情景下，引进舍饲养牛技术、信贷服务和增加非农就业机会对农户土地利用决策及其家庭收入的影响，据此探索沙漠化地区环境变化的人文驱动机制以及生态重建的环境政策。研究结果表明：实施控制放牧规模与禁垦替代现行的禁牧与禁垦土地利用政策，同时引进舍饲养牛新技术，能够促进边际土地退耕和提高农户收入，从而实现生态重建和生态脱贫的双赢。但是，引进舍饲养牛技术需要启动基金，因此增加农业投入（提供信贷服务）和加强城乡联系（增加非农就业机会）是贫困农户引进新技术的必要前提。因此，中国北方沙漠化地区生态重建必须与生态脱贫统筹考虑，通过调整宏观环境政策和农村发展政策，提高农业集约化水平，加强城乡联系力度，提高农村劳动生产效率，增加农民家庭收入，从而缓解农民对自然资源特别是土地资源的依赖性，从真正意义上实现农村社会经济的可持续发展。

第三节　京津冀地区雾霾治理与污染物减排

一、引言

雾霾污染已成为我国最突出的环境问题之一。2013 年 1 月发生的雾霾污染覆盖了我国华北及华东大部分地区，涉及区域超过 130 万平方公里，影响人口达 8.5 亿，其中受严重污染影响的人口达 2.5 亿人（王跃思等，2013）。雾霾污染治理刻不容缓，已成为全社会的普遍共识（关大博等，2013）。2013 年 9 月，国务院发布了《大气污染防治行动计划》（简称“大气国十条”），明确提出到

2017 年，全国地级及以上城市可吸入颗粒物浓度比 2012 年下降 10%以上，优良天数逐年提高；京津冀、长三角、珠三角等区域细颗粒物浓度分别下降 25%、20%、15%左右，其中北京市细颗粒物年均浓度控制在 60 微克/立方米左右。京津冀地区是雾霾污染最严重的区域。2013—2014 年 PM2.5 年均浓度最高的 10 座城市，有 7 个位于河北省。2013 年，河北邢台和石家庄的 PM2.5 年均浓度高达 155.2 微克/立方米和 148.5 微克/立方米，是国家标准的 4 倍以上。京津冀各地区依据“大气国十条”的要求，制定了具体的减排行动计划。譬如，北京要求到 2017 年 SO_2 排放量从当前的 9.38 万吨减少 6.37 万吨，NOx 排放量从当前的 22.45 万吨减少 10.29 万吨；天津要求 2017 年 SO_2 排放量从当前的 22.45 万吨减少 13.44 万吨，NOx 排放量从 33.42 万吨减少 7.27 万吨；河北要求 2017 年 SO_2 排放量从当前的 134.12 万吨减少 46.15 万吨，NOx 排放量从 176.11 万吨减少 42.37 万吨（中国清洁空气联盟，2014）。

雾霾的本质是大气中 PM2.5 浓度超标。PM2.5 浓度超标导致消光作用增强，空气能见度降低。PM2.5 是直径小于 2.5 微米的细颗粒物。PM2.5 的组成由大气污染物质前体排放物及其经过化学反应后的二次粒子组成，因此，PM2.5 与大气污染物质（二氧化硫、氮氧化物、烟（粉）尘、挥发性有机化合物（VOC）和氨）等一次性污染物排放粒子具有重要关系。其中，大气污染物质又以二氧化硫、氮氧化物和烟（粉）尘为主。由于 PM2.5 浓度是向大气排放的污染物在一定的气象条件下在大气中累积并经过复杂的大气化学过程形成的结果，PM2.5 浓度不仅与二氧化硫、氮氧化物、烟（粉）尘、挥发性有机化合物、氨等大气污染物的排放量息息相关，也受到气象条件的影响；不仅受到当地的污染物排放和气象条件的影响，还受到周边区域的污染物排放和天气过程的影响。PM2.5 浓度的影响因素较多，不确定性较大，“大气国十条”制定的减排行动计划是否能够达到“大气国十条”确定的 PM2.5 浓度目标，也存在较大的不确定性。

一个可能的解决办法是，科学认识并量化大气污染物排放量、气象因素和PM2.5浓度之间的关系，基于大气污染物排放量、气象因素和PM2.5浓度之间关系的科学认识，来判断PM2.5浓度目标以及实现浓度目标所需的减排措施，从而以大气污染物排放量为抓手，推进雾霾污染防治防控。与此同时，尽管雾霾污染治理已成为全社会的普遍共识，但雾霾污染治理措施会对区域经济发展和民生改善产生直接的影响，我们经常不得不权衡雾霾污染治理目标和民生目标、经济发展目标之间的关系，合理确定现实可行的雾霾污染治理目标。本节拟基于大数据分析的思路，对污染物排放量和PM2.5浓度之间的关系进行数据建模，从而判断既定的减排行动计划是否可以实现PM2.5浓度控制目标。

二、京津冀地区大气环境污染的现状特点

1. 大气环境污染存在明显的空间差异，PM2.5浓度呈南高北低的特征

2013年和2014年，京津冀地区年均PM2.5浓度达到104微克/立方米和93微克/立方米，远超过我国环境空气质量二级标准的2倍以上。但在京津冀地区内部，PM2.5浓度又存在空间差异（见表11—10），依据2014年PM2.5年均浓度高低，可以分为三类区域：

第一类区域，包括张家口、承德和秦皇岛，污染物排放量较少，气象条件易于污染物扩散，PM2.5年均浓度约为30微克/立方米～60微克/立方米。

第二类区域，包括北京、天津、沧州，PM2.5年均浓度在60微克/立方米～90微克/立方米。这些区域容易受到周边区域影响，不仅需要自身降低污染物排放，也需要与周边区域协调作战才能降低PM2.5浓度。

第三类区域，包括石家庄、邢台、邯郸、衡水、保定、廊坊、唐山，污染物排放量高，气象条件不易于扩散，PM2.5年均浓度

均超过 90 微克/立方米，属于严重污染区域。

京津冀地区行政区划图见图 11—8。

表 11—10　　2013 年和 2014 年京津冀地区 PM2.5 年均浓度

单位：微克/立方米

区域	2013	2014
北京	90.1	83.2
天津	95.6	85.8
保定	127.9	127.2
廊坊	113.8	99.3
张家口	43.1	34.3
唐山	114.2	98.4
承德	51.5	53.5
石家庄	148.5	122.6
秦皇岛	65.2	59.0
沧州	93.6	88.0
衡水	120.6	107.6
邢台	155.2	131.4
邯郸	127.8	114.2

资料来源：绿色和平组织。

图 11—8　京津冀地区行政区划图

2. PM2.5 浓度存在显著的季节差异，供暖季 PM2.5 浓度明显高于非供暖季

京津冀地区 PM2.5 浓度达到国家一级标准的天数频率为 19.32%，平均浓度为 20.64 微克/立方米；达到二级标准的天数频率为 29.89%，平均浓度为 54.38 微克/立方米；空气质量不达标的天数达到 50.79%，大部分情况下处于轻度和中度污染。受到供暖季燃料消费的明显影响，加上冬季污染物扩散条件不利的影响，供暖季的 PM2.5 日均浓度普遍超过国家标准，且明显高于非供暖季水平（见表 11—11）。严重雾霾天气绝大多数发生在供暖季。

表 11—11　京津冀地区供暖季和非供暖季 PM2.5 浓度差异

	PM2.5 日均浓度		PM2.5 年均浓度
	供暖季	非供暖季	供暖季
北京城区	110.78	80.9	89.70
北京郊区	95.67	70.4	75.80
天津	110.47	80.75	92.34
保定	177.96	94.28	120.19
廊坊	139.47	87.72	101.70
张家口	60.03	34.48	40.30
唐山	138.13	94.72	110.42
承德	70.69	45.98	50.93
石家庄	211.63	108.08	142.43
秦皇岛	80.46	55.78	63.80
沧州	123.02	78.39	92.12
衡水	162.66	89.52	112.68
邢台	198.21	115.27	140.13
邯郸	184.9	95.3	126.59
平均值	133.15	80.83	96.94

3. 污染物扩散能力主要依靠风力，PM2.5 浓度与风力密切相关

当前，京津冀地区大气污染物扩散能力主要依靠风力因素。考虑到风力的滞后效应，滞后一期的风力等级频率分布与 PM2.5 浓度分布的统计分析表明，风力对 PM2.5 浓度降低具有显著的作用（见表 11—12)。当风力等级为二级以下时，PM2.5 浓度高于 110 微克/立方米，但当风力等级大于四级时，PM2.5 浓度可降至 60 微克/立方米左右，如果风力等级达到五六级，PM2.5 浓度能够达到国家环境空气质量标准。但对于部分污染物排放量过高的区域，风力等级达到四五级仍然难以使得 PM2.5 浓度降低到符合环境空气质量标准的水平，例如唐山、石家庄、沧州和邯郸。雾霾污染治理不能等风来，根本出路在于减少大气污染物排放量，从源头上减少 PM2.5 的来源。

表 11—12　　2013 年各区域不同风力情况下的 PM2.5 平均浓度

区域	PM2.5 平均浓度（微克/立方米）				
	二级风及以下	三级风	四级风	五级风	六级风
北京城区	103.86	58.65	33.19	21.33	10.25
北京郊区	87.47	52.04	25.41	18.04	8.94
天津	112.95	92.82	65.36	30.67	17.21
保定	129.5	87.77	53.8	41.46	—
廊坊	115.19	68.33	46.05	25.34	63.15
张家口	49.54	44.29	39.04	30.2	22.72
唐山	167.52	115.02	78.34	53.52	—
承德	56.65	41.98	38.77	22.96	—
石家庄	183.42	113.02	77.14	38.44	24.89
秦皇岛	83.41	68.87	54.68	23.34	17.69
沧州	111.46	96.09	84.77	48.97	32.33
衡水	120.03	85.58	68.71	54.25	—
邢台	121.12	89.46	67.41	54.21	—
邯郸	137.79	120.06	92.76	42.58	30.75

三、京津冀地区 PM2.5 浓度和污染物排放量及风力之间关系的数据建模

1. 模型构建

本节考虑了 PM2.5 浓度的主要影响因素，构建了以下线性方程式，通过数学建模来刻画污染物排放量、风力、周边区域污染物传输效应等因素对 PM2.5 浓度的影响（Wang et al.，2015；Zhao et al.，2013）。

$$Y=f(X,LY,LNY,LSY,LowLW,MediumLW) \quad (11—14)$$

式中，Y 为各个区域的 PM2.5 浓度；

X 为二氧化硫、氮氧化物和烟粉尘的日排放量，为了便于区域之间的比较，采用单位面积的排放量，也即排放量密度。由于二氧化硫、氮氧化物和烟粉尘之间存在共生关系，它们的排放量数据存在较高的相关性，同时放入模型会引起多重共线性，在模型中采用因子分析提取出主成分放入模型，再依据模型结果还原为各种污染物的排放量。

LY 为滞后一期的 PM2.5 浓度值，表征污染物在空气中的累积效应。

LNY 为区域 i 北部相邻地区的滞后一期的 PM2.5 浓度值；LSY 为区域 i 南部相邻地区的滞后一期的 PM2.5 浓度值，表征相邻区域之间污染物传输作用的影响。其中，当风向为东北/北/西北方向时，北部相邻地区的浓度对 PM2.5 浓度有影响，否则为 0。

风力变量分为三级，采用虚拟变量方式表征。*Low* 为一级和二级的低速风，*Medium* 为三级和四级的中速风，*High* 为五级及以上的高速风。*LowLW* 为滞后一期的低速风，*MediumLW* 为之后一期的中速风。五级及以上的高速风作为参照组进入

模型。

2. 数据来源

PM2.5 浓度、风力等数据来自环境监测数据和气象统计数据，污染物日排放量数据依据各种污染物的年排放量，参考供暖、电力消费波动、交通拥堵程度等指标，将年排放量分解为日排放量。本节的数据包括北京、天津、保定、廊坊、张家口、唐山、承德、石家庄、秦皇岛、沧州、衡水、邢台、邯郸 13 个地市，为深入考察北京城区和郊区的差异，本节将北京分为北京城区和北京郊区，因而本节所指的京津冀地区共包括 14 个区域。

3. 建模结果

总体来看，京津冀各个区域污染物排放因子和风力对 PM2.5 浓度有显著的影响，不同区域各个影响因素的作用程度有所差异（见表 11—13）。当地的污染物排放量首当其冲对 PM2.5 浓度具有显著的影响，当地的滞后一期 PM2.5 浓度反映出大气中的污染物累积效应对 PM2.5 浓度也有显著的影响。与高速风相比，中速风和低速风有明显的污染物累积作用，对 PM2.5 浓度升高有显著的影响。相邻区域的 PM2.5 浓度普遍具有显著的影响，说明区域传输效应对 PM2.5 浓度的作用显著。当然，有的区域是来自南部相邻区域的污染物传输效应显著，有的区域则是来自北部相邻区域的污染物传输效应显著，也有的区域是南北部的相邻区域均有污染物传输效应。

基于表 11—13 的系数进行的 PM2.5 日均浓度预测值与实际值的拟合效果总体上较好，但北京城区、天津、保定、廊坊、唐山、秦皇岛、沧州、邯郸等区域 PM2.5 浓度极值的预测效果不好。因此，本节采用分位数回归结果，对上述区域 PM2.5 浓度极值预测的系数进行了校正（见表 11—14）。经过校正后，北京城区、天津、保定、廊坊、唐山、秦皇岛、沧州、邯郸等区域 PM2.5 日均浓度的预测值和实际值取得了很好的拟合效果（见表 11—15）。

表 11—13　　污染物排放因子和风力对 PM2.5 浓度的影响

变量	北京城区	北京郊区	天津	保定	廊坊
污染物排放密度因子	0.019*	0.019*	0.049***	0.277***	0.242***
滞后一期 PM2.5 浓度	0.444***	0.449***	0.419***	0.526***	0.502***
北部相邻滞后一期 PM2.5 浓度	0.011		0.055	0.182**	
南部相邻滞后一期 PM2.5 浓度	0.146**	0.141***	0.148***	0.095*	
低速风	73.586***	73.561***	69.846***	89.204***	80.979***
中速风	32.300**	32.272**	41.368***	33.616	34.375**
常数项	−40.035**	−39.968**	−29.376***	−75.458**	−59.916***
R^2	0.420	0.454	0.466	0.521	0.429
DW 检验	1.790	1.775	1.965	1.799	1.856
样本数	501	499	495	469	503
变量	张家口	唐山	承德	石家庄	秦皇岛
污染物排放密度因子	0.135**	0.036***	0.569***	0.221***	0.059**
滞后一期 PM2.5 浓度	0.629***	0.334***	0.553***	0.344***	0.384***
北部相邻滞后一期 PM2.5 浓度		0.187***		0.229***	0.119*
南部相邻滞后一期 PM2.5 浓度	0.321***	0.041	0.390***	0.068*	
低速风	21.014***	93.465***	29.681***	72.910***	45.759***
中速风	10.446***	61.462***	14.369**	31.334	23.644***
常数项	−8.199	−39.969***	−25.349***	−46.698	−10.440
R^2	0.506	0.385	0.444	0.480	0.349
DW 检验	1.727	1.874	1.788	1.914	1.901

续前表

变量	张家口	唐山	承德	石家庄	秦皇岛
样本数	502	500	500	495	495
变量	沧州	衡水	邢台	邯郸	
污染物排放密度因子	0.293***	0.140***	0.134*	0.236***	
滞后一期 PM2.5 浓度	0.369***	0.277***	0.637***	0.564***	
北部相邻滞后一期 PM2.5 浓度	0.366***	0.553***	0.154***	0.068*	
南部相邻滞后一期 PM2.5 浓度	0.500***	0.482***	0.072	0.158***	
低速风	40.699***	22.988**	41.692*	45.321**	
中速风	24.700***	9.785	12.863	21.752	
常数项	−19.229*	−29.805**	−21.691	−39.679*	
R^2	0.355	0.710	0.561	0.569	
DW 检验	1.827	1.942	1.849	1.864	
样本数	494	495	433	495	

注：*、**、*** 分别表示在 10%、5%和 10%的显著性水平上显著。余同。

表 11—14　　部分区域分位数回归结果（90%分位）

变量	北京城区	天津	保定	廊坊
大气污染物排放密度	0.044**	0.048	0.457***	0.425***
滞后一期 PM2.5 浓度	0.303	0.297***	−0.077	0.836***
北部相邻滞后一期 PM2.5 浓度	0.355	0.137*	0.242*	
南部相邻滞后一期 PM2.5 浓度	0.658**	0.572***	0.919***	
低速风	89.784***	78.141***	69.693	87.001***
中速风	34.179***	40.952***	4.736	37.294***

续前表

变量	北京城区	天津	保定	廊坊
常数项	−51.603**	−10.121	−47.668	−68.494***
变量	唐山	秦皇岛	沧州	
大气污染物排放密度	0.063**	0.097	0.293***	
滞后一期 PM2.5 浓度	0.588***	0.152	0.369***	
北部相邻滞后一期 PM2.5 浓度	0.633***	0.167	0.366***	
南部相邻滞后一期 PM2.5 浓度	0.483***	0.660***	0.500***	
低速风	145.903*	57.342***	40.699***	
中速风	69.908***	31.064**	24.700***	
常数项	−58.216**	−9.592	−19.229*	

表 11—15　　PM2.5 日均浓度的预测值和实际值的偏差

	偏差比例		矫正度
	（预测−实际）/实际	（矫正−实际）/实际	
北京城区	1.24	0.90	0.35
北京郊区	0.90		
天津	0.44	0.43	0.02
保定	0.52	0.36	0.17
廊坊	0.64	0.62	0.02
张家口	0.49		
唐山	0.52	0.50	0.02
承德	0.52		
石家庄	0.57	0.42	0.15
秦皇岛	0.58	0.58	0.00
沧州	0.53	0.51	0.02
衡水	0.32		
邢台	0.43		
邯郸	0.41		

注：采用日均浓度的偏差比例的平均值，矫正之后每日的偏差缩小。

四、京津冀地区减排行动计划的评估

依据“大气国十条”确定的污染物减排量，基于前述模型，可以预测可能达到的 PM2.5 浓度。预测结果显示，如果周边区域不同时减排，几乎所有区域都难以实现“大气国十条”要求的浓度控制目标，即天津和河北各地市 PM2.5 年均浓度下降 25%，北京的 PM2.5 年均浓度达到 60 微克/立方米。即使是在周边区域同时减排的条件下，大部分区域也难以实现“大气国十条”要求的浓度控制目标，能够达标的区域只有北京郊区、承德、石家庄、邯郸（见表 11—16）。承德和张家口的 PM2.5 年均浓度原本就低，实际上不需要按照下降 25%的浓度目标来进行减排。

表 11—16　　“大气国十条”可能达到的 PM2.5 浓度

单位：微克/立方米

区域	减排率（%）	周边地区同时减排		周边地区不减排	
		PM2.5 浓度可达目标	PM2.5 浓度降低比例（%）	PM2.5 浓度可达目标	PM2.5 浓度降低比例（%）
北京城区	63	66.92	26	71.51	21
北京郊区	63	49.57	35	53.39	30
天津	37	82.77	10	85.79	7
保定	29	99.65	17	103.31	14
廊坊	29	92.20	9	—	—
张家口	29	30.53	24	—	—
唐山	29	94.83	14	104.35	6
承德	29	35.53	30	37.15	27
石家庄	29	97.70	32	120.28	16
秦皇岛	29	54.96	14	59.16	7
沧州	29	75.17	18	90.12	1
衡水	29	92.67	18	108.76	1
邢台	29	111.11	21	127.28	9
邯郸	29	90.20	29	103.52	18

北京城区和郊区按照减排行动计划要求，需减少污染物排放量63%，这是一个极其艰巨的减排任务。即便如此，北京城区只能使得PM2.5年均浓度下降到66.92微克/立方米，离60微克/立方米的浓度目标仍有差距。石家庄和邯郸尽管PM2.5年均浓度有望下降25%，但仍超过90微克/立方米。除了石家庄和邯郸外，PM2.5年均浓度超过90微克/立方米的区域还有保定、廊坊、唐山、衡水、邢台等地市。

这一结果表明，“大气国十条”确定的污染物减排行动计划难以实现PM2.5年均浓度控制目标。如果要实现PM2.5年均浓度下降25%的浓度控制目标，天津和河北需要进一步加大污染物减排力度。进一步而言，石家庄、保定、唐山、邯郸、邢台、衡水等区域不能满足于PM2.5年均浓度下降25%的目标，更重要的是，尽可能把PM2.5年均浓度降到更低水平，尽可能减少重污染天气的发生频率。北京的减排任务较为艰巨，但仍难以达到60微克/立方米的浓度目标，可能需要考虑调整浓度目标。

五、京津冀地区实现浓度控制目标的减排要求

按照天津和河北各地市PM2.5年均浓度下降25%、北京的PM2.5年均浓度达到60微克/立方米的既定政策目标，本节模拟了各种污染物的允许排放量，这就可以得到与现状排放量相比的减排要求（见表11—17）。从京津冀地区整体来看，二氧化硫、氮氧化物、烟粉尘的年排放量需要减少42%左右，才能使得天津和河北各地市PM2.5年均浓度下降25%、北京的PM2.5年均浓度达到60微克/立方米（见表11—18）。但具体到各个区域，减排要求又各不相同。

除了张家口、承德和秦皇岛的PM2.5浓度原本就较低、不需要下降25%以外，在周边区域同时减排的条件下，河北的其余区域和天津要达到PM2.5年均浓度下降25%的目标，需要减少的污染物排放量大多在37%～61%之间。石家庄尽管减少污染物排放量18%可以使得PM2.5年均浓度下降25%，但PM2.5年均浓度

仍为 106.93 微克/立方米，离公众对环境质量的要求相差甚远。邯郸减少污染物排放量 27%，也可以使得 PM2.5 年均浓度下降 25%，PM2.5 年均浓度依然超过 90 微克/立方米。石家庄和邯郸实际上应当减少更多的污染物排放量。

北京城区要使得 PM2.5 年均浓度下降到 60 微克/立方米，需要减少的污染物排放量达到 80%。这几乎是不可能完成的任务。按照“大气国十条”的减排行动计划，北京城区减少 63%的污染物排放量，有望使 PM2.5 浓度降至 67 微克/立方米。这意味着，要把 PM2.5 年均浓度从 67 微克降到 60 微克，北京城区需要把污染物减排率从 63%提高到 80%，降低 PM2.5 年均浓度的边际成本会越来越高。北京市也许需要考虑调整近期的浓度控制目标，制定更加现实可行的政策目标。

表 11—17　　京津冀地区实现浓度控制目标要求的污染物减排率

单位：微克/立方米

区域	达标减排率（%）	周边地区同时减排		周边地区不减排	
		PM2.5 浓度可达目标	PM2.5 浓度降低比例（%）	PM2.5 浓度可达目标	PM2.5 浓度降低比例（%）
北京城区	80	59.72	33	64.22	29
北京郊区	45	60.33	20	65.39	14
天津	61	69.66	25	72.58	21
保定	41	89.80	25	93.21	22
廊坊	44	76.48	25	—	—
张家口	15	35.37	12	—	—
唐山	52	82.88	25	92.15	17
承德	24	38.13	25	39.74	22
石家庄	18	106.93	25	128.22	10
秦皇岛	30	54.70	14	58.91	8
沧州	52	68.81	25	86.69	6
衡水	48	84.76	25	110.10	2
邢台	37	105.03	25	121.20	14
邯郸	27	92.44	25	81.98	11

表 11—18 “大气国十条”的浓度目标允许的各种污染物年排放量

区域	二氧化硫（吨）	氮氧化物（吨）	烟粉尘（吨）	污染物减排率（%）
北京市区	8 649	15 646	5 762	80
北京郊区	24 018	43 448	16 000	45
天津	81 685	119 070	31 859	61
保定	62 488	95 064	60 841	41
廊坊	17 703	31 580	20 894	44
张家口	129 464	113 676	78 589	15
唐山	190 118	247 489	183 783	52
承德	37 627	48 983	36 373	24
石家庄	142 093	184 973	89 727	18
秦皇岛	57 301	62 033	36 092	30
沧州	35 124	45 962	34 043	52
衡水	29 694	37 704	38 066	48
邢台	54 415	62 935	58 934	37
邯郸	21 487	70 572	83 212	27
京津冀合计	891 866	1 179 135	774 175	—
平均减排率（%）	42	43	41	42

六、如何确定现实可行的京津冀雾霾治理政策目标

污染物减排行动将对区域经济发展和民生保障产生直接的影响，雾霾治理不可能一蹴而就，治理大气污染还需要兼顾区域经济发展和民生保障的目标，在制定雾霾治理的政策目标时，往往需要在区域经济发展、民生保障和环境质量改善之间寻求一个均衡点。

“大气国十条”确定的浓度目标对于北京市过于严峻，而对于天津和河北来说又难以达到既定的 PM2.5 年均浓度目标，河北的部分地市即使达到了年均浓度下降 25%的目标，PM2.5 浓度仍然超过 90 微克/立方米。因此，北京市需要考虑调整既定的浓度目标，制定更加现实可行的政策目标。河北和天津应当加大污染物减

排力度，使 PM2.5 年均浓度降到更低水平。

本节设定了 PM2.5 年均浓度 60 微克/立方米和 70 微克/立方米两个目标情景，测算不同目标情景下的污染物允许排放量和污染物减排率，分析不同目标情景下的 PM2.5 日均浓度的频率分布，以期选择现实可行的 PM2.5 浓度目标。

2014 年 APEC 会议期间，北京的 PM2.5 平均浓度在 60 微克/立方米左右，“APEC 蓝”就是此期间空气质量的写照。然而，京津冀地区如果要实现 PM2.5 年均浓度接近 60 微克/立方米的目标，每个城市的减排要求存在很大的差异（见表 11—19）。京津冀地区的 14 个区域中，6 个城市的减排率要求超过 75%，唐山、衡水和邢台等部分城市的减排率达到 90%。如此大力度的大气污染物减排量近期内几乎是无法实现的。这意味着仅仅通过控制二氧化硫、氮氧化物和烟（粉）尘，难以实现这些城市的 PM2.5 浓度目标。

表 11—19　京津冀地区 PM2.5 年均浓度达到 60 微克/立方米的减排要求

区域	达标减排率（%）	周边地区同时减排		周边地区不减排	
		PM2.5 浓度可达目标	PM2.5 浓度降低比例（%）	PM2.5 浓度可达目标	PM2.5 浓度降低比例（%）
北京城区	78	60.29	30	64.94	28
北京郊区	45	60.69	20	65.39	14
天津	90	61.94	33	64.94	30
保定	74	59.94	50	62.90	48
廊坊	59	60.75	40	—	—
张家口	15	35.40	12	—	—
唐山	90	63.15	43	72.01	17
承德	30	35.01	31	36.63	28
石家庄	76	60.70	58	83.23	43
秦皇岛	30	54.70	14	58.91	8
沧州	60	60.39	35	78.15	15
衡水	90	67.27	40	92.59	18
邢台	90	64.75	54	80.92	42
邯郸	65	59.98	53	71	44

京津冀地区如果把PM2.5年均浓度接近70毫克/立方米作为浓度目标，北京、天津和河北各地市的大气污染物减排要求存在较大的差异。与依据“大气国十条”制定的减排措施相比，北京市的减排压力有所降低，而河北的减排压力则会上升（见表11—20）。北京城区的大气污染物减排率为55%，天津的减排率为61%，河北大部分城市的减排率在60%以上。

表11—20　京津冀地区PM2.5年均浓度达到70毫克/立方米的减排要求

区域	达标减排率（%）	周边地区同时减排		周边地区不减排	
		PM2.5浓度可达目标	PM2.5浓度降低比例（%）	PM2.5浓度可达目标	PM2.5浓度降低比例（%）
北京城区	55	69.58	23	74.94	17
北京郊区	30	69.29	9	72.39	5
天津	61	69.66	25	72.58	21
保定	62	70.63	42	73	39
廊坊	50	70.19	31	—	—
张家口	15	35.40	12	—	—
唐山	70	73.54	33	82.61	25
承德	30	35.01	31	36.63	28
石家庄	63	70.53	50	93.48	35
秦皇岛	30	54.70	14	58.91	8
沧州	38	70.88	23	88.79	4
衡水	70	75.60	33	100.93	10
邢台	75	76.15	46	92.32	34
邯郸	62	70.26	45	81.92	35

环境空气质量改善的指标不能仅有PM2.5年均浓度目标，还需要考虑PM2.5日均浓度的频率分布，尤其是重污染天气出现的频率，是公众可以直接感知、也更加关注的环境质量指标。以北京城区为例，随着PM2.5年均浓度逐步下降，PM2.5日均浓度高于150毫克/立方米的出现频率依次递减（见表11—21）。当PM2.5年均浓度达到60毫克/立方米时，PM2.5日均浓度高于150毫克/立方米的天数将不再出现；当PM2.5年均浓度达到70毫克/立方米时，中度污染天气出现的

天数仅为 7 天和 4 天，可以基本满足雾霾污染治理和环境质量控制目标。天津和石家庄与北京城区相似，PM2.5 年均浓度达到 70 微克/立方米时，PM2.5 日均浓度高于 150 微克/立方米的出现频率大幅度降低，PM2.5 日均浓度高于 200 微克/立方米的天气基本上不再出现（见表 11—22 和表 11—23）。如果 PM2.5 年均浓度达到 70 微克/立方米，雾霾污染对公众健康的威胁可以得到有效减轻。

表 11—21　不同年均浓度目标下的北京城区 PM2.5 日均浓度频率分布

2013 年实际值（微克/立方米）	<35	35～75	75～150	150～200	>200	合计
低速风	49	77	91	20	28	265
中速风	12	35	26	3	0	76
高速风	7	2	3	0	0	12
合计	68	114	120	23	28	353
70 微克/立方米	<35	35～75	75～150	150～200	>200	合计
低速风	4	69	185	7	0	265
中速风	39	37	0	0	0	76
高速风	10	2	0	0	0	12
合计	53	108	185	7	0	353
60 微克/立方米	<35	35～75	75～150	150～200	>200	合计
低速风	5	144	116	0	0	265
中速风	60	16	0	0	0	76
高速风	12	0	0	0	0	12
合计	77	160	116	0	0	353

表 11—22　不同年均浓度目标下天津 PM2.5 日均浓度频率分布

2013 年实际值（微克/立方米）	<35	35～75	75～150	150～200	>200	合计
低速风	14	42	81	23	15	175
中速风	15	61	65	11	2	154
高速风	5	12	7	0	0	24

合计	34	115	153	34	17	353
82.77 微克/立方米	＜35	35～75	75～150	150～200	＞200	合计
低速风	0	6	155	10	4	175
中速风	4	115	35	0	0	154
高速风	18	6	0	0	0	24
合计	22	127	190	10	4	353
70 微克/立方米	＜35	35～75	75～150	150～200	＞200	合计
低速风	0	21	142	9	3	175
中速风	10	132	12	0	0	154
高速风	23	1	0	0	0	24
合计	33	154	154	9	3	353
62 微克/立方米	＜35	35～75	75～150	150～200	＞200	合计
低速风	0	55	111	8	1	175
中速风	51	98	5	0	0	154
高速风	24	0	0	0	0	24
合计	75	153	116	8	1	353

表 11—23　　不同年均浓度目标下石家庄 PM2.5 日均浓度频率分布

2013 年实际值（微克/立方米）	＜35	35～75	75～150	150～200	＞200	合计
低速风	10	29	47	25	58	169
中速风	14	44	81	24	19	182
高速风	1	0	1	0	0	2
合计	25	73	129	49	77	353
97 微克/立方米	＜35	35～75	75～150	150～200	＞200	合计
低速风	0	1	135	33	0	169
中速风	20	113	49	0	0	182
高速风	2	0	0	0	0	2
合计	22	114	184	33	0	353
71 微克/立方米	＜35	35～75	75～150	150～200	＞200	合计
低速风	0	6	162	1	0	169
中速风	57	120	5	0	0	182
高速风	2	0	0	0	0	2
合计	59	126	167	1	0	353

61 微克/立方米	＜35	35～75	75～150	150～200	＞200	合计
低速风	0	14	154	1	0	169
中速风	121	61	0	0	0	182
高速风	2	0	0	0	0	2
合计	123	75	154	1	0	353

总体来看，与年均浓度 60 微克/立方米相比，在年均浓度 70 微克/立方米目标下大气污染物减排压力相对较小，且可以满足重污染天气减少的公众预期。可以认为，PM2.5 年均浓度接近 70 微克/立方米是更加现实可行的京津冀地区雾霾污染治理的政策目标。PM2.5 年均浓度接近 70 微克/立方米时各个区域的污染物允许排放量和减排要求如表 11—24 所示。

表 11—24　京津冀地区达到 PM2.5 浓度 70 微克/立方米目标时的允许排放量

区域	二氧化硫（吨）	氮氧化物（吨）	烟粉尘（吨）	污染物减排率（%）
北京市区	19 460	35 204	12 964	55
北京郊区	30 568	55 298	20 363	30
天津	81 685	119 070	31 859	61
保定	40 247	61 228	39 186	62
廊坊	15 806	28 196	18 655	50
张家口	129 464	113 676	78 589	15
唐山	118 824	154 681	114 864	70
承德	34 656	45 116	33 501	30
石家庄	64 115	83 464	40 487	63
秦皇岛	57 301	62 033	36 092	30
沧州	45 369	59 368	43 972	38
衡水	17 131	21 752	21 961	70
邢台	21 593	24 974	23 386	75
邯郸	11 185	36 736	43 316	62
京津冀合计	687 404	900 795	559 197	—
平均减排率（%）	55	57	58	57

为达到 PM2.5 年均浓度 70 微克/立方米的目标，京津冀各个区域的大气污染物减排要求有所不同。河北各地市由于当前的排放量过大，相对于“大气国十条”确定的 PM2.5 年均浓度降低 25%的目标而言，在 PM2.5 年均浓度 70 微克/立方米的目标下，大气污染物减排率有不同程度的提高。这使得京津冀地区的平均减排率提高至 57%。

七、结论

本节采用统计分析和数据建模的方法，分析了京津冀地区污染物减排与 PM2.5 浓度之间的关系，得到的结论可以归纳为以下几点：

(1) 如果按照“大气国十条”确定的污染物减排计划，即使是在周边区域同时减排的条件下，大部分区域仍难以实现天津和河北的 PM2.5 年均浓度下降 25%、北京的 PM2.5 年均浓度达到 60 微克/立方米的浓度控制目标。如果周边区域不同时减排，则几乎所有区域都难以实现“大气国十条”要求的浓度控制目标。

(2) 要实现 PM2.5 年均浓度下降 25%的浓度控制目标，天津和河北需要进一步加大污染物减排力度。石家庄、保定、唐山、邯郸、邢台、衡水等地不能满足于 PM2.5 年均浓度下降 25%的目标，即使 PM2.5 年均浓度下降了 25%，仍然超过 90 微克/立方米甚至 100 微克/立方米。这些区域应当减少更多的污染物排放量，把 PM2.5 年均浓度降到更低水平。

(3) 北京的减排行动计划要减少污染物排放量 63%，这是一个极其艰巨的减排任务，即便能够实现，北京城区也只能使得 PM2.5 年均浓度下降到 66.92 微克/立方米，离 60 微克/立方米的浓度目标仍有差距。如果要把 PM2.5 年均浓度从 67 微克/立方米降到 60 微克/立方米，北京城区需要把污染物减排率从 63%提高到 80%，雾霾治理的边际成本会越来越高。北京市也许需要考虑

调整近期的浓度控制目标，制定更加现实可行的政策目标。

（4）国家环保部于2012年发布的《环境空气质量标准》（GB3095-2012）规定了PM2.5的浓度限值：PM2.5年均浓度小于35微克/立方米时，环境空气质量达到二级标准。PM2.5年均浓度70微克/立方米的政策目标，虽然离年均35微克/立方米、日均75微克/立方米的环境空气质量二级标准仍有一定的距离，考虑到京津冀地区雾霾污染和大气污染物排放的现状，以及区域经济发展和民生保障的现实需要，将京津冀地区雾霾治理的政策目标设定为PM2.5年均浓度接近70微克/立方米，是较为现实的政策选择。

2015年12月发布的《京津冀协同发展生态环境保护规划》进一步明确了京津冀地区的PM2.5浓度目标。2017年，京津冀地区PM2.5年均浓度要控制在73微克/立方米，2020年京津冀地区PM2.5年均浓度要控制在64微克/立方米，比2013年下降40%。按照“大气国十条”的要求，2017年京津冀地区PM2.5年均浓度比2013年（106微克/立方米）下降25%，应该达到79.5微克/立方米，《京津冀协同发展生态环境保护规划》把京津冀地区雾霾治理的政策目标向前推进了一步，这意味着河北需要承担更多的减排责任，加大污染物减排力度。如果河北的污染物减排力度加大，PM2.5浓度降低幅度更大，北京就适当降低激进的减排目标，把PM2.5浓度目标定在70微克/立方米左右。这从侧面印证了本节分析结果的合理性。

污染物减排行动涉及区域经济和民生保障，雾霾治理不可能一蹴而就，治理大气污染问题将是一个长期过程。京津冀地区雾霾治理应当在科学确定环境容量的基础上，确定现实可行的PM2.5浓度控制目标，并制定具有可操作性的相应的污染物减排计划。

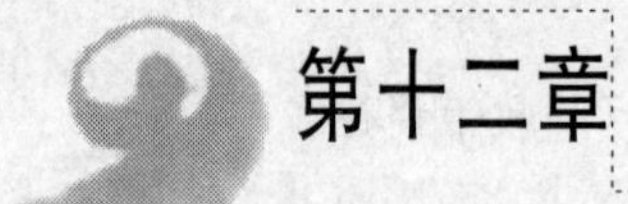

第十二章 水资源管理政策与区域发展

我国西北干旱地区水资源量有限，经济发展和人口增长导致水资源需求不断增加，水资源供需矛盾日益尖锐，水资源的过度利用已经导致部分区域生态环境恶化。西北干旱地区的内陆河主要有塔里木河、黑河和石羊河，其中，石羊河流域开发历史最早、开发强度最大，水资源供需矛盾也最尖锐。石羊河流域由于中游武威绿洲对水资源的过度开发利用，导致下游民勤绿洲萎缩，地表植被枯死，土地沙化加剧。石羊河流域的生态环境退化对于河西走廊乃至西北干旱地区的生态安全形成了严重的威胁，引起了社会的高度关注。温家宝总理先后十一次做出批示，明确指出："这不仅是一个地区的问题，而是关系国家发展和民族生存的长远大计"，"决不能让民勤成为第二个罗布泊"。石羊河流域的现有农业规模已远超过水资源可承载的限度，单靠节水技术已难以实现石羊河流域的水资源供需平

衡。石羊河流域的生态重建和可持续发展，一是必须从全社会的视角压缩用水需求，减轻对水资源的需求压力，包括压缩农业规模，推进产业结构调整；二是需要优化水资源利用的空间组织，最大限度地提高水资源的利用效益，增强有限水资源量的承载能力。黑河流域和塔里木河流域也不同程度地存在着与石羊河流域相似的问题。黑河流域由于中游张掖绿洲对水资源的过度利用，导致下游额济纳旗水量不足，大片胡杨林枯死，居延海干涸，生态环境恶化。从 2000 年起黑河流域已经实施了黑河分水计划，调整水资源的上下游分配。除此之外，黑河流域也需要强化水资源需求管理，努力实现水资源供需平衡，否则黑河流域的水资源供需矛盾也将进一步恶化，有可能重蹈石羊河流域的覆辙。因此，西北干旱缺水地区普遍面临着水资源空间配置优化和水资源需求管理等内陆河流域水资源管理的课题。

第一节　水资源优化配置与石羊河流域管理

一、研究区域概况

石羊河流域地处河西走廊东段，主体由中游的武威绿洲（凉州区）和下游的民勤绿洲（民勤县）组成。南部为祁连山地，地势从西南向东北倾斜，年降水量由南部的 600 毫米下降到北部的约 50 毫米，蒸发量则由 700 毫米上升到 2 600 毫米。水资源补给来源主要为祁连山地高山冰川融水和大气降水，地表径流量比较稳定，多年平均径流量为 15.60 亿立方米。光照充足，昼夜温差大，土地资源丰富，水土资源和气候条件适宜于商品粮基地建设，是我国西北干旱地区重要的商品粮生产基地。

20 世纪 80 年代以来，随着商品粮基地建设的推进，农业生产

发展迅速，导致农业用水量剧增。全流域农田灌溉面积增加了30%，粮食产量增加了45%，总用水量从5.7亿立方米增长到10亿立方米。其中，凉州区的农业发展速度远超过下游的民勤县。1950—2006年，凉州区的总人口从55万人增长到102万人，播种面积从8万公顷增长到11.9万公顷，粮食产量从10万吨增长到63万吨。人口增长速度和农业增长速度分别是民勤的1.4倍和1.3倍。农业的发展和扩张带来了水资源利用量的急剧增加（孙雪涛，2004），流域总用水量从5.67亿立方米增长到10亿立方米。上游用水占流域的80%，下游民勤地表来水则从5亿立方米下降到0.98亿立方米（马金珠等，2006）。在地表来水大幅减少的同时，民勤的农业生产也在继续发展，新中国成立以来粮食总产量增长了近5倍。来水量减少和需水量扩大导致民勤绿洲的水资源供需矛盾激化，出现了约5亿立方米的水资源供需缺口，当地农民不得不靠开采地下水来弥补水资源缺口。民勤的机井数量已达到1万多眼，年超采地下水达3亿立方米（张永明等，2006），地下水位从20世纪70年代的0～1米下降到18～30米，最深处达35米（马金珠等，2006；唐曲等，2004），地下水矿化度每年上升0.12克/升，最高已达到16克/升。可以说，农业规模急速扩展，引发了水资源供需矛盾日趋尖锐，尤其是民勤绿洲大量开采地下水来弥补水资源供需缺口，导致农业生产挤占生态用水，进而导致石羊河流域生态环境严重退化（Bao and Fang，2006）。

石羊河流域生态环境退化的背后，一方面是人口自然增长和机械增长导致当地人口规模剧增，扩大了水资源需求压力；另一方面，作为甘肃省商品粮基地，石羊河流域长期为甘肃省提供商品粮（殷培红等，2006），商品粮生产消耗了大量水资源，进一步加剧了水资源短缺矛盾。作为甘肃省的重要粮仓，20世纪90年代，凉州区和民勤县年均提供商品粮分别为11万吨和4万吨，分别占当年粮食产量的27%和29%；合计年均提供商品粮约15万吨，占甘肃全省商品粮的8%。2000—2006年，凉州区年均提供商品粮约20

万吨，占当年粮食产量的35%；民勤县年均提供商品粮约6万吨，占当年粮食产量的38%；凉州区和民勤县合计年均提供商品粮约26万吨，占甘肃全省商品粮的11%。

随着商品粮的供应，大量水资源通过虚拟水资源流动输出到石羊河流域外部。据估算，凉州区和民勤县合计，20世纪90年代年均输出的虚拟水资源约1.25亿立方米，2000年后年均输出的虚拟水资源约2.16亿立方米，相当于民勤县地下水年开采量的42%，接近于规划方案确定的民勤县需压缩的农业用水量。如果把民勤县需压缩的用水量理解为农业生产挤占生态平衡的水量，通过商品粮供应输出的虚拟水资源量接近于被挤占的生态需水量的78%。由此可见，为了满足流域外部商品粮需求的商品粮基地建设，加剧了本来就缺水的石羊河流域水资源短缺状况，导致农业生产用水挤占生态用水，对生态环境退化起到了推波助澜的作用。

为了促进下游民勤绿洲的生态恢复，甘肃省制定了“石羊河流域重点治理规划”（以下简称“治理规划”）。其基本思路是：上游要涵养水源，保护祁连山冰川；中游要加强管理调度，科学合理用水；下游要关井调水，恢复生态。石羊河流域重点治理的主要措施包括：一是改革水权配置，压缩用水量，关井压田；二是调整水资源分配；三是发展日光温室，同时增加劳务输出，提高农民收入，缓解压缩用水量给农民收入带来的影响；四是推进生态移民，减轻生态退化严重地区的水资源压力。

当前治理规划的实施遇到了阻力和困难，其主要原因是压缩农业用水对农民收入带来了较大的负面影响，而日光温室的风险较大，对改善农民收入的效果不明显，农民对发展日光温室的接受程度低，因此，农民对于关井压田的抵触较大。下游民勤湖区的生态退化使得水资源利用效益受到极大的限制。现状条件下流域水资源利用效益平均为2.28元/立方米，凉州为3.18元/立方米，民勤为1.12元/立方米，最低的民勤湖区仅为0.84元/立方米。由于治理规划将生态用水分配与农业用水挂钩，为了促进生态退化严重的民勤湖区的

生态恢复，给下游地区分配了较多数量的农业用水，湖区将维持较大规模的农业生产。水资源利用效益低的湖区是否需要维持较大规模的农业生产，是否可以考虑将一部分水量调整分配给水资源利用效益高的地区，是石羊河流域水资源空间配置需要回答的问题。

二、模型构建和情景设计

1. 基于GBEM模型的石羊河流域分布式水资源—经济模型

GBEM模型（GIS-based Bio-economic Model）是以BEM模型为基础，利用GIS平台，将小尺度微观层面的经济行为模型集成到区域层面的一个分析框架。BEM模型将土地、水等资源利用与投入产出模型相结合，以农户净收益最大化为目标，求解最优的资源配置决策（Brown，2000；Sander and Martin，2007），可以用来分析微观尺度上农户对外部经济条件变化和政策的行为响应。BEM模型的框架和结构参见参考文献Shi等（2006）和石敏俊等（2006）。

然而，单点的BEM模型只适合于在微观尺度上描述农户或村级经济主体的行为决策，不适宜于大尺度区域的经济活动分析。为了使BEM模型适用于区域尺度的经济点分析，需要进行模型的区域集成，通过GIS技术将单点的BEM模型连接起来，构建区域集成的GBEM模型（Antle and Stoorvogel，2001 &2006；Ascough et al.，2001；Shumway and Davis，2001；Diao et al.，2005；Dumanski et al.，1998；Goddar et al.，1996；Terry et al.，2005）。GBEM模型的概念框架见图12—1。GBEM模型包含两类数据：一类是反映各地域单元的资源条件的空间属性数据，另一类是刻画经济活动特征的投入产出参数数据，利用GIS技术将GIS空间属性数据和Access参数数据这两类数据库耦合到一起。

将BEM模型与水资源管理结合，构建各个地理单元的BEM模型，并进行区域集成，可以在区域尺度上模拟农户对水资源管理

政策的行为响应及其空间差异，为区域水资源管理提供分析工具（Castelletti and Soncini-Sessa，2006；Global Water Partnership，2003；McCulloch，2007；Pereira et al.，2002；Qadir et al.，2003；Tortajada et al.，2004）。

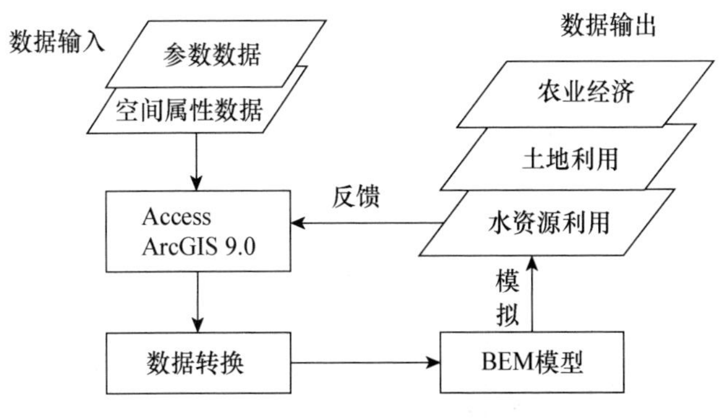

图 12—1　GBEM 模型概念框架

笔者首先基于农户调查数据，构建了石羊河流域单点的 BEM 模型（Tao et al.，2008；石敏俊等，2009）。然后，对单点的 BEM 模型进行了区域集成，基于 GBEM 模型，构建了石羊河流域分布式水资源管理模型。在水资源管理模型中，可获取的农业用水量作为各项经济活动的资源约束，农业用水的需求量作为要素投入包含在各项经济活动中。生态用水因未与农业经济活动挂钩，未包含在模型之中。

石羊河流域分布式水资源管理模型的基本地域单元为乡镇，可获取的农业用水量等资源约束以乡镇为单位确定，刻画农业经济活动特征的投入产出参数以灌区为单位确定。图 12—2 为石羊河流域境内凉州区和民勤县的水系和灌区分布。凉州区分为 4 个区：11 区为纯地表水灌区、14 区为冷凉灌区、混灌区和纯井灌区，根据区位条件分为混灌区和城郊区；民勤分为 4 个区，与自然灌区边界一致，同时各区之间在水资源和区位条件上也有明显差异：21 区为城郊区（坝区）、23 区为生态退化区（湖区）、22 区为过渡区

(泉山区)、24 区为流域过渡区(环河区)。模型中各个乡镇农业用水量分配的数据来源于武威市水利局、凉州区水利局、凉州区各灌区管理局、民勤县水利局。

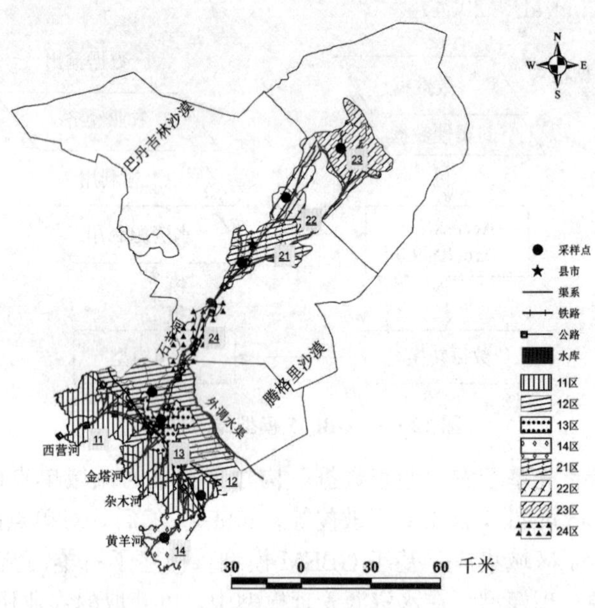

图 12—2 石羊河流域水系及灌区分布

2. 情景设计

为了分析石羊河流域治理规划实施后压缩农业用水量对当地农民收入带来的影响及其缓解的措施,探讨从水资源利益空间组织优化的角度改进和完善治理规划的可能方案,本节设计了如下模拟情景(见表 12—1):情景 A 为基准情景,相当于 2005 年现状;情景 B 为治理规划方案下压缩农业用水量的情景,用于分析各地区农民收入和粮食产量相对现状的变化;情景 C 为治理规划方案下压缩农业用水量后推广节水技术和日光温室以及增加非农就业等政策措施情景,用于分析这些政策措施对缓解农民收入损失以及农业发展

的作用。推广日光温室的补贴与当地实施的政策一致，即凉州区为75 000元/公顷补贴，民勤县为75 000元/公顷补贴加105 000元/公顷无息贷款。民勤县的非农就业比率从现状增加到30%，凉州区从现状的20%增加到30%。情景D为在情景C的基础上优化水资源利用空间组织的情景。水资源利用空间组织优化的原则是：在不影响生态重建，即农业用水的压缩量不变的前提下，以情景C下的水资源利用效益为依据，对利用效益高的乡镇增加用水量，减少生态退化严重的民勤湖区的用水量。情景E为在情景D的基础上，适当地移出民勤湖区的农业人口。

表12—1　　　　水资源分配调整模拟情景

情景	定义
A	2005年现状
B	按规划方案压缩用水
C	B+节水技术+日光温室补贴+增加非农就业
D	C+水资源空间组织优化方案
E	D+移民

节水技术包括沟畦灌、闸管灌、滴灌，成本及节水效益见表12—2（马金珠、石培泽，2004；许迪等，2007；杨金麒等，2005；陈素英等，2004）。改进沟畦灌不用投入额外的固定成本，但增加了平整土地用时，节水量有限。闸管灌技术节水量比沟畦灌高，但增加了铺设软管、调节流量的劳动投入，加上以农户为单位的经营模式规模小、集约化程度低，因此在农户中推广时，实际成本要高出实验条件下或者在大农场推广的成本。滴灌的节水效果最好，但设施成本也高，还存在着诸如管口堵塞、共用泵房的情况下施肥施药时如何协调农户间关系等问题，这些都会增加在农户中推广滴灌时的难度。

表 12—2　地面节水灌溉技术及日光温室节水成本

	单位	沟畦灌	闸管灌	滴灌	日光温室
节水率	%	10	10～20	30～40	50
一次性投资成本	元/公顷	0	1 500	24 000	300 000
可变成本	元/公顷	0	750	3 750	18 000

三、石羊河流域治理规划存在的问题

1. 压缩用水量将减少民勤农民收入，农民增收目标难以实现

民勤绿洲按照规划方案大幅度压缩地下水开采后，即使来自凉州区的地表水量增加到 2 亿立方米，水资源严重短缺的局面依然不变。农业可用水量将从 6.87 亿立方米减少到 2.8 亿立方米，势必导致农业生产的大幅度压缩和农民收入的大幅度减少。随着水资源约束增强，农民会自发调整结构，减少粮食种植面积，增加耗水少的经济作物，但只能在一定程度上缓解压缩用水量对农民收入减少的影响。压缩用水量后，农民人均纯收入将从现状的 2 906 元减少到 2 052 元，是压缩前的 71%（见表 12—3）。

表 12—3　压缩用水量情景下农民收入变化

区域	单位	A	B	C
流域合计	亿元	30.81	28.27	35.81
凉州区	亿元	24.22	23.62	29.40
民勤县	亿元	6.59	4.65	6.41
流域合计	元/人	3 267	2 998	3 797
凉州区	元/人	3 381	3 297	4 104
民勤县	元/人	2 906	2 052	2 829
流域合计	%	100	92	116
凉州区	%	100	98	121
民勤县	%	100	71	97

推广节水技术难以从根本上扭转水资源短缺的局面和农民收入

减少的趋势。滴灌技术由于成本过高，即使给予一定的经济补贴也难以被采用，而闸管灌技术的节水效果有限。定量模拟结果显示，推广节水技术后，农民人均纯收入只能恢复到 2 210 元，是压缩前的 76%。增加非农就业对提高农民收入的效果比较明显。当非农就业比例从现状的 17%增加到 30%时，农民人均纯收入可以恢复到压缩前的 89%。如果进一步给农民提供一次性补贴，推广日光温室，日光温室面积可达到 2 526 公顷，农民人均纯收入可恢复到压缩水量前的 96%（见表 12—4）。

表 12—4　　日光温室面积的模拟结果　　单位：公顷

区域	C	D	E
流域合计	10 780	12 298	11 901
凉州区	8 254	8 803	8 803
民勤县	2 526	3 495	3 098

基于以上分析，压缩用水量后，即便是推广节水技术和日光温室、增加非农就业等措施多管齐下，民勤县的农民收入也难以恢复到压缩前的水平，规划方案提出的“在改善生态环境的同时实现经济发展、农民增收、社会和谐稳定”的预期目标将难以实现。

2. 日光温室难以达到预期目标

治理规划计划发展日光温室 18 000 公顷，但在推广日光温室的过程中遇到了群众接受程度低的问题。除了栽培技术和种植习惯以及资金投入等方面的制约，发展日光温室面临的更大困难是市场容量小、市场风险大的制约。2006 年甘肃省共有 812 万城镇人口和 1 800 万农村人口，城镇人口和农村人口的人均商品蔬菜消费量分别为 120 千克和 40 千克，全省商品蔬菜需求量约为 170 万吨。按亩均生产 6 000 千克蔬菜计算，18 000 公顷日光温室可生产 162 万吨蔬菜，相当于当前全省商品蔬菜需求量的 96%，可为 1 350 万城镇人口提供全年的商品蔬菜，可使全省 812 万城镇人口每年每人增加蔬菜消费 200 千克。显然，甘肃省内的市场容量难以消化如此

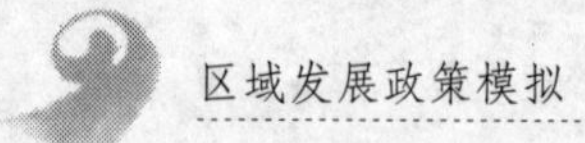

大规模的日光温室生产的商品蔬菜。

发展日光温室还受到劳动分配等资源配置的约束，需要考虑与常规农业生产的衔接。模拟结果显示，如果不考虑市场容量的约束，在规划方案下，压缩用水量后，如果对农民提供经济补贴与栽培技术指导等政策扶持，凉州区的日光温室可达到 8 254 公顷，民勤县可达到 2 526 公顷，合计为 10 780 公顷，离 18 000 公顷的规划目标相差甚远。

3. 水资源利用的经济效益较低

治理规划的预期目标难以实现的关键原因在于治理规划提出的水资源分配方案不能最大限度地发挥水资源利用的经济效益。从水资源利用的经济效益看，下游地区明显不如中游地区。压缩农业用水后，在推广节水技术和日光温室、增加非农就业的情景下，凉州区的水资源利用效益平均为 5.03 元/立方米，其中城郊地区可达到 9.73 元/立方米，而民勤县仅为 2.22 元/立方米，其中湖区仅为 1.68 元/立方米。

治理规划将生态用水分配与农业用水挂起钩来，为了促进生态退化严重的民勤湖区的生态恢复，给下游地区分配了较多数量的农业用水，湖区将维持较大规模的农业生产。这样凉州区需要增加向民勤县的地表水下泄量，以弥补民勤县的用水缺口。生态用水与农业用水挂钩使得农业用水不能发挥出最佳的经济效益。

由于民勤湖区的生态环境和农业生产条件已经严重退化，水资源利用的效益很低，不宜维持较大规模的农业生产。实际上，下游湖区的生态恢复，主要应通过压缩农业规模、保证生态用水来实现。因此，民勤湖区的生态恢复需水与农业用水应当分开考虑。

4. 生态移民和劳务输出前景不容乐观

治理规划建议对民勤湖区的 1 万农业人口实施生态移民，迁移到流域内的国营农林场。此外还要发展劳务输出，扩大农民收入来源。由于民勤湖区的生态环境和农业生产条件已经严重退化，难以承载现有人口，有计划地推进生态移民是必要的。但是，作为河西走廊人口密度最高的地区，石羊河流域的农业人口已超过水资源承载能力。凉州区的城郊农村和民勤坝区都是人多地少，可容纳生态

移民的乡镇很少。即便是国营农林场，也需要大幅度压缩农业用水量。因此，石羊河流域可容纳的移民数量十分有限，流域内部的移民安置前景不容乐观。劳务输出的收入不稳定，将会制约农业规模的压缩。因此，民勤湖区的人口迁移需要考虑其他出路。

四、石羊河流域水资源优化配置模拟

1. 水资源利用空间组织的优化设计

以上分析表明，治理规划需要进行一定的修正和调整，应当优化石羊河流域水资源利用的空间组织，从流域整体角度，减轻水资源压力，缓解对农民收入的影响，使石羊河流域综合治理达到更好的效果。

石羊河流域水资源利用空间组织的优化方案的基本思路可归纳为以下三点：

第一，在压缩农业用水的基础上，调整上下游之间的水资源分配。在不影响生态重建目标的前提下，以提高流域整体的水资源利用效益为导向，优化水资源利用的空间组织。下游生态环境严重退化的地区以生态恢复为主，优先保证生态用水，大幅度压缩农业规模，减轻对水资源和生态环境的负荷；中游农业生产条件较好的地区以经济目标为主，尽可能少压缩农业规模。具体而言，在规划方案的基础上，将原定凉州区向民勤县增加分水量的1.1亿立方米减少到0.54亿立方米，其余的0.56亿立方米分配到水资源利用效益较高的凉州区城郊乡镇。调整水量是根据水资源利用效益高区域的最优需水量来确定的（见表12—5）。

表12—5　　农业用水空间配置优化方案

区域	人口（千人）	按规划地表水量（千立方米）	按规划地下水量（千立方米）	优化配水量（千立方米）	调节地表水量（千立方米）	人均调节量（千立方米）
民勤县	226.74	210 358	72 007	225 933	—56 432	—3 617
湖区	59.49	64 555	22 098	59 279	—27 374	—1 752

续前表

区域	人口（千人）	按规划地表水量（千立方米）	按规划地下水量（千立方米）	优化配水量（千立方米）	调节地表水量（千立方米）	人均调节量（千立方米）
泉山区	42.68	39 540	13 534	42 528	−10 546	−736
坝区	105.28	90 164	30 864	104 905	−16 123	−877
环河区	19.29	16 099	5 511	19 221	−2 389	−252
凉州区	209.63	80 234	35 359	172 025	56 432	2 940
地表水灌区	30.26	39 690	0	32 984	−6 706	−105
混灌区	44.67	13 497	9 883	42 244	18 864	1 272
城郊区	134.7	27 047	25 476	96 797	44 274	1 773

第二，建立流域内部上下游之间的利益补偿机制，协调水资源分配调整带来的上下游之间的收入差异。中游凉州区应向下游民勤县提供相应的利益补偿。

第三，推进劳动产业间转移和生态移民，把生态退化严重的民勤湖区的农业人口迁移出来，以利于压缩农业规模，减轻对水资源和生态环境的负荷，促进生态恢复。

2. 水资源利用空间组织优化后的经济效益与利益补偿

模拟结果显示，在优化方案下，与规划方案相比，在推广节水技术和日光温室、增加非农就业的情景下，配水量减少的民勤农民收入将减少 2 857 万元；配水量增加的凉州区农民收入可增加 8 917 万元，流域整体的经济收益与规划方案相比可增加 6 060 万元（见表 12—6）。

表 12—6　　　　规划方案与优化方案的收入比较

区域	单位	规划方案 C	优化方案 利益补偿 D	优化方案 湖区移民 E
流域合计	万元	358 120	364 179	360 038
凉州区	万元	293 975	296 707	296 707
地表水灌区	万元	72 828	72 929	72 929

续前表

区域	单位	规划方案 C	优化方案	
			利益补偿 D	湖区移民 E
混灌区	万元	135 762	136 418	136 418
城郊灌区	万元	78 636	80 612	80 612
冷凉灌区	万元	6 749	6 749	6 749
民勤县	万元	64 145	67 472	63 331
坝区	万元	29 415	31 316	31 593
泉山区	万元	12 903	13 635	13 747
湖区	万元	16 042	16 375	11 793
环河灌区	万元	5 785	6 147	6 198
流域平均	元/人	3 797	3 862	3 900
凉州区	元/人	4 104	4 142	4 142
地表水灌区	元/人	3 824	3 830	3 830
混灌区	元/人	4 237	4 257	4 257
城郊灌区	元/人	4 486	4 598	4 598
冷凉灌区	元/人	2 239	2 239	2 239
民勤县	元/人	2 829	2 976	3 063
坝区	元/人	2 794	2 975	3 001
泉山区	元/人	3 023	3 195	3 221
湖区	元/人	2 697	2 754	2 986
环河灌区	元/人	2 999	3 186	3 213

水资源分配调整带来的上下游之间的收入差距问题应通过流域内部的利益补偿机制来解决。首先，对民勤县因减少配水量的损失2 857万元，应由凉州区给予补偿；其次，水资源分配调整给流域整体经济收益带来的增加部分6 060万元，应按参与水资源分配的农业人口数量进行比例分配，分配结果为：凉州区城郊乡镇2 732万元，民勤县3 328万元；两项合计，民勤县可得到的利益补偿总额为6 185万元，凉州区增加的收益为2 732万元。

根据以上利益补偿方案，凉州区农民人均纯收入可达到4 142

元，比规划方案增加 40 元，比现状增加 760 元。民勤县农民人均纯收入将达到 2 976 元，比规划方案增加 147 元，比现状增加 70 元。由此可见，与优化方案相呼应，建立流域内部的利益补偿机制，可以在提高全流域水资源利用效益的同时，保障下游地区农民收入水平的稳定和提高，有利于生态重建目标的实现。

3. 民勤湖区的生态移民和劳动产业间转移

民勤湖区现有在籍农业人口近 60 000 人，其中部分人口已常年离乡，迁徙异地。如按非农就业比例 30%计算，还有约 45 000 人口的生计仍然主要依赖土地和农业生产。由于生态环境严重退化，农业生产因压盐的需要难以摆脱大水漫灌的方式，使得原本短缺的水资源不能承载更多的人口。在水资源利用空间组织优化方案下，为了保障生态恢复用水需要，民勤湖区的农业规模将大幅度压缩，而农业规模的压缩最终要靠农业人口的转移来实现。

据研究，民勤湖区的农业人口规模宜控制在 20 000～30 000 人，应有计划地将 15 000～20 000 农业人口逐步转移出来，以减轻当地的生态环境负荷。一方面，通过跨区域移民，将生态脆弱区域的农民安置到流域之外的地区或流域内部水土条件较好的地区；另一方面，推进农业劳动的产业间转移，使农业劳动转向从事非农业生产。

经过测算，在优化方案下，实施利益补偿，如果不实施移民措施，湖区农民的人均纯收入为 2 754 元，比规划方案高 58 元。如果将 20 000 农业人口转移出来，则湖区留下的农民的人均纯收入可达到 2 986 元，比规划方案增加 289 元，比不移民增收 232 元。民勤县的农民人均纯收入可达到 3 063 元，比规划方案增加 234 元，比现状增加 158 元。

对于因压缩农业规模失去收入来源的农业劳动，可以参考征地安置的办法，或安排非农就业岗位，或给予合理的一次性经济补偿，使其转向非农产业就业，寻求稳定的替代收入来源。据测算，转移 20 000 农业人口需安置约 10 000 个非农就业岗位，如果按当

地每个非农就业岗位的平均固定资产额 1.5 万元计算，为 10 000 农业劳动提供非农就业岗位共需安置投入约 1.5 亿元。如果采取一次性移民安置补偿，按年补偿额人均 2 000 元、补偿期 10 年计算，每年需要移民安置费用 4 000 万元，10 年合计共需 4 亿元。

除了湖区之外，民勤县其他灌区也需要转移农业人口，以减轻对水资源的压力，促进关井压田。据测算，其他灌区需要转移农业人口约 24 000 人，需安置农业劳动约 12 000 人。如果通过非农就业岗位转移农业劳动，需要安置投入约 1.8 亿元；如果采取一次性移民安置补偿，每年需要移民安置费用 4 800 万元，10 年合计共需 4.8 亿元。生态移民和劳动产业间转移的安置费用应引入外部支持政策，通过生态补偿，由流域外部给予经济补偿。

4. 商品粮基地的重新定位

在规划方案下，压缩农业用水后，即便推广节水技术和日光温室、增加非农就业等措施多管齐下，粮食产量也将大幅压缩。由于山水灌区雨水较多，玉米需求与雨季同期，因而玉米将保留较大面积，商品粮将以玉米为主。模拟结果显示，全流域可提供商品粮总量约为 17 万吨，人均 198 千克，其中玉米占 79%。小麦生产压缩较大，基本处于自给水平，全流域的可提供商品小麦数量将减少到 3.5 万吨，约为现在的一半，其中民勤县还需要购入商品小麦人均约 50 千克。

在优化方案下，水资源利用更多地突出经济效益导向，经济作物面积扩大，粮食产量将进一步下降。全流域可提供商品粮数量将减少到 13 万吨，人均 154 千克，其中小麦的商品量几乎为 0。因此，由于生态恢复需要增加生态用水，农业用水规模受到压缩，石羊河流域虽可维持商品粮基地的部分功能，可提供商品粮的数量将从 26 万吨减少到 13 万吨～17 万吨。

石羊河流域的生态退化与甘肃省的粮食安全战略密不可分，石羊河流域生态保卫战也是建设西北地区生态屏障的需要。因此，石羊河流域的综合治理需要从全国一盘棋的视点加以统筹考虑。对于因生态恢复压缩农业规模导致的甘肃省商品粮供应缺口，应从其他

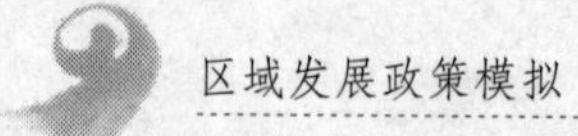

地区调配商品粮，以保障甘肃的粮食安全。

五、结论与启示

石羊河流域的现有农业规模已远远超过水资源可承载的限度，单靠节水技术已难以实现石羊河流域的水资源供需平衡。在压缩用水需求的同时，石羊河流域必须考虑优化水资源利用的空间组织，最大限度地提高水资源的利用效益，增强有限水资源的承载能力。

上述分析表明，石羊河流域治理规划提出的“在改善生态环境的同时实现经济发展、农民增收、社会和谐稳定”的预期目标将难以实现。由于治理规划将生态用水与农业用水挂钩，生态退化严重的民勤湖区将维持较大的农业规模，使得农业用水不能发挥出最佳的经济效益，民勤湖区的生态恢复需水与农业用水应当分开考虑。在不影响生态重建目标的前提下，应当以提高流域整体的水资源利用效益为导向，优化水资源利用的空间组织。下游生态环境严重退化的民勤湖区宜以生态恢复为主，优先保证生态用水，大幅度压缩农业规模，最大限度地减轻对水资源和生态环境的负荷；中游农业生产条件较好的地区宜以经济目标为主，尽可能少压缩农业规模。民勤湖区的农业人口需要逐步转移出来，以减轻当地的生态环境负荷。一方面，通过跨区域移民，将生态脆弱区域的农民安置到流域之外的地区或流域内部水土条件较好的地区；另一方面，推进农业劳动的产业间转移，使农业劳动转向从事非农业生产。

水资源空间配置优化是西北干旱地区内陆河流域需要面对的水资源管理与人地系统调控的重要课题之一。通过行政手段改变中下游之间的水资源分配格局并非易事。水资源空间配置优化及相应的利益补偿情景宜通过推进水权交易来实现。应加快建立水权交易机制和水市场，使水资源利用效率较低的部分水量参与水权交易，流转到水效益较高的区域使用，这样既可以提高水资源利用效益，同时可以使利益受损的用水主体或区域得到补偿，促进水资源分配的

公平。建立水权交易机制的基础是初始水权界定。在石羊河流域，农业用水可按照相对稳定的农业人口比例来公平分配初始水权。基于人口比例，民勤县可分得的农业用水量比例约为 25%，目前凉州区多占的民勤县的农业用水量约为 0.97 亿立方米，基本上接近规划方案要求向下游增加分水的水量。规划方案具有初始水权的性质，可以作为初始水权分配的基准方案。

第二节　黑河流域水资源管理需求管理：水价还是水量控制？

一、研究区域概况

黑河流域地处甘肃省河西走廊中部，水资源主要来源于祁连山冰川融水形成的地表径流和地下水。黑河流域中段包括张掖市的甘州区、山丹县、民乐县、临泽县和高台县。甘州区、临泽县、高台县为黑河干流灌溉农业区，山丹县和民乐县为沿山支流灌溉农业区。四县一区共有 36 个小灌区，为研究方便，36 个小灌区根据水系、行政区划归并成 31 个灌区（见表 12—7）。张掖市是黑河流域水资源的主要消耗区，黑河流域 80%以上的人工绿洲、92%的人口、83%的 GDP 和 95%的耕地集中分布在张掖市。张掖绿洲农业的快速发展使得黑河中游地区用水量逐年增加，正义峡站下泄水量逐年减少（袁伟等，2006；蒙吉军，1998），导致下游额济纳旗出现大片胡杨林枯死，居延海干涸，生态环境恶化（肖生春等，2007）。2001 年，黄河水利委员会决定对黑河水量进行统一调度。张掖市可利用水资源总量为 26.5 亿立方米，其中黑河干流莺落峡站径流量 15.8 亿立方米，黎园河黎园堡站径流量 2.37 亿立方米，沿山支流径流量 6.58 亿立方米，不重复利用地下水资源量 1.75 亿立方米。黑河分水之前，正义峡下泄水量仅有 7 亿立方米左右，分水之后，在平水年莺落峡来水量为15.8亿立方米时，正义峡下泄水量为9.5亿立方米，黑河中段可用水量从分水前的近9亿立方米减至6亿立方米左右，张掖绿洲的人均水资源量减少至1 190立方米，每公顷耕地水资源量减至7 665立方米，分别相当于全国平均水平的57%和29%。沿山灌区不受黑河分水的影响，但山丹县的人均水资源量只有600立方米，水资源严重紧缺。

表12—7　　　　　　黑河流域中段灌区划分一览表

灌区类型	所属县、区	灌区名称（编号）
黑河灌区	甘州区	大满灌区（Ⅰ-1）、盈科灌区（Ⅰ-2）、西干灌区（Ⅰ-3）、上三灌区（Ⅰ-4）、乌江灌区（Ⅰ-5）、甘浚灌区（Ⅰ-6）
	临泽县	板桥灌区（Ⅱ-2）、平川灌区（Ⅱ-3）、沙河灌区（Ⅱ-5）、廖泉灌区（Ⅱ-6）、鸭暖灌区（Ⅱ-8）
黑河灌区	高台县	友联灌区（Ⅲ-1）、罗城灌区（Ⅲ-2）、骆驼城灌区（Ⅲ-4）、六坝灌区（Ⅲ-5）
黎园河灌区	临泽县	新华灌区（Ⅱ-1）、小屯灌区（Ⅱ-4）、倪家营灌区（Ⅲ-7）
沿山灌区	民乐县	益民灌区（Ⅳ-1）、童子坝灌区（Ⅳ-2）、海潮坝灌区（Ⅳ-3）、大堵麻灌区（Ⅳ-4）、义得灌区（Ⅳ-5）、苏油口灌区（Ⅳ-6）
	山丹县	马营河灌区（Ⅴ-1）、寺沟灌区（Ⅴ-2）、老军灌区（Ⅴ-3）、霍城灌区（Ⅴ-4）
	甘州区	花寨子灌区（Ⅰ-7）、安阳灌区（Ⅰ-8）
	高台县	新坝灌区（Ⅲ-3）

为了缓解黑河流域中段水资源紧张局面，自2002年起，水利部确定张掖市为全国第一个节水型社会建设试点。节水型社会建设试点的目标，一是保证黑河流域近期治理规划目标的实现，保障黑河分水方案的实施；二是促进张掖市经济社会发展，提高人民群众生活水平，促进生态环境保护与改善（郭巧玲等，2007）。节水型

社会建设试点的内容主要有：建立水权制度，推行“总量控制，定额管理”的水资源管理；调整农业种植结构，建立与节水型社会相适应的产业结构和经济体系；强化基础设施建设，构筑与水资源优化配置相适应的水利工程体系。黑河分水与节水型社会建设带来了水资源供需格局新的变化。

二、水资源供需格局的时空变化

1. 水资源供给和水资源分配

由于西北干旱区气候向暖湿型转化，2000 年以来黑河流域处于丰水期，莺落峡径流量呈增加趋势（Wang and Meng，2007；张凯等，2007）。正义峡站向下游的下泄量虽然比以前增加了，但实际上并没有达到分水方案要求的丰水年下泄量（见图 12—3）。莺落峡来水量最多的 2007 年，正义峡实际下泄量与分水方案下泄量的差距达到 3.14 亿立方米。也就是说，黑河分水方案实际上并没有严格执行，增加的上游来水量大多被中游消耗了。与此同时，张掖市地下水开采量趋于增加。2008 年地下水开采量达到 5.5 亿立方米，比 2000 年增加了 75%。近年来张掖市可用水资源量基本上保持在 25 亿立方米左右，与 2000 年之前相比并没有明显减少。

水权制度建立后，确定了“总量控制，定额管理”的水资源分配原则，使得水从灌区到农户的分配变得有据可依。尽管水资源总量并无明显减少，但不同灌区的可用水量出现了不同的变化。甘州区和临泽县地表引水量呈下降趋势，而高台县黑河干流灌区可用水量有所增加。从用水结构看，甘州区和临泽县梨园河灌区地表水和地下水比例基本稳定；临泽县和高台县因为地表水量减少和用水需求迅速增加，地下水开采量明显增加。2005 年和 2008 年，临泽县地下水开采量分别比 2000 年增加了 530%和 505%，高台县地下水开采量分别比 2000 年增加了 79%和 40%（见表 12—8）。

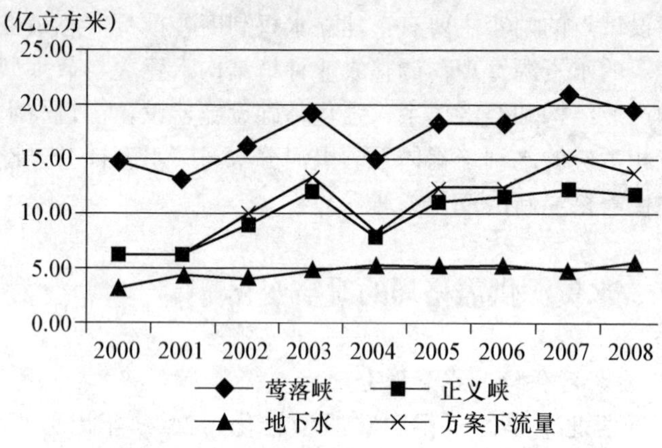

图 12—3 2000—2008 年莺落峡站与正义峡站年际径流量变化

沿山灌区地下水开发程度差异很大。山丹县地下水开发最早、强度最大，2000 年、2005 年、2008 年地下水占用水总量的比例分别是 34.3%、29.5%和 43.1%，山丹县已经出现大面积的地下水漏斗区，被列为甘肃省九大“漏斗区”之一。民乐县地下水开发利用程度低于山丹县，但近年来也呈增加趋势，机井数量从 2000 年的 41 眼增加到了 2008 年的 204 眼，地下水开采量增加了 240%。

表 12—8　　黑河流域中段各灌区引水量变化　　单位：万立方米

灌区名称		2000			2005			2008		
		总用水量	地表水	地下水	总用水量	地表水	地下水	总用水量	地表水	地下水
黑河灌区	甘州区	86 174	70 574	15 600	78 240	58 510	19 730	74 353	59 831	14 522
	临泽县	35 524	34 732	792	34 253	29 263	4 990	32 500	27 703	4 797
	高台县	34 634	27 269	7 365	36 379	23 183	13 196	37 394	27 103	10 291
黎园河灌区	临泽县	13 803	13 388	415	13 570	12 952	618	14 518	13 696	822
沿山灌区	山丹县	11 129	7 308	3 821	14 603	10 293	4 310	12 896	7 338	5 558
	民乐县	23 280	22 751	529	36 497	35 328	1 169	33 217	31 404	1 813
	甘州区	3 800	3 800	0	4 050	4 050	0	3 624	3 624	0
	高台县	4 698	4 698	0	6 291	6 291	0	7 859	7 859	0

资料来源：张掖市各县区水资源统计年报。

2. 种植结构调整

2000年前，张掖市绿洲农业以粮食生产为主，粮食总播种面积为13万公顷以上，年总产量约90万吨，是甘肃省主要商品粮基地。粮食生产以小麦、玉米套种的带田为主，耗水量大，用水效率不高。从2001年起，张掖市推进种植结构调整，淘汰高耗水作物，推广制种玉米、加工番茄、中草药和马铃薯等作物。带田面积从2000年的4.27万公顷减少到2005年的0.33万公顷左右，小麦、玉米等传统粮食作物播种面积比重下降到50%以下。制种玉米成为黑河干流灌区主要作物。2005年和2008年制种玉米播种面积分别为4.56万公顷和3.90万公顷，占总播种面积的50%左右。2008年，蔬菜播种面积比2000年增加了近20%，其中设施农业（大棚蔬菜）的比例占20%。沿山灌区受水资源条件限制，种植结构变化较小，啤酒大麦、薯类以及青饲料播种面积有所增加，分别从2000年的0.93万公顷、0.65万公顷和0.06万公顷增加到2008年的1.68万公顷、1.88万公顷和0.67万公顷；油料作物面积大幅减少，2008年油料作物种植面积仅相当于2000年的一半。张掖市总播种面积随着种植结构调整曾一度减少，后复增加，2002年播种面积减至18.17万公顷，2004年扩大到19.04万公顷，超过了黑河分水前的面积（见图12—4）。

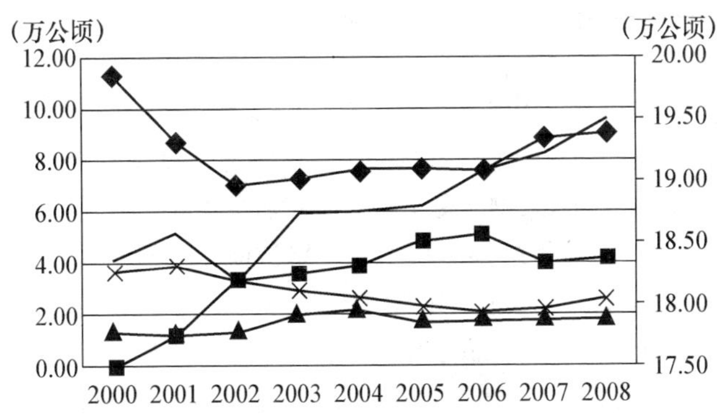

图12—4　张掖市农作物播种面积变化

种植结构变化背后是农户追求收益最大化的决策行为（Heerink et al.，2001）。黑河分水前，尽管带田单方水效益不及小麦和棉花，但是带田单位面积收益最高。黑河分水后，制种玉米单位面积效益和单方水效益都比带田更高，很快替代了带田，成为当地主要农作物。蔬菜虽然效益高，但一方面，保鲜需求使得运输要求高，只适宜在城郊地区种植，另一方面，蔬菜生产属于集约经营，对劳动投入需求大，在非农就业机会较多的城郊地区，农户往往难以兼顾蔬菜种植与非农就业，因而在城郊区形成了以蔬菜生产为主和非农就业加带田种植两种农业经营模式。

沿山灌区农户的生产决策较多地考虑水资源的约束。沿山灌区农户只能在大麦、小麦、油料作物中进行种植选择。由于近几年油料作物价格波动较大，影响农户收入预期，因而播种面积减少。马铃薯由于对水和劳动投入的要求高，产品价格波动性大，尽管当地政府大力推广马铃薯，但收效不显著。

3. 水资源灌溉定额变化

实施黑河分水前，灌溉量大的带田主要分布在黑河干流灌区和黎园河灌区。由于带田比重大，2000 年甘州区的单位面积灌溉定额高于临泽县和高台县。随着制种玉米替代带田，2005 年和 2008 年，甘州和临泽县单位面积定额比 2000 年都有所下降。但由于各灌区的播种面积增加，灌区需水量没有得到有效控制，部分灌区用水量比 2000 年有明显增加。在实地调查中发现，农户实际的灌溉量与灌溉定额存在一定差异。农户长期养成的把地“浇透”的灌溉习惯没有改变，因此部分灌区出现了单位面积灌溉定额下降，但实际灌溉量反而上升的现象。

沿山灌区的种植结构变化不大，单位面积灌溉定额没有明显的变化趋势（见表 12—9）。由于种植结构调整受到限制，农户只得依靠扩大播种面积来增加收入。其中，山丹的播种面积扩大最为明显，2008 年较 2000 年增加了 21.3%。随着播种面积的增加，有效灌溉面积比例不断下降，从 2000 年的 77%下降到 2008 年的 71%，山丹县和民乐县的有效灌溉面积比例分别从 2000 年的 71.5%和

76.5%下降到了2008年的61.5%和72.2%。作物种植面积扩大使得沿山灌区的需水量增加，供需矛盾加剧。

表12—9　　黑河流域中段各灌区水资源需水变化

灌区名称		年份	播种面积（公顷）	总定额（立方米）	实际灌溉（立方米）	每公顷定额（立方米/公顷）	每公顷实灌（立方米/公顷）
黑河灌区	甘州区	2000	38 473	35 174	53 258	8 655	13 845
		2005	40 667	33 302	52 742	8 190	12 975
		2008	41 757	32 041	54 110	7 680	12 960
黑河灌区	临泽县	2000	11 411	9 844	13 881	8 625	12 165
		2005	12 524	9 532	15 455	7 605	12 345
		2008	12 480	10 579	16 047	8 475	12 855
	高台县	2000	16 276	12 927	14 812	7 950	9 105
		2005	16 871	12 850	15 391	7 620	9 120
		2008	18 667	14 830	16 313	7 950	8 745
黎园河灌区	临泽县	2000	5 766	4 702	7 060	8 160	12 240
		2005	6 240	5 342	7 313	8 565	11 715
		2008	6 155	6 068	9 464	9 855	15 375
沿山灌区	民乐县	2000	55 487	26 498	28 182	4 770	6 630
		2005	58 311	25 375	36 431	4 350	8 460
		2008	59 629	23 156	31 960	3 885	7 425
	山丹县	2000	29 830	11 064	10 148	3 705	4 755
		2005	34 536	13 835	14 446	4 005	6 495
		2008	36 179	13 991	12 733	3 870	5 730
	甘州县	2000	5 260	2 195	2 597	4 170	4 935
		2005	5 260	1 821	2 229	3 465	4 245
		2008	5 286	1 839	2 572	3 480	4 860
	高台县	2000	4 720	2 911	3 192	6 165	7 815
		2005	4 500	2 538	2 193	5 640	6 615
		2008	4 693	2 851	2 954	6 075	6 390

资料来源：面积数据来源于各县区统计年鉴，定额数据来源于各县区水资源管理年报，实际灌溉数据来源于2008年典型农户调查。

4. 水资源供需平衡

根据各灌区的定额需水量和实际引水量，可以得到各灌区水资源供需差额及其变化（见图 12—5）。2000 年，张掖市水资源供需基本平衡，但空间差异明显，黑河干流灌区和黎园河灌区水量有所富余，沿山灌区存在 1 亿立方米以上的缺口。2005 年，实施黑河分水之后，由于上游来水量增加、下泄水量控制不严格、地下水开采增加以及单位面积灌溉定额减少的共同作用，黑河干流灌区和黎园河灌区水资源供需可以平衡并略有富余，但灌溉定额下降带来的富余水量基本上被超额灌溉消耗了。沿山灌区由于上游来水量增加、地下水开采量增加及用水效率提高，供需缺口有所减小。2008 年的基本格局与 2005 年相似，但局部地区水资源供需趋于紧张。乌江灌区（Ⅰ-5）、骆驼城灌区（Ⅲ-4）和六坝灌区（Ⅲ-5）等地处绿洲边缘，由于开垦荒滩，导致需水量增加。其中，骆驼城灌区本来地表水资源就非常有限，80%以上的灌溉用水来自地下水。张掖市城郊地区的盈科灌区（Ⅰ-2）由于蔬菜种植面积及设施农业面积急速扩大，导致水资源需求增加。

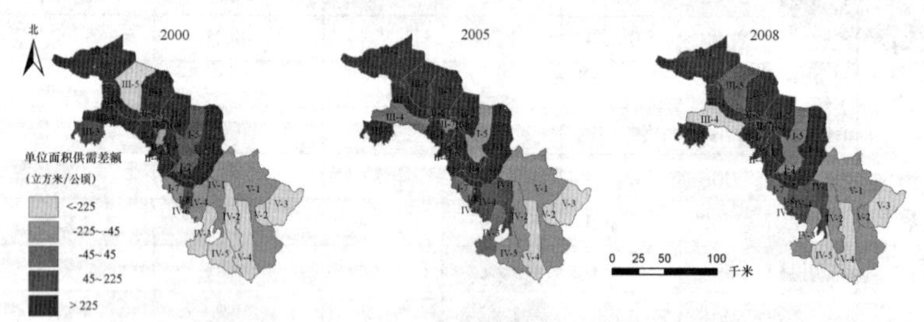

图 12—5 2000—2008 年黑河流域中段水资源供需差额变化

5. 不同径流保证率下水资源供需平衡

黑河分水以来，黑河干流灌区处于丰水年。2008 年莺落峡的来水量为 19.44 亿立方米，相当于 $p=10\%$ 保证率下的来水

量。上游来水量是影响张掖市水资源供需格局的重要因素，需要考虑不同来水保证率下张掖市水资源的供需格局（见图 12—6）。根据张掖市分水方案，丰水年黑河干流灌区上游来水越多，下泄水量越多，中游可用水量少于平水年和枯水年境况。沿山灌区来水受降雨量的影响，上游来水越多，则灌区可用水量越多。

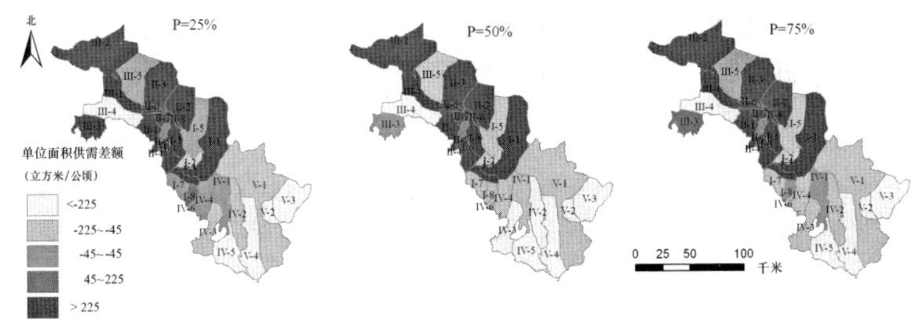

图 12—6　不同保证率下黑河流域中段水资源供需差额

在 $p=25\%$（丰水年）和 $p=50\%$（平水年）的保证率下，张掖城郊地区的盈科灌区（Ⅰ-2）和乌江灌区（Ⅰ-5）分别出现缺口。这说明，这些灌区目前的绿洲农业规模是靠丰水年超额的上游来水量支撑的。如果上游来水量减少，城郊地区的灌区将首先面临供水缺口。在 $p=75\%$（枯水年）的保证率下，黑河干流灌区和黎园河灌区的大部分地区能够维持水资源的供需平衡。出现缺口的灌区有骆驼城灌区（Ⅲ-4）和六坝灌区（Ⅲ-5）。其中，骆驼城灌区（Ⅲ-4）在基准情况下就处于非常缺水的状态。

沿山灌区大部分地区在现状年基准情况下已经存在用水缺口。在 $p=25\%$的保证率下，灌区Ⅰ-7、Ⅰ-8，Ⅳ-1、Ⅳ-4、Ⅳ-6 出现用水缺口。在 $p=75\%$的保证率下，除新坝灌区（Ⅲ-3）外，所有沿山灌区将出现不同程度的用水缺口，缺口总量将超过 2 亿立方米。这说明，沿山灌区目前的农业规模是依靠地下水开采支撑的。压缩农业规模，向农牧复合的经营模式转型，应该是沿山灌区绿洲农业的发展方向。

6. 水资源供需格局小结

黑河分水后张掖市水资源供需格局变化及其驱动因素分析结果表明：

（1）节水型社会建设试点对于缓解黑河分水后张掖市的水资源紧张起到了一定的积极作用。主要表现在：确立了水权制度，按水权面积进行水资源分配，规范了各灌区之间水资源的分配秩序，使得“总量控制”下的水资源分配有据可依，改进了水资源管理；渠系衬砌等水利工程措施减少了灌溉用水损失，提高了水资源利用效率；作物种植结构调整符合农民收入预期，特别是制种玉米对带田的替代降低了单位面积灌溉定额，提高了用水效益，增加了农民收益，为保障黑河分水方案的顺利实施发挥了积极作用。

（2）黑河流域中段水资源管理也存在一定的问题。基于轮水制的水量分配管理较粗放，丰水年时执行“定额管理”不彻底，“总量控制”不严格，超额灌溉的现象较普遍；剩余水量回购定价过低，水权交易难以全面推开，难以引导农户减少用水需求；因此，各灌区的用水需求并没有得到有效压缩，水量供需平衡是在丰水年上游来水量增加的条件下得以保持的。

（3）一旦上游来水量减少，黑河中游地区的水资源供需将会出现紧张局面，绿洲农业将会面临规模和结构调整的挑战。在山丹县和民乐县等沿山灌区及绿洲边缘灌区，现有的农业规模和发展方式在枯水年或平水年将难以为继，亟须重新思考绿洲农业的规模和发展模式。

（4）随着工业化与城市化的推进和生态建设的强化，非农用水和生态用水需求将持续增加，水资源供需将会面临更加紧张的局面。如不加快完善水权制度，严格执行定额管理，控制农业用水需求，张掖市的城市化和工业化进程将会面临水资源不足的制约。

三、水资源需求管理政策

黑河流域的经验表明，仅靠调整水资源分配难以从根本上解决流域整体的水资源供需矛盾，必须从全社会的视角压缩用水需求，减轻对水资源的需求压力。节水技术进步可以带来用水效率提高，但不一定带来用水需求的自动减少。伴随着工业化和城市化进程，未来的用水需求将会进一步增长，水资源供需矛盾将更加突出。缓解水危机的有效途径是加强水资源需求管理，抑制用水需求的增长，特别是减少农业用水需求，促进用水结构转换，提高用水效率，改善有限水资源的产出效益。

水资源需求管理的政策手段主要有二：一是价格控制手段，依赖于市场机制；二是数量控制手段，依赖于行政管理。数量控制和价格控制手段将带来不同的政策效应，在学术界，对于究竟应该采用水价政策还是水量控制措施，一直存在着争议。在世界各国的水资源利用结构中，农业灌溉用水一般占主导地位，而农业水价过低被认为是造成水资源过度使用的最重要因素（Cosgrove and Rijsberman，2000），提高水价被认为是缓解水资源短缺的最重要的经济手段。欧共体水框架指南（2000）指出，水价政策可以成为鼓励用户高效利用水资源的机制（EU，2000）。很多学者从理论与实证角度探讨了水价的节水效应（Tsur and Dinar，2000；Dono et al.，2010）。“正确的市场水价”成为水价机制研究的先决条件，一些学者应用计量与数理规划模型计算水需求的价格弹性（Olmstead et al.，2007）。也有一些学者认为，水价机制并不能够达到节水效应（Yang et al.，2003；Molle，2009）。水价机制失灵的原因之一是用水需求的价格弹性小，水价过低，农户对水价变化不敏感，因而提高水价只会使农户收入减少，农民福利被转移到水资源管理机构（Molle，2009）；原因之二是地下水的监测与管理困难，地表水价上升，将导致地下水

开采程度加大；此外，社会经济环境对灌溉农业的局限性也会导致水价机制失灵，例如可替代性节水作物、市场信息的不对称性，以及非农就业市场的机会等（Yang et al.，2003）。相对于水价机制，水量控制是缓减水资源短缺压力的另一种有效工具。特别是在水资源短缺的条件下，最有效、最可靠的措施就是减少水的供给（Bate，2002）。水量控制措施的优点主要有：公平、透明（Tsur and Dinar，1995）；管理简单、交易成本低；对水资源供给不足能够快速做出调整。对于政策制定者来说，民主和公平往往比效率更加重要，因此，水量控制措施往往更容易被政策制定者接受。但水量控制措施也有缺点：首先，水资源量化监测和监督管理的成本大（Vos and Vincent，2010），尤其是在发展中国家，农业灌溉设施落后，农户分散；其次，水量控制缺少灵活性（Molle，2009），农户灌溉定额一旦确定之后重新调整分配就会很难。水资源短缺的发展中国家更倾向于采用水量控制措施。通过建立水市场，推进水权交易，可以弥补水量控制灵活性差的缺点，然而，水权交易往往面临着技术、制度、管理等的障碍（Molle，2009；Zhang，2007；Zhang et al.，2009）。

在我国西北干旱地区，水资源供给有限，用水需求则随经济发展和人口增加而变化。因此，假设水资源供给不变，水资源需求具有弹性。

水价格控制手段的影响可以分为两种情况。（1）水价 P_0 远低于水资源的影子价格 P_S（市场水价），当水价从 P_0 上涨到 P_1 时，用水量 Q_0 保持不变，农户的利益损失为 P_0ABP_1。当水价从 P_0 上涨到 P_2（很高）时，水资源的需求量从 Q_0 减少到 Q_2，农户的利益损失很大，为 P_0ACEP_2（见图 12—7（a））。（2）当水价 P_0 接近于水资源的影子价格 P_S，水价从 P_0 上涨到 P_1（高于水资源影子价格 P_S）时，水资源的需求量从 Q_0 减少到 Q_1，农户的利益损失为 P_0ABCP_1。影子价格随着价格的上涨而上升，从 P_S 到 P_{S1}（见图 12—7（b））。

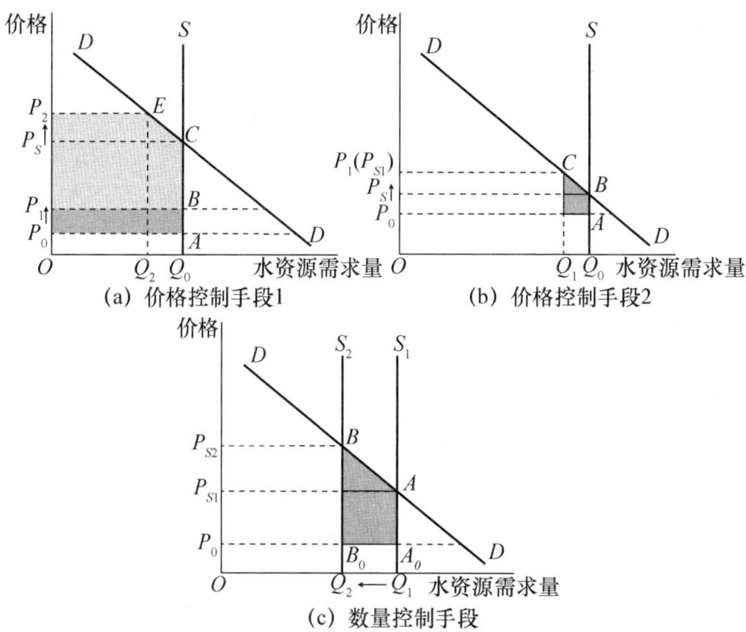

图 12—7 价格控制手段与数量控制手段的理论分析

水量控制手段的影响分析：当用水量从 Q_1 减少到 Q_2 时，水资源的影子价格从 P_{S1} 上升到了 P_{S2}。水价 P_0 不变，农户的利益损失为 ABB_0A_0（见图 12—7（c））。

四、黑河流域分布式水资源—经济模型

1. 模型构建

本节构建了黑河流域中段区域分布式水资源—经济模型，该模型是将水资源模块嵌入 GBEM 模型集成而成（见图 12—8）。BEM 模型是一个求解农业资源优化配置的数理规划模型，目标函数为农户净收益最大化，约束条件包括土地、水资源、劳动、资金等资源约束，模型包括农业生产的投入产出函数以及农户消

费需求函数。BEM模型可以模拟农业政策变化及技术革新对土地利用、农业经济以及生态环境的影响。基于GBEM模型的分布式水资源—经济模型可以将微观尺度的农户经济行为模型集成到流域或区域尺度，模拟水资源管理的空间决策（石敏俊、王涛，2005；石敏俊等，2006；Shi et al.，2006；石敏俊等，2009）。水资源—经济模型的数据基础包括农业生产活动的投入产出参数、农户消费结构参数以及资源供应约束等数据。黑河流域31个灌区种植业、畜牧业的投入产出参数以及农户消费参数通过四县一区570户典型农户调查获取。资源供应约束数据基于各地经济统计资料获取。水资源模块数据主要是基于水权面积的水量分配数据，包括平水年初始分配水量和情景模拟中未来发展规划下的水资源需求量。通过水资源模块中不同灌区间的水量调配，可将各个灌区独立的BEM模型集成为流域尺度的GBEM模型。

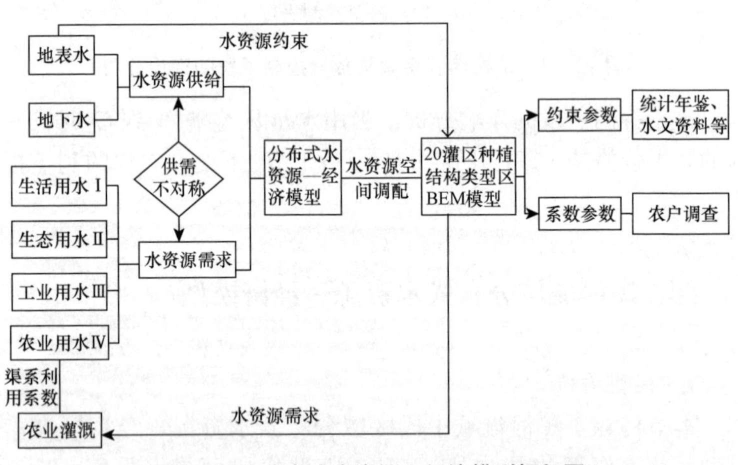

图12—8　分布式水资源—经济模型框架图

2. 情景设计

水资源需求管理的情景设计见表12—10。

表 12—10　　水资源需求管理的情景设计

情景	描述
径流量变化	现状年（2008 年）径流量
	平水年径流量
水价控制	地表水价、地下水价上涨 2 倍
	地表水价、地下水价上涨 5 倍
	地表水价、地下水价上涨 10 倍
	地表水价上涨 2 倍
	地表水价上涨 5 倍
	地表水价上涨 10 倍
水价控制补偿	水价上涨之后的水费收入补偿给农户
水量控制	2015 年用水需求，作物结构优化配置可提供水量 1.73 亿立方米
	2020 年用水需求，作物结构优化＋农业灌溉节水 10%可提供水量 2.73 亿立方米
水量控制补偿	（1）城镇化提高，非农收入增加
	（2）工业部门按照 1.5 元/立方米的交易水价补偿给农户

注：2008 年，张掖市农业灌溉水价为 0.067 元/立方米，地下水价按照抽水用电量计算，折合约为 0.07 元/立方米。

根据张掖市十二五规划，到 2015 年张掖市工业增加值将从 2010 年的 55.4 亿元增加到 130 亿元，城镇化率将从 2010 年的 36%增加到 41%。伴随着工业化与城镇化进程，工业和居民用水必定增加，按照现行的工业用水结构并且不考虑工业节水技术的重大改进，工业增加值每增加 1 亿元，需工业用水 150 万立方米。我们推算，到 2015 年工业用水比例将从 1.8%增加到 6.7%。如果按照张掖市十二五规划中提出的工业增长率推算，到 2020 年，工业增加值将达到 307 亿元，城镇化率将达到 46%，工业用水比例将增加到 19.1%。这就意味着为支持 2015 年、2020 年张掖市的经济

发展，农业必须分别压缩7 700万立方米、2.73亿立方米水给工业部门。黑河干流灌区甘—临—高（甘州区、临泽县、高台县）工业化产值占整个张掖市的70%左右，张掖市的工业发展在很大程度上依赖于甘—临—高工业发展进程，因此工业发展用水需求也集中在甘—临—高地区。水量控制的政策效应模拟主要考虑了甘—临—高地区。

五、黑河流域水资源需求管理的政策效应

1. 平水年径流对水资源利用和绿洲农业的影响

现状年（2008年），黑河干流灌区处于丰水年，沿山灌区处于枯水年，从现状年回到多年平均水平，黑河干流灌区可用水量减少，沿山灌区的高台县、山丹县可用水量增加，民乐县可用水量略微减少。通过作物结构优化调整，黑河干流灌区实际用水量小于供水量，结构优化节约的水量可以用来满足黑河流域2015年工业发展的用水需求，沿山灌区是严重缺水地区，作物结构优化后，实际用水量仍然等于供水量（见表12—11）。

表12—11　　现状年与平水年黑河流域水资源的供给量与使用量

县区		供水量（百万立方米）		用水量（百万立方米）	
		现状年2008年	平水年	现状年2008年	平水年
黑河干流灌区	甘州区	878	680	637	583
	临泽县	479	376	354	342
	高台县	372	289	222	220
沿山灌区	高台县（山区）	62	67	62	67
	山丹县	131	150	131	150
	民乐县	326	300	326	300

从现状年到平水年，受水资源约束，黑河干流灌区的可用水量减少，人均收入和人均粮食产量减少，沿山灌区的高台县、山丹县可用水资源量增加，人均收入和人均粮食产量增加，民乐县可用水量略微减少，因此人均收入和人均粮食产量均减少（见表12—12）。由此可见，水资源是制约黑河流域经济发展的重要因素。

表 12—12　现状年与平水年黑河流域人均粮食产量和人均收入

县区		人均粮食产量（千克/人）		人均收入（元/人）	
		现状年 2008 年	平水年	现状年 2008 年	平水年
黑河干流灌区	甘州区	253	253	3 728	3 630
	临泽县	243	228	3 425	3 384
	高台县	408	384	3 305	3 298
沿山灌区	高台县（山区）	220	220	4 251	4 508
	山丹县	184	192	3 142	3 266
	民乐县	178	175	1 626	1 587

2. 提高水价对用水需求和农民收入的影响

（1）节水效应。

模拟结果显示，水价上涨的节水效应并不明显，只有水价上涨到 8～10 倍（0.5 元/立方米～0.7 元/立方米）时，才会出现明显的节水效应（见表 12—13）。这是因为缺水地区水资源的影子价格很高，与减少用水所节约的成本相比，即使水价上涨后，水资源利用效益仍然很高。如果减少用水或者弃耕，损失会更大。只有当水价上涨到生产成本高于作物收益的水平时，农户才会选择弃耕。地表水和地下水的水价同时上涨比仅提高地表水水价的节水效应要好。同时提高地表水与地下水水价，地表水的节水量少于地下水的节水量，这是因为与地下水水价相比，地表水水价更低，农户会选择多用地表水、少用地下水。如果仅提高地表水水价，农户则会尽可能多用地下水、少用地表水。因此，在制定水价政策时，提高地表水水价，必须同时考虑对地下水水价做出相应调整，为了避免过度开采地下水，地下水水价应略高于地表水水价。

表 12—13　　水价上涨后黑河流域用水量变化

情景		地表水、地下水水价同时上涨	地表水水价上涨
用水总量节水量（万立方米）	2 倍	124	69
	5 倍	1 471	1 078
	10 倍	15 855	13 722
地表水用水节水量（万立方米）	2 倍	18	9 973
	5 倍	335	10 982
	10 倍	4 302	23 626
地下水用水节水量（万立方米）	2 倍	106	－9 904
	5 倍	1 135	－9 904
	10 倍	11 553	－9 904

（2）绿洲农业结构变化。

水价上涨将会导致甘州区、临泽县以及高台县的沿山灌区的作物种植面积出现不同程度的压缩。当水价上涨 10 倍时，很多农户会选择弃耕部分农田（见表 12—14），集中经营需水量少的作物。水价上涨对粮食作物的种植面积影响不大，区域粮食产需基本平衡，但对经济作物的影响较大。原先收益高、需水量多的作物因灌溉成本上升变为收益低的作物。在甘州区，农户会减少需水量大的设施蔬菜、露地蔬菜、玉米等作物的种植面积，转而种植制种玉米。在更加缺水的临泽县，农户甚至会减少制种玉米的种植面积，转而种植更加节水的棉花（见图 12—9）。在山丹县、民乐县以及高台县等极度缺水的区域，虽然作物播种面积不会减少，但作物种植结构将出现转换。在山

丹县和民乐县，耗水量多的玉米种植面积将减少，转为种植大麦。

表 12—14　　水价上涨后黑河流域农作物种植面积变化　　单位：公顷

县区		平水年	地表水、地下水水价同时上涨			地表水水价上涨		
			2倍	5倍	10倍	2倍	5倍	10倍
黑河干流灌区	甘州区	36 845	36 854	36 880	35 681	36 850	36 864	35 710
	临泽县	17 354	17 354	17 354	15 720	17 354	17 354	16 279
	高台县	15 027	15 027	15 027	15 027	15 027	15 027	15 027
沿山灌区	高台县（山区）	5 651	5 528	5 267	3 993	5 528	5 267	1 073
	山丹县	16 869	16 871	16 874	16 880	16 870	16 872	16 875
	民乐县	34 394	34 404	34 469	34 526	34 403	34 436	34 523

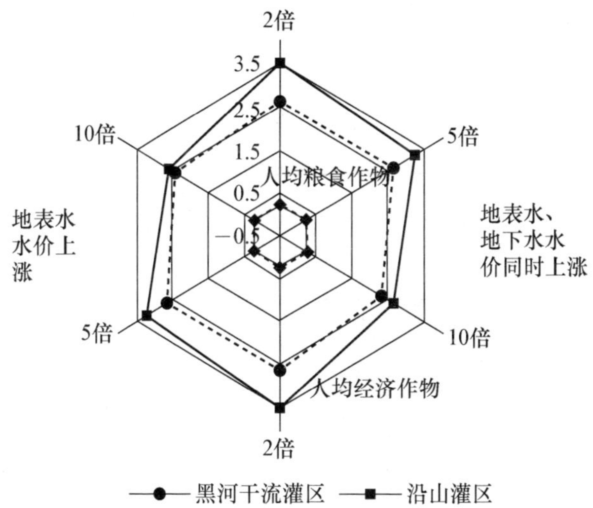

图 12—9　水价上涨后黑河流域粮食作物和经济作物的变化

（3）农民收入变化。

水价上涨将带来农民人均收入减少。地表水、地下水水价同时上涨比只提高地表水水价导致的农民人均收入损失更大（见表12—15和表12—16）。农民人均收入损失主要来源于成本增加效应和结构调整效应。所谓成本增加效应是指水价上涨带来灌溉用水成本上涨，导致农户收入减少。结构调整效应是指因水价上涨导致作物单方水效益发生变化，进而导致作物种植结构和畜牧业结构变化，导致农户收入减少。水价上涨将导致耗水多的蔬菜等作物的单方水效益下降，耗水少的棉花等作物的单方水效益增加。经济价值高的蔬菜因单方水效益降低，种植面积趋于减少，导致农民收入下降。结构调整效应导致的农民人均收入损失大于成本增加效应，也就是说，水价上涨引起的农业结构调整对农民收入的影响要大于灌溉成本上涨的影响。

提高水价而增加的水费收入可以通过一定的方式返还补偿给农户，以减少成本效应损失（见表12—17）。但农户得到的补偿金额依然低于农户的收入损失。

表12—15　地表水、地下水水价同时上涨情景下黑河流域农户人均收入变化

单位：元/人

县区		人均收入损失			成本增加效应			结构调整效应		
		2倍	5倍	10倍	2倍	5倍	10倍	2倍	5倍	10倍
黑河干流灌区	甘州区	92	369	821	42	168	227	50	201	595
	临泽县	147	587	1 266	52	217	288	95	370	978
	高台县	108	423	974	38	142	269	70	281	705
沿山灌区	高台县（山区）	217	928	2 461	25	96	47	191	831	2 415
	山丹县	57	233	543	29	116	268	29	117	275
	民乐县	66	264	607	30	126	280	35	138	327

表 12—16　地表水水价上涨情景下黑河流域农户人均收入变化　单位：元/人

县区		人均收入损失			成本增加效应			结构调整效应		
		2 倍	5 倍	10 倍	2 倍	5 倍	10 倍	2 倍	5 倍	10 倍
黑河干流灌区	甘州区	65	260	581	29	114	114	37	147	467
	临泽县	111	442	948	39	166	203	72	277	745
	高台县	47	182	401	17	37	99	30	145	301
黑河干流灌区	高台县（山区）	217	928	2 461	25	96	47	191	831	2 415
	山丹县	30	121	279	15	61	139	15	60	140
	民乐县	60	238	546	27	110	257	32	128	290

表 12—17　水价上涨后黑河流域农户收入补偿额　单位：元/人

县区		地表水、地下水水价同时上涨			地表水水价上涨		
		2 倍	5 倍	10 倍	2 倍	5 倍	10 倍
黑河干流灌区	甘州区	72	288	587	52	206	407
	临泽县	123	490	817	50	199	393
	高台县	88	335	752	63	251	463
沿山灌区	高台县（山区）	127	498	808	67	267	479
	山丹县	48	193	435	69	275	479
	民乐县	56	224	504	73	290	477

3. 水量控制对绿洲农业和农民收入的影响

（1）节水效应。

通过作物结构和资源优化配置，黑河干流可实现节水 1.73 亿立方米，能够满足张掖市十二五规划中用于支撑工业发展所需的7 700万立方米的用水增量，2020 年工业发展需要 2.73 亿立方米的用水增量，需各灌区在作物结构和资源优化配置的基础上压缩农业用水的10%左右（约 1 亿立方米农业用水）才能够满足（见图 12—10）。

水量压缩后，各个灌区的水资源影子价格将发生较大变化（见图 12—11）。原先影子价格低的地区，因为水量压缩，水资源变得相对短缺，成了影子价格高的地区。

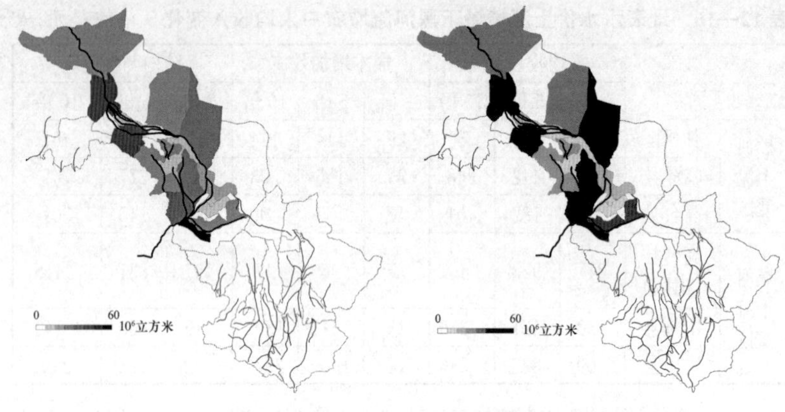

(a) 2015年农业节水量　　(b) 2020年农业节水量

图 12—10　水量控制下黑河流域农业节水量

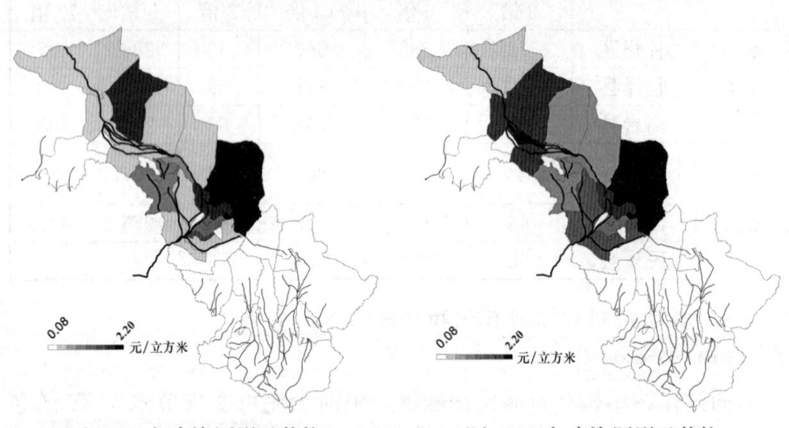

(a) 2015年水资源影子价格　　(b) 2020年水资源影子价格

图 12—11　水量控制下黑河流域水资源影子价格变化

（2）绿洲农业结构变化。

农业可用水量减少，导致作物播种面积不得不压缩，作物结构也从单方水效益低的作物转向了单方水效益高的作物。在甘州区，农户会减少制种玉米、露地蔬菜的种植面积，增加设施蔬菜的种植

面积。在临泽县和高台县，农户会减少玉米、制种玉米的种植面积，增加棉花的种植面积。整个区域作物单方水效益由 1.55 元/立方米提高到 1.61 元/立方米（见图 12—12）。作物结构变化对区域粮食产需平衡影响不大，粮食能维持基本自足。

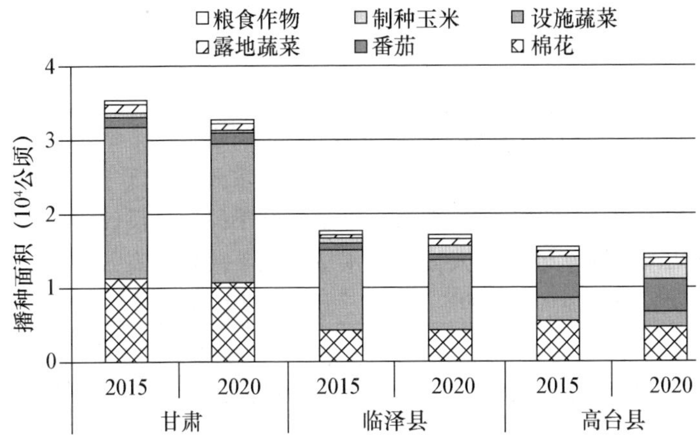

图 12—12　水量控制下黑河流域农作物结构变化

（3）农民收入变化。

农业用水压缩之后，农户人均收入减少，但是农户收入减少可以通过两种途径进行补偿（见表 12—18）。第一，随着城镇化率的提高，非农就业岗位增加，部分农业人口转化为城镇人口，带来非农收入的增加。在张掖市甘州区，因城镇化率提高，2020 年可实现人均非农收入增加 1 606 元。第二，部门间用水转换和水权交易的利益补偿。模型设定工业部门可以按照 1.5 元/立方米的价格购买农业用水。水资源还可以在不同区域之间进行交易，临泽县、高台县压缩的农业用水可以用于支撑甘州区的工业用水需求。用水转换和水权交易可使农户得到一定的利益补偿。由于现行的工业用水水价为 4 元/立方米，扣除工业用水的生产成本，1.5 元/立方米的交易水价对于工业部门来说是可接受的。

表 12—18　压缩农业用水导致的农民人均收入变化　单位：元/人

县区	人均收入		非农收入增加		工业用水补偿	
	2015	2020	2015	2020	2015	2020
甘州区	3 630	3 543	842	1 606	341	481
临泽县	3 384	3 282	270	515	308	547
高台县	3 527	3 473	285	545	470	574

4. 水价调整和水量控制的政策效果比较

图 12—13 比较了地表水与地下水水价同时上涨 5 倍和水量控制措施的政策效果。水价上涨 5 倍时的节水效应远低于水量控制手段，但农民人均收入损失却高于水量控制手段。这反映出对于抑制用水需求和缓解农户收入损失，水量控制手段更加有效。

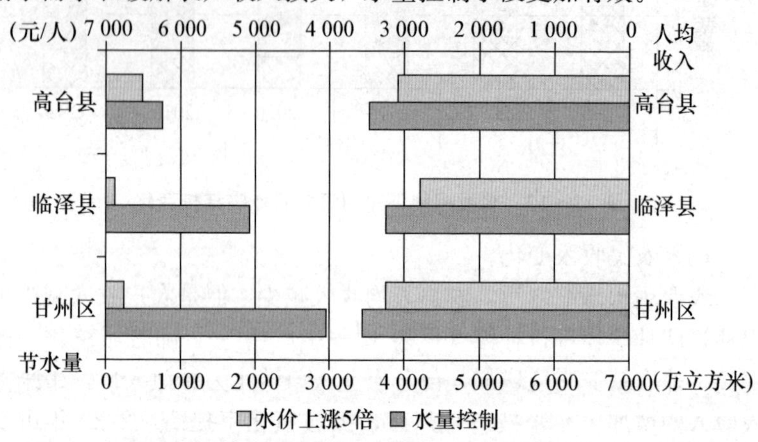

图 12—13　水量控制与提高水价的政策效果比较

六、干旱缺水地区水资源需求管理与人地系统可持续发展

水资源需求管理是干旱缺水地区必须面对的人地系统调控的又一个重要课题。从理论上讲，水价的构成要素应该包括水的资源成本、工程成本和外部成本，但在现实中，我国农业用水价格并未按

照基于要素成本的价格机制定价，农业用水的实际价格远低于按照基于要素成本的价格机制定价的水平。我国西北干旱区水资源短缺，反映资源成本的水资源影子价格很高，而目前的实际水价远低于水资源影子价格，如果采用提高水价的措施来抑制用水需求，除非水价提高到接近于水资源影子价格的水平，否则提高水价的节水效应不明显，相反，提高水价会导致作物灌溉成本增加，农民收入减少。水价政策只有在水资源供需矛盾不明显的地区才能收到节水效应。调整水价虽然可以在一定程度上减少水资源的浪费，但对于缺水地区抑制用水需求来说，往往是失效的。此外，仅提高地表水水价会带来地下水的过度开采，水价政策必须同时考虑地表水和地下水的价格调整。

水量控制措施可以收到较好的节水效应，但是灌溉用水减少将带来农业生产规模压缩，导致农民收入减少。水量控制政策必须同时考虑农民收入的补偿措施。农民收入补偿措施包括：一是推进城镇化和非农就业机会和农户非农收入；二是形成用水转换和水权交易的利益补偿机制，使得农业用水向工业用水转换时，给予农户一定的利益补偿。由于水量控制措施基于行政手段，实施过程中的监督和管理成本较高，同时如何确保水量分配的公平也是一个难题，如果强调水量分配的公平性又可能导致水资源配置不能充分发挥效益，面临着效率与公平的矛盾。因此，水量控制手段需要与水权交易制度相结合，通过水权交易，一方面可以提高水资源配置效率，另一方面可以给予初始水权拥有者一定的利益补偿，从而兼顾水资源配置的效率和公平。

第三节　用水量零增长约束下的张掖市经济发展

一、引言

水资源短缺是西北干旱区最主要的环境和社会经济问题。由于

内陆河流域的水资源量基本稳定，而用水需求随着经济发展和人口增长不断增加，水资源供需矛盾日益尖锐（Cheng 2006；Wang et al.，2009）。目前西北干旱区大多数内陆河流域的水资源开发利用率均超过40%的国际警戒线（刘昌明和赵彦琦，2012）。水资源供需矛盾激化使得内陆河流域下游区域供水严重不足，导致地下水位下降，地表植被枯死，土地沙化加剧（Zhang，2007）。随着工业化和城市化进程的推进，未来用水需求将会进一步加大，水资源压力也将进一步增大，区域可持续发展将面临更为严峻的挑战。

水量控制是水资源需求管理的一个重要手段。已有研究表明，在水资源短缺的地区，水量控制比水价调整对于抑制水资源需求具有更加可靠的效果（Bate，2002；Shi et al.，2014）。特别是由于中国内陆河地区水权交易制度面临技术、制度和管理等众多障碍（Zhang，2007；Zhang et al.，2009；Molle，2009），用水总量的严格管理就成为解决水资源短缺矛盾的为数不多的可行手段。2002年，为了加强水资源管理，中国的新《水法》明确提出了“总量控制，定额管理”的水资源管理制度，即：宏观上总量控制、微观上定额调控；不增加可用水资源量，不超采地下水，保障生态用水；调低灌溉需水定额、工业需水定额，调稳生活需水定额的定额。但在西北内陆河流域，这一政策并未得到严格执行，超额灌溉普遍存在，加之剩余水量回购水价过低等因素（Shi et al.，2011），节约的水资源又被农户用于新的耕地开垦，导致人工绿洲用水总量没有得到有效控制（Zhou et al.，2015）。2011年，中央政府提出了水资源管理的三条红线，其中之一就是要求各地方严格执行用水总量控制，将此作为地方政府政绩考核的标准之一。可以预见，今后用水总量控制政策将会得到越来越多的重视。

用水总量控制政策的严格执行将对西北干旱区的经济发展和生态环境保护带来重要的影响。按照用水总量控制政策和生态建设的需要，西北干旱区未来的用水总量应该控制在平水年来水量的水平上，且不应再增加，也就是用水量零增长。用水总量零增长约束带

来的倒逼机制将会促进水资源在各部门间进行合理配置，在保障生态建设的目标下实现与水资源承载力相适应的经济发展。因此，在严格控制用水总量的约束下，区域经济发展前景如何，主要的利益相关方会受到什么样的影响，用水结构（部门间用水分配）会如何变化等问题特别值得关注。

可计算一般均衡（CGE）模型作为一种规范的政策分析工具，已经被广泛应用于贸易、税收、收入分配和资源环境等相关领域。水资源 CGE 模型也被广泛应用于水价改革、水市场和水权交易、干旱或气候变化，以及水利工程的影响等方面（Smajgl et al.，2006；Velazquez et al.，2007；Diao et al.，2002；Diao and Roe，2003；Horridge et al.，2005；Adamson et al.，2009；Goodman，2000；Feng et al.，2007）。也有一些研究运用水资源 CGE 模型对水量控制或水量变化对区域经济的影响进行了研究。Berrittella 等（2007）发现，一些国家或地区实行水量限制后，农业和虚拟水贸易模式以及部门收益会发生变化，而且这种转变会因不同部门对水的需求程度不同而不同。Wang（2008）考察了张掖市供水变化对社会经济发展产生的影响，发现优化当前用水结构、提高农业用水效率是缓解水资源危机的有效手段。此外，还有学者运用 CGE 模型研究了水量控制下部门间水资源重新分配或水权交易的经济影响和福利效应（Seung et al.，2000；Goodman，2000；Go'mez et al.，2004；Diao et al.，2005）。然而，这些研究侧重宏观经济的分析，没有对种植业进行细分，很少考虑主要微观经济主体——农户对水量控制政策产生的行为响应，以及这些行为响应对经济产生的反馈作用。为了更加清晰和准确地刻画水资源与农业和区域经济系统的相互关联，需要引入能够详细刻画种植业部门以及农户决策行为的模型。

BEM 模型可以刻画种植业和畜牧业生产活动的运行机制，分析微观尺度上农户对外部经济条件变化和政策的行为响应（Brown，2000；Sander et al.，2007）。Shi 等（2009）研究了在石

羊河流域生态重建目标下压缩农业用水量和优化水资源空间配置对农户决策和收入的影响。Wang 等（2013）研究了黑河流域水量控制和水价调整对种植结构、种植规模以及农民收入的影响。但是 BEM 模型的分析局限于农业内部，不能延伸至对其他部门乃至区域经济的影响。

本节将宏观经济尺度的动态 CGE 模型和微观经济尺度的 BEM 模型结合起来，设计了两个模型之间的响应和反馈作用，以黑河流域张掖市为例，研究了用水总量控制下 2020 年区域经济发展前景及水资源分配结构。本节试图回答以下几个问题：（1）当用水总量控制在平水年水平时（用水总量不再增加），如何合理地进行部门之间的用水分配？农业用水向其他部门的用水转化量有多少？（2）用水零增长约束下张掖市区域经济增长会受到什么样的影响？（3）用水零增长约束将对农民收入和作物种植结构带来怎样的影响？

二、研究区概况

黑河流域地处甘肃省河西走廊中部，水资源主要来自祁连山冰川融水形成的地表径流和地下水。黑河流域中段包括张掖市的甘州区、山丹县、民乐县、临泽县和高台县。甘州区、临泽县、高台县为黑河干流灌溉农业区，山丹县和民乐县为沿山支流灌溉农业区。张掖市是黑河流域水资源的主要消耗区，黑河流域 80%以上的人工绿洲、92%的人口、83%的 GDP、95%的耕地分布在张掖市。张掖市是西北干旱区传统的商品粮生产基地，有“金张掖”之称。2010 年，张掖市总人口 120 万人，耕地面积 23.9 万公顷，用水总量 23.9 亿立方米。

可利用水资源量是张掖市经济发展的一个硬约束。尽管经济发展和人口聚集将带来用水需求不断增加，但可利用水资源量却基本上是稳定不变的。张掖市的水资源总量为 26.5 亿立方米，其中，

黑河干流莺落峡站径流量 15.8 亿立方米，黎园河黎园堡站径流量 2.37 亿立方米，沿山支流径流量 6.58 亿立方米，不重复利用地下水资源量为 1.75 亿立方米。但黑河干流水资源需考虑下游额济纳旗的用水需求。在实施黑河分水之前，正义峡站下泄水量为 7 亿立方米左右；在黑河分水之后，平水年莺落峡站来水量为 15.8 亿立方米时，正义峡站下泄水量为 9.5 亿立方米。黑河中段的可用水量从分水前的近 9 亿立方米减至 6 亿立方米左右，张掖绿洲的人均水资源量减少至 1 190 立方米，每公顷耕地水资源量减至7 665立方米，相当于全国平均水平的 57%和 29%。沿山灌区不受黑河分水的影响，但山丹县的人均水资源量只有 600 立方米。黑河分水之后，张掖市的可利用水资源量为 23 亿立方米左右，水资源严重紧缺。未来的张掖市经济发展必须考虑用水零增长的战略目标，在这一硬约束下推进工业化和城镇化。

三、模型和数据

1. CGE 模型

CGE 模型可以刻画微观经济主体的优化行为，能反映政策变化对产业结构、资源分配等宏观经济的影响，是政策模拟的有效工具。本节参考 Lofgren（2001）构建了动态 CGE 模型，在生产技术模块中加入水资源模块，并使之动态化。模型包括 22 个部门，其中包括 3 个农业部门、15 个工业部门和 4 个服务业部门；三种生产要素，其中包括劳动、资本和水资源。水资源是必不可少的生产要素，列昂惕夫函数嵌入生产函数。另外两种生产要素——劳动和资本之间可以相互替代，用 CES 函数表示两者之间的替代关系。生产技术模块如图12—14所示。在模型中，储蓄由投资决定，各种商品的居民消费量由 ELES（extend linear expenditure system）消费函数决定。政府税率外生给定，政府消费内生决定，不同商品的政府购买量由柯布-道格拉斯函数决定。每个

产业的投资对各项投资品的需求量通过列昂惕夫函数来决定。存货在模型中设定为固定不变。汇率外生设定并作为基准价格，外国储蓄占本国 GDP 的比例内生决定。假定所有部门的生产技术都为规模报酬不变，各个经济主体都追求自身利益的最大化。模型为递推动态模型，动态化主要通过资本积累、劳动增长和技术进步等来实现。

模型的基础数据来自 2008 年张掖市投入产出表。各部门的用水量和用水系数等参数根据《甘肃省水资源公报》、《甘肃省统计年鉴》和张掖市水务局资料计算得出，劳动和资本之间的替代弹性、进口与国产商品之间的替代弹性参考 GTAP 8.0 的经验值加以设定。

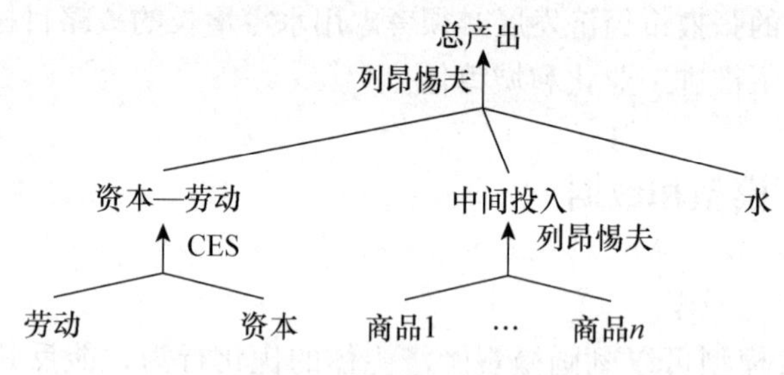

图 12—14　CGE 模型的生产技术结构

2. BEM 模型

BEM 模型可以刻画外部社会经济环境变化对农业生产活动的作用机制。BEM 模型的数学表达式为求解农业资源优化配置的数理规划模型，目标函数为农户净收益的最大化，约束条件包括土地、劳动、水资源和资金等资源约束。

BEM 模型的基础数据包括农业生产的投入产出参数和资源约束的数据集，农业生产的投入产出参数来源于 2008 年张掖市 570 户农户的实地调查数据，包括作物的单位面积产出，作物价格，化肥、农药、种子等生产资料的投入，劳动投入，灌溉水用量以及生产要素价格，牲畜出栏率、围栏率，畜产品价格，饲草用量和来源

等。资源约束数据来源于当地统计资料，包括耕地面积、劳动人数以及水资源总量等。

与 CGE 模型中价格内生的模型机制不同，在 BEM 模型中价格为外生变量，农户是价格接受者。农户的土地利用（种植结构）行为受到农产品市场价格和可利用的生产资源约束的影响，农户面临的外部社会经济环境则受到区域发展政策的影响。因此，用水总量控制政策将通过影响农户面临的外部社会经济环境，对农户的土地利用行为带来影响。

3. CGE 模型与 BEM 模型连接

本节将 CGE 模型与 BEM 模型通过软连接结合起来（见图12—15）。CGE 模型是宏观经济模型，用来模拟张掖市在正常发展情景下各部门经济发展前景及相应的用水量和用水效率。然后，将 CGE 模型得出的用水量需求与用水总量控制目标进行比较，得出用水总量控制下的农业部门用水量，将其作为约束条件输入 BEM 模型做进一步的模拟。BEM 模型作为微观尺度的农业经济模型，可以在给定农业用水约束条件下，模拟农户对农业水资源约束的土地利用行为的响应（种植结构变化）以及农民收入变化。由于种植结构调整会带来用水效率变化，需要将 BEM 模型得到的新的用水效率系数代入 CGE 模型，以更新原有的用水效率系数。最后，将用水总量控制约束和新的用水效率系数输入 CGE 模型，模拟对区

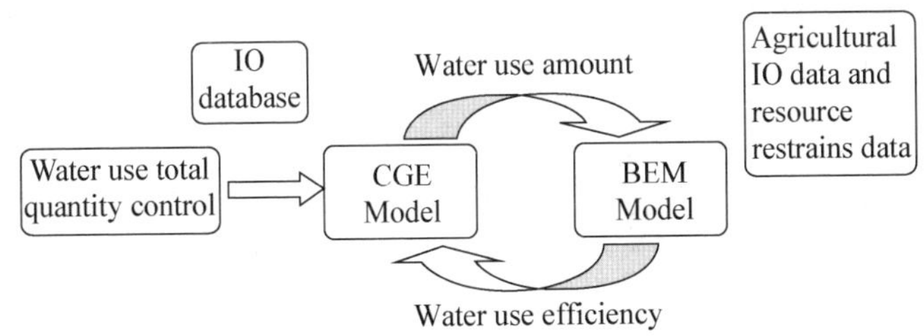

图 12—15　CGE 模型与 BEM 模型的连接

域经济系统的冲击，区域经济系统（包括各经济主体和各产业部门的产出）会做出调整，从而达到新的均衡。

四、情景设计

本节设计了两种情景：一是正常发展情景，即没有用水总量控制的情景，也即基准情景；二是用水总量控制情景。

1. 正常发展情景（BAU）

正常发展情景（基准情景）的设计主要包括 TFP（全要素生产率，total factor productivity）的提高、用水效率的提高、生态和生活用水需求的变化、劳动人数增长的外生变化以及资本积累的内生变化等，以此推算 2008—2020 年的经济增长、产业结构和用水结构的变化。

TFP 增长率：各产业部门的 TFP 增长率主要基于各产业增加值的数据校准得到，即通过外生的增加值增长率来校准 TFP，然后利用外生的 TFP 来内生出增加值。2011—2020 年张掖市三大产业的增加值增长率的设定参考张掖市十二五发展规划（见表 12—19），并在此基础上根据细分产业增加值和产值指数设定模型中的各产业增加值增长率（见表 12—20）。

表 12—19　各产业增加值（不变价）年均增长率（%）

产业	2008—2010 （历史数据）	2011—2015 （规划）	2016—2020 （预测）
第一产业	6.7	5.8	5.8
第二产业	14.9	16	16
工业	16.8	18	18
第三产业	11.9	13	13

资料来源：2008—2010 年数据根据《张掖市统计年鉴》计算；2010—2015 年数据参考张掖市十二五发展规划；2015—2020 年数据参照 2010—2015 年设置。

表 12—20　　基准情景下增加值（不变价）年均增长率（%）

三大产业	行业	2008—2010	2011—2015	2016—2020
第一产业	种植业	10	6.5	6.4
	畜牧业	—0.8	3.5	3.5
	其他农业	2.5	5.8	5.8
第二产业	工业	16.8	18	18
	建筑业	8.7	9	9
第三产业	交通运输信息传输服务业	11.3	12.3	12.3
	商业服务业	9.7	10.6	10.6
	水利服务业	13.5	14.8	14.8
	其他服务业	13.3	14.3	14.2

资料来源：在表 12—19 产业增加值增长目标的约束下，2008—2010 年分行业经济增长率根据《张掖市统计年鉴》产业增加值和产值指数计算，2011 年以后的产业增加值增长率根据 2000 年以来的历史趋势计算。

用水效率：用水效率也是一个关键参数，本研究中用单位增加值（不变价）的用水量来衡量。根据历史数据以及相关规划目标，单位增加值用水量提高参数设置见表 12—21。

表 12—21　　基准情景下用水效率提高参数（%）

产业		2000—2005	2005—2007	2008—2010	2011—2015	2016—2020
第一产业	种植业	—	7.8	8.9	6.8	6.5
	畜牧业	7	—	—3.2	3.8	3.5
	其他农业	5.8	—	0.9	6	5.8
第二产业	工业	13	17.8	11.7	3.1	2.8
	建筑业	6	2.5	7	5	5
第三产业		9.9	8.1	10.5	8	8

资料来源：根据《张掖市统计年鉴》中各产业增加值、增加值指数和用水量计算。“—”表示数值差异太大，不具参考性，故不列出。后两列数据参考前面历史趋势进行设置，但工业部门用水效率根据张掖市十二五发展规划中 2015 年工业单位增加值取水量为 65 立方米来估计。

生态用水和生活用水需求：黑河流域的生态用水是缺乏的，容易被经济用水挤占。为恢复生态环境，未来应逐步增加生态用水。根据《甘肃省水资源公报》和张掖市水务局提供的数据，设定生态用水的年均增长率为1.5%。居民生活用水的需求定额随着城市化水平和经济发展水平的提高会逐步增加，居民生活用水总量将随城市化水平和人口结构的变化而变化。相关参数的设定见表12—22。

表12—22　　张掖市人口增长和居民生活用水需求定额变化

年份	人口（万人）	城镇化率（%）	城镇人口（万人）	农村人口（万人）	城镇居民生活用水（升/天/人）	农村居民生活用水（升/天/人）
2010	120	36	42	78	120	50
2015	124	41	51	73	130	60
2020	127	45	57	70	140	70

资料来源：2010年数据来源于《张掖市统计年鉴》，2015年数据根据张掖市十二五发展规划设定，2020年数据根据张掖市十二五发展规划推算。

劳动增长率：根据《张掖市统计年鉴》，2008—2010年劳动年均增长率大约为0.7%，2011—2020年的劳动年均增长率也设置为0.7%。

资本增长率：模型内生决定，并逐年累积。

2. 用水总量控制情景（WUC）

用水总量控制情景是在上游来水量稳定在多年平均水平的基础上，张掖市严格实施黑河分水方案。张掖市可用水资源总量为22.50亿立方米。假设张掖市未来的用水总量零增长，2015年开始实施用水零增长约束，以后每年均保持这一约束。2010—2015年作为过渡期，用水总量允许有一个逐步减少的过程。

在水资源配置时，生活、生态用水是必须保证的基本用水，农业是用水大户，相对于第二、三产业来说节水潜力较大，因此压缩用水量主要依靠农业，特别是种植业。在用水总量控制情景下，农

业（主要是种植业）部门要压缩用水量，其他产业部门用水以及生活用水和生态用水之和不得超过正常发展情景下的用水量之和。种植业用水压缩量需要运用CGE模型进行基准情景模拟后，根据种植业用水量和用水控制目标之间的缺口加以设定。

在用水总量控制情景下，农民的生产行为决策会发生变化，种植业结构会发生变化，因此用水效率会比基准情景有所提高。种植业的用水效率提高参数根据BEM模型测算的结果加以设定（见表12—23）。

表12—23　　　　　　　　　　情景设置

	2015—2020	
	基准情景（BAU）	用水总量控制情景（WUC）
用水总量目标	无	22.5亿立方米
用水压缩部门及压缩量	无	种植业压缩1.2亿立方米
用水效率	根据表12—21设置	种植业用水效率比S0情景年均提高0.05%

注：用水总量控制情景下种植业用水压缩量以及种植业用水效率提高参数，分别通过CGE模型和BEM模型模拟后才能得到，这里提前给出结果，以便与基准情景作对比。

五、模拟结果与分析

1. 用水量及用水结构

在基准情景下，2010—2020年第一产业用水有小幅下降，第二产业用水有小幅上升，第三产业用水、生活用水和生态用水略有增加。2015年和2020年的用水总量分别为23.66亿立方米和24.04亿立方米，比2008年的23.58亿立方米和2010年的23.89亿立方米略有增加。这与用水零增长目标22.5亿立方米相比还有距离。在用水总量控制情景下，用水需求还要继续压缩。2015年和2020年种植业用水量要比基准情景分别减少1.16亿立方米和

1.53 亿立方米。其他部门用水与基准情景相比变化不大。2015 年，张掖市第一产业用水、第二产业用水、第三产业用水、生活用水和生态用水的比例为 85.34∶3.96∶0.27∶1.78∶8.67，2020 年这一比例将变为81.3∶6.98∶0.31∶2.09∶9.33（见表 12—24）。与基准情景相比，用水总量控制情景的用水结构略有改善，但农业用水依旧占据主导地位。

表 12—24　　不同情景下用水量及用水分配　　单位：亿立方米

用水方	2010	S0		S1		S1－S0	
		2015	2020	2015	2020	2015	2020
第一产业	21.15	20.36	19.83	19.20	18.30	－1.15	－1.53
种植业	20.46	19.7	19.17	18.54	17.64	－1.15	－1.53
畜牧业	0.19	0.18	0.18	0.18	0.18	0.00	0.00
其他农业	0.5	0.48	0.48	0.48	0.48	0.00	0.00
第二产业	0.52	0.89	1.57	0.89	1.57	0.00	－0.01
工业	0.46	0.82	1.48	0.82	1.48	0.00	0.00
建筑业	0.06	0.07	0.09	0.07	0.09	0.00	0.00
第三产业	0.05	0.06	0.07	0.06	0.07	0.00	0.00
居民生活	0.37	0.4	0.47	0.40	0.47	0.00	0.00
生态	1.81	1.95	2.1	1.95	2.10	0.00	0.00
用水总量	23.90	23.66	24.04	22.50	22.51	－1.15	－1.53

为了适应实施用水总量控制后用水结构的变化，部分农业用水应逐步向其他部门转换。2020 年，种植业用水要在 2010 年基础上压缩 2.85 亿立方米（相当于压缩约 14%），其中 1.05 亿立方米转换为工业用水，0.41 亿立方米转换为生态用水、生活用水和第三产业用水，剩下的 1.39 亿立方米是为了满足用水总量控制目标而压缩的水量（见图 12—16）。在农业用水压缩及向其他部门转换过程中，用水效率有明显提高，水资源配置也得到优化。

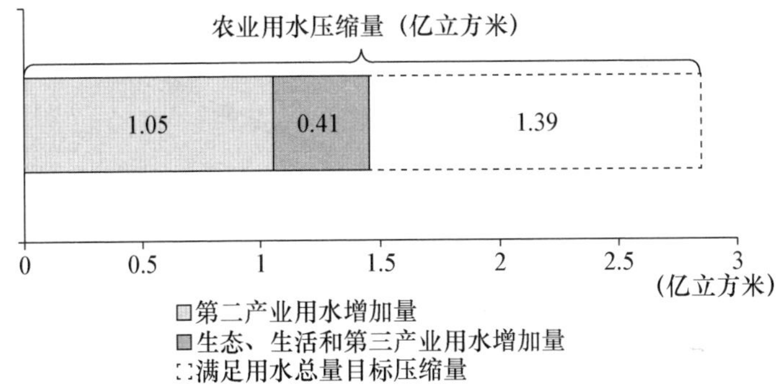

图 12—16　用水总量控制情景下 2020 年与 2010 年相比用水量转换图

2. 对区域经济发展的影响

在基准情景下，2011—2020 年间，张掖市 GDP 将保持两位数的高增长率，2020 年 GDP 增长率为 14.1%（见图 12—17）。在用水总量控制情景下，张掖市 GDP 增长率有小幅下降，且随着时间的推移，降幅趋于增大。2015 年 GDP 增长率比基准情景降低 0.22%，2020 年 GDP 增长率比基准情景降低 0.72%。即便如此，在用水总量控制情景下，2020 年张掖市仍能保持 13%以上的 GDP 增长率。总体来看，用水总量控制措施对张掖市区域经济发展的影响不大。这是因为用水总量控制目标与未来的用水需求之间的缺口不是很大，用水零增长战略的负面影响可以控制在一定范围之内。

用水总量控制措施也就对三次产业结构带来微小的变化。第一产业份额减少，第二产业和第三产业份额有所增加。在用水总量控制情景下，2015 年，三次产业结构将由基准情景的 22.2∶41.8∶36 变化为 22.0∶41.8∶36.2；2020 年，三次产业结构将由基准情景的 15.8∶48.5∶35.7 变化为 15.7∶48.4∶35.9。但第一产业份额仍然偏大，2012 年全国第一产业比重为 10%。

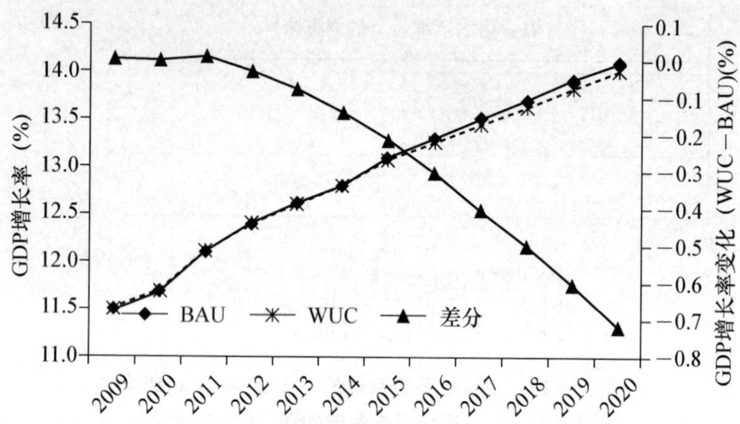

图 12—17　不同情景下张掖市 GDP 增长率及用水总量控制后的 GDP 变化率

分产业部门来看，在用水总量控制情景下，除畜牧业，其他农业，煤炭、石油、天然气开采业，金属和非金属矿采业，石化工业，水利环境和其他服务业之外，许多产业的增加值出现下降（见图 12—18）。其中，种植业增加值的降幅最大，2020 年种植业增加值增长率为 3.17%，与基准情景相比降低 3.06%。与种植业密切相关的食品工业（中间投入中种植业比重高达 40%）的增加值增长率 2020 年也将减少 1.59%，降为 16.41%。由于种植业用水量减少，也导致水的生产和供应业的增加值增长率下降。种植业增加值增长率下降会影响到农民收入，进而对生活消费相关的一些部门也会产生一定影响，其中建筑业、其他工业等部门的增加值增长率将出现较大幅度的下降。

BEM 模型模拟结果显示，实施用水总量控制后，作物种植结构将发生变化（见图 12—19）。为了降低因灌溉水量减少带来的损失，黑河干流灌区农户会减少单方水效益低的露地蔬菜、制种玉米等作物的种植（分别减少 14.6%和 18.0%），转为种植单方水效益高的大棚蔬菜（增加 10.8%）、棉花（棉花从不种植到种植2 000公顷）等作物；沿山灌区农户会减少大麦、油料作物的种植（分别减

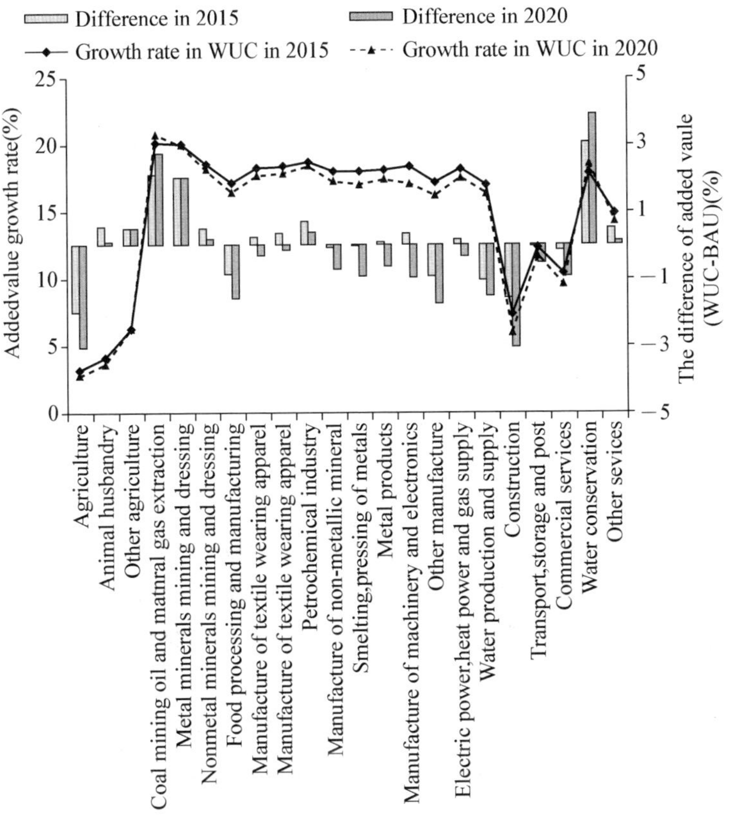

图 12—18　用水总量控制下各产业部门增加值增长率及与基准情景相比的变化率

少 5.5%和 3.2%），转为生产马铃薯（增加 1.7%）等作物。随着结构调整，种植业用水效率会提高 4.2%，年均提高 0.05%。这一数据也是 BEM 模型向 CGE 模型输入的参数值。

3. 对农民收入的影响

BEM 模型的模拟结果发现，用水总量压缩后，张掖市所有灌区均表现出水资源短缺，可用灌溉水量不足以支撑正常发展情景下的农业生产规模。农户收入和保灌面积都将受到较大的冲击。

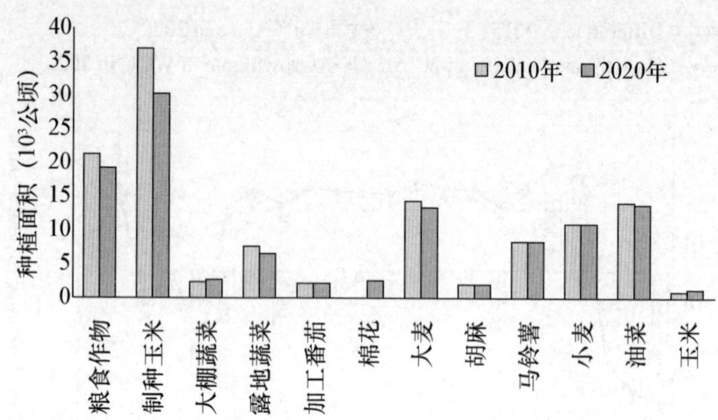

图 12—19　2010 年和 2020 年张掖市各县区种植业作物结构调整

由表 12—25 可计算得出，张掖市农民人均收入损失为 108 元/人。其中，黑河干流灌区的甘州区、临泽县和高台县人均收入损失较大，沿山灌区的山丹县和民乐县人均收入损失较小。这是因为现状年份干流灌区处于丰水期，且超额消耗了下游的水资源；沿山灌区现状年处于平水期，径流与下游没有地表联系。因此，当用水总量控制在平水年水平时，黑河干流灌区受到的冲击要远大于沿山灌区。农户收入损失是由灌溉水量减少、农业种植规模压缩引起的。2010 年，张掖市保灌面积为 12.7 万公顷。2020 年，由于农业用水减少，张掖市保灌面积将压缩为 11.90 万公顷，比 2010 年减少 6.2%，因此，农业生产受到较大的影响，其中以甘州区所受冲击最为严重（见图 12—20）。

表 12—25　用水总量控制情景下 2010—2020 年张掖市人均收入及其变化

单位：元/人

县区	2010	2020	2010—2020 年变化	2020 年城镇化率增加的非农收入
甘州区	3 728	3 543	−185	1 606
临泽县	3 425	3 282	−143	515
高台县	3 505	3 415	−90	481

续前表

县区	2010	2020	2010—2020 年变化	2020 年城镇化率增加的非农收入
山丹县	3 266	3 209	−57	305
民乐县	1 587	1 533	−54	95

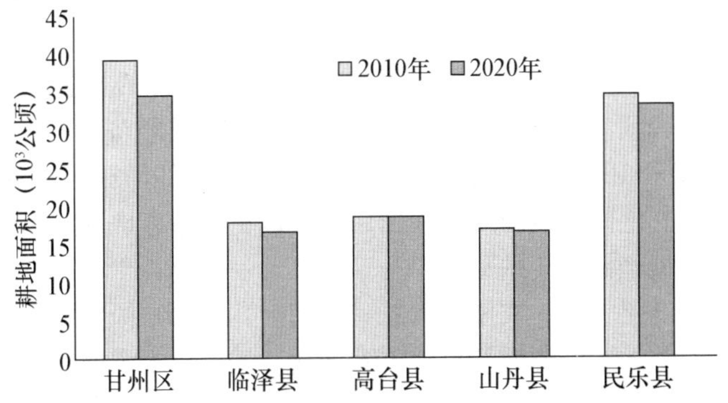

图 12—20　2010 年和 2020 年张掖市各县区耕地面积的变化

如果因农业可用水量减少和农业种植规模压缩造成的农户经济收入损失不能得到缓解，实施用水总量控制政策可能会受到较大的阻力。有两条可能的路径可以缓解这一问题。一是加快推进城镇化进程。在基准情景下，当城镇化率从 2010 年的 36%提高到 2020 年的 45%时，张掖市农民人均非农收入将增加 570 元/人。如果实施用水总量控制政策，张掖市城镇化发展越快的区域，如黑河干流灌区，尤其是甘州区，农民越容易找到非农就业岗位，人均非农收入增收效果也更明显。因此，加快城镇化进程可有效缓解农户经济对有限的灌溉水资源的依赖程度，通过增加非农收入的途径弥补农业经济收入的损失。二是提高农业用水效率。黑河流域还有一定的节水潜力。2010 年，张掖市农业灌溉水利用系数为 0.54，根据张掖地区水利规划，2020 年农业灌溉水利用系数将达到 0.58。提高农业用水效率，减少水资源在输送过程中的损耗，可以缓解田间用水压力，维持一定的农业生产规模。提高农业用水效率的途径包括

工程措施和非工程措施。工程措施主要包括渠系衬砌改造、高新节水灌溉技术推广引进等；非工程措施包括调整种植结构、农艺节水等。当然，这些节水措施还需要一定的建设资金来支撑。

六、结论

本节采用动态 CGE 模型和 BEM 模型相结合的方法，以黑河流域为例，研究了用水总量控制对张掖市区域经济发展的影响。CGE 模型和 BEM 模型相结合的方法由于考虑了区域经济和微观主体（农户）之间的响应和反馈作用，可以更加清晰地反映用水总量控制对区域经济系统的影响。

模拟结果表明，实施用水总量控制后，用水结构和用水效率将会有所改善，水资源配置也将得到优化。按照用水零增长战略的要求，2020 年，种植业用水量需要压缩 2.85 亿立方米，其中 1.05 亿立方米转换为工业用水，0.41 亿立方米转换为生态用水、生活用水和第三产业用水，剩下的 1.39 亿立方米是为了满足用水总量控制目标必须压缩的水量。用水总量控制对于种植业、食品工业、其他工业、建筑业和水供应部门的影响较大，但对区域经济发展的影响幅度不大。2015—2020 年间张掖市依然能保持较高的 GDP 增长率。用水总量控制会驱动种植业内部结构发生变化。部分单方水效益低的作物将被单方水效益高的作物替代。尽管如此，由于可用灌溉水量不足以支撑正常发展情景的农业生产规模，农户收入仍将受到一定损失。加快推进城镇化和提高农业用水效率可以在一定程度上缓解农民的收入损失。但这些手段的运用仍然需要成本。农户是水资源配置的主要利益相关方，只有解决好农民收入问题，才能增强用水总量控制措施的可行性，促进内陆河流域的可持续发展。

本节针对张掖市的用水总量控制政策的研究结论同样适用于西北干旱区的其他区域。本节所采用的模型方法也适用于研究其他水资源短缺地区的经济社会发展问题。